FINANCIAL

中原经济区
金融发展指数报告

(2013)

李燕燕 主编

社会科学文献出版社
SOCIAL SCIENCES ACADEMIC PRESS (CHINA)

目 录

综合篇

第1章 绪论 ·········· 003
1.1 研究背景及意义 ·········· 003
1.2 研究内容及框架 ·········· 004
1.3 指标体系构建及技术处理方法 ·········· 005
1.4 研究贡献、创新及不足 ·········· 008

第2章 河南省金融状况指数评价分析 ·········· 011
2.1 金融状况指数的指标构建 ·········· 011
2.2 河南省金融状况指数评价 ·········· 015
2.3 河南省金融状况指数综合评价 ·········· 021

第3章 河南省成长发展指数评价分析 ·········· 022
3.1 成长发展指数的指标构建 ·········· 022
3.2 河南省成长发展指数评价 ·········· 025
3.3 河南省成长发展指数综合评价 ·········· 029

第4章 河南省服务水平指数评价分析 ·········· 030
4.1 服务水平指数的指标构建 ·········· 030
4.2 河南省服务水平指数评价 ·········· 032
4.3 河南省服务水平指数综合评价 ·········· 035

第 5 章　河南省综合环境指数评价分析 ·················· 037
5.1　综合环境指数的指标构建 ·················· 037
5.2　河南省综合环境指数评价 ·················· 039
5.3　河南省综合环境指数综合评价 ·················· 041

第 6 章　河南省 18 地市金融发展指数综合评价及排名 ·················· 042
6.1　金融状况指数综合评价及排名 ·················· 042
6.2　成长发展指数综合评价及排名 ·················· 052
6.3　服务水平指数综合评价及排名 ·················· 059
6.4　综合环境指数综合评价及排名 ·················· 065
6.5　金融发展指数综合评价及排名 ·················· 071

区域篇（河南省 18 地市）

第 7 章　郑州市 2012 年金融发展指数报告 ·················· 075
7.1　郑州市金融状况指数评价分析 ·················· 075
7.2　郑州市成长发展指数评价分析 ·················· 079
7.3　郑州市服务水平指数评价分析 ·················· 083
7.4　郑州市综合环境指数评价分析 ·················· 086
7.5　郑州市金融发展指数综合评价分析 ·················· 089

第 8 章　开封市 2012 年金融发展指数报告 ·················· 090
8.1　开封市金融状况指数评价分析 ·················· 090
8.2　开封市成长发展指数评价分析 ·················· 094
8.3　开封市服务水平指数评价分析 ·················· 098
8.4　开封市综合环境指数评价分析 ·················· 102
8.5　开封市金融发展指数综合评价分析 ·················· 104

第 9 章　洛阳市 2012 年金融发展指数报告 ·················· 106
9.1　洛阳市金融状况指数评价分析 ·················· 106

9.2　洛阳市成长发展指数评价分析 …………………………………… 110
9.3　洛阳市服务水平指数评价分析 …………………………………… 115
9.4　洛阳市综合环境指数评价分析 …………………………………… 118
9.5　洛阳市金融发展指数综合评价分析 ……………………………… 121

第10章　平顶山市 2012 年金融发展指数报告 ……………………………… 122
10.1　平顶山市金融状况指数评价分析 ………………………………… 122
10.2　平顶山市成长发展指数评价分析 ………………………………… 126
10.3　平顶山市服务水平指数评价分析 ………………………………… 131
10.4　平顶山市综合环境指数评价分析 ………………………………… 134
10.5　平顶山市金融发展指数综合评价分析 …………………………… 137

第11章　安阳市 2012 年金融发展指数报告 ………………………………… 138
11.1　安阳市金融状况指数评价分析 …………………………………… 138
11.2　安阳市成长发展指数评价分析 …………………………………… 142
11.3　安阳市服务水平指数评价分析 …………………………………… 147
11.4　安阳市综合环境指数评价分析 …………………………………… 150
11.5　安阳市金融发展指数综合评价分析 ……………………………… 153

第12章　鹤壁市 2012 年金融发展指数报告 ………………………………… 154
12.1　鹤壁市金融状况指数评价分析 …………………………………… 154
12.2　鹤壁市成长发展指数评价分析 …………………………………… 158
12.3　鹤壁市服务水平指数评价分析 …………………………………… 163
12.4　鹤壁市综合环境指数评价分析 …………………………………… 166
12.5　鹤壁市金融发展指数综合评价分析 ……………………………… 169

第13章　新乡市 2012 年金融发展指数报告 ………………………………… 170
13.1　新乡市金融状况指数评价分析 …………………………………… 170
13.2　新乡市成长发展指数评价分析 …………………………………… 174
13.3　新乡市服务水平指数评价分析 …………………………………… 178

13.4 新乡市综合环境指数评价分析 ·· 182
13.5 新乡市金融发展指数综合评价分析 ··· 184

第 14 章 焦作市 2012 年金融发展指数报告 ································ 186
14.1 焦作市金融状况指数评价分析 ·· 186
14.2 焦作市成长发展指数评价分析 ·· 190
14.3 焦作市服务水平指数评价分析 ·· 194
14.4 焦作市综合环境指数评价分析 ·· 198
14.5 焦作市金融发展指数综合评价分析 ··· 200

第 15 章 濮阳市 2012 年金融发展指数报告 ································ 202
15.1 濮阳市金融状况指数评价分析 ·· 202
15.2 濮阳市成长发展指数评价分析 ·· 206
15.3 濮阳市服务水平指数评价分析 ·· 210
15.4 濮阳市综合环境指数评价分析 ·· 214
15.5 濮阳市金融发展指数综合评价分析 ··· 216

第 16 章 许昌市 2012 年金融发展指数报告 ································ 218
16.1 许昌市金融状况指数评价分析 ·· 218
16.2 许昌市成长发展指数评价分析 ·· 222
16.3 许昌市服务水平指数评价分析 ·· 227
16.4 许昌市综合环境指数评价分析 ·· 230
16.5 许昌市金融发展指数综合评价分析 ··· 233

第 17 章 漯河市 2012 年金融发展指数报告 ································ 234
17.1 漯河市金融状况指数评价分析 ·· 234
17.2 漯河市成长发展指数评价分析 ·· 238
17.3 漯河市服务水平指数评价分析 ·· 242
17.4 漯河市综合环境指数评价分析 ·· 246
17.5 漯河市金融发展指数综合评价分析 ··· 248

第 18 章　三门峡市 2012 年金融发展指数报告 ·············· 250
18.1　三门峡市金融状况指数评价分析 ·············· 250
18.2　三门峡市成长发展指数评价分析 ·············· 254
18.3　三门峡市服务水平指数评价分析 ·············· 259
18.4　三门峡市综合环境指数评价分析 ·············· 262
18.5　三门峡市金融发展指数综合评价分析 ·············· 264

第 19 章　商丘市 2012 年金融发展指数报告 ·············· 266
19.1　商丘市金融状况指数评价分析 ·············· 266
19.2　商丘市成长发展指数评价分析 ·············· 270
19.3　商丘市服务水平指数评价分析 ·············· 275
19.4　商丘市综合环境指数评价分析 ·············· 278
19.5　商丘市金融发展指数综合评价分析 ·············· 281

第 20 章　周口市 2012 年金融发展指数报告 ·············· 282
20.1　周口市金融状况指数评价分析 ·············· 282
20.2　周口市成长发展指数评价分析 ·············· 286
20.3　周口市服务水平指数评价分析 ·············· 291
20.4　周口市综合环境指数评价分析 ·············· 294
20.5　周口市金融发展指数综合评价分析 ·············· 297

第 21 章　驻马店市 2012 年金融发展指数报告 ·············· 298
21.1　驻马店市金融状况指数评价分析 ·············· 298
21.2　驻马店市成长发展指数评价分析 ·············· 302
21.3　驻马店市服务水平指数评价分析 ·············· 307
21.4　驻马店市综合环境指数评价分析 ·············· 310
21.5　驻马店市金融发展指数综合评价分析 ·············· 313

第 22 章　南阳市 2012 年金融发展指数报告 ·············· 314
22.1　南阳市金融状况指数评价分析 ·············· 314

22.2 南阳市成长发展指数评价分析 ·· 318
22.3 南阳市服务水平指数评价分析 ·· 323
22.4 南阳市综合环境指数评价分析 ·· 326
22.5 南阳市金融发展指数综合评价分析 ·· 328

第23章 信阳市2012年金融发展指数报告 ·· 330
23.1 信阳市金融状况指数评价分析 ·· 330
23.2 信阳市成长发展指数评价分析 ·· 334
23.3 信阳市服务水平指数评价分析 ·· 339
23.4 信阳市综合环境指数评价分析 ·· 342
23.5 信阳市金融发展指数综合评价分析 ·· 345

第24章 济源市2012年金融发展指数报告 ·· 347
24.1 济源市金融状况指数评价分析 ·· 347
24.2 济源市成长发展指数评价分析 ·· 351
24.3 济源市服务水平指数评价分析 ·· 356
24.4 济源市综合环境指数评价分析 ·· 359
24.5 济源市金融发展指数综合评价分析 ·· 362

区域篇（山西部分）

第25章 运城市2012年金融发展指数报告 ·· 365
25.1 运城市金融状况指数评价分析 ·· 365
25.2 运城市成长发展指数评价分析 ·· 367
25.3 运城市服务水平指数评价分析 ·· 369
25.4 运城市综合环境指数评价分析 ·· 370
25.5 运城市金融发展指数综合评价 ·· 371

第26章 晋城市2012年金融发展指数报告 ·· 373
26.1 晋城市金融状况指数评价分析 ·· 373
26.2 晋城市成长发展指数评价分析 ·· 375

26.3 晋城市服务水平指数评价分析 ··· 376
26.4 晋城市综合环境指数评价分析 ··· 378
26.5 晋城市金融发展指数综合评价 ··· 379

第27章 长治市2012年金融发展指数报告 ··· 380
27.1 长治市金融状况指数评价分析 ··· 380
27.2 长治市成长发展指数评价分析 ··· 381
27.3 长治市服务水平指数评价分析 ··· 382
27.4 长治市综合环境指数评价分析 ··· 384
27.5 长治市金融发展指数综合评价 ··· 385

区域篇（河北部分）

第28章 邢台市2012年金融发展指数报告 ··· 389
28.1 邢台市金融状况指数评价分析 ··· 389
28.2 邢台市成长发展指数评价分析 ··· 391
28.3 邢台市服务水平指数评价分析 ··· 392
28.4 邢台市综合环境指数评价分析 ··· 393
28.5 邢台市金融发展指数综合评价 ··· 394

第29章 邯郸市2012年金融发展指数报告 ··· 396
29.1 邯郸市金融状况指数评价分析 ··· 396
29.2 邯郸市成长发展指数评价分析 ··· 398
29.3 邯郸市服务水平指数评价分析 ··· 399
29.4 邯郸市综合环境指数评价分析 ··· 400
29.5 邯郸市金融发展指数综合评价 ··· 401

区域篇（山东部分）

第30章 聊城市2012年金融发展指数报告 ··· 405
30.1 聊城市金融状况指数评价分析 ··· 405
30.2 聊城市成长发展指数评价分析 ··· 407

30.3 聊城市服务水平指数评价分析 …………………………………… 409
30.4 聊城市综合环境指数评价分析 …………………………………… 410
30.5 聊城市金融发展指数综合评价 …………………………………… 411

第31章 菏泽市2012年金融发展指数报告 …………………………… 413
31.1 菏泽市金融状况指数评价分析 …………………………………… 413
31.2 菏泽市成长发展指数评价分析 …………………………………… 415
31.3 菏泽市服务水平指数评价分析 …………………………………… 417
31.4 菏泽市综合环境指数评价分析 …………………………………… 418
31.5 菏泽市金融发展指数综合评价 …………………………………… 420

第32章 东平县2012年金融发展指数报告 …………………………… 421
32.1 东平县金融状况指数评价分析 …………………………………… 421
32.2 东平县成长发展指数评价分析 …………………………………… 422
32.3 东平县综合环境指数评价分析 …………………………………… 423
32.4 东平县金融发展指数综合评价 …………………………………… 425

区域篇（安徽部分）

第33章 淮北市2012年金融发展指数报告 …………………………… 429
33.1 淮北市金融状况指数评价分析 …………………………………… 429
33.2 淮北市成长发展指数评价分析 …………………………………… 431
33.3 淮北市服务水平指数评价分析 …………………………………… 433
33.4 淮北市综合环境指数评价分析 …………………………………… 434
33.5 淮北市金融发展指数综合评价 …………………………………… 435

第34章 宿州市2012年金融发展指数报告 …………………………… 437
34.1 宿州市金融状况指数评价分析 …………………………………… 437
34.2 宿州市成长发展指数评价分析 …………………………………… 439

34.3　宿州市服务水平指数评价分析 ……………………………… 441
　　34.4　宿州市综合环境指数评价分析 ……………………………… 442
　　34.5　宿州市金融发展指数综合评价 ……………………………… 443

第 35 章　蚌埠市 2012 年金融发展指数报告 …………………………… 445
　　35.1　蚌埠市金融状况指数评价分析 ……………………………… 445
　　35.2　蚌埠市成长发展指数评价分析 ……………………………… 447
　　35.3　蚌埠市服务水平指数评价分析 ……………………………… 448
　　35.4　蚌埠市综合环境指数评价分析 ……………………………… 449
　　35.5　蚌埠市金融发展指数综合评价 ……………………………… 451

第 36 章　亳州市 2012 年金融发展指数报告 …………………………… 452
　　36.1　亳州市金融状况指数评价分析 ……………………………… 452
　　36.2　亳州市成长发展指数评价分析 ……………………………… 453
　　36.3　亳州市服务水平指数评价分析 ……………………………… 455
　　36.4　亳州市综合环境指数评价分析 ……………………………… 456
　　36.5　亳州市金融发展指数综合评价 ……………………………… 457

第 37 章　阜阳市 2012 年金融发展指数报告 …………………………… 458
　　37.1　阜阳市金融状况指数评价分析 ……………………………… 458
　　37.2　阜阳市成长发展指数评价分析 ……………………………… 460
　　37.3　阜阳市服务水平指数评价分析 ……………………………… 461
　　37.4　阜阳市综合环境指数评价分析 ……………………………… 462
　　37.5　阜阳市金融发展指数综合评价 ……………………………… 463

第 38 章　淮南市凤台县 2012 年金融发展指数报告 …………………… 464
　　38.1　淮南市凤台县金融状况指数评价分析 ……………………… 464
　　38.2　淮南市凤台县成长发展指数评价分析 ……………………… 464
　　38.3　淮南市凤台县服务水平指数评价分析 ……………………… 465

38.4　淮南市凤台县综合环境指数评价分析 …………………………………… 466

38.5　淮南市凤台县金融发展指数综合评价 …………………………………… 467

第39章　淮南市潘集区2012年金融发展指数报告 ………………………… 468

39.1　淮南市潘集区金融状况指数评价分析 …………………………………… 468

39.2　淮南市潘集区成长发展指数评价分析 …………………………………… 469

39.3　淮南市潘集区服务水平指数评价分析 …………………………………… 470

39.4　淮南市潘集区综合环境指数评价分析 …………………………………… 471

39.5　淮南市潘集区金融发展指数综合评价 …………………………………… 472

后　记 ……………………………………………………………………………… 474

综合篇

第1章 绪　论

1.1　研究背景及意义

1.1.1　研究背景

伴随中原经济区上升为国家战略、纳入国家"十二五"规划以及《全国主体功能区规划》，建设中原经济区成为中原崛起战略的持续、延伸、拓展和深化，也成为河南实现科学发展的"第一战略工程"。中原经济区的建设和发展，离不开金融产业的发展和支持。"十一五"期间，河南省已初步形成银行、证券、期货、保险等各业并举，较为完善的金融机构网络；资本市场与货币市场相互促进、共同发展的金融产业格局；以及功能较为完备，运行稳健的金融市场体系。

构建一个合理且全面的金融发展指标体系，对中原经济区各个城市的金融发展状况进行全方位的分析、研究，对正确认识和评价城市金融发展目标、合理构造中原经济区金融发展布局、加快城市金融化进程、推进区域金融中心建设等具有重要意义。

1.1.2　研究意义

金融发展影响着经济发展及增长。金融发展有助于实现资本的积聚与集中，可以帮助实现现代化的大规模生产经营，实现规模经济的效益；金融发展有助于提高资源的利用效率，用金融资产进行储蓄，使整个社会的投资水平提升，进而提高整个社会经济效益。发展中国家往往存在着严重的金融约束和金融压抑现象，这既削弱了金融体系聚集金融资源的能力，又使金融体系发展陷于停滞甚至倒退的局面。导致发展中国家金融发展困境的原因不是由于资金匮乏，而是因为

"金融抑制"造成的融资渠道的堵塞及资金成本扭曲。在金融不断发展和深化的背景下，若融资渠道得到疏通，资金成本扭曲得以匡正，将有利于发展中国家经济的可持续增长。

若要解决问题，须先认识问题。本报告致力于对中原经济区的金融发展状况进行系统性研究，以求全面认识中原经济区的金融发展特征。本报告在对指标进行严格筛选的基础上，构建了全面、完善、科学的评价体系，并在此基础上编制了中原经济区金融发展指数，尝试性地对中原经济区内部各个地区的金融发展水平进行综合评价和分析，在一定程度上展现了中原经济区的金融状况、成长发展、服务水平及综合环境的发展全貌，具有较强的理论意义和现实意义。

1.2 研究内容及框架

1.2.1 研究内容

本报告以中原经济区金融发展为研究对象，通过建立科学全面的指标评价体系以及多渠道收集数据，使用 SPSS 软件和因子分析方法对数据进行处理，最终合成了评价各地市金融发展状况的综合性指标，试图以此揭示各地市金融发展的相对优势、劣势，以衡量区域金融的发展程度和发展质量，为区域金融发展战略提供决策依据。

从结构上讲，本报告包括综合篇和区域篇两部分。综合篇为第 1~6 章，详述了金融发展指数的指标体系设计、数据来源及技术路线；在对河南省金融发展进行概述的基础上，从金融状况、成长发展、服务水平和综合环境四个方面对河南省的金融发展进行了分析评价，并最终给出了河南省 18 个地市金融发展指数的排名情况。第 7~39 章为区域篇，其中第 7~24 章为河南省内地市部分，第 25~39 章为河南省外地市部分，各地市（县、区）各成一章。区域篇的分报告分别从金融状况、成长发展、服务水平及综合环境四个方面对各地市（县、区）的金融发展进行了分析，并在此基础上对各市（县、区）金融发展情况进行综合评价。对河南省 18 个地市与外省地市的分析方法不同：前者以分析排名为主，而后者由于部分数据不可得及统计口径的不一致，未能参与排名，只对近几年的相关数据进行了趋势分析。

1.2.2 研究框架

鉴于研究人员对金融发展的内涵、研究目标等方面的认识存在着差异，本报告认为，衡量金融发展水平的指标应该从金融市场所反映的金融发展、经济发展对金融的影响、城市发展对金融的影响以及生活环境对金融的影响等几个方面来选择。本研究的基本思路如图1-2-1所示。

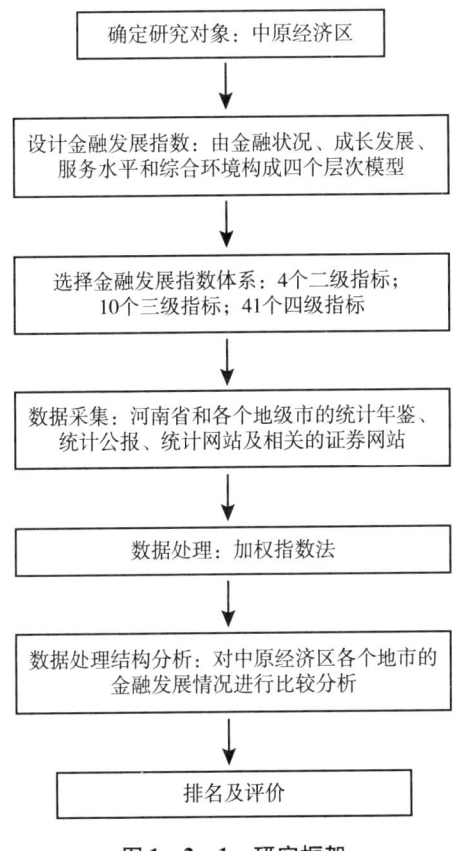

```
确定研究对象：中原经济区
        ↓
设计金融发展指数：由金融状况、成长发展、
服务水平和综合环境构成四个层次模型
        ↓
选择金融发展指数体系：4个二级指标；
10个三级指标；41个四级指标
        ↓
数据采集：河南省和各个地级市的统计年鉴、
统计公报、统计网站及相关的证券网站
        ↓
数据处理：加权指数法
        ↓
数据处理结构分析：对中原经济区各个地市的
金融发展情况进行比较分析
        ↓
排名及评价
```

图1-2-1 研究框架

1.3 指标体系构建及技术处理方法

1.3.1 指标体系设计原则

这里，主要借鉴《国际金融中心发展指数方法论》中设计的指标体系原则，

作为《中原经济区金融发展指数》指标选取的参照原则。

其一，中原经济区金融发展指数的设计，以反映中原经济区金融发展力内涵为目标。在指标选取、权重确定、数据收集、计算方法等方面尽可能全面、真实、准确地反映发展力内涵。

其二，可操作性原则。指标体系设计中，兼顾数据来源可靠、连续规范、口径统一，易于收集和计算。

其三，可代表性原则。力求能够准确地反映经济发展及其金融状况的基本特征。

其四，指标相对独立原则。要求做到每个指标内涵清晰，不存在因果关系，紧紧围绕中原经济区金融发展内涵的各个层面。

其五，指标相对关联原则。要求各个指标间有一定的关联性，以保证指标体系的系统性。

本报告在国际金融中心发展指数的基础上，结合中原经济区实际情况选择指标，以求达到全面测量中原经济区社会、经济、环境发展状况及其差异的目的。从客观评价各地区金融发展状况的实际需要出发，依据定性选取指标的原则（目的明确、综合全面、切实可行、稳定性强、协调一致），结合我国政府统计部门公布的社会经济数据，最终选择出了代表性强的指标组成了金融发展指数的评价体系。

1.3.2 指标体系要素结构

中原经济区金融发展指数评价体系为四级指标体系：一级指标是中原经济区金融发展指数，包括金融状况、成长发展、服务水平和综合环境4个二级指标。其中，"金融状况"包括3个三级指标，选取了13个四级指标，分别反映金融发展的规模、结构与效率；"成长发展"用来反映各地区的创新能力和水平，包括3个三级指标，选取了10个四级指标，分别从资本市场的成长性、经济的成长性以及城市的创新成长性三个方面对城市的创新发展能力进行评价；"服务水平"包括2个三级指标，选取了11个四级指标，分别从人力资本的智力资本现状和城市的环境两个方面评价一个地区金融业发展的相关服务能力；"综合环境"包括2个三级指标，选取了7个四级指标，着重从地区的经济环境和开放程度两个方面评价该区域的整体环境发展水平。总而言之，中原经济区金融发展指数指标体系构成情况如表1-3-1所示。

表 1-3-1　指标体系的要素构成

一级	二级	三级	四级
金融发展指数	金融状况	金融市场发展	金融业增加值、金融系统存款余额、金融系统贷款余额、证券交易额、发行国债额、保费收入、保险赔付额
		金融结构深化	证券募集资金净额比GDP、短期贷款占比、保费收入比全省金融业增加值
		金融效率提高	存贷比、保险密度、上市公司占有率
	成长发展	资本市场成长性	金融机构贷款余额年增长额、发行国债年增长额、A股股票募集资金净额
		经济成长性	GDP年增长额、财政收入年增长额、社会固定资产投资年增长额、社会消费品零售总额年增长额
		城市创新成长性	政府研发经费支出年增长额、政府研发人员年增长量、新产品销售收入年增长额
	服务水平	智力资本	金融业从业密度、受高等教育密度、科研人员密度、普通高等学校数量
		城市环境	城镇化水平、城镇登记失业率、人均城市道路面积、人均绿化覆盖面积、基本医疗保险覆盖率、基本养老保险覆盖率、商品房屋销售均价
	综合环境	经济环境	城镇人均可支配收入、农村人均纯收入、人均GDP、人均财政收入、人均社会商品零售额
		开放程度	实际利用外资额、净出口额

1.3.3　技术处理方法概述

影响金融发展的因素错综复杂，很难确定这些因素的影响孰轻孰重。如果在保证研究的客观性以及研究结果的说服力的情况下，通过分析数据特征，从众多因素中找出少数几个影响金融发展的关键因素，将大大有利于金融发展指数研究的简化。因此，经过综合比较，本报告最终选择了因子分析方法作为衡量金融发展指数的方法。

因子分析的目的是用几个不可观测的隐性变量来解释原始变量之间的相关关系。它是主成分分析的推广和发展。降维是它的核心思想。因子分析方法的基本思想如下：借助于SPSS数据处理软件对变量的相关系数矩阵或协方差矩阵内部结构进行研究，找出能控制所有变量的少数几个随机变量，用少量的变量去描述多个变量之间的相关关系；然后根据相关性大小把变量分组，使得同组内的变量之间相关性较高，不同组的变量之间相关性较低；每组变量代表一个基本结构，这个基本结构称为公共因子或主因子；然后通过软件自动赋予主因子权重，并最终计算出相应指标的综合得分。因子分析方法的具体步骤为：首先，将原始数据进行标准化变换，求相关矩阵或协方差矩阵 R 的特征值和特征向量；其次，建立因子模型并估计有关参数，来确定因子贡献率及累计贡献率；最后，变换因子载荷矩阵，构造综合评价模型，最终计算出总得分值。

本报告包含河南省 18 个地市以及省外的 15 个地市（县、区）的研究数据，涵盖了中原经济区的所有地市（县、区）。绝大部分四级指标都能够直接从统计资料中获得，少部分四级指标在原始统计数据的基础上经简单数学运算可得到。原始数据主要来源于国家统计系统的相关省、市和社区的统计信息网站，部分 2012 年的研究数据来源于当地统计部门发布的统计公报，证券市场的相关数据来自国内证券市场上市公司的公报及证券交易网站所公布的一些实时信息。

1.4 研究贡献、创新及不足

本报告的研究贡献主要包括两个部分：河南省 18 个地市的金融发展指数与其子指标的排名情况以及中原经济区其他省地市的金融发展的变化趋势情况。在河南省 18 个地市的分报告中，既有对各个地市金融发展的纵向比较，又有地区间的横向比较。而其他省 15 个地市（县、区）并未参与河南省 18 个地市的金融发展指数排名；在其分报告中，我们仅选取有代表性且数据可得的指标进行了趋势描述与分析。在分析其他省地市的金融发展状况时，尽管没有进行城市间的横向比较，但报告就各地市 2008~2012 年金融发展的变化情况做了纵向比较。

1.4.1 研究贡献

1. 河南省 18 个地市金融发展指数排名

在 2011 年、2012 年的金融发展综合指数的排名中，郑州市、洛阳市和焦作市连续两年排名前三，而商丘市、驻马店市和周口市连续两年排名后三。与 2011 年相比，2012 年金融发展指数排位发生变化的地市有 10 个，其中排名上升的有 5 个，分别是平顶山市、漯河市、三门峡市、信阳市、济源市；排名下降的城市有 5 个，分别是安阳市、鹤壁市、新乡市、濮阳市、南阳市；其他地市排名没有变化。

作为金融发展综合指数的影响因子之一,金融状况指数在2011年和2012年的排名变化情况如下:郑州市、洛阳市和焦作市连续两年排名前三,而濮阳市和三门峡市连续两年排名后两位。与2011年相比,2012年金融状况指数排名发生变化的地市有9个,排名上升的有3个,分别是信阳市、鹤壁市、许昌市;排名下降的城市有6个,分别是周口市、漯河市、平顶山市、新乡市、商丘市、济源市;其他地市排名没有变化。

作为金融发展综合指数的影响因子之一,成长发展指数在2011年和2012年的排名变化情况如下:郑州市和洛阳市连续两年排名前两位,而鹤壁市连续两年排名最后一位。与2011年相比,2012年成长发展指数排名发生变化的地市有14个,排名上升的有8个,分别是开封市、新乡市、焦作市、许昌市、三门峡市、商丘市、信阳市、济源市;排名下降的城市有6个,分别是平顶山市、安阳市、濮阳市、南阳市、周口市、驻马店市;其他地市排名没有变化。

作为金融发展综合指数的影响因子之一,服务水平指数在2011年和2012年的排名变化情况如下:郑州市、焦作市和济源市连续两年排名前三位,而南阳市、周口市和驻马店市连续两年排名后三位。与2011年相比,2012年服务水平指数排名发生变化的地市有7个,排名上升的有3个,分别是开封市、安阳市、周口市;排名下降的城市有4个,分别是许昌市、三门峡市、平顶山市、南阳市;其他地市排名没有变化。

作为金融发展综合指数的影响因子之一,综合环境指数在2011年和2012年的排名变化情况如下:郑州市、洛阳市和焦作市连续两年排名前三位,驻马店市和周口市连续两年排名后两位。与2011年相比,2012年综合环境指数排名发生变化的地市有7个,排名上升的有3个,分别是安阳市、信阳市、漯河市;排名下降的城市有4个,分别是南阳市、商丘市、平顶山市、鹤壁市;其他地市排名没有变化。

2. 省外地市的金融发展趋势

金融状况方面,中原经济区省外15个地市(县、区)(除河北省的邯郸市外)的金融市场发展态势都有所提高,银行和保险业的规模不断扩大。而邯郸市因其证券业市场规模萎缩,交易额下降使其金融市场发展与往年相比成下降趋势。15个地市(县、区)的金融市场结构深化程度均呈现下降趋势。金融市场效率方面,除了山西省的长治市、河北省的邯郸市、安徽省的蚌埠市外,其他地市的金融市场效率与往年相比有所提高。

成长发展方面，省外15个地市（县、区）的资本市场成长性与2011年相比均有所上升，这说明中原经济区省外地市的资本市场发展整体态势较为良好。在经济成长性方面，由于各个地市对国际和国内宏观环境的影响反应程度不同，其表现结果也各不相同，有升有降。关于城市创新性方面，因省外各个地市的数据难以收集，故难以对其进行系统的比较分析。

服务水平方面，除晋城市的智力资本与上年相比有所下降且不够稳定外，其他地区的智力资本和城市环境指标都稳步上升，服务水平逐渐提高。

综合环境而言，除山西省的运城市、山东省的聊城市的经济开放程度有所下降外，其他地区的经济环境和经济开放程度都大幅度提高，综合环境不断改善。

综合而言，2008~2012年中原经济区河南省外15个地市（县、区）中，金融发展情况明显上升的有安徽省的淮南市凤台县、淮南市潘集区和山东省的东平县。其他的地市，因各个版块有升有降，各版块的权重无法确定，因此无法精确判断这些地市的金融发展综合状况是否好转。

1.4.2 创新及不足

本报告首次将构建金融发展指数体系的方法引入中原经济区金融发展的研究中。在数据可得性欠佳的硬性约束下构建了较为完善的指标体系，创造性地涵盖了影响金融发展的各个方面。在选取的41个指标中，既有直接描述金融发展的显性指标（如金融业增加值、金融业存贷款余额以及各个金融市场和行业的金融数据指标等），又有描述经济发展的基础指标（如城镇化水平、GDP年增长额、人均可支配收入以及实际利用外资额等）。后者构成了描述金融发展的隐性指标。较为全面、科学的指标体系使得金融发展指数排名更可靠，更有说服力。

遗憾的是，由于数据不可得及统计口径不一致等原因，省外15个地市（县、区）无法参与到中原经济区金融发展指数的排名中。本报告编制人员遇到的问题是：如果按照省外地市可得数据进行处理和排名，指标数量会大幅减少，因子分析的结果可靠性会变差；如果省外地市单独设立指标体系进行比较，则会大大降低与省内排名的可比性。我们认为，完善科学的指标体系是编制金融发展指数的基础和核心，不能为了将所有地市纳入排名而牺牲指标体系的全面性和科学性。因此，本报告最终选择对省内18个地市进行排名，对省外15个地市（县、区）仅进行趋势分析。我们相信，随着社会的发展以及统计制度的完善，该不足之处一定可以得到逐步改善。

第 2 章
河南省金融状况指数评价分析

2.1 金融状况指数的指标构建

在判断一个区域金融市场的成长性及其发展潜力之前，应首先了解该区域的金融发展状况。因此，本书选取了金融状况指数（Financial Condition Index，FCI）作为二级指标之一。在评价某地区金融状况时，应分别从规模和结构上对其总量和深化程度进行分析，进而判断其运行效率情况。所以本书在构建该指标体系时分别从金融市场的发展情况、金融结构的深化程度以及金融效率的提高等方面系统阐述了中原经济区各地市金融市场的规模、结构及其效率状况，旨在全面综合地衡量中原经济区金融系统的运行情况。

金融状况指数包括金融市场发展指数、金融结构深化指数和金融效率提高指数 3 个三级指标。

2.1.1 金融市场发展指数衡量指标

金融市场包括资本市场、外汇市场、银行市场、证券市场、保险市场等，由于本书将资本市场的成长性专门作为其中一个三级指标进行分析，加之外汇市场多是从国家宏观层面分析外汇交易状况，经综合考虑，在研究中原经济区金融市场发展情况时选取了银行市场、证券市场以及保险市场相关指标，来综合分析中原经济区各地区的金融市场发展情况。

本书选取金融业增加值来反映金融市场总体的发展情况，金融系统存款余额和金融系统贷款余额来反映银行业市场的发展情况，证券交易额和发行国债额来反映证券业市场的发展情况，保费收入和保险赔付额来反映保险业市场的发展情况。

1. 金融业增加值

金融业增加值（Financial Value Added）是国民经济体系中金融业部门在一定时期内通过提供金融服务创造的国民财富的价值总量，反映的是金融业的绝对规模，表征了金融业在国民经济中的地位和金融业的发育程度。

2. 金融系统存款余额

金融系统是有关资金的流动、集中和分配的一个体系。它是由连接资金盈余者和资金短缺者的一系列金融中介机构和金融市场共同构成的一个有机体，包括股票、债券和其他证券市场，还包括银行和保险公司等金融中介机构。资金通过金融系统从资金盈余方流向资金短缺方。金融系统从资金盈余方吸收的资金总额即为金融系统存款余额。

3. 金融系统贷款余额

资金短缺方从金融系统借入的资金总额即为金融系统贷款余额。

4. 证券交易额

证券是由债券购买者承购的或因销售产品而拥有的，可在金融市场上交易并代表一定债权的书面证明。包括政府债券、金融债券、企业债券、商业票据、股票等。证券交易额是指证券持有人依照交易规则，将证券转让给其他投资者的证券市值总和。

5. 发行国债额

国债是一种特殊的证券，与股票、企业债券一样，可以转让和流通。国债一旦发行，公众手中就增加了一种新的金融商品——国债券，它可以在金融市场（国债市场）上自由转让和流通，可以作为公开市场业务的操作对象而成为国家进行宏观调控的重要工具，对金融调节起着重大的作用。公众用来购买国债券的对价总和即为发行的国债额。

6. 保费收入[①]

保费收入是保险公司为履行保险合同规定的义务而向投保人收取的对价收入。

7. 保险赔付额

保险赔付额是保险公司为履行保险合同规定的义务而向投保人支付的对价赔款。

[①] 保费收入和保险赔付额是衡量保险市场发展情况的重要指标，Outreville 已验证：保险市场发展与金融发展之间存在正相关关系，即保险市场发展水平越高，金融发展水平也越高。

2.1.2 金融结构深化指数衡量指标

金融结构是指构成金融总体的各个组成部分的分布、存在、相对规模、相互关系与配合的状态，不仅标志着各个子体系规模的大小，还标志着子市场的深度。金融结构深化是指随着一个国家或地区的经济发展对金融服务不断提出新要求，其金融中介、金融工具和金融市场等各个组成部分不断进行创新，市场可以运用的资金潜力不断被挖掘，市场规模不断增大，同时不断走向专业化和复杂化的过程。一个市场的金融结构深化程度，也可以从证券业市场、银行业市场和保险业市场三方面来分别分析。

因此，本书选取证券募集资金净额比GDP、短期贷款占比及保费收入比全省金融业增加值这3个指标来分别评价这三个市场的结构状况，进而综合分析中原经济区各地区的金融结构深化程度。

1. 证券募集资金净额比GDP

证券募集资金净额是指上市公司按照《招（配）股说明书》的有关承诺公开发行证券所筹集的资金额，该净额占GDP的比重可衡量证券市场上所募集的资金对GDP的贡献大小。

2. 短期贷款占比[①]

短期贷款是我国银行或其他金融机构向企业发放贷款的一种形式，期限在1年以内（含1年）。短期贷款占比表示的是中原经济区各地区的短期贷款额占其所属省整体短期贷款总额的比重。

3. 保费收入比全省金融业增加值

保费收入规模代表保险业发展状况，金融业增加值代表金融业在一定时期内通过提供金融服务创造的国民财富的价值总量，保费收入占全省金融业增加值代表在金融业创造的国内生产总值中保险业贡献度的大小。

2.1.3 金融效率提高指数衡量指标

金融效率是指金融部门的投入与产出，也就是金融部门对经济增长的贡献之间的关系。金融效率是一个综合性很强的指标，有很多种分类方法。按照不同金融机

---

① 本书论述河南省总体金融发展状况时，由于不存在地市占比，故该指标用短期贷款年底余额代替。

构在经济中的作用，我们可以将其划分为宏观金融效率和微观金融效率。宏观金融效率包括货币政策效率、货币量与经济成果的比例关系、金融市场化程度等几个方面。微观金融效率主要指市场微观主体，即金融机构的盈利水平。

由于宏观金融效率涉及政策问题，难以量化，加之本书着力于分析地区金融发展状况，因此本书从金融的微观效率出发，从银行业、保险业和证券业3个行业入手，选取相关的指标来量化这3个行业的盈利水平，从而分析评价中原经济区各个城市近年来金融效率提高的程度，以及提高的动力点。

金融效率提高指数包括存贷比、保险密度和上市公司占有率3个四级指标。

1. 存贷比

存贷比是指商业银行贷款总额除以存款总额的比值，即银行贷款总额/存款总额。按照人民银行的规定，各项贷款总额包括短期贷款、中长期贷款、逾期贷款、应收押汇和贴现；总存款包括活期存款、应解汇款、保证金、长期存款和长期储蓄存款。存贷比是银行业金融机构经营管理的核心指标，是区域经济社会发展水平的综合反映，也是影响区域经济社会发展的重要因素。

2. 保险密度

保险密度是指按当地人口计算的人均保险费额，即保费收入/总人口。关于保费收入，前面已有论述，这里不再赘述。保险密度反映了地区国民参加保险的比例、地区国民经济和保险业的普及程度及发展水平。保险密度越大，该地区的国民经济以及保险业的发展水平越高。

3. 上市公司占有率①

上市公司是指所发行的股票经过国务院或者国务院授权的证券管理部门批准在证券交易所上市交易的股份有限公司。在同一个地区，上市公司与非上市公司相比，不但利用经济资源的效率更高，而且能吸引更多的经济资源流入，从而对地方经济增长作出更多贡献。上市公司较高的资产运营效率不仅使其直接为地方经济增长作出更多贡献，而且通过带动地方上下游企业间接为经济增长作出贡献。本书选取上市公司的占有率，即各地区上市公司数量/全省上市公司总量，来衡量中原经济区各地区的经济发展状况，从而逐渐平衡区域经济发展。

---

① 本书论述河南省总体金融发展状况时，由于不存在地市占比，故该指标用上市公司家数代替。

2.2 河南省金融状况指数评价

2.2.1 金融市场发展指数评价

1. 金融业增加值

2004~2012年河南省金融业增加值及其增速，如表2-2-1所示。

表2-2-1　河南省金融业增加值

年份	金融业增加值（亿元）	金融业增加值增速（%）	年份	金融业增加值（亿元）	金融业增加值增速（%）
2004	137.49	1.60	2009	499.92	44.75
2005	181.74	32.18	2010	697.68	39.56
2006	219.72	20.90	2011	868.20	24.44
2007	302.31	37.59	2012	1013.60	16.75
2008	345.36	14.24			

注：以上数据摘自2005~2013年《河南统计年鉴》。

由表2-2-1可知，2012年河南省金融业增加值为1013.60亿元，而2004年金融业增加值仅为137.49亿元。随着中原经济区建设的不断深入，河南省金融业的发展态势强劲。

2. 金融系统存款余额和金融系统贷款余额

2004~2012年河南省金融系统存款余额、贷款余额及其增速，如表2-2-2所示。

表2-2-2　河南省金融系统存款余额和金融系统贷款余额

年份	金融系统存款余额（亿元）	金融系统存款余额增速（%）	金融系统贷款余额（亿元）	金融系统贷款余额增速（%）
2004	8631.79	13.31	7092.31	10.43
2005	10003.96	15.90	7434.53	4.83
2006	11492.55	14.88	8567.33	15.24
2007	12576.42	9.43	9545.48	11.42
2008	15255.42	21.30	10368.05	8.62
2009	19175.06	25.69	13437.43	29.60
2010	23148.83	20.72	15871.32	18.11
2011	26646.15	15.11	17506.24	10.30
2012	31970.43	19.98	20301.72	15.97

注：以上数据摘自2005~2013年《河南统计年鉴》。

由表2-2-2可知，2004~2012年金融系统存款余额及贷款余额均呈增长趋势。2009年河南省金融系统存款余额增速更是高达25.69%，贷款余额增速高达29.60%。

3. 证券交易额

2009~2012年河南省证券交易额及其增速，如表2-2-3所示。

表2-2-3　河南证券交易额

年份	证券交易额（亿元）	证券交易额增速（%）	年份	证券交易额（亿元）	证券交易额增速（%）
2009	26443.67	—	2011	19873.60	-20.71
2010	25065.78	-5.21	2012	15987.46	-19.55

注：以上数据摘自2010~2013年《河南统计年鉴》。

由表2-2-3可知，2009年至今河南省证券交易额逐年下降，且下降速度呈增长趋势，这说明河南省证券业的规模有所缩小。

4. 发行国债额

2004~2012年河南省发行国债额及其增速，如表2-2-4所示。

表2-2-4　河南省发行国债额

年份	发行国债额（万元）	发行国债额增速（%）	年份	发行国债额（万元）	发行国债额增速（%）
2004	514630	16.97	2009	629698	66.53
2005	460969	-10.43	2010	618676	-1.75
2006	538669	16.86	2011	648960	4.89
2007	432787	-19.66	2012	406549	-37.35
2008	378128	-12.63			

注：以上数据摘自2005~2013年《河南统计年鉴》。

由表2-2-4可知，河南省发行国债额自2004年至今经历了两次较大的波动，2008年河南省发行国债额增速下降，为-12.63%，发行额为378128万元，受全球经济形势疲软的影响，2007年至2008年均呈下降趋势。但2009年河南省发行国债额迅速反弹，达到9年间的最高值629698万元。在政府的强力推动下，

2009年至2011年，发行国债额均维持在较平稳的水平。2012年发行国债额出现了第二次较大的回落。

5. 保费收入和保险赔付额

2004~2012年河南省保费收入和保险赔付额及其增速，如表2-2-5所示。

表2-2-5 河南省保费收入和保险赔付额

年份	保费收入(亿元)	保费收入增速(%)	保险赔付额(亿元)	保险赔付额增速(%)
2004	202.05	23.97	33.84	22.93
2005	213.55	5.69	38.16	12.75
2006	252.31	18.15	50.98	33.60
2007	323.56	28.24	100.88	97.88
2008	518.92	60.38	128.77	27.65
2009	565.39	8.96	148.23	15.11
2010	793.28	40.31	153.91	3.83
2011	839.82	5.87	171.14	11.19
2012	841.13	0.16	199.55	16.60

注：以上数据摘自2005~2013年《河南统计年鉴》。

由表2-2-5可知，河南省保费收入和保险赔付额从2004至今均呈上升趋势，2007年和2008年有较大的发展。2007年河南省保险赔付额较2006年增长了97.88%，达到了100.88亿元，同时保费收入也较2006年增长了28.24%，达到了323.56亿元。2008年河南省保费收入增速高达60.38%，总额达到518.92亿元，同时保险赔付额也增加了27.65%。这都说明保险业近年来得到了较好的发展。但2012年保费收入较2011年增长速度有所放缓。

2.2.2 金融结构深化指数评价

1. 截至年末募集资金总额比GDP[①]

2009~2012年河南省截至年末募集资金总额比GDP及其增速，如表2-2-6所示。

---

① 由于河南省统计年鉴上对证券市场统计指标的调整变化，证券募集资金净额能反映的年份较少，故在分析河南省该指标总体情况时采用近似指标"截至年末募集资金总额比GDP"替代。

表 2-2-6　河南省截至年末募集资金总额比 GDP

年份	截至年末募集资金总额比 GDP	截至年末募集资金总额比 GDP 增速(%)	年份	截至年末募集资金总额比 GDP	截至年末募集资金总额比 GDP 增速(%)
2009	0.0296	—	2011	0.0384	18.15
2010	0.0325	9.80	2012	0.0394	2.60

注：以上数据由 2010~2013 年《河南统计年鉴》中相关数据计算得到。

由于 2005~2012 年间河南统计年鉴的统计指标存在变化，故在分析河南省证券募集资金净额比 GDP 时，用证券市场截至年末募集资金总额比 GDP 替代。由表 2-2-6 可知，河南省 2009~2012 年证券募集资金总额占 GDP 的比值逐渐增大，说明证券业的规模在不断扩大，且增速高于 GDP 的增速。2012 年河南省证券市场截至年末募集资金总额比 GDP 增速为 2.60%，较往年明显下降，在 GDP 保持平稳增长的背景下，证券业规模增速有所放缓。

2. 短期贷款占比①

2004~2012 年河南省短期贷款年底余额及其增速，如表 2-2-7 所示。

表 2-2-7　河南省短期贷款年底余额

年份	短期贷款年底余额(亿元)	短期贷款年底余额增速(%)	年份	短期贷款年底余额(亿元)	短期贷款年底余额增速(%)
2004	4200.53	4.36	2009	6016.17	16.12
2005	4088.16	-2.68	2010	6995.81	16.28
2006	4731.54	15.74	2011	8273.66	18.27
2007	5213.08	10.18	2012	9977.52	20.59
2008	5180.84	-0.62			

注：以上数据摘自 2005~2013 年《河南统计年鉴》。

2004~2012 年河南省短期贷款年底余额基本呈上升趋势，除 2005 年和 2008 年增速有小幅下滑之外，各年均有所增长。2006 年河南省短期贷款年底余额增速高达 15.74%，反映了河南省金融业结构深化的程度较大。2009~2012 年河南省短期贷款年底余额不但每年均呈增长趋势，且增速也在稳步提升，说明河南省金融结构深化的步伐加快，进入快速深化阶段。

---

① 由于原指标含义为各地市短期贷款余额占全省短期贷款余额的比例，故在分析河南省该指标总体数据时，采用"短期贷款年底余额"来替代。

3. 保费收入比全省金融业增加值

2004～2012年河南省保费收入比全省金融业增加值及其增速,如表2-2-8所示。

表2-2-8 河南省保费收入比全省金融业增加值

年份	保费收入比全省金融业增加值(%)	保费收入比全省金融业增加值增速(%)	年份	保费收入比全省金融业增加值(%)	保费收入比全省金融业增加值增速(%)
2004	1.47	22.50	2009	1.13	24.67
2005	1.18	-19.73	2010	1.14	0.88
2006	1.15	-2.54	2011	0.97	-14.91
2007	1.07	-6.96	2012	0.83	-14.43
2008	1.50	40.19			

注:以上数据摘自2005～2013年《河南统计年鉴》。

2004～2012年河南省保费收入在金融业增加值中所占比重总体呈下降趋势,但在2004年和2008年有两次明显的增长。2004年保费收入占全省金融业增加值的比重增长了22.50%,2008年增长了40.19%,除2010年出现0.88%的正增长之外,其余各年份均为负增长。保险业在金融行业中占有重要的位置,保险业在金融业中的结构深化程度也影响着总体的金融状况,河南省2012年保费收入占全省金融业的比重依然为负增长。

2.2.3 金融效率提高指数评价

1. 存贷比

2004～2012年河南省存贷比及其增速,如表2-2-9所示。

表2-2-9 河南省存贷比

年份	存贷比	存贷比增速(%)	年份	存贷比	存贷比增速(%)
2004	0.82	-2.38	2009	0.70	2.94
2005	0.74	-9.76	2010	0.69	-1.43
2006	0.75	1.35	2011	0.66	-4.35
2007	0.76	1.33	2012	0.64	-3.03
2008	0.68	-10.53			

注:以上数据摘自2005～2013年《河南统计年鉴》。

2004~2012年河南省存贷比总体呈下降趋势。2005年和2008年下降的幅度较大,分别下降9.76%和10.53%。2009年经历了较大的反弹,变为正增长2.94%。贷款占存款的比例是反映金融效率的重要指标,根据表2-2-9可以看出,河南省近年来存贷比呈下降趋势,金融效率有所降低。

2. 保险密度

2005~2012年河南省保险密度及其增速,如表2-2-10所示。

表2-2-10 河南省保险密度

年份	保险密度(万元/人)	保险密度增速(%)	年份	保险密度(万元/人)	保险密度增速(%)
2005	0.0228	—	2009	0.0596	8.36
2006	0.0269	17.98	2010	0.0843	41.44
2007	0.0346	28.62	2011	0.0895	6.17
2008	0.0550	58.96	2012	0.0894	-0.11

注:以上数据摘自2006~2013年《河南统计年鉴》。

2005~2012年河南省保险密度基本呈上升趋势,除2012年有所下滑之外,各年均有所增长。在2008年,河南省保险密度增速高达58.96%,反映了河南省金融业效率的提高。

3. 上市公司家数①

2008~2012年河南省上市公司家数及其增速,如表2-2-11所示。

表2-2-11 河南省上市公司家数

年份	上市公司家数(家)	上市公司家数增速(%)	年份	上市公司家数(家)	上市公司家数增速(%)
2008	60	—	2011	99	22.22
2009	66	10.00	2012	103	4.04
2010	81	22.73			

注:以上数据摘自2009~2013年《河南统计年鉴》。

2008~2012年河南省上市公司家数持续增加,2010年增幅最大。2010年和2011年河南省上市公司家数分别增长了15家和18家,是近五年来增幅最大的两年。2012年河南省上市公司达到103家。

---

① 由于原指标为各地市上市公司家数占全省上市公司家数的比例,故在分析河南省该指标总体数据时,以"上市公司家数"来替代。

2.3 河南省金融状况指数综合评价

经以上分析，可对河南省金融状况做出如下评价。

1. 在金融市场发展方面

河南省金融业增加值自2004年以来以年平均28.37%的增速增长，金融市场涨势强劲；金融系统存款余额一直处于上升趋势，2009年增速达25.69%，为近九年来最高增速，2011年增速为15.11%，2012年增速为19.98%；金融系统贷款余额同样一直处于上升趋势，但相比金融系统存款余额增速而言相对缓慢一些，并同样于2009年达到最大增幅29.60%，2011年增速为10.30%，2012年为15.97%；证券交易额2010年下降幅度为5.21%，2011年下降幅度为20.71%，2012年下降幅度为19.55%，连续三年出现负增长；发行国债额在2012年降幅达37.35%，总量为40.6549亿元；保费收入和保险赔付额在九年间也未出现过下滑的情况，2012年增幅分别为0.16%和16.60%。

2. 在金融结构深化方面

河南省的截至年末募集资金总额自2009以来均呈上升趋势，2012年增速达到2.60%，说明2012年证券业财务结构在改善；短期贷款年底余额2012年增速为20.59%，为九年来增速最高的一年，说明河南省信贷业在转方式、调结构的过程中起到了积极的作用；保费收入比金融业增加值在2010年小幅增长0.88%，2011年和2012年分别下降14.91%和14.43%，其原因一部分在于近九年来金融业增加值高速增长。

3. 在金融效率提高方面

河南省的存贷比近三年来分别以1.43%、4.35%、3.03%的幅度在下滑，这部分是由于在河南省贷款期限结构中，虽然短期贷款有所增长，但中长期贷款明显减少，企业的投资意愿在下降，以致2012年贷款余额增速低于存款余额增速，进而影响了存贷比的走势；保险密度2004~2011年呈上升趋势，2008年达到最大增幅58.96%，但2012年出现0.11%的下降；2012年上市公司的家数达到103家，自2008年以来均呈上升趋势。

第3章
河南省成长发展指数评价分析

3.1 成长发展指数的指标构建

一个城市的发展状况可以从很多方面来考量，比如从人文环境、基础设施建设、国民幸福指数、经济发展水平等方面都可以衡量。由于数据的可取性，本文综合各方面因素，选取了成长发展指数这一综合性指标，它是衡量一个地区成长性的动态性指标，充分反映了一个城市的发展速度。我们把它分为资本市场成长性指数、经济成长性指数和城市创新成长性指数3个三级指标，用来反映中原经济区各地区的经济、资本市场以及创新能力和水平。

3.1.1 资本市场成长性指数衡量指标

资本市场是商品经济体系不可缺少的重要组成部分，中原经济区商品经济的快速发展离不开资本市场的建设和完善，探讨资本市场的成长性是至关重要的。本文选取金融机构贷款余额年增长额、发行国债年增长额以及A股股票募集资金净额①作为衡量资本市场成长性的指标，分别从金融机构、政府、上市公司等方面来评价中原经济区各地区的资本市场成长性。

1. 金融机构贷款余额年增长额

之前对贷款余额已有阐述，这里只对贷款余额增长额稍加阐述。该指数是对贷款余额增长幅度的衡量，它是反映一定时期贷款余额变化程度的一个动态指标。

2. 发行国债年增长额

该指数是对发行国债额增长幅度的衡量，直接体现了特定资本市场的成长性。

---

① 这部分是成长发展的分指数，既然是发展，就要讲求增长，因此，该部分用增长额指标来衡量。下面的经济成长性分指数和城市创新成长性分指数也是增长性指标。

3. A 股股票募集资金净额①

A 股股票募集资金净额是指上市公司按照《招（配）股说明书》的有关承诺公开发行 A 股股票所筹集的资金额，反映 A 股股票市场的发展状况，从而反映了地区资本市场的发展状况。

3.1.2 经济成长性指数衡量指标

城市的经济成长性主要是指城市经济可持续增长的基础、空间、潜力和可能性。本书选择国际通用的衡量城市经济发展水平和经济实力的指标——国内生产总值（简称 GDP）。需要注意的是 GDP 并不反映宏观经济的结构、模式等更深层次的状况，因此，本书又加入了财政收入、社会固定资产投资及社会消费品零售总额等相关指标，以其增长额来综合反映中原经济区各地区的经济成长性。

1. GDP 年增长额

GDP 年增长额②是指特定时期的国民经济相对于另一个时点的增长量，它是衡量一个地区经济增长速度的统计指标，通过该指标可以直观地看到中原经济区各地区宏观经济的运行状况。GDP 增长越快表明该地区经济发展越快，增长越慢表明该地区经济发展越慢，GDP 负增长表明该地区经济陷入衰退。

2. 财政收入年增长额

地方财政收入，是指地方政府为履行其职能、实施公共政策和提供公共物品与服务而需要筹集的一切资金的总和。财政收入是国家或地区经济发展的晴雨表，也是政府进行宏观调控的基础。财政收入增长的幅度，即财政收入年增长额越大，表示该地区的经济发展越快。

3. 社会固定资产投资年增长额

固定资产投资额是以货币表现的城镇和农村各种登记注册类型的企业、事

---

① 我国上市公司的股票分为 A 股、B 股、H 股、N 股和 S 股等。这一区分主要依据股票的上市地点和所面对的投资者而定。A 股的正式名称是人民币普通股票，它是由我国境内的公司发行，供境内机构、组织或个人（不含台、港、澳投资者）以人民币认购和交易的普通股股票。
② GDP 增长额是按照 1978 年商品零售价格指数计算出来的数据。统计局公布的 GDP 增长额是按照不变价核算的。

业、行政单位及城镇个体户进行的计划总投资（或实际需要总投资）500万元及以上的建设项目投资和房地产开发投资。它是反映社会固定资产投资规模、速度、比例关系和使用方向的综合性指标。固定资产投资年增长额表征的是固定资产投资相比于基期增加的货币量。

4. 社会消费品零售总额年增长额

社会消费品零售总额是指各种经济类型的批发零售贸易业、餐饮业、制造业和其他行业对城乡居民和社会集团的消费品零售额和农民对非农业居民零售额的总和，包括售给城乡居民用于生活消费的商品（不包括住房）和售给机关、团体、部队、学校、企业、事业单位和城市街道居民委员会、农村村民委员会用公款购买的非生产、非经营使用的消费品。社会消费品零售总额年增长额反映的是通过各种商品流通渠道向居民和社会集团供应的生活消费品的增长情况，是研究人民生活、社会消费品购买力、货币流通等问题的重要指标。

3.1.3 城市创新成长性指数衡量指标

一个城市的经济增长离不开高新技术产业的开发和利用，其创新能力决定了其经济成长性，而创新能力又要有一定的后备基础作支撑，为此本书选取政府研发经费支出年增长额和研发人员年增加量这两个指标来衡量各城市的创新能力的基础。另外，由于新产品销售收入是高新技术企业研发成果对于市场需求满足程度最直接的表征，因此这里选取新产品销售收入年增长额来衡量各城市当年的创新产出水平。

1. 政府研发经费支出年增长额

政府研发经费内部支出是指调查单位用于内部开展研发活动（基础研究、应用研究和试验发展）的实际支出。包括用于研发项目（课题）活动的直接支出，间接用于研发活动的管理费、服务费，以及与研发有关的基本建设支出等。不包括生产性活动支出、归还贷款支出以及与外单位合作或委托外单位进行研发活动而转拨给对方的经费支出。其中来自各级政府部门的各类资金，包括财政科学技术拨款、科学基金、教育等部门事业费以及政府部门预算外资金的实际支出就构成了政府研发经费支出，当期比基期增加的经费支出就是其增长额。

2. 政府研发人员年增长量

政府研发人员是指参与发展项目研究与试验、管理和辅助工作的人员，包括项目（课题）组人员，企业科技行政管理人员和直接为项目（课题）活动提供服务的辅助人员，其数量反映从事拥有自主知识产权的研究开发活动的人力规模，每年从事这些项目的增加人员数构成了政府研发人员年增长量。

3. 新产品销售收入年增长额

新产品销售收入是指企业在主营业务收入和其他业务收入中销售新产品实现的收入，其增加额就是新产品销售收入年增长额。

3.2 河南省成长发展指数评价

3.2.1 资本市场成长性指数评价

1. 金融机构贷款余额年增长额

2004~2012年河南省金融机构贷款余额年增长额，如表3-2-1所示。

表3-2-1 河南省2004~2012年金融机构贷款余额年增长额指标

单位：亿元

年份	金融机构贷款余额年增长额	年份	金融机构贷款余额年增长额
2004	669.65	2009	3069.38
2005	342.22	2010	2433.89
2006	1132.80	2011	1634.92
2007	978.15	2012	2527.57
2008	822.57		

注：以上数据由2005~2013年《河南统计年鉴》中相关数据计算得到。

2004~2012年河南省金融机构贷款余额年增长额有过两次大的波动。2006~2008年增长量较低且呈下降趋势，但2009年由于宏观政策等环境因素的影响出现了较高的增长，增量达到3069.38亿元。2010~2012年间，增长额先降后升，但其增长额仍保持在较高水平。这说明河南省金融机构贷款额度在不断扩大，呈现良好的发展趋势。

2. 发行国债年增长额

2004~2012年河南省发行国债年增长额，如表3-2-2所示。

表 3-2-2 河南省 2004~2012 年发行国债年增长额指标

单位：万元

年份	发行国债年增长额	年份	发行国债年增长额
2004	74652	2009	251570
2005	-53661	2010	-11022
2006	77700	2011	30284
2007	-105882	2012	-242411
2008	-54659		

注：以上数据由 2005~2013 年《河南统计年鉴》中相关数据计算得到。

2004~2012 年发行国债年增长额波动较大。2009 年河南省发行国债增长额达到最大值，为 251570 万元。这说明受 2008 年经济危机后国家宏观调控的影响，河南省也加大了对国债的发行力度。但 2012 年河南省发行国债额有较大下降，出现较大的负增长。

3. 截至年末募集资金总额①

2009~2012 年河南省截至年末募集资金总额及其增速，如表 3-2-3 所示。

表 3-2-3 河南省 2009~2012 年截至年末募集资金总额指标

年份	截至年末募集资金总额（亿元）	截至年末募集资金总额增速（%）	年份	截至年末募集资金总额（亿元）	截至年末募集资金总额增速（%）
2009	577.46	—	2011	1034.03	37.67
2010	751.10	30.07	2012	1166.57	12.82

注：以上数据摘自 2010~2013 年《河南统计年鉴》。

河南省 2009~2012 年募集资金总额一直呈现上升趋势，平均增长率为 26.41%。但 2012 年河南省截至年末募集资金总额增速略有放缓，为 12.82%。河南省资本市场成长性自 2009 年以来有较大的提升。

3.2.2 经济成长性指数评价

2004~2012 年河南省 GDP 年均增长额、财政收入年增长额、社会固定资产投资年增长额和社会消费品零售总额年增长额，如表 3-2-4 所示。

---

① 由于河南省 A 股股票募集资金净额在河南省统计年鉴中被统计的年份较少，故用"截至年末募集资金总额"替代该指标。

表 3-2-4　河南省 2004~2012 年经济成长性指标

单位：亿元

年份	GDP 年增长额	财政收入年增长额	社会固定资产投资年增长额	社会消费品零售总额年增长额
2004	1686.09	—	788.84	398.93
2005	2033.63	178.11	1279.31	442.62
2006	1775.37	235.80	1529.05	551.67
2007	2649.67	327.52	2102.37	757.77
2008	3006.07	251.41	2480.54	1125.12
2009	1461.93	139.91	3214.00	930.94
2010	3611.90	371.90	2881.20	1257.77
2011	3838.67	558.21	1184.66	1449.49
2012	2668.28	430.84	3991.03	1461.97

注：以上数据由 2005~2013 年《河南统计年鉴》中相关数据计算得到。

河南省 2004~2012 年社会消费品零售总额年增长额总体呈现上升趋势，GDP 年增长额、财政收入年增长额和社会固定资产投资年增长额呈现波浪式上升的趋势。虽然 GDP、财政收入、社会固定资产投资和社会消费品零售总额的增速在近 9 年间有波动，但没有一个指标出现负增长，这说明河南省经济成长性在近年来有了显著的增强。

3.2.3　城市创新成长性指数评价

1. 政府研发经费支出[①]

2010~2012 年河南省政府研发经费支出及其增速，如表 3-2-5 所示。

表 3-2-5　河南省 2010~2012 年政府研发经费支出指标

年份	政府研发经费支出（万元）	政府研发经费支出增速（%）	年份	政府研发经费支出（万元）	政府研发经费支出增速（%）
2010	317162.00	—	2012	427074.00	25.83
2011	339417.20	7.02			

注：以上数据摘自 2011~2013 年《河南统计年鉴》。

---

① 由于政府研发经费支出这个指标在河南省统计年鉴中只能获得 2010 年、2011 年和 2012 年的数据，若分析其增长额则只能获得 2011 年和 2012 年的数据，为了能对已获得的数据进行充分的说明，故在分析河南省该指标数据时，用"政府研发经费支出"指标替代。

2010～2012年河南省政府研发经费呈现上升的趋势,且增幅也逐渐增大。2012年河南省政府研发经费支出的增速达到了25.83%,这说明河南省政府支持研发的力度在加大,这使得河南省城市的创新性有了较大的提升。

2. 研发人员数量①

2010～2012年河南省研发人员数量及其增速,如表3-2-6所示。

表3-2-6 河南省2010～2012年研发人员指标

年份	研发人员(人)	研发人员增速(%)	年份	研发人员(人)	研发人员增速(%)
2010	69290	—	2012	82995	8.60
2011	76422	10.29			

注:以上数据摘自2011～2013年《河南统计年鉴》。

2010～2012年河南省研发人员数量一直处于增长状态。2011年河南省的研发人员增速达到10.29%,结合河南省2010～2012年政府研发经费支出来分析,河南省近3年来,在加大科研资金投入的同时,更注重人才的引进,这使得河南省的城市创新性有了稳步的提升。

3. 新产品销售收入②

2010～2012年河南省新产品销售收入及其增速,如表3-2-7所示。

表3-2-7 河南省2010～2012年新产品销售收入指标

年份	新产品销售收入(亿元)	新产品销售收入增速(%)	年份	新产品销售收入(亿元)	新产品销售收入增速(%)
2010	1963.8458	—	2012	2576.2027	1.02
2011	2550.1566	29.86			

注:以上数据摘自2011～2013年《河南统计年鉴》。

---

① 由于研发人员这个指标在河南省统计年鉴中只能获得2010年、2011年和2012年的数据,若分析其增长量则只能获得2011年和2012年的数据,为了能对已获得的数据进行充分的说明,在分析河南省该指标数据时,用"研发人员"指标替代。

② 由于新产品销售收入这个指标在河南省统计年鉴中只能获得2010年、2011年和2012年的数据,若分析其增长额则只能获得2011年和2012年的数据,为了能对可以获得的数据进行充分的说明,在分析河南省该指标数据时,用"新产品销售收入"指标替代。

2010～2012年河南省新产品销售收入总体呈现上升趋势。结合2010～2012年的研发经费投入和研发人员数量增长趋势来综合分析，这3个指标之间呈现出正相关的关系，且它们对河南省城市创新成长性的影响都是正向的。

3.3 河南省成长发展指数综合评价

经以上分析，可对河南省成长发展指数做出如下评价。

1. 在资本市场成长性方面

河南省的金融机构贷款余额年增长额在2004～2012年均为正值，未出现过负增长的情况；发行国债年增长额2012年为－242411万元，说明2012年较2011年，发行国债额明显减少；截至年末募集资金总额自2009年以来每年都有不同程度的上升，2012年增幅为12.82%。这说明2004～2012年，河南省总体资本市场的成长性并不稳定，波动特征明显。

2. 在经济成长性方面

河南省GDP年增长额九年来均为正值，2011年达到最大值3838.67亿元，2012年GDP年增长额为2668.28亿元；财政收入年增长额九年来也未出现过负值，2011年达到最大增值558.21亿元；社会固定资产投资年增长额2012年达到3991.03亿元，为九年来最高；社会消费品零售总额年增长额也在2012年达到最大增长，比2011年增加了1461.97亿元。这说明2004～2012年，河南省经济成长性较好，发展态势良好。

3. 在城市创新成长性方面

河南省的政府研发经费支出自2010年以来每年都有所增加，2012年增幅达到25.83%，总量达到427074万元；研发人员的数量从2010年的69290人增长至2012年的82995人，2012年增幅达8.60%；新产品销售收入在2012年达到2576.2027亿元，同比增长1.02%。这说明，河南省越来越重视科研水平在城市发展中的作用，河南省城市创新成长性有较大的提升。

第4章
河南省服务水平指数评价分析

4.1 服务水平指数的指标构建

发展服务业尤其是现代服务业，是中原经济区产业结构优化升级的战略重点，金融业又是现代服务业中的重点，其发展更需要相关服务的完善配套，优质、高效的相关服务是一个地区金融发展的重要保证。

一个地区的服务水平可以从两个方面来考量，一个是提供服务的主体，一个是该主体所处的环境，包括医疗、保险、事业、房价等。用智力资本这一指标来衡量前者，用城市环境这一指标来衡量后者。

4.1.1 智力资本指数衡量指标

国内外公认最早提出智力资本概念的是美国经济学家John Kenneth Galbraith，他于1969年首先提出智力资本这一概念。在他看来，智力资本是一种知识性的活动，是一种动态的资本，而不是固定的资本形式。最早给智力资本下定义的是美国学者托马斯·斯图尔特。20世纪90年代，他在美国《财富》杂志上发表了一系列关于智力资本的文章，认为智力资本是一个组织中每一个人所知道的每一件事的总和，是能够被用来创造财富的智力材料——知识、知识产权、经验等。在本书中，我们将智力资本定义为一个地区所有的组织、知识社群和专业人员等拥有的知识与知识能力，我们用金融业从业密度、受高等教育密度、科研人员密度以及普通高等学校数量等指标来说明各个城市的智力资本水平。

1. 金融业从业密度

从事金融业的人员数量比地区面积即为该地区的金融业从业密度。

2. 受高等教育密度

普通高等学校在校学生数量比地区面积即为该地区受高等教育密度。

3. 科研人员密度

科技活动人员（科研人员）数量比地区面积即为该地区的科研人员密度。

4. 普通高等学校数量

4.1.2 城市环境指数衡量指标

城市环境是与城市整体互相关联的人文条件和自然条件的总和，包括社会环境和自然环境。前者由经济、政治、文化、历史、人口、民族、行为等基本要素构成；后者包括地质、地貌、水文、气候、动植物、土壤等诸要素。由于自然环境的数据取得难度较大，且不易衡量，因此，本书侧重选取社会环境的一些经济、人口等要素来衡量城市环境这一指标。

城市环境指数包括城镇化水平、城镇登记失业率、人均城市道路面积、人均绿化覆盖面积、基本医疗保险覆盖率、基本养老保险覆盖率及商品房屋销售均价7个四级指标。

1. 城镇化水平

城镇化水平通常用市人口和镇人口占全部人口的百分比来表示，用于反映人口向城市聚集的过程和聚集程度。

2. 城镇登记失业率

城镇登记失业率是指在报告期末城镇登记失业人数占期末城镇从业人员总数与期末实有城镇登记失业人数之和的比重。

3. 人均城市道路面积

道路面积指道路实际铺装面积和与道路相通的广场、桥梁、隧道的铺装面积（统计时将人行道面积单独统计）。道路面积比常住人口即为人均城市道路面积。

4. 人均绿化覆盖面积

建成区面积是城市行政区内实际已成片开发建设、市政公用设施和公共设施基本具备的区域。对核心城市而言，它包括集中连片的部分以及分散的若干个已经成片建设起来、市政公用设施和公共设施基本具备的地区；对一城多镇来说，它是由几个连片开发建设起来、市政公用设施和公共设施基本具备的地区组成。因此，建成区范围，一般是指建成区外轮廓线所能包含的地区，也就是这个城市实际建设用地范围。建成区绿化覆盖面积比常住人口即为人均绿化覆盖面积。

5. 基本医疗保险覆盖率

医疗保险是为补偿因疾病所产生的医疗费用的一种保险,基本医疗保险覆盖率为参加医疗保险的人数比该地区常住人口。

6. 基本养老保险覆盖率

基本养老保险覆盖率为参加养老保险的人数比该地区常住人口。

7. 商品房屋销售均价

商品房是指按法律、法规及有关规定可在市场上自由交易,不受政府政策限制的各类商品房屋,包括新建商品房、二手房(存量房)等。商品房销售额比商品房销售面积即为商品房屋销售均价。

4.2 河南省服务水平指数评价

4.2.1 智力资本指数评价

1. 金融业从业密度、受高等教育密度和科研人员密度

2004~2012年河南省金融业从业密度、受高等教育密度和科研人员密度及其增速,如表4-2-1所示。

表4-2-1 河南省金融业从业密度、受高等教育密度和科研人员密度情况

年份	金融业从业密度(人/平方公里)	金融业从业密度增速(%)	受高等教育密度(人/平方公里)	受高等教育密度增速(%)	科研人员密度(人/平方公里)	科研人员密度增速(%)
2004	1.269	0.40	4.208	26.10	0.864	-1.37
2005	1.253	-1.26	5.101	21.22	0.947	9.61
2006	1.240	-1.04	5.833	14.35	1.061	12.04
2007	1.337	7.82	6.558	12.43	1.151	8.48
2008	1.292	-3.37	7.486	14.15	1.256	9.12
2009	1.346	4.18	8.196	9.48	—	—
2010	1.405	4.38	8.723	6.43	1.570	—
2011	1.506	7.19	8.983	2.98	1.754	11.72
2012	1.482	-1.59	9.335	3.92	1.832	4.45

注:以上数据基于2005~2013年《河南统计年鉴》中相关数据计算得到。

2004~2012年河南省受高等教育密度总体呈现上升趋势,但其增速总体呈下降趋势,金融业从业密度和科研人员密度在近三年来大致呈增长趋势。

2. 普通高等学校数量

2004~2012年河南省普通高等学校数量及其增速,如表4-2-2所示。

表4-2-2 河南省普通高等学校数量

年份	普通高等学校数量（所）	普通高等学校数量增速(%)	年份	普通高等学校数量（所）	普通高等学校数量增速(%)
2004	82	15.49	2009	89	5.95
2005	83	1.22	2010	107	20.22
2006	84	1.20	2011	117	9.35
2007	82	-2.38	2012	120	2.56
2008	84	2.44			

注：以上数据摘自2005~2013年《河南统计年鉴》。

2004~2008年河南省普通高校数量变化不是特别明显，但自2009年以来，有明显的增长趋势。尤其是2010年，河南省普通高等学校的数量更是有了20.22%的增速。

4.2.2 城市环境指数评价

1. 城镇化水平和城镇登记失业率

2004~2012年河南省城镇化水平、城镇登记失业率及其增速，如表4-2-3所示。

表4-2-3 河南省城镇化水平及城镇登记失业率

年份	城镇化水平(%)	城镇化水平增速(%)	城镇登记失业率(%)	城镇登记失业率增速(%)
2004	28.90	—	3.40	—
2005	30.65	6.06	3.45	1.47
2006	32.47	5.94	3.52	2.03
2007	34.30	5.64	3.40	-3.41
2008	36.03	5.04	3.40	0
2009	37.70	4.64	3.50	2.94
2010	38.82	2.97	3.38	-3.43
2011	40.57	4.51	3.40	0.59
2012	42.43	4.58	—	—

注：以上数据摘自2005~2013年《河南统计年鉴》。

2004~2012年河南省城镇化水平一直在上升，但增速有所放缓，城镇登记失业率基本上保持稳定。

2. 人均城市道路面积和人均绿化覆盖面积

2005～2012年河南省人均城市道路面积、人均绿化覆盖面积及其增速，如表4-2-4所示。

表4-2-4 河南省人均城市道路面积和人均绿化覆盖面积

年份	人均城市道路面积 （平方米/人）	人均城市道路面积增速 （％）	人均绿化覆盖面积 （公顷/万人）	人均绿化覆盖面积增速 （％）
2005	1.669	—	5.418	—
2006	1.667	-0.12	5.411	-0.13
2007	1.894	13.62	5.880	8.67
2008	2.088	10.24	6.969	18.52
2009	2.164	3.64	7.318	5.01
2010	2.314	6.93	7.831	7.01
2011	2.492	7.69	8.169	4.32
2012	2.707	8.63	8.705	6.56

注：以上数据由2006～2013年《河南统计年鉴》中相关数据计算得到。

2005～2012年河南省人均城市道路面积和人均绿化覆盖面积总体上呈现上升的趋势。这说明河南省在加快城市发展的过程中，改善了城市环境，优化了资源配置。

3. 基本医疗保险覆盖率和基本养老保险覆盖率

2005～2012年河南省基本医疗保险覆盖率和基本养老保险覆盖率及其增速，如表4-2-5所示。

表4-2-5 河南省基本医疗保险覆盖率和基本养老保险覆盖率

单位：％

年份	基本医疗保险 覆盖率	基本医疗保险 覆盖率增速	基本养老保险 覆盖率	基本养老保险 覆盖率增速
2005	6.83	—	7.64	—
2006	7.50	9.81	8.12	6.28
2007	7.76	3.47	8.60	5.91
2008	8.92	14.95	10.06	16.98
2009	20.77	132.85	10.74	6.76
2010	21.73	4.62	11.48	6.89
2011	22.61	4.05	12.45	8.45
2012	23.63	4.51	13.51	8.51

注：以上数据由2006～2013年《河南统计年鉴》中相关数据计算得到。

2005～2012年河南省基本医疗保险覆盖率和基本养老保险覆盖率一直处于上升趋势。基本养老保险人数覆盖率增长较为稳定。基本医疗保险人数覆盖率增幅变化较大：2005～2008年增长率较小，而2009年增长率达到132.85%。这说明了河南省近年来对医疗保险有较大的投入，城市医疗服务水平得到显著提升。

4. 商品房屋销售均价

2004～2012年河南省商品房屋销售均价及其增速，如表4-2-6所示。

表4-2-6 河南省2004～2012年商品房屋销售均价指标

年份	商品房屋销售均价（元/平方米）	商品房屋销售均价增速(%)	年份	商品房屋销售均价（元/平方米）	商品房屋销售均价增速(%)
2004	1572.055	12.32	2009	2666.006	14.00
2005	1866.919	18.76	2010	3042.407	14.12
2006	2011.846	7.76	2011	3500.803	15.07
2007	2253.439	12.01	2012	3831.237	9.44
2008	2338.548	3.78			

注：以上数据由2005～2013年《河南统计年鉴》中相关数据计算得到。

2004～2012年河南省商品房屋销售均价总体处于上升趋势。2009～2011年有较高的增长率，平均值为14.59%。2012年商品房屋销售均价增速有所放缓，降为9.44%。

4.3 河南省服务水平指数综合评价

经以上分析，可对河南省服务水平指数做出如下评价。

1. 在智力资本方面

河南省金融业从业密度波动显著，2007年达到最大增幅7.82%，2011年次之，达到7.19%，但2012年小幅下滑1.59%；受高等教育密度在近九年间有不同程度的上升，2004年达到最大增幅26.10%，2012年增速为3.92%；科研人员密度2012年增速为4.45%，在总数上达到每平方公里1.832人；普通高等学校数量2012年达到120所，比上年增加3所。这说明2004年至2012年间，河南省的智力资本不但总量在增加，质量也在提高，受教育范围和层次得到大幅提升。

2. 在城市环境方面

河南省的城镇化水平在 2012 年达到 42.43%，比上年增长了 4.58%，从 2004 年的 28.9% 增长到 2012 年的 42.43%，增幅很大，城镇化有较快发展；城镇登记失业率始终维持在 3.40% ~ 3.52% 的合理范围之内；人均城市道路面积 2012 年为 2.707 平方米/人，比上年增长 8.63%；人均绿化覆盖面积为 8.705 公顷/万人，比上年增长 6.56%；2012 年基本医疗保险覆盖率为 23.63%，基本养老保险覆盖率达到 13.51%。种种数据表明，河南省的城市环境在逐步改善。另外，河南省 2012 年商品房屋销售均价较上年上升 9.44%，其增速比 2011 年下降了 5.63%。

第5章
河南省综合环境指数评价分析

5.1 综合环境指数的指标构建

中原经济区是在各种环境下成长发展的,因此综合环境是影响其发展的重要因素,这也是我们构建指标的时候加入该指标的初衷。综合环境包括经济环境、生态环境、开放环境、人文环境等,考虑到数据的可取性以及高度相关性,在该指数中,综合环境指数着重从经济环境和开放程度两个方面来评价该区域的整体环境发展水平。

5.1.1 经济环境指数衡量指标

经济环境是指构成一个组织生存和发展的社会经济状况和国家经济政策,是影响消费者购买能力和支出模式的因素,它包括收入的变化、消费者支出模式的变化等。中原经济区经济环境指数从人均收入、人均财政收入和人均国内生产总值等方面来衡量一个地区经济环境质量的高低。之所以用人均值指标,是因为人均值是最能体现一个地区的经济实力、发展水平和生活水准的综合指标,它不仅考虑了经济总量的大小,而且考虑了人口多少的因素,在国际上被广泛用于评价一个国家和地区的经济发展水平。

经济环境指数包括城镇人均可支配收入、农村人均纯收入、人均GDP、人均财政收入及人均社会商品零售额5个四级指标。

1. 城镇人均可支配收入

大体上来说,城镇居民收入包括工薪收入、经营净收入、财产性收入和转移性收入等,这几项之和扣除个人所得税后便得到个人可支配收入。因此,城镇居民可支配收入是指城镇居民的实际收入中能用于安排日常生活的收入,城镇居民可支配收入与常住人口之比就构成了城镇人均可支配收入,它是用来衡量城市居民收入水平和生活水平的最重要和最常用的指标。

2. 农村人均纯收入

农民纯收入是指农民的总收入扣除相应的各项费用性支出后，归农民所有的收入，农民纯收入与常住人口之比就构成了农村人均纯收入，这个指标用来观察农民实际收入水平和农民扩大再生产及改善生活的能力。

3. 人均GDP

以货币表现的一个地区居民在一定时期（通常是一年）所生产的产品和劳务的市场价值总量比该地区常住人口构成了人均国内生产总值（GDP）。

4. 人均财政收入

关于财政收入，前面已作介绍，财政收入比常住人口就构成了人均财政收入，它表征了政府为每个人提供公共产品的能力，只有人均财政收入水平状况才能真正体现一个地区的财政收入水平状况。

5. 人均社会商品零售额

在我国，居民的消费支出主要用于两个方面——购买生活消费品和支付社会劳务服务的费用，前者即表现为社会商品零售额。社会商品零售额是已实现的商品购买力。一般来说，消费于购买生活消费品的比例不会发生太大的变化，社会商品零售额的增长速度可以代表消费的增长速度，它在一定程度上反映了零售市场的总容量和人们对商品的需求以及城乡人民物质文化生活水平提高的程度。因此，计量某一地区在某一时期的社会商品零售额，对于平衡市场供需矛盾、安排人民生活、组织商品流通和货币流通具有重要的意义。

5.1.2 开放程度指数衡量指标

一般来说，提及对外开放大多是指国际开放，其相关指标是用来测算某一国家或地区经济融入国际经济的程度或对世界经济的依存状况。研究者一般是从国际贸易和国际金融的角度研究经济开放程度，依次考察一个经济体的商品市场和资本市场的对外开放程度，也有学者从经济自由化、全球化角度来衡量一国的开放程度。这里，我们选取净出口额来度量贸易方面、实际利用外资额来度量金融方面，从而综合评价中原经济区的对外开放程度。

1. 实际利用外资额

实际利用外资额是指中原经济区各地区在和外商签订合同后，实际获得的外资款项。只有实际利用外资才能真正体现各地区的外资利用水平。中原经济区要想实现快速高效发展，利用外资是必经之路。

2. 净出口额

净出口额是出口总额与进口总额之差，它从总体上反映了一个地区的外贸余额，是反映外贸对国民经济作用的主要指标。当出口总额大于进口总额时，差额是正数，也叫顺差；当出口总额小于进口总额时，差额是负数，也叫逆差。

5.2 河南省综合环境指数评价

5.2.1 经济环境指数评价

1. 城镇人均可支配收入和农村人均纯收入

2004~2012年河南省城镇人均可支配收入和农村人均纯收入及其增速，如表5-2-1所示。

表5-2-1 河南省2004~2012年城镇人均可支配收入和农村人均纯收入

年份	城镇人均可支配收入（元）	城镇人均可支配收入增速（%）	农村人均纯收入（元）	农村人均纯收入增速（%）
2004	7704.90	11.24	2553.15	14.20
2005	8667.97	12.50	2870.58	12.43
2006	9810.26	13.18	3261.03	13.60
2007	11477.05	16.99	3851.60	18.11
2008	13231.11	15.28	4454.24	15.65
2009	14371.56	8.62	4806.95	7.92
2010	15930.26	10.85	5523.73	14.91
2011	18194.80	14.22	6604.03	19.56
2012	20442.62	12.35	7524.94	13.94

注：以上数据摘自2005~2013年《河南统计年鉴》。

2004~2012年城镇人均可支配收入和农村人均纯收入均呈增长趋势。收入的变化直接影响着居民的生活质量，也是衡量经济环境的重要指标。这说明河南省在2004~2012年，经济运行良好，居民生活水平稳步提高。

2. 人均GDP、人均财政收入和人均社会商品零售额

2005~2012年河南省人均GDP、人均财政收入和人均社会商品零售额及其增速，如表5-2-2所示。

表5-2-2　河南省人均GDP、人均财政收入和人均社会商品零售额

年份	人均GDP（元）	人均GDP增速（%）	人均财政收入（元）	人均财政收入增速（%）	人均社会商品零售额（元）	人均社会商品零售额增速（%）
2005	11346	19.82	573.19	—	3604.35	—
2006	13172	16.09	723.14	26.16	4187.13	16.17
2007	16012	21.56	921.03	27.37	5011.03	19.68
2008	19181	19.79	1070.00	16.17	6167.61	23.08
2009	20597	7.38	1186.95	10.93	7111.18	15.30
2010	24446	18.69	1468.71	23.74	8510.53	19.68
2011	28661	17.24	1833.99	24.87	10069.93	18.32
2012	31723	10.68	2169.43	18.29	11604.95	15.24

注：以上数据基于2006~2013年《河南统计年鉴》中相关数据计算得到。

2005~2012年河南省人均GDP、人均财政收入和人均社会商品零售额均呈增长趋势。此三项经济环境的指标数据的提高客观反映了居民生活水平的提高和宏观经济环境的逐步改善。

5.2.2　开放程度指数评价

1. 实际利用外资额

2004~2012年河南省实际利用外资额及其增速，如表5-2-3所示。

表5-2-3　河南省实际利用外资额

年份	实际利用外资额（万美元）	实际利用外资额增速（%）	年份	实际利用外资额（万美元）	实际利用外资额增速（%）
2004	8.73	11.21	2009	47.99	18.99
2005	12.29	40.78	2010	62.47	30.17
2006	18.45	50.12	2011	100.83	61.41
2007	30.62	65.96	2012	121.17	20.17
2008	40.33	31.71			

注：以上数据摘自2005~2013年《河南统计年鉴》。

2004~2012年河南省实际利用外资额总体呈增长趋势，平均增速高达38.93%，2007年增速最大，为65.96%，2012年实际利用外资额的增速有所放缓

2. 净出口额

2004~2012年河南省净出口额及其增速，如表5-2-4所示。

表5-2-4 河南省净出口额

年份	净出口额(万美元)	净出口额增速(%)	年份	净出口额(万美元)	净出口额增速(%)
2004	173874	39.72	2009	125457	-68.31
2005	246582	41.82	2010	327737	161.23
2006	347399.5	40.89	2011	583868	78.15
2007	397798	14.51	2012	760549	30.26
2008	395846	-0.49			

注：以上数据摘自2005~2013年《河南统计年鉴》。

2004~2012年河南省净出口额有较大波动。2004~2007年，河南省净出口额稳步提升，2008年和2009年，净出口额开始出现负增长，2009年降幅达到68.31%，但2010年其增速又迅速回升至161.23%，之后的两年均保持较快增长。

5.3 河南省综合环境指数综合评价

经以上分析，可对河南省服务水平指数作出如下评价。

1. 在经济环境方面

河南省的城镇人均可支配收入从2011年的18194.80元增长至2012年的20442.62元，增速达12.35%；农村人均纯收入从2011年的6604.03元增长至7524.94元，增速达13.94%；2012年，人均GDP、人均财政收入和人均社会商品零售额较上年分别增长了10.68%、18.29%和15.24%。并且所有上述指标在过去的九年间，均未出现负增长，一直都呈上升趋势。河南省的经济环境和居民生活都在逐步改善。

2. 在开放程度方面

河南省的实际利用外资额在2012年达到121.17万美元，较2011年增加了20.17%，2007年增速最大，为65.96%，这与当时中国经济高速增长、增长潜力被普遍看好、吸引了大量外资有一定关联；净出口额近年也有大幅增加，总量从2010年的327737万美元增长至2012年的760549万美元，近三年增速分别为161.23%、78.15%和30.26%，河南省的区域开放程度在逐步扩大，对外贸易发展态势良好。

第6章
河南省18地市金融发展指数综合评价及排名

本报告将结合 SPSS 统计软件,采用因子分析模型的方法对河南省各个地市的金融发展指数指标体系进行加权整合。

6.1 金融状况指数综合评价及排名

金融状况指数是金融发展指数指标体系的第一个二级指标。其下有金融市场发展、金融结构深化和金融效率提高3个三级指标。

6.1.1 金融市场发展指数综合评价

首先判断出金融市场发展指标体系中7个指标均属于正向指标(见表6-1-1),然后对2011年河南省18个地市的这7个指标的数据进行无量纲化处理。

表6-1-1 金融市场发展指标体系

金融市场发展	金融业增加值(X1)
	金融系统存款余额(X2)
	金融系统贷款余额(X3)
	证券交易额(X4)
	发行国债额(X5)
	保费收入(X6)
	保险赔付额(X7)

因子分析的前提是观测变量之间有较强的相关关系,首先对有关变量进行相关分析。如表6-1-2所示,从表中我们看到相关矩阵中的相关系数全部大

于 0.3，满足因子分析的前提。另外，根据 KMO 和球形 Bartlett 检验数据的结果，如表 6-1-3 所示，可以看出，其中 KMO 检验值为 0.866，所取样本足够，巴特莱特检验接受零假设，即拒绝各变量独立的假设，因子分析的方法值得尝试。

表 6-1-2 变量间的相关系数矩阵

	相关矩阵	X1	X2	X3	X4	X5	X6	X7
相关	X1	1.000	0.996	0.999	0.994	0.958	0.912	0.974
	X2	0.996	1.000	0.996	0.987	0.962	0.937	0.986
	X3	0.999	0.996	1.000	0.995	0.957	0.915	0.974
	X4	0.994	0.987	0.995	1.000	0.957	0.881	0.954
	X5	0.958	0.962	0.957	0.957	1.000	0.918	0.954
	X6	0.912	0.937	0.915	0.881	0.918	1.000	0.973
	X7	0.974	0.986	0.974	0.954	0.954	0.973	1.000

表 6-1-3 KMO 和巴特莱特的检验

取样足够度的 Kaiser-Meyer-Olkin 度量		0.866
Bartlett 的球形度检验	近似卡方	379.015
	df	21
	Sig.	.000

根据斯格里准则，由图 6-1-1 所示的碎石检验图看出，在第二主成分所对应处斜率明显变小，容易判断应取第一个主成分；第一个因子的特征根特别大，说明其对原有变量的解释能力非常强，后面的六个因子的特征根值很小，对原有变量的解释能力较弱，可以被忽略，从碎石图中我们可以从另一个侧面看出提取一个因子也是非常合适的。

另外，使用 SPSS19.0 软件计算得到表 6-1-4，从该表中可以看出：当规定取特征值大于 1 对应的主成分时，则取第 1 个主成分，变量的相关系数矩阵有一个大特征根 6.768，其主成分的贡献率为 96.68%，反映了原有变量的大部分信息可以被接受。根据累计贡献率大于 85% 的原则，选取 1 个特征根来作为综合评价金融市场发展的公共因子，用 1 个新变量代替原来的 7 个变量。

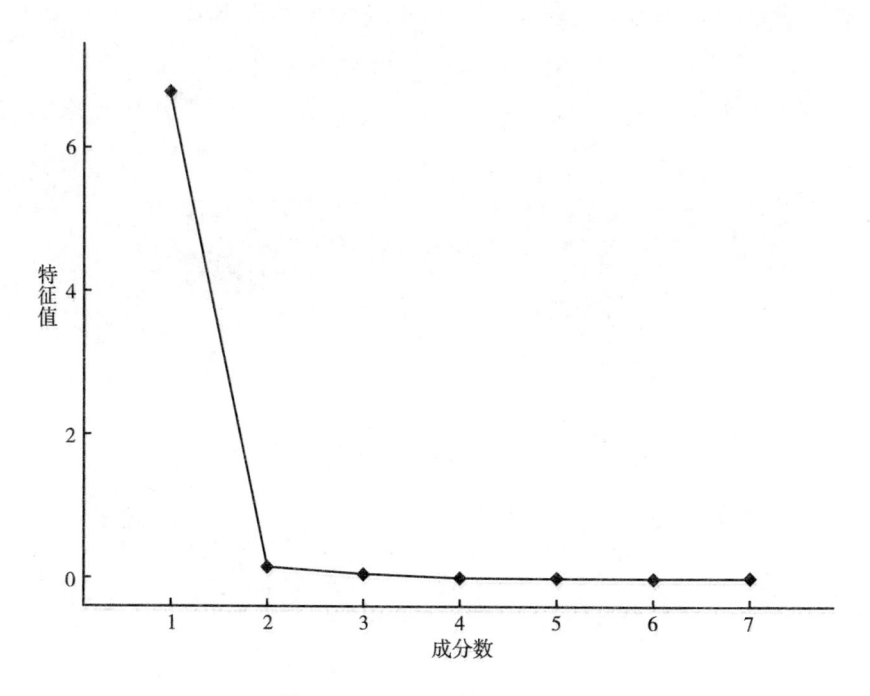

图 6-1-1　因子的碎石检验图

表 6-1-4　特征值与方差贡献率

成分	解释的总方差					
	初始特征值			提取平方和载入		
	合计	方差的%	累积%	合计	方差的%	累积%
1	6.768	96.680	96.680	6.768	96.680	96.680
2	0.161	2.294	98.975			
3	0.060	0.860	99.835			
4	0.007	0.096	99.930			
5	0.003	0.037	99.968			
6	0.002	0.022	99.990			
7	0.001	0.010	100.000			

提取方法：主成分分析。

由于只提取一个因子，因此无需对因子进行旋转，直接可得到主成分的载荷矩阵。但是如果存在多个因子，为了明确因子的意义、使各个因子得到合理的解释，往往要对初始因子载荷矩阵进行旋转。在旋转方法上，采用方差最大化方法。这是一种正交旋转方法，它使每个因子上的具有最高载荷的变量数最小，因此可以简化对因子的解释。

根据主成分的载荷阵，可以清楚地看到公共因子中金融业增加值、金融系统存款余额、金融系统贷款余额、证券交易额、发行国债额、保费收入和保险赔付额的载荷分别为：0.993、0.998、0.994、0.984、0.974、0.949和0.990，因此主成分主要代表河南省区域的银行业、证券业和保险业的发展实力，见表6-1-5。

表6-1-5 主成分的载荷阵

成分矩阵		成分矩阵	
指标	成分 1	指标	成分 1
X1（金融业增加值）	0.993	X5（发行国债额）	0.974
X2（金融系统存款余额）	0.998	X6（保费收入）	0.949
X3（金融系统贷款余额）	0.994	X7（保费赔付额）	0.990
X4（证券交易额）	0.984		

经过SPSS19.0处理，原始指标经过求解因子模型，得到主成分与对应变量的相关系数表，再对其相关系数表进行处理，得到调整后的特征向量，即因子得分系数矩阵，见表6-1-6。

表6-1-6 因子得分系数

因子得分系数矩阵		因子得分系数矩阵	
指标	成分 1	指标	成分 1
X1（金融业增加值）	0.147	X5（发行国债额）	0.144
X2（金融系统存款余额）	0.147	X6（保费收入）	0.140
X3（金融系统贷款余额）	0.147	X7（保费赔付额）	0.146
X4（证券交易额）	0.145		

利用表6-1-6中的因子得分系数矩阵可以将所有主成分表示为各个变量的线性组合，可得F1，得出主成分表达式为：

$$F1 = \sum_{i=1}^{7} PC1iXi = 0.147X_1 + 0.147X_2 + 0.147X_3 + 0.145X_4 + 0.144X_5 + 0.14X_6 + 0.146X_7$$

此处的 X_i 是原始数据经过无量纲化处理过的。由于只有一个主成分，所以可以直接得到：金融市场发展指数 = F1。

经计算得到各地市金融市场发展指标的综合排名，见表 6-1-7。

表 6-1-7　2011 年河南省各个地市金融市场发展指数排名

河南省 18 地市	F1 得分	排名	金融市场发展	排名
郑州市	101.60	1	101.60	1
开封市	8.60	14	8.60	14
洛阳市	27.37	2	27.37	2
平顶山市	13.35	6	13.35	6
安阳市	11.69	11	11.69	11
鹤壁市	2.83	17	2.83	17
新乡市	13.71	5	13.71	5
焦作市	12.64	8	12.64	8
濮阳市	9.06	13	9.06	13
许昌市	10.92	12	10.92	12
漯河市	4.49	16	4.49	16
三门峡市	5.49	15	5.49	15
南阳市	19.12	3	19.12	3
商丘市	12.17	9	12.17	9
信阳市	11.79	10	11.79	10
周口市	15.83	4	15.83	4
驻马店市	12.87	7	12.87	7
济源市	0	18	0	18

2012 年河南省各个地市金融市场发展的综合排名，如表 6-1-8 所示。

表 6-1-8　2012 年河南省各个地市金融市场发展指数排名

河南省 18 地市	F1 得分	排名	金融市场发展	排名
郑州市	101.60	1	101.60	1
开封市	7.32	14	7.32	14
洛阳市	28.83	2	28.83	2
平顶山市	12.02	7	12.02	7
安阳市	10.88	10	10.88	10
鹤壁市	1.77	17	1.77	17
新乡市	13.08	4	13.08	4

续表

河南省18地市	F1得分	排名	金融市场发展	排名
焦作市	12.19	6	12.19	6
濮阳市	8.94	13	8.94	13
许昌市	10.67	12	10.67	12
漯河市	4.08	16	4.08	16
三门峡市	5.80	15	5.80	15
南阳市	17.99	3	17.99	3
商丘市	11.22	9	11.22	9
信阳市	10.83	11	10.83	11
周口市	12.55	5	12.55	5
驻马店市	11.41	8	11.41	8
济源市	0	18	0	18

从表6-1-8可以看出，2012年金融市场发展指数相对于2011年排名发生变化的城市有7个，分别是平顶山市、安阳市、新乡市、焦作市、信阳市、周口市和驻马店市，其中周口市排名下降1位，居第5位；平顶山市排名下降1位，居第7位；驻马店市排名下降1位，居第8位；信阳市排名下降1位，居第11位。而新乡市排名上升1位，居第4位；焦作市排名上升2位，居第6位；安阳市排名上升1位，居第10位。

在金融市场发展指数排名中，郑州市连续两年都居第1位，它在银行业、证券业和保险业都处于区域最高水平；紧随其后的洛阳市居第2位；而济源市的金融市场发展排名无论是2012年还是2011年都在河南省排最后，原因在于其各项指标的规模都最小。

6.1.2 金融结构深化指数综合评价

运用上述因子分析模型和方法，结合SPSS软件，对河南省2011年的18个地市的金融结构深化指标进行综合分析，得到表6-1-9、表6-1-10。

表6-1-9 金融结构深化指标体系

金融结构深化	证券募集资金净额比GDP(X8)
	短期贷款占比(X9)
	保费收入比全省金融业增加值(X10)

表6-1-10　2011年河南省各个地市金融结构深化指数排名

河南省18地市	F1得分	排名	F2得分	排名	金融结构深化	排名
郑州市	91.60	1	75.98	5	87.01	1
开封市	2.97	16	46.78	7	15.86	14
洛阳市	30.35	3	36.74	8	32.23	3
平顶山市	5.64	13	89.77	3	30.38	4
安阳市	5.34	14	99.30	1	32.97	2
鹤壁市	2.69	17	-0.39	16	1.78	18
新乡市	19.07	5	17.76	13	18.68	11
焦作市	5.65	12	82.38	4	28.21	5
濮阳市	10.37	10	8.10	15	9.70	16
许昌市	12.12	9	56.86	6	25.28	7
漯河市	5.18	15	21.05	12	9.85	15
三门峡市	7.95	11	-1.24	17	5.25	17
南阳市	31.96	2	17.46	14	27.70	6
商丘市	16.43	7	34.23	9	21.67	8
信阳市	15.00	8	22.60	11	17.23	13
周口市	28.79	4	-5.26	18	18.77	10
驻马店市	16.99	6	28.21	10	20.29	9
济源市	-13.15	18	93.53	2	18.22	12

2012年河南省各个地市金融结构深化的综合排名，见表6-1-11。

表6-1-11　2012年河南省各个地市金融结构深化指数排名

河南省18地市	F1得分	排名	F2得分	排名	金融结构深化	排名
郑州市	92.77	1	68.67	6	85.62	1
开封市	3.16	16	42.44	9	14.82	13
洛阳市	26.13	3	50.33	8	33.31	2
平顶山市	4.28	12	91.21	3	30.07	5
安阳市	3.61	15	96.08	2	31.05	4
鹤壁市	2.72	17	-0.36	16	1.80	18
新乡市	16.08	5	17.13	14	16.39	12
焦作市	4.88	11	78.13	5	26.61	6
濮阳市	9.14	9	7.84	15	8.76	15
许昌市	11.81	8	53.70	7	24.24	8
漯河市	3.67	14	20.41	12	8.64	16
三门峡市	7.18	10	-0.99	17	4.75	17
南阳市	28.25	2	17.48	13	25.05	7
商丘市	14.12	7	33.27	10	19.80	9
信阳市	3.80	13	99.83	1	32.29	3
周口市	21.74	4	-3.51	18	14.25	14
驻马店市	14.21	6	26.57	11	17.88	10
济源市	-10.84	18	82.21	4	16.77	11

郑州市连续两年金融结构深化指数的综合排名均为第1位。信阳市的排名浮动较大，由2011年的第13位上升为2012年的第3位。其他各市排名略有变动。开封市、洛阳市、濮阳市、济源市排名分别上升1位，平顶山市、新乡市、焦作市、许昌市、漯河市、南阳市、商丘市、驻马店市排名分别下降1位，安阳市排名下降2位，周口市下降4位。鹤壁市和三门峡市两年保持排名不变，分别居第18位和第17位。

6.1.3 金融效率提高指数综合评价

运用上述因子分析模型和方法，结合 SPSS 软件，对河南省2011年的18个地市的金融效率提高指数指标进行综合分析，得到表6-1-12、表6-1-13。

表6-1-12 金融效率提高指标体系

金融效率提高	存贷比（X11）
	保险密度（X12）
	上市公司占有率（X13）

表6-1-13 2011年河南省各个地市金融效率提高指数排名

河南省18地市	F1得分	排名	F2得分	排名	金融效率提高	排名
郑州市	98.19	1	45.30	6	81.45	1
开封市	2.69	17	33.59	9	12.47	14
洛阳市	26.78	3	30.93	11	28.09	6
平顶山市	12.78	6	48.15	4	23.98	7
安阳市	12.11	8	29.29	13	17.55	11
鹤壁市	-4.04	18	101.06	1	29.23	5
新乡市	10.12	11	39.52	8	19.43	9
焦作市	31.83	2	45.02	7	36.00	2
濮阳市	17.37	5	-0.58	18	11.69	15
许昌市	17.44	4	59.91	3	30.88	4
漯河市	11.23	9	47.58	5	22.74	8
三门峡市	12.27	7	31.85	10	18.47	10
南阳市	8.45	12	29.83	12	15.22	12
商丘市	5.82	13	27.93	14	12.82	13
信阳市	2.76	16	21.18	16	8.59	17
周口市	4.09	14	24.57	15	10.57	16
驻马店市	4.02	15	14.71	17	7.40	18
济源市	11.18	10	85.73	2	34.78	3

2012年河南省各个地市金融效率提高的综合排名，见表6-1-14。

表6-1-14　2012年河南省各个地市金融效率提高指数排名

河南省18地市	F1得分	排名	F2得分	排名	金融效率提高	排名
郑州市	98.90	1	43.50	6	80.95	1
开封市	-0.88	17	38.63	8	11.93	14
洛阳市	32.81	2	33.86	10	33.15	3
平顶山市	9.82	9	49.49	5	22.68	7
安阳市	12.26	7	25.12	14	16.43	11
鹤壁市	-5.10	18	100.87	1	29.24	6
新乡市	7.51	12	40.07	7	18.06	9
焦作市	32.65	3	51.65	4	38.81	2
濮阳市	17.98	5	-1.26	18	11.75	15
许昌市	18.73	4	62.22	3	32.82	4
漯河市	13.16	6	28.01	12	17.97	10
三门峡市	9.48	10	36.11	9	18.11	8
南阳市	7.59	11	29.23	11	14.61	12
商丘市	5.28	13	27.44	13	12.46	13
信阳市	4.99	14	21.01	15	10.18	16
周口市	2.72	16	16.32	16	7.12	18
驻马店市	3.92	15	15.43	17	7.65	17
济源市	10.53	8	75.96	2	31.73	5

郑州市连续两年的金融效率提高指数的综合排名均为第1位，体现了其银行业、保险业和股票融资效率的水平较高。有8个地市的排名有所变动，洛阳市上升3位，由第6位升至第3位；三门峡市上升2位，由第10位升至第8位；信阳市排名由第17位升至第16位；驻马店市由第18位升至第17位。鹤壁市下降1位，2012年排名第6；漯河市下降2位，2012年排名第10；周口市下降2位，2012年排名第18；济源市由第3位下降至第5位。其他地市连续两年排名没有变动。

6.1.4　金融状况指数指标综合评价

运用上述因子分析模型和方法，结合SPSS软件，对河南省2011年的18个地市经分析已经得到的金融市场发展、金融结构深化、金融效率提高指标进行分析，加权得到河南省金融状况指数，并对其进行综合分析，得到表6-1-15、表6-1-16。

表6-1-15　金融状况指标体系

金融状况	金融市场发展($X*1$)
	金融结构深化($X*2$)
	金融效率提高($X*3$)

表6-1-16　2011年河南省各个地市金融状况指数排名

河南省18地市	F1得分	排名	金融状况	排名
郑州市	95.61	1	95.61	1
开封市	13.04	14	13.04	14
洛阳市	31.01	2	31.01	2
平顶山市	23.89	4	23.89	4
安阳市	22.04	6	22.04	6
鹤壁市	11.57	16	11.57	16
新乡市	18.26	9	18.26	9
焦作市	26.92	3	26.92	3
濮阳市	10.73	17	10.73	17
许昌市	23.51	5	23.51	5
漯河市	12.88	15	12.88	15
三门峡市	10.13	18	10.13	18
南阳市	22.03	7	22.03	7
商丘市	16.54	10	16.54	10
信阳市	13.37	13	13.37	13
周口市	16.06	11	16.06	11
驻马店市	14.46	12	14.46	12
济源市	18.35	8	18.35	8

2012年河南省各个地市金融状况指数的综合排名,见表6-1-17。

表6-1-17　2012年河南省各个地市金融状况指数排名

河南省18地市	F1得分	排名	金融状况	排名
郑州市	95.13	1	95.13	1
开封市	12.03	14	12.03	14
洛阳市	33.70	2	33.70	2
平顶山市	22.86	5	22.86	5
安阳市	20.67	6	20.67	6
鹤壁市	11.26	15	11.26	15
新乡市	16.77	10	16.77	10
焦作市	27.19	3	27.19	3
濮阳市	10.39	17	10.39	17
许昌市	23.74	4	23.74	4
漯河市	10.70	16	10.70	16
三门峡市	9.98	18	9.98	18
南阳市	20.48	7	20.48	7
商丘市	15.41	11	15.41	11
信阳市	18.97	8	18.97	8
周口市	12.09	13	12.09	13
驻马店市	13.15	12	13.15	12
济源市	16.83	9	16.83	9

郑州市连续两年的金融状况指数的综合排名均为第1位，而三门峡市的综合排名无论是2012年还是2011年都在河南省排在最后。除信阳市金融状况指数排名由2011年的第13上升为2012年的第8，周口市由第11下降到第13之外，其他地市2012年金融状况指数的排名与2011年相比变化不大。其中鹤壁市和漯河市在2012年和2011年两者分别调换了一下排名，漯河市由原来的第15位下降到第16位，而鹤壁市排名则相应提升1名；平顶山市和许昌市同样也调换了排名，许昌市由第5位上升为第4位，而平顶山市则相应下降1名；新乡市、商丘市和济源市排名分别下降了1名，2012年分别位于第10、第11和第9位。其他地市的金融状况指数排名没有发生变化。

6.2 成长发展指数综合评价及排名

成长发展指数是第二个用以衡量金融发展指数的二级指标，这个指标从规模成长性这个角度进行分析，其中包括了资本市场成长性、经济成长性和城市创新成长性3个三级指标。

6.2.1 资本市场成长性指数综合评价

运用上述因子分析模型和方法，结合 SPSS 软件，对河南省2011年的18个地市的资本市场成长性指标进行综合分析，得到表6-2-1、表6-2-2。

表6-2-1 资本市场成长性指标体系

资本市场成长性	金融机构贷款余额年增长额(X14)
	发行国债年增长额(X15)
	A股股票募集资金净额(X16)

表6-2-2 2011年河南省各个地市资本市场成长性指数排名

河南省18地市	F1得分	排名	资本市场成长性	排名
郑州市	81.23	1	81.23	1
开封市	6.15	11	6.15	11
洛阳市	38.67	2	38.67	2
平顶山市	21.94	4	21.94	4
安阳市	14.27	7	14.27	7

续表

河南省18地市	F1得分	排名	资本市场成长性	排名
鹤壁市	-5.83	17	-5.83	17
新乡市	14.14	8	14.14	8
焦作市	15.96	6	15.96	6
濮阳市	2.21	12	2.21	12
许昌市	22.59	3	22.59	3
漯河市	-5.26	16	-5.26	16
三门峡市	0.56	14	0.56	14
南阳市	18.54	5	18.54	5
商丘市	-4.65	15	-4.65	15
信阳市	11.75	10	11.75	10
周口市	-8.19	18	-8.19	18
驻马店市	12.53	9	12.53	9
济源市	1.14	13	1.14	13

2012年河南省各个地市资本市场成长性的综合排名，见表6-2-3。

表6-2-3　2012年河南省各个地市资本市场成长性指数排名

河南省18地市	F1得分	排名	资本市场成长性	排名
郑州市	73.70	1	73.70	1
开封市	36.80	11	36.80	11
洛阳市	59.40	2	59.40	2
平顶山市	43.36	6	43.36	6
安阳市	46.26	4	46.26	4
鹤壁市	28.51	17	28.51	17
新乡市	37.49	9	37.49	9
焦作市	41.40	7	41.40	7
濮阳市	31.48	16	31.48	16
许昌市	48.98	3	48.98	3
漯河市	33.38	15	33.38	15
三门峡市	38.46	8	38.46	8
南阳市	36.64	12	36.64	12
商丘市	36.43	13	36.43	13
信阳市	45.08	5	45.08	5
周口市	20.18	18	20.18	18
驻马店市	33.42	14	33.42	14
济源市	37.15	10	37.15	10

郑州市连续两年的资本市场成长性指数的综合排名均为第1位，而周口市的综合排名无论是2012年还是2011年都在河南省排最后。由于资本市场成长性的四级指标2011年、2012年的排名有较大变动，因此各地市资本市场成长性指数的总排名变

化也较大,其中安阳市由 2011 年的第 7 位上升至 2012 年的第 4 位,漯河市由第 16 位上升至第 15 位,三门峡市由第 14 位上升至第 8 位,商丘市由第 15 位上升至第 13 位,信阳市由第 10 位上升至第 5 位,济源市由第 13 位上升至第 10 位;另外,平顶山市由第 4 位下降至第 6 位,新乡市由第 8 位下降至第 9 位,焦作市由第 6 位下降至第 7 位,濮阳市由第 12 位下降至第 16 位,南阳市由第 5 位下降至第 12 位,驻马店市由第 9 位下降至第 14 位。开封市、洛阳市、许昌市和鹤壁市综合排名没有发生变化。

6.2.2 经济成长性指数综合评价

运用上述因子分析模型和方法,结合 SPSS 软件,对河南省 2011 年的 18 个地市的经济成长性指标进行综合分析,得到表 6-2-4、表 6-2-5。

表 6-2-4 经济成长性指标体系

经济成长性	GDP 年增长额(X17)
	财政收入年增长额(X18)
	社会固定资产投资年增长额(X19)
	社会消费品零售总额年增长额(X20)

表 6-2-5 2011 年河南省各个地市经济成长性指数排名

河南省 18 地市	F1 得分	排名	经济成长性	排名
郑州市	102.10	1	102.10	1
开封市	14.92	13	14.92	13
洛阳市	45.66	2	45.66	2
平顶山市	16.36	11	16.36	11
安阳市	17.66	7	17.66	7
鹤壁市	3.19	17	3.19	17
新乡市	26.68	4	26.68	4
焦作市	17.34	10	17.34	10
濮阳市	10.80	15	10.80	15
许昌市	21.33	5	21.33	5
漯河市	6.65	16	6.65	16
三门峡市	11.61	14	11.61	14
南阳市	32.37	3	32.37	3
商丘市	17.36	9	17.36	9
信阳市	18.83	6	18.83	6
周口市	17.55	8	17.55	8
驻马店市	15.47	12	15.47	12
济源市	0	18	0	18

2012年河南省各个地市经济成长性的综合排名见表6-2-6。

表6-2-6　2012年河南省各个地市经济成长性指数排名

河南省18地市	F1得分	排名	经济成长性	排名
郑州市	102.70	1	102.70	1
开封市	17.33	9	17.33	9
洛阳市	46.45	2	46.45	2
平顶山市	12.57	14	12.57	14
安阳市	14.21	12	14.21	12
鹤壁市	3.29	17	3.29	17
新乡市	23.35	4	23.35	4
焦作市	16.72	11	16.72	11
濮阳市	11.98	15	11.98	15
许昌市	20.33	7	20.33	7
漯河市	7.26	16	7.26	16
三门峡市	13.31	13	13.31	13
南阳市	33.06	3	33.06	3
商丘市	17.86	8	17.86	8
信阳市	21.00	6	21.00	6
周口市	21.73	5	21.73	5
驻马店市	16.99	10	16.99	10
济源市	2.13	18	2.13	18

郑州市连续两年的经济成长性指数的排名均为第1位，而济源市的排名无论是2012年还是2011年都在河南省排最后。各个地市的排名发生变化的有9个，其中排名上升的城市有5个，分别是开封市、三门峡市、商丘市、周口市和驻马店市，其中开封市上升了4位，位于第9位；三门峡市上升了1位，位于第13位；商丘市上升了1位，位于第8位；周口市上升了3位，位于第5位，驻马店市上升了2位，位于第10位。排名下降的城市有4个，分别为平顶山市、安阳市、焦作市和许昌市，其中平顶山市下降了3位，位于第14位；安阳市下降了5位，位于第12位；焦作市下降了1位，位于第11位；许昌市下降了2位，位于第7位。其他地市的2012年经济成长性指数的综合排名较上一年没有发生变化。

6.2.3 城市创新成长性指数综合评价

运用上述因子分析模型和方法,结合 SPSS 软件,对河南省 2011 年的 18 个地市的城市创新成长性指标进行综合分析,得到表 6-2-7、表 6-2-8。

表 6-2-7 城市创新成长性指标体系

城市创新成长性	政府研发经费支出年增长额(X21)
	政府研发人员年增长量(X22)
	新产品销售收入年增长额(X23)

表 6-2-8 2011 年河南省各个地市城市创新成长性指数排名

河南省 18 地市	F1 得分	排名	城市创新成长性	排名
郑州市	89.98	1	89.98	1
开封市	37.49	6	37.49	6
洛阳市	39.35	5	39.35	5
平顶山市	29.59	9	29.59	9
安阳市	74.87	2	74.87	2
鹤壁市	26.95	13	26.95	13
新乡市	44.05	3	44.05	3
焦作市	21.45	17	21.45	17
濮阳市	32.94	7	32.94	7
许昌市	32.16	8	32.16	8
漯河市	23.65	16	23.65	16
三门峡市	28.81	10	28.81	10
南阳市	39.58	4	39.58	4
商丘市	26.04	14	26.04	14
信阳市	27.20	12	27.20	12
周口市	27.39	11	27.39	11
驻马店市	17.78	18	17.78	18
济源市	23.72	15	23.72	15

2012 年河南省各个地市城市创新成长性的综合排名,见表 6-2-9。

表6-2-9 2012年河南省各个地市城市创新成长性指数排名

河南省18地市	F1得分	排名	城市创新成长性	排名
郑州市	32.15	10	32.15	10
开封市	37.26	7	37.26	7
洛阳市	79.37	2	79.37	2
平顶山市	31.59	11	31.59	11
安阳市	14.81	18	14.81	18
鹤壁市	25.05	16	25.05	16
新乡市	84.07	1	84.07	1
焦作市	37.48	6	37.48	6
濮阳市	35.55	8	35.55	8
许昌市	48.64	3	48.64	3
漯河市	29.54	13	29.54	13
三门峡市	30.87	12	30.87	12
南阳市	44.40	4	44.40	4
商丘市	33.00	9	33.00	9
信阳市	28.59	14	28.59	14
周口市	23.12	17	23.12	17
驻马店市	28.25	15	28.25	15
济源市	42.01	5	42.01	5

在城市创新成长性指数这一部分，体现城市创新成本投入和效益成长性的指标排名两年内的变动较大，所以部分地市2011年和2012年的排名变动也较大。其中洛阳市从2011年的第5位上升至第2位，新乡市从第3位上升至第1位，焦作市从第17位上升至第6位，许昌市从第8位上升至第3位，漯河市从第16位上升至第13位，商丘市从第14位上升至第9位，驻马店市从第18位上升至第15位，济源市从第15位上升至第5位；而郑州市从第1位下降至第10位，开封市从第6位下降至第7位，平顶山市从第9位下降至第11位，安阳市从第2位下降至第18位，鹤壁市从第13位下降至第16位，濮阳市从第7位下降至第8位，三门峡市从第10位下降至第12位，信阳市从第12位下降至第14位，周口市从第11位下降至第17位。南阳市2011年和2012年都排在第4位。

6.2.4 成长发展指数综合评价

运用上述因子分析模型和方法，结合 SPSS 软件，对河南省 2011 年的 18 个地市经分析已经得到的资本市场成长性、经济成长性、城市创新成长性这 3 个指标进行分析，加权得到河南省成长发展指数，并对其进行综合分析，得到表 6-2-10、表 6-2-11。

表 6-2-10 成长发展指标体系

成长发展	资本市场成长性（X*4）
	经济成长性（X*5）
	城市创新成长性（X*6）

表 6-2-11 2011 年河南省各个地市成长发展指数排名

河南省 18 地市	F1 得分	排名	成长发展	排名
郑州市	97.66	1	97.66	1
开封市	20.41	9	20.41	9
洛阳市	44.23	2	44.23	2
平顶山市	24.02	7	24.02	7
安阳市	37.02	3	37.02	3
鹤壁市	8.17	18	8.17	18
新乡市	29.88	5	29.88	5
焦作市	19.46	10	19.46	10
濮阳市	15.93	12	15.93	12
许昌市	26.97	6	26.97	6
漯河市	8.53	16	8.53	16
三门峡市	14.23	13	14.23	13
南阳市	32.07	4	32.07	4
商丘市	13.52	14	13.52	14
信阳市	20.42	8	20.42	8
周口市	12.75	15	12.75	15
驻马店市	16.28	11	16.28	11
济源市	8.43	17	8.43	17

2012 年河南省各个地市成长发展指数的综合排名，见表 6-2-12。

表 6-2-12　2012 年河南省各个地市成长发展指数排名

河南省 18 地市	F1 得分	排名	成长发展	排名
郑州市	68.97	1	68.97	1
开封市	27.78	8	27.78	8
洛阳市	55.70	2	55.70	2
平顶山市	27.14	9	27.14	9
安阳市	24.78	12	24.78	12
鹤壁市	17.14	18	17.14	18
新乡市	41.11	3	41.11	3
焦作市	29.25	7	29.25	7
濮阳市	23.65	15	23.65	15
许昌市	35.81	4	35.81	4
漯河市	21.29	16	21.29	16
三门峡市	25.48	11	25.48	11
南阳市	34.80	5	34.80	5
商丘市	26.83	10	26.83	10
信阳市	29.93	6	29.93	6
周口市	20.06	17	20.06	17
驻马店市	24.34	13	24.34	13
济源市	23.80	14	23.80	14

郑州市连续两年的成长发展指数的排名均为第 1 位。由于受三级指标的影响，各地市的成长发展指数排名变动相对较大。其中，开封市从 2011 年的第 9 位上升至第 8 位，新乡市从第 5 位上升至第 3 位，焦作市从第 10 位上升至第 7 位，许昌市从第 6 位上升至第 4 位，三门峡市从第 13 位上升至第 11 位，商丘市从第 14 位上升至第 10 位，信阳市从第 8 位上升至第 6 位，济源市从第 17 位上升至第 14 位；而平顶山市从第 7 位下降至第 9 位，安阳市从第 3 位下降至第 12 位，濮阳市从第 12 位下降至第 15 位，南阳市从第 4 位下降至第 5 位，周口市从第 15 位下降至第 17 位，驻马店市从第 11 位下降至第 13 位。洛阳市、鹤壁市、漯河市的 2012 年成长发展指数排名较上一年没有发生变化。

6.3　服务水平指数综合评价及排名

服务水平指数是第三个用以衡量金融发展指数的二级指标，这个指标意在从城市发展这个角度对金融发展指数进行量化，其中包括了智力资本和城市环境两个三级指标。

6.3.1 智力资本指数综合评价

运用上述因子分析模型和方法，结合SPSS软件，对河南省2011年的18个地市的智力资本指标进行综合分析，得到表6-3-1、表6-3-2。

表6-3-1 智力资本指标体系

智力资本	金融业从业密度（X24）
	受高等教育密度（X25）
	科研人员密度（X26）
	普通高等学校数量（X27）

表6-3-2 2011年河南省各个地市智力资本指数排名

河南省18地市	F1得分	排名	智力资本	排名
郑州市	104.50	1	104.50	1
开封市	10.20	9	10.20	9
洛阳市	11.39	8	11.39	8
平顶山市	15.93	4	15.93	4
安阳市	14.39	5	14.39	5
鹤壁市	9.28	11	9.28	11
新乡市	18.20	3	18.20	3
焦作市	35.06	2	35.06	2
濮阳市	10.07	10	10.07	10
许昌市	13.22	7	13.22	7
漯河市	13.79	6	13.79	6
三门峡市	2.26	17	2.26	17
南阳市	3.95	15	3.95	15
商丘市	6.55	14	6.55	14
信阳市	2.62	16	2.62	16
周口市	7.34	13	7.34	13
驻马店市	1.20	18	1.20	18
济源市	8.21	12	8.21	12

2012年河南省各个地市智力资本的综合排名，见表6-3-3。

表6-3-3　2012年河南省各个地市智力资本指数排名

河南省18地市	F1得分	排名	智力资本	排名
郑州市	104.40	1	104.40	1
开封市	10.03	10	10.03	10
洛阳市	12.12	8	12.12	8
平顶山市	14.89	4	14.89	4
安阳市	12.72	7	12.72	7
鹤壁市	10.30	9	10.30	9
新乡市	18.79	3	18.79	3
焦作市	35.33	2	35.33	2
濮阳市	8.04	11	8.04	11
许昌市	14.80	5	14.80	5
漯河市	14.46	6	14.46	6
三门峡市	2.74	16	2.74	16
南阳市	3.79	15	3.79	15
商丘市	6.97	13	6.97	13
信阳市	2.53	17	2.53	17
周口市	6.57	14	6.57	14
驻马店市	1.20	18	1.20	18
济源市	7.62	12	7.62	12

郑州市连续两年的智力资本指数排名均为第1位。开封市排名从2011年的第9位下降至2012年的第10位，安阳市从第5位下降至第7位，濮阳市从第10位下降至第11位；而鹤壁市从第11位上升至第9位，许昌市从第7位上升至第5位。三门峡市和信阳市排名互换，三门峡市升至第16位；商丘市和周口市排名互换，商丘市升至第13位。其他地市的2012年智力资本指数排名较上一年没有发生变化。

6.3.2　城市环境指数综合评价

运用上述因子分析模型和方法，结合SPSS软件，对河南省2011年的18个地市的城市环境指标进行综合分析，得到表6-3-4、表6-3-5。

表6-3-4 城市环境指数指标体系

城市环境	城镇化水平(X28)
	城镇登记失业率(X29)
	人均城市道路面积(X30)
	人均绿化覆盖面积(X31)
	基本医疗保险覆盖率(X32)
	基本养老保险覆盖率(X33)
	商品房屋销售均价(X34)

表6-3-5 2011年河南省各个地市城市环境指数排名

河南省18地市	F1得分	排名	城市环境	排名
郑州市	71.95	1	71.95	1
开封市	21.14	12	21.14	12
洛阳市	43.05	3	43.05	3
平顶山市	25.29	9	25.29	9
安阳市	23.75	10	23.75	10
鹤壁市	35.55	5	35.55	5
新乡市	28.04	7	28.04	7
焦作市	37.09	4	37.09	4
濮阳市	13.13	13	13.13	13
许昌市	21.41	11	21.41	11
漯河市	27.75	8	27.75	8
三门峡市	31.80	6	31.80	6
南阳市	6.01	16	6.01	16
商丘市	7.82	15	7.82	15
信阳市	13.08	14	13.08	14
周口市	-4.23	18	-4.23	18
驻马店市	-2.63	17	-2.63	17
济源市	52.10	2	52.10	2

2012年河南省各个地市城市环境的综合排名,见表6-3-6。

表6-3-6 2012年河南省各个地市城市环境指数排名

河南省18地市	F1得分	排名	城市环境	排名
郑州市	73.63	1	73.63	1
开封市	24.92	10	24.92	10
洛阳市	43.45	3	43.45	3
平顶山市	23.74	11	23.74	11
安阳市	26.01	9	26.01	9
鹤壁市	35.44	5	35.44	5
新乡市	30.29	6	30.29	6
焦作市	41.71	4	41.71	4
濮阳市	12.47	14	12.47	14
许昌市	20.13	12	20.13	12
漯河市	30.21	7	30.21	7
三门峡市	29.88	8	29.88	8
南阳市	5.93	15	5.93	15
商丘市	5.67	16	5.67	16
信阳市	14.74	13	14.74	13
周口市	4.14	18	4.14	18
驻马店市	4.43	17	4.43	17
济源市	60.01	2	60.01	2

郑州市连续两年的城市环境指数排名均为第1位，而周口市的综合排名无论是2012年还是2011年都在河南省排最后。开封市从2011年的第12位上升至第10位，安阳市从第10位上升至第9位，新乡市从第7位上升至第6位，漯河市从第8位上升至第7位；平顶山市从第9位下降至第11位，许昌市从第11位下降至第12位，三门峡市从第6位下降至第8位。另外，濮阳市和信阳市排名互换，信阳市升至第13位，濮阳市降至第14位；南阳市和商丘市排名互换，南阳市升至第15位，商丘市降至第16位。其他地市的2012年城市环境指数排名较上一年没有发生变化。

6.3.3 服务水平指数综合评价

运用上述因子分析模型和方法,结合 SPSS 软件,对河南省 2011 年的 18 个地市经分析已经得到的智力资本和城市环境指标进行分析,加权得到河南省服务水平指数,并对其进行综合分析,得到表 6-3-7、表 6-3-8。

表 6-3-7 服务水平指标体系

服务水平	智力资本($X*7$)
	城市环境($X*8$)

表 6-3-8 2011 年河南省各个地市服务水平指数排名

河南省 18 地市	F1 得分	排名	服务水平	排名
郑州市	95.99	1	95.99	1
开封市	17.05	12	17.05	12
洛阳市	29.62	4	29.62	4
平顶山市	22.42	8	22.42	8
安阳市	20.75	9	20.75	9
鹤壁市	24.38	6	24.38	6
新乡市	25.15	5	25.15	5
焦作市	39.25	2	39.25	2
濮阳市	12.62	13	12.62	13
许昌市	18.84	10	18.84	10
漯河市	22.60	7	22.60	7
三门峡市	18.53	11	18.53	11
南阳市	5.41	16	5.41	16
商丘市	7.81	15	7.81	15
信阳市	8.54	14	8.54	14
周口市	1.69	17	1.69	17
驻马店市	-0.78	18	-0.78	18
济源市	32.81	3	32.81	3

2012 年河南省各个地市服务水平指数的综合排名,见表 6-3-9。

表6-3-9　2012年河南省各个地市服务水平指数排名

河南省18地市	F1得分	排名	服务水平	排名
郑州市	96.67	1	96.67	1
开封市	18.97	10	18.97	10
洛阳市	30.17	4	30.17	4
平顶山市	20.98	9	20.98	9
安阳市	21.03	8	21.03	8
鹤壁市	24.84	6	24.84	6
新乡市	26.65	5	26.65	5
焦作市	41.83	2	41.83	2
濮阳市	11.13	13	11.13	13
许昌市	18.97	11	18.97	11
漯河市	24.25	7	24.25	7
三门峡市	17.71	12	17.71	12
南阳市	5.28	17	5.28	17
商丘市	6.86	15	6.86	15
信阳市	9.37	14	9.37	14
周口市	5.81	16	5.81	16
驻马店市	3.05	18	3.05	18
济源市	36.72	3	36.72	3

郑州市连续两年的服务水平指数排名均为第1位，而驻马店市的综合排名无论是2012年还是2011年都在河南省排最后。开封市从2011年的第12位上升至2012年的第10位，许昌市从第10位降至第11位，三门峡市从第11位降至第12位。平顶山市和安阳市排名互换，安阳市升至第8位，排名上升1位；南阳市和周口市排名互换，周口市升至第16位，排名上升1位。其他地市的2012年服务水平指数排名较上一年没有发生变化。

6.4　综合环境指数综合评价及排名

综合环境指数是第四个二级指标，这个指标是从各地市内部经济环境和对外经济贸易出发衡量对金融发展指数的影响，因此分为经济环境和开放程度两个三级指标。

6.4.1 经济环境指数综合评价

运用上述因子分析模型和方法，结合 SPSS 软件，对 2012 年河南省 18 个地市的经济环境指标进行综合分析，得到表 6-4-1、表 6-4-2。

表 6-4-1 经济环境指数指标体系

经济环境	城镇人均可支配收入(X35)
	农村人均纯收入(X36)
	人均 GDP(X37)
	人均财政收入(X38)
	人均社会商品零售额(X39)

表 6-4-2 2011 年河南省各个地市经济环境指数排名

河南省 18 地市	F1 得分	排名	经济环境	排名
郑 州 市	108.00	1	108.00	1
开 封 市	16.92	14	16.92	14
洛 阳 市	56.11	3	56.11	3
平顶山市	32.11	9	32.11	9
安 阳 市	33.58	7	33.58	7
鹤 壁 市	33.28	8	33.28	8
新 乡 市	30.69	11	30.69	11
焦 作 市	49.36	4	49.36	4
濮 阳 市	19.56	13	19.56	13
许 昌 市	41.69	6	41.69	6
漯 河 市	31.25	10	31.25	10
三门峡市	43.93	5	43.93	5
南 阳 市	21.37	12	21.37	12
商 丘 市	7.59	16	7.59	16
信 阳 市	10.83	15	10.83	15
周 口 市	0.22	18	0.22	18
驻马店市	6.38	17	6.38	17
济 源 市	70.08	2	70.08	2

2012 年河南省各个地市经济环境的综合排名，见表 6-4-3。

表6-4-3　2012年河南省各个地市经济环境指数排名

河南省18地市	F1得分	排名	经济环境	排名
郑州市	108.25	1	108.25	1
开封市	17.46	14	17.46	14
洛阳市	55.80	3	55.80	3
平顶山市	30.07	11	30.07	11
安阳市	32.46	7	32.46	7
鹤壁市	32.21	8	32.21	8
新乡市	30.64	10	30.64	10
焦作市	48.26	4	48.26	4
濮阳市	19.71	13	19.71	13
许昌市	41.55	6	41.55	6
漯河市	30.81	9	30.81	9
三门峡市	43.90	5	43.90	5
南阳市	21.19	12	21.19	12
商丘市	7.47	16	7.47	16
信阳市	10.04	15	10.04	15
周口市	0.20	18	0.20	18
驻马店市	6.04	17	6.04	17
济源市	69.74	2	69.74	2

郑州市连续两年的经济环境指数的排名均为第1位，而周口市的综合排名无论是2012年还是2011年都在河南省排最后。其中，新乡市从2011年的第11位上升至第10位，漯河市从第10位上升至第9位，平顶山市从第9位下降至第11位，其他地市2012年的经济环境排名与2011年相比没有发生变化。

6.4.2　开放程度指数综合评价

运用上述因子分析模型和方法，结合SPSS软件，对2011年河南省18个地市的开放程度指数指标进行综合分析，得到表6-4-4、表6-4-5。

表6-4-4　开放程度指数指标体系

开放程度	实际利用外资额(X40)
	净出口额(X41)

表6-4-5 2011年河南省各个地市开放程度指数排名

河南省18地市	F1得分	排名	开放程度	排名
郑州市	103.60	1	103.60	1
开封市	13.03	12	13.03	12
洛阳市	49.14	2	49.14	2
平顶山市	15.16	9	15.16	9
安阳市	2.38	17	2.38	17
鹤壁市	14.42	10	14.42	10
新乡市	18.43	7	18.43	7
焦作市	22.92	4	22.92	4
濮阳市	15.24	8	15.24	8
许昌市	25.71	3	25.71	3
漯河市	13.30	11	13.30	11
三门峡市	19.62	5	19.62	5
南阳市	18.77	6	18.77	6
商丘市	11.64	15	11.64	15
信阳市	8.10	16	8.10	16
周口市	12.82	13	12.82	13
驻马店市	12.09	14	12.09	14
济源市	0	18	0	18

2012年河南省各个地市开放程度的综合排名，见表6-4-6。

表6-4-6 2012年河南省各个地市开放程度指数排名

河南省18地市	F1得分	排名	开放程度	排名
郑州市	104.00	1	104.00	1
开封市	18.84	13	18.84	13
洛阳市	50.03	2	50.03	2
平顶山市	18.94	12	18.94	12
安阳市	14.47	17	14.47	17
鹤壁市	19.85	10	19.85	10
新乡市	26.00	5	26.00	5
焦作市	27.54	4	27.54	4
濮阳市	20.54	9	20.54	9
许昌市	27.56	3	27.56	3
漯河市	22.39	7	22.39	7
三门峡市	24.91	6	24.91	6
南阳市	20.90	8	20.90	8
商丘市	16.53	15	16.53	15
信阳市	15.86	16	15.86	16
周口市	19.00	11	19.00	11
驻马店市	17.26	14	17.26	14
济源市	0	18	0	18

郑州市连续两年开放程度指数的综合排名均为第 1 位，而济源市的综合排名无论是 2012 年还是 2011 年都在河南省排最后。各个地市排名发生变化的有 8 个，其中开放程度指数排名上升的城市有 3 个，分别是新乡市、漯河市和周口市。其中新乡市上升 2 位，位于第 5 位；漯河市上升 4 位，位于第 7 位；周口市上升 2 位，位于第 11 位。排名下降的城市有 5 个，分别是开封市、平顶山市、濮阳市、三门峡市和南阳市。其中开封市下降 1 位，位于第 13 位；平顶山市下降 3 位，位于第 12 位；濮阳市下降 1 位，位于第 9 位；三门峡市下降 1 位，位于第 6 位；南阳市下降 2 位，位于第 8 位。其他地市的开放程度排名两年内没有什么变化，保持其原有的排名。

6.4.3 综合环境指数综合评价

运用上述因子分析模型和方法，结合 SPSS 软件，对河南省 2011 年的 18 个地市经分析已经得到的经济环境和开放程度这两个指标进行分析，加权得到河南省综合环境指数，并对其进行综合分析，得到表 6-4-7、表 6-4-8。

表 6-4-7 综合环境指标体系

综合环境	经济环境（X*9）
	开放程度（X*10）

表 6-4-8 2011 年河南省各个地市综合环境指数排名

河南省 18 地市	F1 得分	排名	综合环境	排名
郑 州 市	113.84	1	113.84	1
开 封 市	16.11	14	16.11	14
洛 阳 市	56.63	2	56.63	2
平顶山市	25.43	9	25.43	9
安 阳 市	19.35	12	19.35	12
鹤 壁 市	25.66	8	25.66	8
新 乡 市	26.43	7	26.43	7
焦 作 市	38.89	3	38.89	3
濮 阳 市	18.72	13	18.72	13
许 昌 市	36.26	5	36.26	5
漯 河 市	23.97	10	23.97	10

续表

河南省18地市	F1得分	排名	综合环境	排名
三门峡市	34.19	6	34.19	6
南阳市	21.59	11	21.59	11
商丘市	10.34	15	10.34	15
信阳市	10.18	16	10.18	16
周口市	7.02	18	7.02	18
驻马店市	9.93	17	9.93	17
济源市	37.70	4	37.70	4

2012年河南省各个地市综合环境指数的综合排名，见表6-4-9。

表6-4-9 2012年河南省各个地市综合环境指数排名

河南省18地市	F1得分	排名	综合环境	排名
郑州市	115.04	1	115.04	1
开封市	19.67	14	19.67	14
洛阳市	57.36	2	57.36	2
平顶山市	26.56	10	26.56	10
安阳市	25.44	11	25.44	11
鹤壁市	28.22	9	28.22	9
新乡市	30.70	7	30.70	7
焦作市	41.08	3	41.08	3
濮阳市	21.81	13	21.81	13
许昌市	37.46	5	37.46	5
漯河市	28.84	8	28.84	8
三门峡市	37.29	6	37.29	6
南阳市	22.81	12	22.81	12
商丘市	13.01	16	13.01	16
信阳市	14.04	15	14.04	15
周口市	10.41	18	10.41	18
驻马店市	12.63	17	12.63	17
济源市	37.80	4	37.80	4

郑州市连续两年的综合环境指数排名均为第1位，说明了郑州作为河南省会和金融中心所发挥的带头和示范作用，使其综合经济环境较其他地区优越。周口市的综合排名无论是2012年还是2011年都在河南省排最后。其他地市2012年的排名与2011年相比变化不大，其中安阳市和南阳市在2012年和2011年排名互换，南阳市

由原来的第 11 位下降到第 12 位,而安阳市排名相应提升 1 位。同样的,商丘市和信阳市也在两年中排名互换,信阳市由原来的第 16 位提升为第 15 位。漯河市从第 10 位上升至第 8 位,而平顶山市从第 9 位下降至第 10 位,鹤壁市从第 8 位下降至第 9 位。其他地市的综合环境指数排名没有发生变化。

6.5 金融发展指数综合评价及排名

金融发展指数是金融发展指标体系的一级指标,它衡量一个地市金融发展的最终状况。

表 6-5-1 金融发展指数指标体系

	金融状况($X**1$)
金融发展指数	成长发展($X**2$)
	服务水平($X**3$)
	综合环境($X**4$)

表 6-5-2 2011 年河南省各个地市金融发展指数排名

河南省 18 地市	F1 得分	排名	金融发展指数	排名
郑州市	105.46	1	105.46	1
开封市	17.37	13	17.37	13
洛阳市	42.23	2	42.23	2
平顶山市	25.05	8	25.05	8
安阳市	25.82	6	25.82	6
鹤壁市	18.29	11	18.29	11
新乡市	26.01	5	26.01	5
焦作市	32.62	3	32.62	3
濮阳市	15.15	14	15.15	14
许昌市	27.64	4	27.64	4
漯河市	17.82	12	17.82	12
三门峡市	20.19	10	20.19	10
南阳市	21.19	9	21.19	9
商丘市	12.63	16	12.63	16
信阳市	13.69	15	13.69	15
周口市	9.84	18	9.84	18
驻马店市	10.44	17	10.44	17
济源市	25.54	7	25.54	7

2012年河南省各个地市金融发展指数的排名，见表6-5-3。

表6-5-3　2012年河南省各个地市金融发展指数排名

河南省18地市	F1得分	排名	金融发展指数	排名
郑州市	99.94	1	99.94	1
开封市	20.59	13	20.59	13
洛阳市	46.74	2	46.74	2
平顶山市	25.78	7	25.78	7
安阳市	24.30	8	24.30	8
鹤壁市	21.59	12	21.59	12
新乡市	30.26	6	30.26	6
焦作市	36.93	3	36.93	3
濮阳市	17.64	15	17.64	15
许昌市	30.66	4	30.66	4
漯河市	22.50	10	22.50	10
三门峡市	23.96	9	23.96	9
南阳市	21.92	11	21.92	11
商丘市	16.27	16	16.27	16
信阳市	18.96	14	18.96	14
周口市	12.69	18	12.69	18
驻马店市	13.93	17	13.93	17
济源市	30.51	5	30.51	5

在金融发展指数的总排名中，郑州市连续两年的综合排名均为第1位，而周口市无论是2012年还是2011年都在河南省排最后。其他地市2012年金融发展指数排名发生变化的有10个，排名上升的城市有5个，平顶山市从第8位上升至第7位，漯河市从第12位上升至第10位，三门峡市从第10位上升至第9位，信阳市从第15位上升至第14位，济源市从第7位上升至第5位；排名下降的城市有5个，安阳市从第6位下降至第8位，鹤壁市从第11位下降至第12位，新乡市从第5位下降至第6位，濮阳市从第14位下降至第15位，南阳市从第9位下降至第11位。其他地市的2012年金融发展指数排名较上一年没有发生变化。

区域篇
(河南省18地市)

第7章
郑州市 2012 年金融发展指数报告

7.1 郑州市金融状况指数评价分析

7.1.1 郑州市金融市场发展指数评价分析

2011~2012 年郑州市金融市场发展指标及其下属指标，在河南省的排位变化情况，如表 7-1-1 和图 7-1-1 所示。

表 7-1-1 郑州市 2011~2012 年金融市场发展指数及其四级指标

年份		金融业增加值	金融系统存款余额	金融系统贷款余额	证券交易额	发行国债额	保费收入	保险赔付额	金融市场发展指数
2011	原值(亿元)	303.21	8964.87	6112.78	11176.51	18.52	158.98	39.60	101.60
	标准化后	100.00	100.00	100.00	100.00	100.00	100.00	100.00	
2012	原值(亿元)	379.93	10448.29	6794.13	9241.54	12.73	178.37	47.58	101.60
	标准化后	100.00	100.00	100.00	100.00	100.00	100.00	100.00	
2011 年排名		1	1	1	1	1	1	1	1
2012 年排名		1	1	1	1	1	1	1	1
升降		0	0	0	0	0	0	0	0

1. 2012 年郑州市金融市场发展指数在整个河南省的综合排位处于第 1 位，表明其在河南省处于优势地位；与 2011 年相比排位没有发生变化。

2. 从指标所处的水平看，金融业增加值、金融系统存款余额、金融系统贷款余额、证券交易额、发行国债额、保费收入和保险赔付额在整个河南省均居第 1 位，这说明郑州市的金融市场发展水平在河南省处于绝对领先地位。

3. 从雷达图图形变化看，2012 年与 2011 年相比，面积没有变化。

4. 从排位变化的动因看，2012 年郑州市金融市场发展指数四级指标在河南省的排位均没有发生变化。

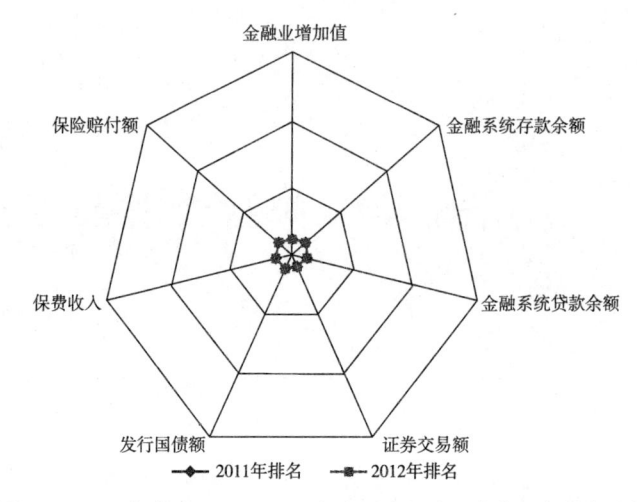

图 7-1-1　郑州市 2011~2012 年金融市场发展指数四级指标比较

7.1.2　郑州市金融结构深化指数评价分析

2011~2012 年郑州市金融结构深化指标及其下属指标，在河南省的排位变化情况，如表 7-1-2 和图 7-1-2 所示。

表 7-1-2　郑州市 2011~2012 年金融结构深化指数及其四级指标

年份		证券募集资金净额比 GDP	短期贷款占比	保费收入比全省金融业增加值	金融结构深化指数
2011	原值（%）	2.56	26.96	18.31	87.01
	标准化后	88.16	100.00	100.00	
2012	原值（%）	2.29	27.72	17.60	85.62
	标准化后	80.24	100.00	100.00	
2011 年排名		4	1	1	1
2012 年排名		5	1	1	1
升降		-1	0	0	0

1. 2012 年郑州市金融结构深化指数在整个河南省的综合排位处于第 1 位，表明其在河南省处于优势地位；与 2011 年相比排位没有发生变化。

2. 从指标所处的水平看，短期贷款占比和保费收入比全省金融业增加值在整个河南省排位均为第 1 位，即在整个省域内处于上游区且均为优势指标，虽然证券募集资金净额比 GDP 排位比其他指标排位靠后，但依然是优势指标，这说明郑州市的金融结构深化程度在河南省处于绝对领先地位。

证券募集资金净额比GDP

◆—2011年排名 ■—2012年排名

保费收入比全省
金融业增加值

短期贷款占比

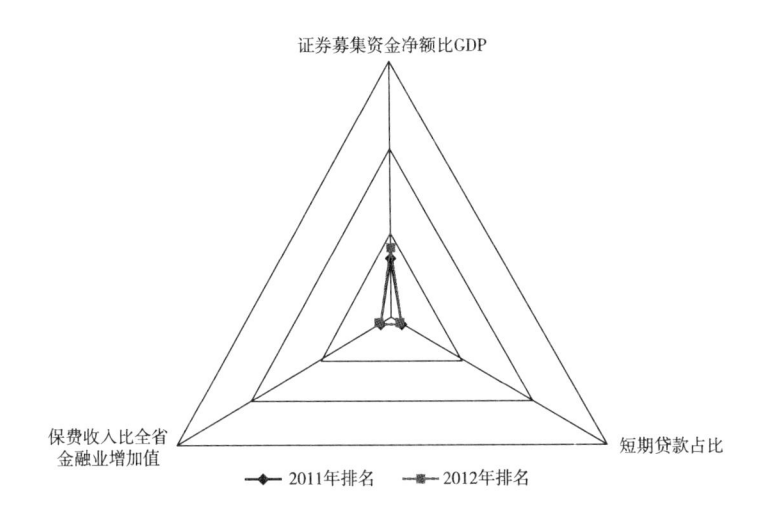

图 7-1-2　郑州市 2011~2012 年金融结构深化指数四级指标比较

3. 从雷达图图形变化看，2012 年与 2011 年相比，面积有略微增大，金融结构深化指数呈现下降趋势，其中证券募集资金净额比 GDP 成为图形扩张的动力点。

4. 从排位变化的动因看，尽管郑州市证券募集资金净额比 GDP 指标排位有所下降，但在其他各指标的强劲拉升作用下，2012 年郑州市金融结构深化指数综合排位保持不变，居河南省第 1 位。

7.1.3　郑州市金融效率提高指数评价分析

2011~2012 年郑州市金融效率提高指标及其下属指标，在河南省的排位变化情况，如表 7-1-3 和图 7-1-3 所示。

表 7-1-3　郑州市 2011~2012 年金融效率提高指数及其四级指标

年份		存贷比	保险密度	上市公司占有率	金融效率提高指数
2011	原值	68.19(%)	2162（元/人）	33.33(%)	81.45
	标准化后	55.29	100.00	100.00	
2012	原值	65.03(%)	1975（元/人）	31.82(%)	80.95
	标准化后	51.73	100.00	100.00	
2011 年排名		4	1	1	1
2012 年排名		5	1	1	1
升降		-1	0	0	0

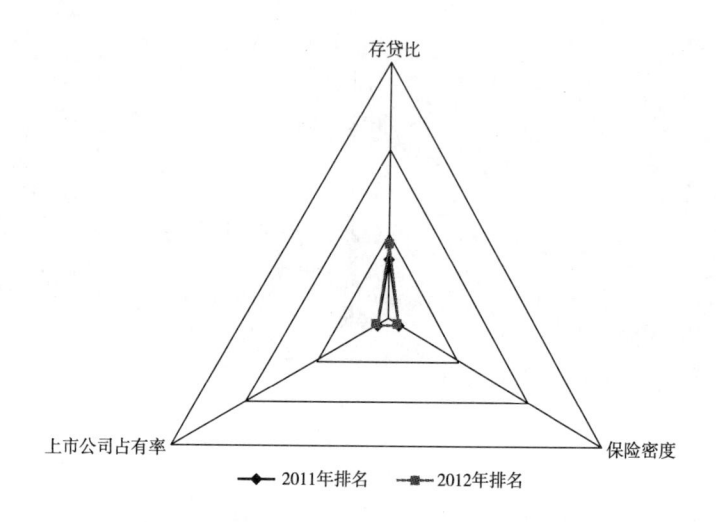

图 7-1-3 郑州市 2011~2012 年金融效率提高指数四级指标比较雷达图

1. 2012年郑州市金融效率提高指数在整个河南省的综合排位处于第1位，表明其在河南省处于优势地位；与2011年相比排位没有发生变化。

2. 从指标所处的水平看，保险密度和上市公司占有率在整个河南省的排位均为第1位，虽然存贷比居第5位，但是郑州市的金融效率提高水平在河南省处于绝对领先地位。

3. 从雷达图图形变化看，2012年与2011年相比，面积有所增大，金融效率提高指数呈现下降趋势，其中存贷比成为图形扩张的动力点。

4. 从排位变化的动因看，尽管郑州市存贷比指标排位有所下降，但在其他各指标的强劲拉升作用下，2012年郑州市金融效率提高指数综合排位保持不变，居河南省第1位。

7.1.4 郑州市金融状况指数综合分析

2011~2012年郑州市金融状况指标及其下属指标，在河南省的排位变化和指标结构情况，如表7-1-4所示。

1. 2012年郑州市金融状况指数综合排位处于第1位，表明其在河南省处于优势地位；与2011年相比排位没有变化。

2. 从指标所处水平看，2012年金融市场发展、金融结构深化和金融效率提高三个指标排位均为第1位，处于上游区。

表7-1-4　郑州市2011~2012年金融状况指标及其三级指标

年份	金融市场发展指数	金融结构深化指数	金融效率提高指数	金融状况指数
2011	101.60	87.01	81.45	95.61
2012	101.60	85.62	80.95	95.13
2011年排位	1	1	1	1
2012年排位	1	1	1	1
升降	0	0	0	0

3. 从指标变化趋势看,金融市场发展、金融结构深化和金融效率提高三个指标排位与上一年相比均没有变化,保持绝对优势地位。

4. 从排位综合分析看,三个指标的绝对优势决定了2012年郑州市金融状况指数综合排位仍然居河南第1位,说明其金融整体发展程度很高,在整个河南省中处于绝对领先地位。郑州市已形成银行、证券、保险、期货、信托各业并举,调控、监管和经营各类机构并存的金融体系。郑州市金融从业人员比例在中部六省中居第一,金融业已经成为郑州的重要支柱产业。

7.2　郑州市成长发展指数评价分析

7.2.1　郑州市资本市场成长性指数评价分析

2011~2012年郑州市资本市场成长性指标及其下属指标,在河南省的排位变化情况,如表7-2-1和图7-2-1所示。

表7-2-1　郑州市2011~2012年资本市场成长性指数及其四级指标

年份		金融机构贷款余额年增长额	发行国债年增长额	A股股票募集资金净额	资本市场成长性指数
2011	原值(亿元)	395.23	4.4465	127.31	81.23
	标准化后	100.00	100.00	100.00	
2012	原值(亿元)	681.35	-5.7883	127.31	73.70
	标准化后	100.00	0	100.00	
2011年排名		1	1	1	1
2012年排名		1	18	1	1
升降		0	-17	0	0

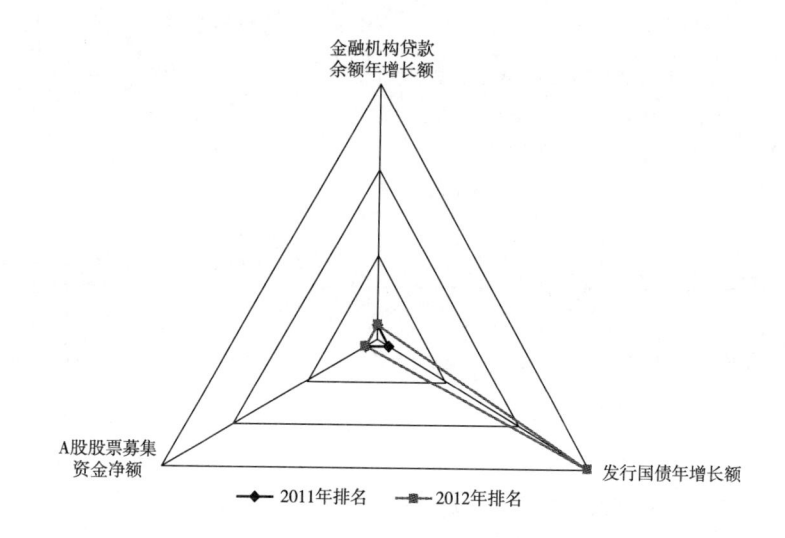

图 7-2-1　郑州市 2011~2012 年资本市场成长性指数四级指标比较

1. 2012 年郑州市资本市场成长性指数在整个河南省的综合排位处于第 1 位，表明其在河南省处于优势地位；与 2011 年相比排位没有发生变化。

2. 从指标所处的水平看，金融机构贷款余额年增长额和 A 股股票募集资金净额在整个河南省的排位均为第 1 位，但是发行国债年增长额排位大幅下降，2012 年排在省内最后。

3. 从雷达图图形变化看，2012 年与 2011 年相比，面积增大，资本市场成长性呈现下降趋势，其中发行国债年增长额成为图形扩张的动力点。

4. 从排位变化的动因看，尽管郑州市发行国债年增长额指标排位有大幅下降，但在其他各指标的强劲拉升作用下，2012 年郑州市资本市场成长性指标综合排位保持不变，仍居河南省第 1 位。

7.2.2　郑州市经济成长性指数评价分析

2011~2012 年郑州市经济成长性指标及其下属指标，在河南省的排位变化情况，如表 7-2-2 和图 7-2-2 所示。

1. 2012 年郑州市经济成长性指数在整个河南省的综合排位处于第 1 位，表明其在河南省处于优势地位；与 2011 年相比没有发生变化。

表7-2-2 郑州市2011~2012年经济成长性指数及其四级指标

年份		GDP年增长额	财政收入年增长额	社会固定资产投资年增长额	社会消费品零售总额年增长额	经济成长性指数
2011	原值(亿元)	938.95	115.52	582.40	313.51	102.10
	标准化后	100.00	100.00	100.00	100.00	
2012	原值(亿元)	569.94	104.38	658.51	307.10	102.70
	标准化后	100.00	100.00	100.00	100.00	
2011年排名		1	1	1	1	1
2012年排名		1	1	1	1	1
升降		0	0	0	0	0

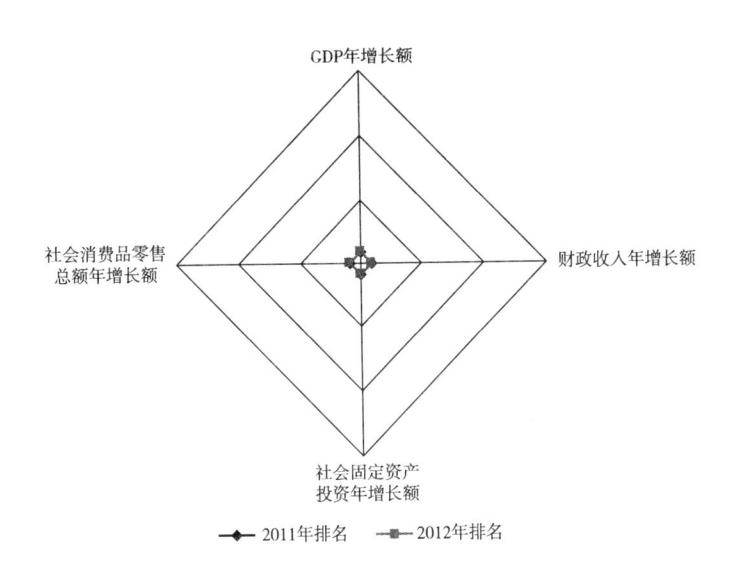

图7-2-2 郑州市2011~2012年经济成长性指数四级指标比较

2. 从指标所处的水平看，GDP年增长额、财政收入年增长额、社会固定资产投资年增长额和社会消费品零售总额年增长额在河南省排位均为第1位，这说明郑州市的经济成长性在河南省处于绝对领先地位。

3. 从雷达图图形变化看，2012年与2011年相比，面积没有变化。

4. 从排位变化的动因看，2012年郑州市经济成长性指数四级指标在河南省的排位均没有发生变化，故其2012年的综合排位保持不变。

7.2.3 郑州市城市创新成长性指数评价分析

2011~2012年郑州市城市创新成长性指标及其下属指标,在河南省的排位变化情况,如表7-2-3和图7-2-3所示。

表7-2-3 郑州市2011~2012年城市创新成长性指数及其四级指标

单位:亿元,人

年份		政府研发经费支出年增长额	政府研发人员年增长量	新产品销售收入年增长额	城市创新成长性指数
2011	原值	2.980	1953	169.13	89.98
	标准化后	100.00	100.00	100.00	
2012	原值	1.023	903	-38.92	32.15
	标准化后	26.98	54.13	12.81	
2011年排名		1	1	1	1
2012年排名		3	3	17	10
升降		-2	-2	-16	-9

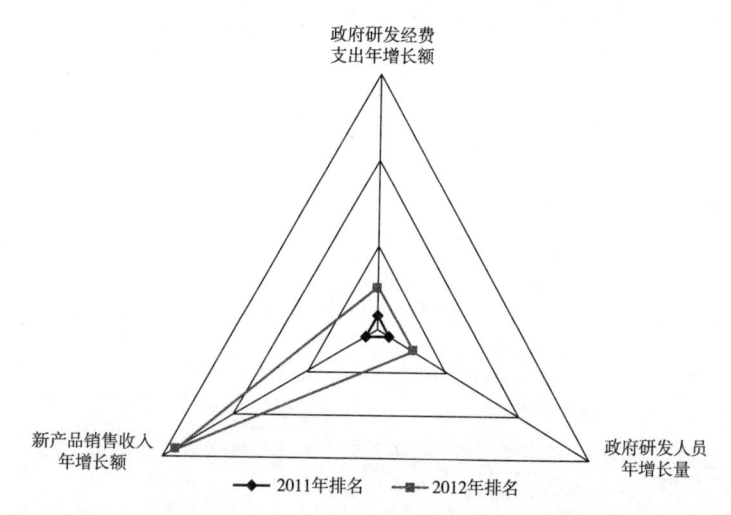

图7-2-3 郑州市2011~2012年城市创新成长性指数四级指标比较

1. 2012年郑州市城市创新成长性指数在整个河南省的综合排位处于第10位,表明其在河南省处于中势地位;与2011年相比排位下降9位。

2. 从指标所处的水平看,政府研发经费支出年增长额和政府研发人员年增长量在整个河南省的排位均为第3位,而新产品销售收入年增长额排在第17位。

3. 从雷达图图形变化看,2012年与2011年相比,面积增大,城市创新成长性呈现下降趋势，其中政府研发经费支出年增长额、政府研发人员年增长量和新产品销售收入年增长额均成为图形扩张的动力点。

4. 从排位变化的动因看，政府研发经费支出年增长额和政府研发人员年增长量这两个指标的排位均下降2位，且新产品销售收入年增长额的排位下降严重，2012年郑州市城市创新成长性指数综合排位大幅下降，居河南省第10位。

7.2.4 郑州市成长发展指数综合分析

2011~2012年郑州市成长发展指标及其下属指标，在河南省的排位变化和指标结构情况，如表7-2-4所示。

表7-2-4 郑州市2011~2012年成长发展指标及其三级指标

年份	资本市场成长性指数	经济成长性指数	城市创新成长性指数	成长发展指数
2011	81.23	102.10	89.98	97.66
2012	73.70	102.70	32.15	68.97
2011年排位	1	1	1	1
2012年排位	1	1	10	1
升降	0	0	-9	0

1. 2012年郑州市成长发展指数综合排位处于第1位，表明其在河南省处于优势地位；与2011年相比，排位没有变化。

2. 从指标所处水平看，2012年资本市场成长性和经济成长性两个指标排位均为第1位，处于上游区，但是城市创新成长性排在第10位，处于中游区。

3. 从指标变化趋势看，资本市场成长性和经济成长性两个指标排位与上一年相比均没有变化，保持绝对优势地位；城市创新成长性排位变动较大，2012年处于中势地位。

4. 从排位综合分析看，由于前两个指标居绝对优势，2012年郑州市成长发展指数综合排位仍居河南省第1位。

7.3 郑州市服务水平指数评价分析

7.3.1 郑州市智力资本指数评价分析

2011~2012年郑州市智力资本指标及其下属指标，在河南省的排位变化情况，如表7-3-1和图7-3-1所示。

表 7-3-1　郑州市 2011~2012 年智力资本指数及其四级指标

年份		金融业从业密度	受高等教育密度	科研人员密度	普通高等学校数量	智力资本指数
2011	原值	6.30（人/平方公里）	89.32（人/平方公里）	11.06（人/平方公里）	51（所）	104.50
	标准化后	100.00	100.00	100.00	100.00	
2012	原值	6.35（人/平方公里）	91.89（人/平方公里）	11.22（人/平方公里）	52（所）	104.40
	标准化后	100.00	100.00	100.00	100.00	
2011 年排名		1	1	1	1	1
2012 年排名		1	1	1	1	1
升降		0	0	0	0	0

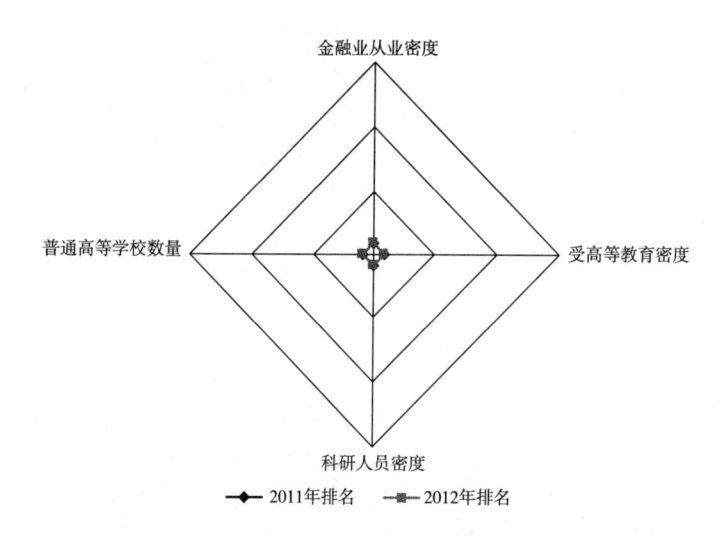

图 7-3-1　郑州市 2011~2012 年智力资本指数四级指标比较

1. 2012 年郑州市智力资本指数在整个河南省的综合排位处于第 1 位，表明其在河南省处于优势地位；与 2011 年相比排位没有发生变化。

2. 从指标所处的水平看，金融业从业密度、受高等教育密度、科研人员密度和普通高等学校数量在整个河南省排位均为第 1 位，这说明郑州市的智力资本在河南省处于绝对领先地位。

3. 从雷达图图形变化看，2012 年与 2011 年相比，面积没有变化。

4. 2012 年郑州市智力资本指数四级指标在河南省的排位均没有发生变化。

7.3.2 郑州市城市环境指数评价分析

2011~2012年郑州市城市环境指标及其下属指标，在河南省的排位变化情况，如表7-3-2和图7-3-2所示。

表7-3-2 郑州市2011~2012年城市环境指数及其四级指标

年份		城镇化水平	城镇登记失业率	人均城市道路面积	人均绿化覆盖面积	基本医疗保险覆盖率	基本养老保险覆盖率	商品房屋销售均价	城市环境指数
2011	原值	64.82(%)	2.0(%)	6.52(平方米)	14.07(平方米)	29.54(%)	22.39(%)	5696(元/平方米)	71.95
	标准化后	100.00	100.00	0	65.53	98.10	100.00	100.00	
2012	原值	66.30(%)	2.0(%)	6.02(平方米)	14.90(平方米)	32.84(%)	27.88(%)	6253(元/平方米)	73.63
	标准化后	100.00	100.00	0	64.19	100.00	100.00	100.00	
2011年排名		1	1	18	3	2	1	1	1
2012年排名		1	1	18	3	1	1	1	1
升降		0	0	0	0	1	0	0	0

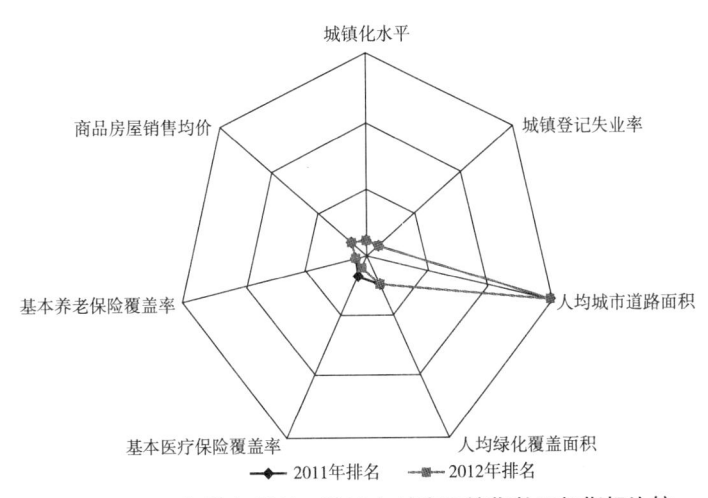

图7-3-2 郑州市2011~2012年城市环境指数四级指标比较

1. 2012年郑州市城市环境指数在整个河南省的综合排位处于第1位，表明其在河南省处于优势地位；与2011年相比排位没有发生变化。

2. 从指标所处的水平看，虽然2012年人均城市道路面积在河南省排位为第18位，人均绿化覆盖面积排在第3位，但是城镇化水平、城镇登记失业率、基本养老保险覆盖率、基本医疗保险覆盖率和商品房屋销售均价在整个河南省排位均为第 1 位，这说明郑州市的城市环境在河南省处于绝对领先地位。

3. 从雷达图图形变化看，2012 年与 2011 年相比，面积略有减小，城市环境指数呈现上升趋势，其中基本医疗保险覆盖率成为图形缩小的动力点。

4. 从排位变化的动因看，因各项指标的排位未变或变动不大，2012 年郑州市城市环境指数综合排位保持不变，居河南省第 1 位。

7.3.3 郑州市服务水平指数综合分析

2011～2012 年郑州市服务水平指标及其下属指标，在河南省的排位变化和指标结构情况，如表 7-3-3 所示。

表 7-3-3 郑州市 2011～2012 年服务水平指标及其三级指标

年份	智力资本指数	城市环境指数	服务水平指数
2011	104.50	71.95	95.99
2012	104.40	73.63	96.67
2011 年排位	1	1	1
2012 年排位	1	1	1
升降	0	0	0

1. 2012 年郑州市服务水平指数综合排位处于第 1 位，表明其在河南省处于优势地位；与 2011 年相比排位没有变化。

2. 从指标所处水平看，2012 年智力资本和城市环境两个指标排位均为第 1 位，处于上游区。

3. 从指标变化趋势看，智力资本和城市环境两个指标排位与上一年相比均没有变化，保持绝对优势地位。

4. 从排位综合分析看，两个指标的绝对优势决定了 2012 年郑州市服务水平指数综合排位仍居河南省第 1 位。

7.4 郑州市综合环境指数评价分析

7.4.1 郑州市经济环境指数评价分析

2011～2012 年郑州市经济环境指标及其下属指标，在河南省的排位变化情况，如表 7-4-1 和图 7-4-1 所示。

表 7-4-1　郑州市 2011~2012 年经济环境指数及其四级指标

年份		城镇人均可支配收入	农村人均纯收入	人均GDP	人均财政收入	人均社会商品零售额	经济环境指数
2011	原值(元)	21612	11050	56855	5671	22435	108.00
	标准化后	100.00	100.00	100.00	100.00	100.00	
2012	原值(元)	24246	12531	62054	6718	25722	108.25
	标准化后	100.00	100.00	99.32	100.00	100.00	
2011 年排名		1	1	1	1	1	1
2012 年排名		1	1	2	1	1	1
升降		0	0	-1	0	0	0

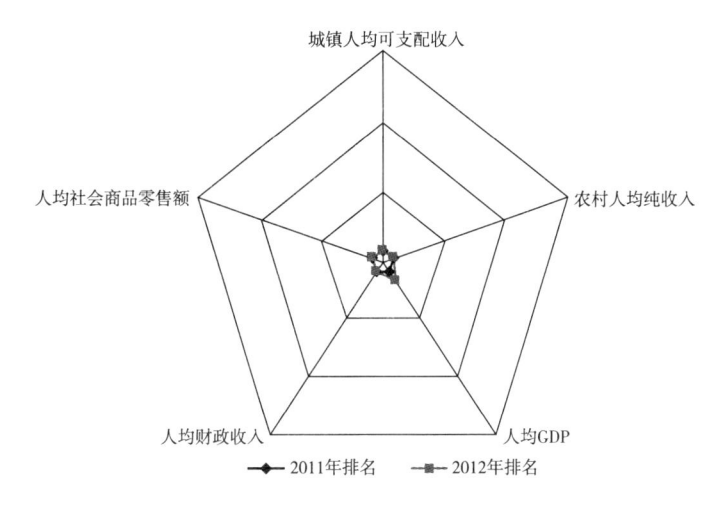

图 7-4-1　郑州市 2011~2012 年经济环境指数四级指标比较

1. 2012 年郑州市经济环境指数在整个河南省的综合排位处于第 1 位，表明其在河南省处于优势地位；与 2011 年相比排位没有发生变化。

2. 从指标所处的水平看，城镇人均可支配收入、农村人均纯收入、人均财政收入和人均社会商品零售额在整个河南省排位均为第 1 位，人均 GDP 排在第 2 位，这说明郑州市的经济环境在河南省处于绝对领先地位。

3. 从雷达图图形变化看，2012 年与 2011 年相比，面积有所增大，其中人均 GDP 成为图形扩张的动力点。

4. 从排位变化的动因看，尽管郑州市人均 GDP 指标排位有所下降，但在其他各指标的强劲拉升作用下，2012 年郑州市经济环境指数综合排位保持不变，仍居河南省第 1 位。

7.4.2 郑州市开放程度指数评价分析

2011~2012年郑州市开放程度指标及其下属指标,在河南省的排位变化情况,如表7-4-2所示。

表7-4-2 郑州市2011~2012年开放程度指数及其四级指标

年份		实际利用外资额	净出口额	开放程度指数
2011	原值(万美元)	310000	330480.92	103.60
	标准化后	100.00	100.00	
2012	原值(万美元)	342898	472258.71	104.00
	标准化后	100.00	100.00	
2011年排名		1	1	1
2012年排名		1	1	1
升降		0	0	0

1. 2012年郑州市开放程度指数在整个河南省的综合排位处于第1位,表明其在河南省处于优势地位;与2011年相比排位没有发生变化。

2. 从指标所处的水平看,净出口额和实际利用外资额在整个河南省排位均为第1位,这说明郑州市的开放程度在河南省处于绝对领先地位。

3. 从排位来看,2012年郑州市的净出口额和实际利用外资额在河南省的排位均没有发生变化。

7.4.3 郑州市综合环境指数综合分析

2011~2012年郑州市综合环境指标及其下属指标,在河南省的排位变化和指标结构情况,如表7-4-3所示。

表7-4-3 郑州市2011~2012年综合环境指标及其三级指标

年份	经济环境指数	开放程度指数	综合环境指数
2011	108.00	103.60	113.84
2012	108.25	104.00	115.04
2011年排位	1	1	1
2012年排位	1	1	1
升降	0	0	0

1. 2012年郑州市综合环境指数综合排位处于第1位,表明其在河南省处于优势地位;与2011年相比排位没有变化。

2. 从指标所处水平看,2012年经济环境和开放程度两个指标排位均为第1位,处于上游区。

3. 从指标变化趋势看,经济环境和开放程度两个指标排位与上一年相比均没有变化,保持绝对优势地位。

4. 从排位综合分析看,两个指标的绝对优势决定了2012年郑州市综合环境指数综合排位仍居河南省第1位。

7.5 郑州市金融发展指数综合评价分析

2011~2012年郑州市金融发展指数综合指标及其下属指标在河南省的排位变化和指标结构情况,如表7-5-1所示。

表7-5-1 郑州市2011~2012年金融发展指数指标及其二级指标

年份	金融状况指数	成长发展指数	服务水平指数	综合环境指数	金融发展指数
2011	95.61	97.66	95.99	113.84	105.46
2012	95.13	68.97	96.67	115.04	99.94
2011年排位	1	1	1	1	1
2012年排位	1	1	1	1	1
升降	0	0	0	0	0

1. 2012年郑州市金融发展指数综合排位处于第1位,表明其在河南省处于优势地位;与2011年相比排位没有变化。

2. 从指标所处水平看,2012年郑州市金融状况、成长发展、服务水平和综合环境四个指标排位均处于第1位,处于绝对优势地位。

3. 从指标变化趋势看,金融状况、成长发展、服务水平和综合环境四个指标排位与上一年相比均没有变化,保持优势地位。

4. 从排位综合分析看,四个指标的绝对优势决定了2012年郑州市金融发展指数综合排位仍居河南省第1位。

第 8 章
开封市 2012 年金融发展指数报告

8.1 开封市金融状况指数评价分析

8.1.1 开封市金融市场发展指数评价分析

2011~2012 年开封市金融市场发展指标及其下属指标，在河南省的排位变化情况，如表 8-1-1 和图 8-1-1 所示。

表 8-1-1 开封市 2011~2012 年金融市场发展指数及其四级指标

年份		金融业增加值	金融系统存款余额	金融系统贷款余额	证券交易额	发行国债额	保费收入	保险赔付额	金融市场发展指数
2011	原值(亿元)	10.16	787.58	443.77	445.92	2.98	29.57	6.44	8.60
	标准化后	2.52	6.86	4.81	3.30	13.59	15.09	13.44	
2012	原值(亿元)	12.21	961.23	554.32	315.76	1.66	28.57	5.96	7.32
	标准化后	2.42	7.22	5.73	2.80	10.48	12.80	9.22	
2011 年排名		13	13	13	9	8	14	14	14
2012 年排名		13	13	13	9	8	14	14	14
升降		0	0	0	0	0	0	0	0

1. 2012 年开封市金融市场发展指数在整个河南省的综合排位处于第 14 位，表明其在河南省处于相对劣势地位；与 2011 年相比排位没有发生变化。

2. 从指标所处的水平看，除证券交易额和发行国债额在省内排位居中外，金融业增加值、金融系统存款余额、金融系统贷款余额、保费收入和保险赔付额在整个河南省排位均比较靠后，这说明开封市的金融市场发展水平在河南省处于相对劣势地位。

3. 从雷达图图形变化看，2012 年与 2011 年相比，面积没有变化。

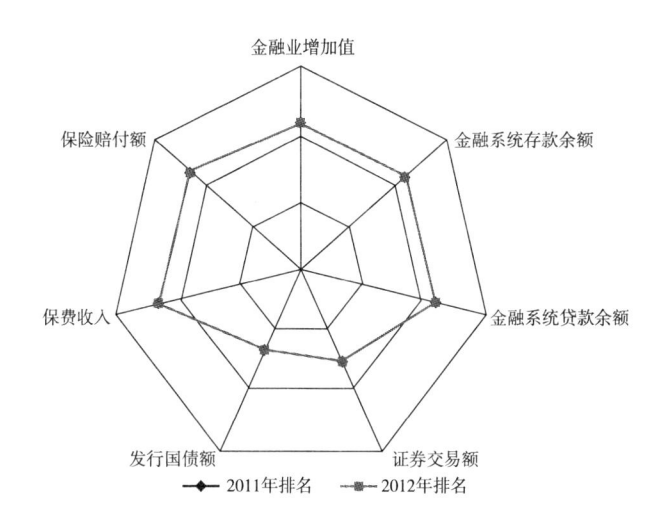

图 8-1-1　开封市 2011~2012 年金融市场发展指数四级指标比较

4. 2012 年开封市金融市场发展指数四级指标在河南省的排位均没有发生变化。

8.1.2　开封市金融结构深化指数评价分析

2011~2012 年开封市金融结构深化指标及其下属指标，在河南省的排位变化情况，如表 8-1-2 和图 8-1-2 所示。

表 8-1-2　开封市 2011~2012 年金融结构深化指数及其四级指标

年份		证券募集资金净额比 GDP	短期贷款占比	保费收入比全省金融业增加值	金融结构深化指数
2011	原值(%)	1.38	2.06	3.41	15.86
	标准化后	47.60	3.41	15.09	
2012	原值(%)	1.23	2.34	2.82	14.82
	标准化后	42.89	4.33	12.80	
2011 年排名		7	15	14	14
2012 年排名		9	14	14	13
升降		-2	1	0	1

1. 2012 年开封市金融结构深化指数在整个河南省的综合排位处于第 13 位，表明其在河南省处于相对劣势地位；与 2011 年相比排位上升 1 位。

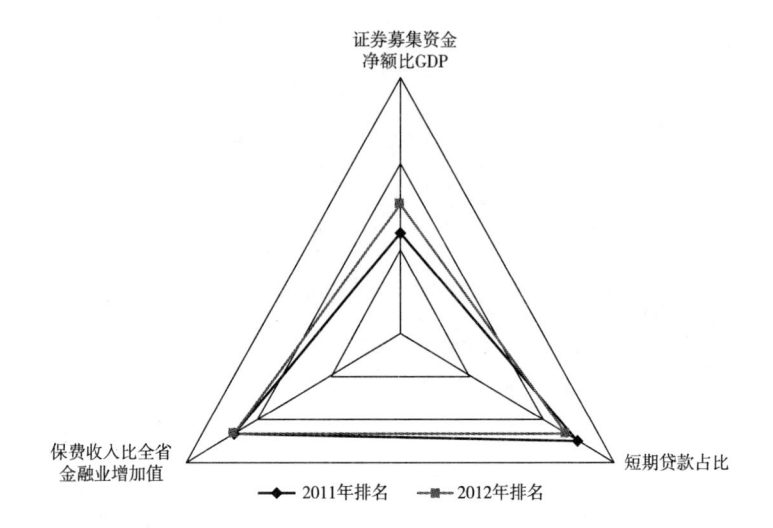

图 8-1-2 开封市 2011~2012 年金融结构深化指数四级指标比较

2. 从指标所处的水平看,短期贷款占比和保费收入比全省金融业增加值在整个河南省排位均比较靠后,即在整个省域内处于下游区且均为劣势指标;证券募集资金净额比 GDP 排位处于中等地位,但 2012 年又有所下降。这说明开封市的金融结构深化在河南省处于相对劣势地位。

3. 从雷达图图形变化看,2012 年与 2011 年相比,面积略微增大,金融结构深化指数呈现下降趋势,其中证券募集资金净额比 GDP 成为图形扩张的动力点。

4. 从排位变化的动因看,虽然开封市证券募集资金净额比 GDP 指标排位有所下降,但短期贷款占比指标排位有所上升,2012 年开封市金融结构深化指数综合排位上升 1 位,居河南省第 13 位。

8.1.3 开封市金融效率提高指数评价分析

2011~2012 年开封市金融效率提高指标及其下属指标,在河南省的排位变化情况,如表 8-1-3 和图 8-1-3 所示。

1. 2012 年开封市金融效率提高指数在整个河南省的综合排位处于第 14 位,表明其在河南省处于相对劣势地位;与 2011 年相比排位没有发生变化。

2. 从指标所处的水平看,保险密度和上市公司占有率在整个河南省排位均比较靠后,虽然存贷比排位处于中等地位,但是开封市的金融效率提高指数在河南省仍处于相对劣势地位。

表8-1-3 开封市2011~2012年金融效率提高指数及其四级指标

单位：%，元/人

年份		存贷比	保险密度	上市公司占有率	金融效率提高指数
2011	原值	56.35	584	1.59	12.47
	标准化后	33.73	7.27	4.76	
2012	原值	57.67	614	1.52	11.93
	标准化后	38.47	0	4.76	
2011年排名		9	16	13	14
2012年排名		8	18	13	14
升降		1	-2	0	0

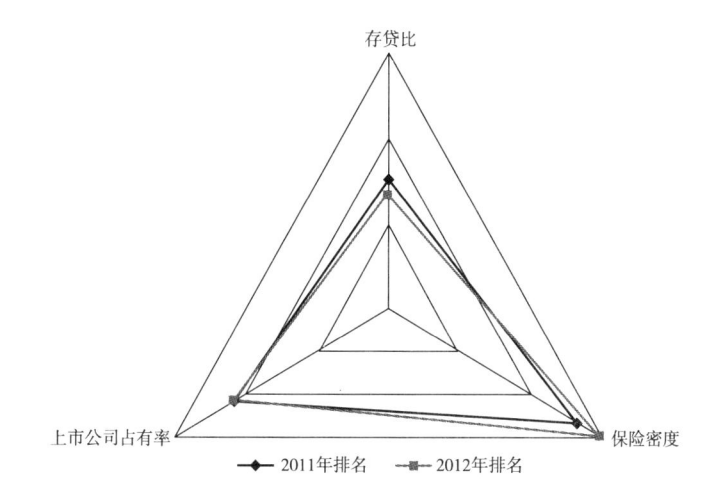

图8-1-3 开封市2011~2012年金融效率提高指数四级指标比较

3. 从雷达图图形变化看，2012年与2011年相比，基本上保持不变。

4. 从排位变化的动因看，存贷比、保险密度以及上市公司占有率指标排位均没有明显变化，决定了2012年开封市金融效率提高指数综合排位保持不变，居河南省第14位。

8.1.4 开封市金融状况指数综合分析

2011~2012年开封市金融状况指标及其下属指标，在河南省的排位变化和指标结构情况，如表8-1-4所示。

表8-1-4 开封市2011~2012年金融状况指标及其三级指标

年份	金融市场发展指数	金融结构深化指数	金融效率提高指数	金融状况指数
2011	8.60	15.86	12.47	13.04
2012	7.32	14.82	11.93	12.03
2011年排位	14	14	14	14
2012年排位	14	13	14	14
升降	0	1	0	0

1. 2012年开封市金融状况指数综合排位处于第14位，表明其在河南省处于相对劣势地位；与2011年相比排位没有变化。

2. 从指标所处水平看，2012年金融结构深化指数排位为第13位，金融市场发展和金融效率提高两个指标排位均为第14位，处于下游区。

3. 从指标变化趋势看，金融市场发展、金融结构深化和金融效率提高三个指标与上一年相比均没有明显变化，保持相对劣势地位。

4. 从排位综合分析看，三个指标的相对劣势造成了2012年开封市金融状况指数综合排位仍然处于河南第14位，说明其金融整体发展程度低，在整个河南省处于落后地位。开封市银行、证券、保险等行业的发展均不理想，与其他城市相比，差距较大，还有很大的提升空间。

8.2 开封市成长发展指数评价分析

8.2.1 开封市资本市场成长性指数评价分析

2011~2012年开封市资本市场成长性指标及其下属指标，在河南省的排位变化情况，如表8-2-1和图8-2-1所示。

1. 2012年开封市资本市场成长性指数在整个河南省的综合排位处于第11位，表明其在河南省处于中等地位；与2011年相比排位没有发生变化。

2. 从指标所处的水平看，金融机构贷款余额年增长额和A股股票募集资金净额在河南省的排位处于中等地位，发行国债年增长额2012年排位为第10位，在此综合作用下，开封市的资本市场成长性在河南省处于中等地位。

第8章 开封市2012年金融发展指数报告

表8-2-1 开封市2011~2012年资本市场成长性指数及其四级指标

年份		金融机构贷款余额年增长额	发行国债年增长额	A股股票募集资金净额	资本市场成长性指数
2011	原值(亿元)	41.28	-0.2016	14.80	6.15
	标准化后	14.69	34.58	11.63	
2012	原值(亿元)	110.56	-1.3225	14.80	36.80
	标准化后	15.25	78.81	11.63	
2011年排名		9	13	7	11
2012年排名		7	10	8	11
升降		2	3	-1	0

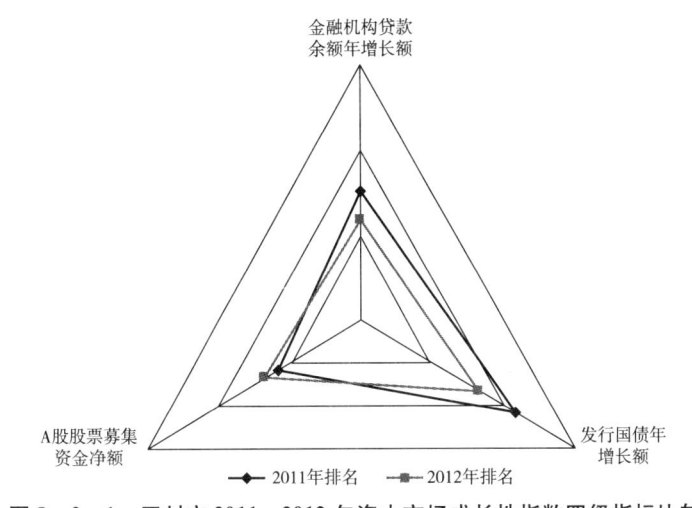

图8-2-1 开封市2011~2012年资本市场成长性指数四级指标比较

3. 从雷达图图形变化看，2012年与2011年相比，面积减小，资本市场成长性呈现上升趋势，其中金融机构贷款余额年增长额和发行国债年增长额成为图形缩小的动力点。

4. 从排位变化的动因看，尽管开封市金融机构贷款余额年增长额和发行国债年增长额指标排位有所上升，但在A股股票募集资金净额排位下降的影响下，2012年开封市资本市场成长性指标综合排位保持不变，居河南省第11位。

8.2.2 开封市经济成长性指数评价分析

2011~2012年开封市经济成长性指标及其下属指标，在河南省的排位变化情况，如表8-2-2和图8-2-2所示。

表 8-2-2　开封市 2011~2012 年经济成长性指数及其四级指标

年份		GDP 年增长额	财政收入年增长额	社会固定资产投资年增长额	社会消费品零售总额年增长额	经济成长性指数
2011	原值(亿元)	145.26	12.02	145.63	70.95	14.92
	标准化后	12.68	7.77	18.51	19.49	
2012	原值(亿元)	134.63	12.87	152.61	69.82	17.33
	标准化后	22.09	9.42	16.47	19.42	
2011 年排名		14	9	13	8	13
2012 年排名		6	7	14	9	9
升降		8	2	-1	-1	4

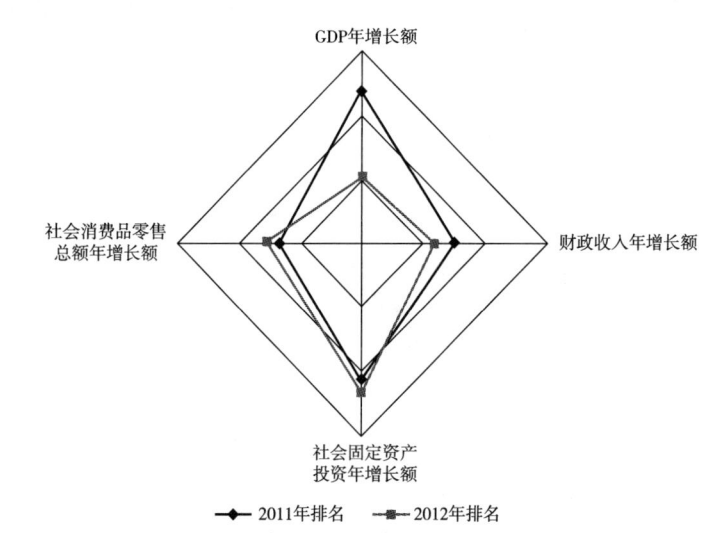

图 8-2-2　开封市 2011~2012 年经济成长性指数四级指标比较

1. 2012 年开封市经济成长性指数在整个河南省的综合排位处于第 9 位，表明其在河南省处于中势地位；与 2011 年相比排位上升 4 位。

2. 从指标所处的水平看，财政收入年增长额、GDP 年增长额和社会消费品零售总额年增长额在整个河南省处于中等地位，社会固定资产年增长额排名较为靠后，在此综合作用之下开封市的经济成长性在河南省处于中等水平。

3. 从雷达图图形变化看，2012 年与 2011 年相比，面积明显减小，GDP 年增长额指标成为图形缩小的主要动力点。

4. 从排位变化的动因看，2012 年开封市 GDP 年增长额指标排位上升幅度较大，其他指标排位变化不明显，使得 2012 年的开封市综合排位上升 4 位，居河南省第 9 位。

8.2.3 开封市城市创新成长性指数评价分析

2011～2012年开封市城市创新成长性指标及其下属指标,在河南省的排位变化情况,如表8-2-3和图8-2-3所示。

表8-2-3 开封市2011～2012年城市创新成长性指数及其四级指标

单位:亿元,人

年份		政府研发经费支出年增长额	政府研发人员年增长量	新产品销售收入年增长额	城市创新成长性指数
2011	原值	1.000	655	11.15	37.49
	标准化后	64.47	51.28	23.45	
2012	原值	0.512	134	7.92	37.26
	标准化后	16.68	14.14	71.40	
2011年排名		2	5	12	6
2012年排名		5	10	7	7
升降		-3	-5	5	-1

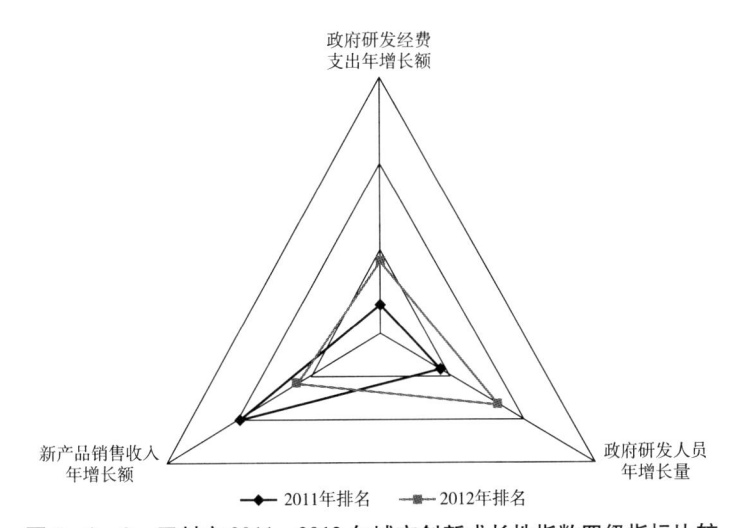

图8-2-3 开封市2011～2012年城市创新成长性指数四级指标比较

1. 2012年开封市城市创新成长性指数在整个河南省的综合排位处于第7位,表明其在河南省处于中势地位;与2011年相比排位下降1位。

2. 从指标所处的水平看,政府研发经费支出年增长额在整个河南省的排位比较靠前,其他指标排位处于中等地位,在此综合作用下,开封市的城市创新成长性在河南省处于中势地位。

3. 从雷达图图形变化看，2012年与2011年相比，面积略增，其中政府研发经费支出年增长额、政府研发人员年增长量成为图形扩张的动力点，城市创新成长性下降。

4. 从排位变化的动因看，由于政府研发经费支出年增长额和政府研发人员年增长量这两个指标的排位均有不同程度的下降，导致2012年开封市城市创新成长性指数综合排位下降1位，居河南省第7位。

8.2.4 开封市成长发展指数综合分析

2011～2012年开封市成长发展指标及其下属指标，在河南省的排位变化和指标结构情况，如表8－2－4所示。

表8－2－4 开封市2011～2012年成长发展指标及其三级指标

年份	资本市场成长性指数	经济成长性指数	城市创新成长性指数	成长发展指数
2011	6.15	14.92	37.49	20.41
2012	36.80	17.33	37.26	27.78
2011年排位	11	13	6	9
2012年排位	11	9	7	8
升降	0	4	-1	1

1. 2012年开封市成长发展指数综合排位处于第8位，表明其在河南省处于中势地位；与2011年相比，排位上升1位。

2. 从指标所处水平看，2012年资本市场成长性和经济成长性、城市创新成长性三个指标排位都处于中游区。

3. 从指标变化趋势看，资本市场成长性指标排位与上一年相比没有变化，城市创新成长性指标下降了1位，经济成长性指标排位上升4位。

4. 从排位综合分析看，三个指标均处于中游地位，决定了2012年开封市成长发展指数综合排位居河南省第8位。

8.3 开封市服务水平指数评价分析

8.3.1 开封市智力资本指数评价分析

2011～2012年开封市智力资本指标及其下属指标，在河南省的排位变化情况，如表8－3－1和图8－3－1所示。

表8-3-1 开封市2011~2012年智力资本指数及其四级指标

年份		金融业从业密度	受高等教育密度	科研人员密度	普通高等学校数量	智力资本指数
2011	原值	1.07 (人/平方公里)	12.27 (人/平方公里)	1.52 (人/平方公里)	5 (所)	10.20
	标准化后	7.15	12.46	11.20	8.00	
2012	原值	1.01 (人/平方公里)	13.09 (人/平方公里)	1.61 (人/平方公里)	5 (所)	10.03
	标准化后	5.04	12.98	12.27	7.84	
2011年排名		12	4	11	4	9
2012年排名		14	4	11	5	10
升降		-2	0	0	-1	-1

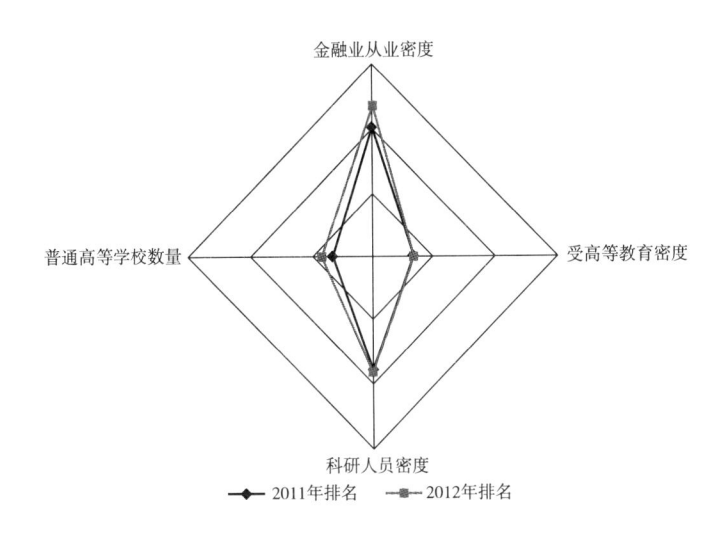

图8-3-1 开封市2011~2012年智力资本指数四级指标比较

1. 2012年开封市智力资本指数在整个河南省的综合排位处于第10位，表明其在河南省处于中势地位；与2011年相比排位下降1位。

2. 从指标所处的水平看，虽然金融业从业密度指标排位较为靠后，但受高等教育密度和普通高等学校数量指标在整个河南省排位较靠前，因此开封市的智力资本在河南省处于中势地位。

3. 从雷达图图形变化看，2012年与2011年相比，面积略有增加。受高等教育密度和科研人员密度指标排位不变，金融业从业密度和普通高等学校数量是图形扩张的动力点。

4. 从排位变化的动因看，2012年金融业从业密度和普通高等学校数量指标排位的小幅下降，使开封市2012年智力资本指数的综合排位下降1位，居河南省第10位。

8.3.2 开封市城市环境指数评价分析

2011~2012年开封市城市环境指标及其下属指标，在河南省的排位变化情况，如表8-3-2和图8-3-2所示。

表8-3-2 开封市2011~2012年城市环境指数及其四级指标

年份		城镇化水平	城镇登记失业率	人均城市道路面积	人均绿化覆盖面积	基本医疗保险覆盖率	基本养老保险覆盖率	商品房屋销售均价	城市环境指数
2011	原值	37.75(%)	3.9(%)	13.63（平方米）	7.17（平方米）	19.92(%)	12.71(%)	3085（元/平方米）	21.14
	标准化后	18.77	5.00	47.21	26.83	35.57	44.58	23.63	
2012	原值	39.70(%)	3.7(%)	14.16（平方米）	7.54（平方米）	21.33(%)	13.35(%)	3499（元/平方米）	24.92
	标准化后	19.15	15.00	50.43	25.62	33.06	35.48	25.30	
2011年排名		12	14	9	9	14	5	3	12
2012年排名		12	13	8	8	12	6	3	10
升降		0	1	1	1	2	-1	0	2

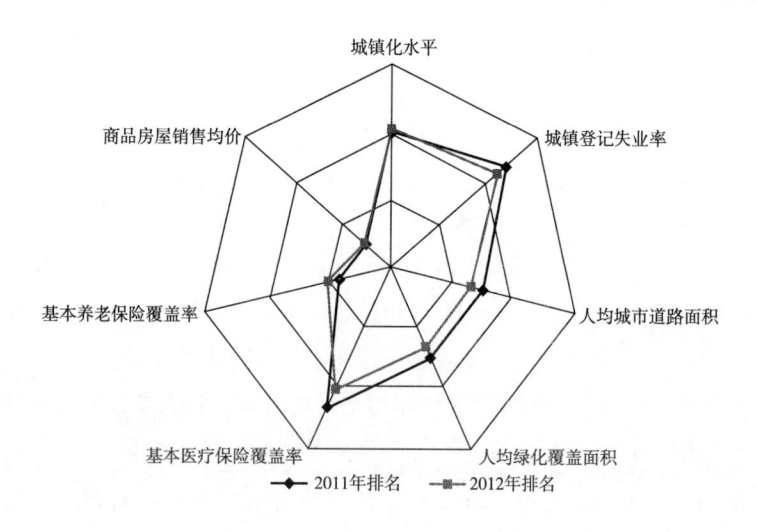

图8-3-2 开封市2011~2012年城市环境指数四级指标比较

1. 2012年开封市城市环境指数在整个河南省的综合排位处于第10位,表明其在河南省处于中势地位;与2011年相比排位上升了2位。

2. 从指标所处的水平看,虽然商品房屋销售均价在河南省排位为第3位,基本养老保险覆盖率在2011年和2012年分别排在第5位、第6位,但是其余指标在整个河南省排位均处于中游或下游水平,这导致开封市的城市环境在河南省处于中势地位。

3. 从雷达图图形变化看,2012年与2011年相比,面积有所减小,城市环境指数呈现上升趋势,其中基本医疗保险覆盖率、人均绿化覆盖面积、人均城市道路面积和城镇登记失业率指标成为图形缩小的动力点。

4. 从排位变化的动因看,在基本医疗保险覆盖率、人均绿化覆盖面积、人均城市道路面积和城镇登记失业率指标排位小幅上升的影响下,2012年开封市城市环境指数综合排位上升2位,居河南省第10位。

8.3.3 开封市服务水平指数综合分析

2011~2012年开封市服务水平指标及其下属指标,在河南省的排位变化和指标结构情况,如表8-3-3所示。

表8-3-3 开封市2011~2012年服务水平指标及其三级指标

年份	智力资本指数	城市环境指数	服务水平指数
2011	10.20	21.14	17.05
2012	10.03	24.92	18.97
2011年排位	9	12	12
2012年排位	10	10	10
升降	-1	2	2

1. 2012年开封市服务水平指数综合排位处于第10位,表明其在河南省处于中势地位;与2011年相比,排位上升2位。

2. 从指标所处水平看,2012年智力资本和城市环境两个指标排位均为第10位,处于中游区。

3. 从指标变化趋势看,智力资本指标与2011年相比排位下降了1位,城市环境指标与2011年相比排位上升了2位。

4. 从综合分析看，智力资本和城市环境指数排位均处于中游区，2012年开封市服务水平指数在河南省居第10位。

8.4 开封市综合环境指数评价分析

8.4.1 开封市经济环境指数评价分析

2011~2012年开封市经济环境指标及其下属指标，在河南省的排位变化情况，如表8-4-1和图8-4-1所示。

表8-4-1 开封市2011~2012年经济环境指数及其四级指标

年份		城镇人均可支配收入	农村人均纯收入	人均GDP	人均财政收入	人均社会商品零售额	经济环境指数
2011	原值(元)	15558	6492	22972	1053	9326	16.92
	标准化后	13.86	18.64	17.60	9.91	18.69	
2012	原值(元)	17545	7414	25922	1330	10968	17.46
	标准化后	13.45	19.18	18.35	10.72	19.17	
2011年排名		16	13	13	13	8	14
2012年排名		16	13	13	13	8	14
升降		0	0	0	0	0	0

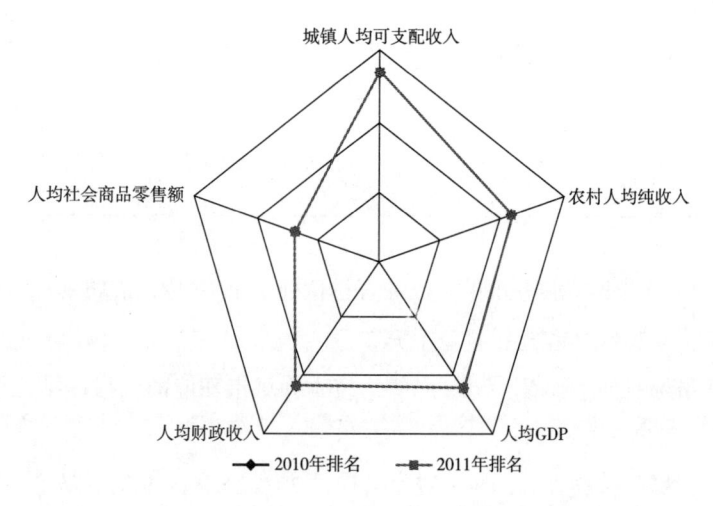

图8-4-1 开封市2011~2012年经济环境指数四级指标比较

1. 2012年开封市经济环境指数在整个河南省的综合排位处于第14位，表明其在河南省处于相对劣势地位；与2011年相比排位没有发生变化。

2. 从指标所处的水平看，农村人均纯收入、人均GDP和人均财政收入在整个河南省排位均为第13位，城镇人均可支配收入居第16位，这说明开封市的经济环境在河南省处于相对落后地位。

3. 从雷达图图形变化看，2012年与2011年相比，面积不变。

4. 经济环境指数的四级指标排位均没有发生变化，因此2012年开封市经济环境指数综合排位保持不变，居河南省第14位。

8.4.2 开封市开放程度指数评价分析

2011~2012年开封市开放程度指标及其下属指标，在河南省的排位变化情况，如表8-4-2所示。

表8-4-2 开封市2011~2012年开放程度指数及其四级指标

年份		实际利用外资额	净出口额	开放程度指数
2011	原值（万美元）	23451	15541.71	13.03
	标准化后	2.77	22.38	
2012	原值（万美元）	36320	17068.34	18.84
	标准化后	5.08	31.15	
2011年排名		14	9	12
2012年排名		12	9	13
升降		2	0	-1

1. 2012年开封市开放程度指数在整个河南省的综合排位处于第13位，表明其在河南省处于相对劣势地位；与2011年相比排位下降了1位。

2. 从指标所处的水平看，净出口额在整个河南省的排位为第9位，2012年实际利用外资额的排位为第12位，这说明开封市的开放程度在河南省处于相对落后地位。

3. 从排位变化的动因看，2012年开封市的净出口额在河南省的排位没有发生变化，实际利用外资额排位上升了2位，这使得2012年开封市的开放程度指数的综合排位下降了1位，居河南省第13位。

8.4.3 开封市综合环境指数综合分析

2011~2012年开封市综合环境指标及其下属指标,在河南省的排位变化和指标结构情况,如表8-4-3所示。

表8-4-3 开封市2011~2012年综合环境指标及其三级指标

年份	经济环境指数	开放程度指数	综合环境指数
2011	16.92	13.03	16.11
2012	17.46	18.84	19.67
2011年排位	14	12	14
2012年排位	14	13	14
升降	0	-1	0

1. 2012年开封市综合环境指数综合排位处于第14位,表明其在河南省处于相对劣势地位;与2011年相比排位没有变化。

2. 从指标所处水平看,2012年经济环境指标排位为第14位,开放程度指标排位为第13位,处于中下游区。

3. 从指标变化趋势看,经济环境和开放程度两个指标排位与2011年相比均没有明显变化。

4. 从排位综合分析看,两个指标的相对劣势决定了2012年开封市综合环境指数的综合排位仍居河南省第14位。

8.5 开封市金融发展指数综合评价分析

2011~2012年开封市金融发展指数综合指标及其下属指标,在河南省的排位变化和指标结构情况,如表8-5-1所示。

表8-5-1 开封市2011~2012年金融发展指数指标及其二级指标

年份	金融状况指数	成长发展指数	服务水平指数	综合环境指数	金融发展指数
2011	13.04	20.41	17.05	16.11	17.37
2012	12.03	27.78	18.97	19.67	20.59
2011年排位	14	9	12	14	13
2012年排位	14	8	10	14	13
升降	0	1	2	0	0

1. 2012年开封市金融发展指数综合排位处于第13位,表明其在河南省处于相对劣势地位;与2011年相比排位没有变化。

2. 从指标所处水平看,2012年开封市金融状况和综合环境指标排位均处于第14位,处于下游区;成长发展指数位于第8位,服务水平指数位于第10位,处于中游区。

3. 从指标变化趋势看,金融状况和综合环境指标与2011年相比没有变化,成长发展指标排位上升1位,服务水平指标排位上升2位,因上升幅度较小,总体仍处于中等地位。

4. 从排位综合分析看,金融状况指数和综合环境指数的排位均处于相对劣势地位,决定了2012年开封市金融发展指数综合排位仍居河南省第13位。这说明开封市与其他城市相比,其金融发展存在较大差距。

第 9 章
洛阳市 2012 年金融发展指数报告

9.1 洛阳市金融状况指数评价分析

9.1.1 洛阳市金融市场发展指数评价分析

2011~2012 年洛阳市金融市场发展指标及其下属指标,在河南省的排位变化情况,如表 9-1-1 和图 9-1-1 所示。

表 9-1-1 洛阳市 2011~2012 年金融市场发展指数及其四级指标

年份		金融业增加值	金融系统存款余额	金融系统贷款余额	证券交易额	发行国债额	保费收入	保险赔付额	金融市场发展指数
2011	原值(亿元)	68.43	2428.60	1366.59	1886.47	6.47	66.15	13.96	27.37
	标准化后	21.90	25.55	20.31	16.28	32.97	39.09	33.07	
2012	原值(亿元)	96.30	2902.47	1645.34	1433.71	5.89	64.43	16.79	28.83
	标准化后	24.73	26.21	22.21	14.98	44.68	33.67	32.83	
2011 年排名		2	2	2	2	2	4	2	2
2012 年排名		2	2	2	2	2	3	2	2
升降		0	0	0	0	0	1	0	0

1. 2012 年洛阳市金融市场发展指数在整个河南省的综合排位处于第 2 位,表明其在河南省处于优势地位;与 2011 年相比排位没有发生变化。

2. 从指标所处的水平看,金融业增加值、金融系统存款余额、金融系统贷款余额、证券交易额、发行国债额和保险赔付额在整个河南省的排位均为第 2

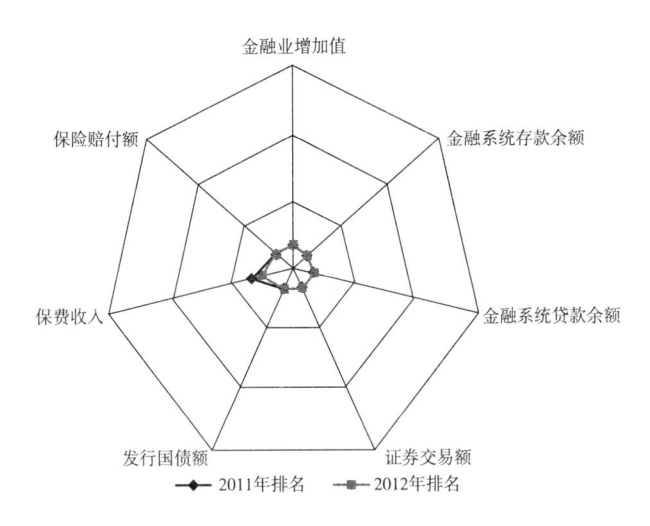

图 9-1-1　洛阳市 2011~2012 年金融市场发展指数四级指标比较

位,这说明洛阳市的金融市场发展水平在河南省处于领先地位。

3. 从雷达图图形变化看,2012 年与 2011 年相比,面积减小,金融市场发展指数呈上升趋势,其中保费收入指标成为图形缩小的动力点。

4. 从排位变化的动因看,2012 年除保费收入外,洛阳市金融市场发展指数四级指标在河南省的排位均没有发生变化,故其 2012 年的综合排位保持不变。

9.1.2　洛阳市金融结构深化指数评价分析

2011~2012 年洛阳市金融结构深化指标及其下属指标,在河南省的排位变化情况,如表 9-1-2 和图 9-1-2 所示。

表 9-1-2　洛阳市 2011~2012 年金融结构深化指数及其四级指标

年份		证券募集资金净额比 GDP	短期贷款占比	保费收入比全省金融业增加值	金融结构深化指数
2011	原值(%)	1.19	8.96	7.62	32.23
	标准化后	41.19	30.21	39.09	
2012	原值(%)	1.53	9.33	6.36	33.31
	标准化后	53.50	30.67	33.67	
2011 年排名		8	2	4	3
2012 年排名		8	2	3	2
升降		0	0	1	1

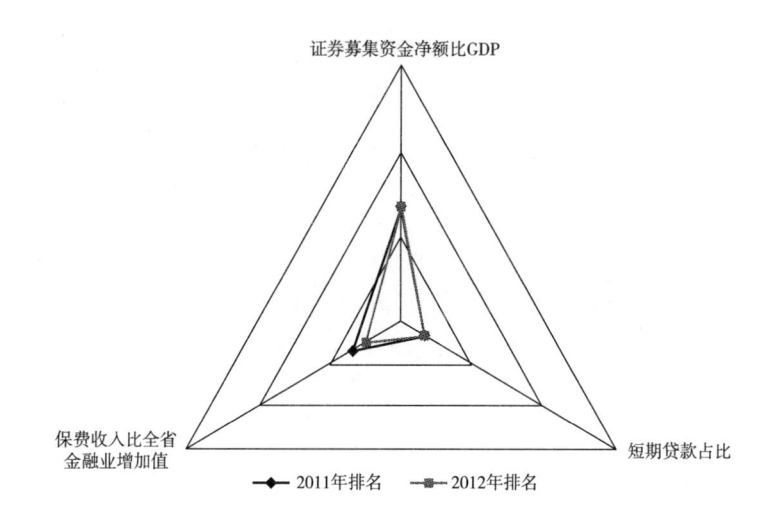

图 9-1-2　洛阳市 2011~2012 年金融结构深化指数四级指标比较

1. 2012 年洛阳市金融结构深化指数在整个河南省的综合排位为第 2 位，表明其在河南省处于优势地位；与 2011 年相比排位上升了 1 位。

2. 从指标所处的水平看，2012 年短期贷款占比和保费收入比全省金融业增加值在整个河南省的排位分别为第 2 位和第 3 位，即在整个省域处于上游区且均为优势指标，虽然证券募集资金净额比 GDP 处于中游区，但从整体来看洛阳市的金融结构深化在河南省仍处于领先地位。

3. 从雷达图图形变化看，2012 年与 2011 年相比，面积略微减小，金融结构深化指数呈现上升趋势，其中保费收入比全省金融业增加值成为图形缩小的动力点。

4. 从排位变化的动因看，洛阳市证券募集资金净额比 GDP 和短期贷款占比两个指标排位不变，在保费收入比全省金融业增加值排位上升的拉动下，2012 年洛阳市金融结构深化指数综合排位上升 1 位，居河南省第 2 位。

9.1.3　洛阳市金融效率提高指数评价分析

2011~2012 年洛阳市金融效率提高指标及其下属指标，在河南省的排位变化情况，如表 9-1-3 和图 9-1-3 所示。

1. 2012 年洛阳市金融效率提高指数在整个河南省的综合排位处于第 3 位，表明其在河南省处于优势地位；与 2011 年相比排位上升 3 位。

表9-1-3 洛阳市2011~2012年金融效率提高指数及其四级指标

年份		存贷比	保险密度	上市公司占有率	金融效率提高指数
2011	原值	56.27(%)	966(元/人)	9.52(%)	28.09
	标准化后	33.60	29.74	28.57	
2012	原值	56.69(%)	978(元/人)	13.64(%)	33.15
	标准化后	36.70	26.72	42.86	
2011年排名		10	4	3	6
2012年排名		9	4	2	3
升降		1	0	1	3

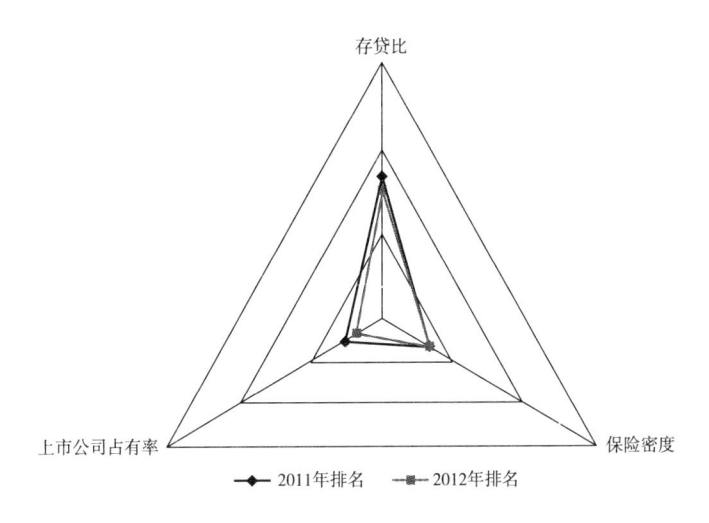

图9-1-3 洛阳市2011~2012年金融效率提高指数四级指标比较雷达图

2. 从指标所处的水平看，保险密度和上市公司占有率在整个河南省排位均较靠前，虽然2012年存贷比排位居第9位，但是洛阳市的金融效率提高指数在河南省仍处于相对领先地位。

3. 从雷达图图形变化看，2012年与2011年相比，面积略有减小，金融效率提高指数呈现上升趋势，其中存贷比和上市公司占有率指标成为图形缩小的动力点。

4. 从排位变化的动因看，洛阳市保险密度指标排位不变，在存贷比和上市公司占有率指标排位上升的作用下，2012年洛阳市金融效率提高指数综合排位上升3位，居河南省第3位。

9.1.4 洛阳市金融状况指数综合分析

2011~2012年洛阳市金融状况指标及其下属指标,在河南省的排位变化和指标结构情况,如表9-1-4所示。

表9-1-4 洛阳市2011~2012年金融状况指标及其三级指标

年份	金融市场发展指数	金融结构深化指数	金融效率提高指数	金融状况指数
2011	27.37	32.23	28.09	31.01
2012	28.83	33.31	33.15	33.70
2011年排位	2	3	6	2
2012年排位	2	2	3	2
升降	0	1	3	0

1. 2012年洛阳市金融状况指数综合排位处于第2位,表明其在河南省处于优势地位;与2011年相比排位没有变化。

2. 从指标所处水平看,2012年金融市场发展和金融结构深化指标排位均为第2位,金融效率提高指数居第3位,均处于上游区。

3. 从指标变化趋势看,金融效率提高指数排位上升3位,金融结构深化指数上升1位,三个指标均保持优势地位。

4. 从排位综合分析看,三个指标的绝对优势决定了2012年洛阳金融状况指数综合排位仍居河南省第2位。这说明其金融整体发展程度很高,在整个河南省处于领先地位。随着中部崛起战略的逐步实施和中原经济区的建设,洛阳的区位优势和综合优势会越来越明显,洛阳的金融业会日趋繁荣。

9.2 洛阳市成长发展指数评价分析

9.2.1 洛阳市资本市场成长性指数评价分析

2011~2012年洛阳市资本市场成长性指标及其下属指标,在河南省的排位变化情况,如表9-2-1和图9-2-1所示。

第9章 洛阳市2012年金融发展指数报告

表9-2-1 洛阳市2011~2012年资本市场成长性指数及其四级指标

年份		金融机构贷款余额年增长额	发行国债年增长额	A股股票募集资金净额	资本市场成长性指数
2011	原值（亿元）	252.72	0.9168	32.28	38.67
	标准化后	65.65	50.32	25.36	
2012	原值（亿元）	278.74	-0.5781	45.60	59.40
	标准化后	40.22	91.94	35.82	
2011年排名		2	4	5	2
2012年排名		2	6	2	2
升降		0	-2	3	0

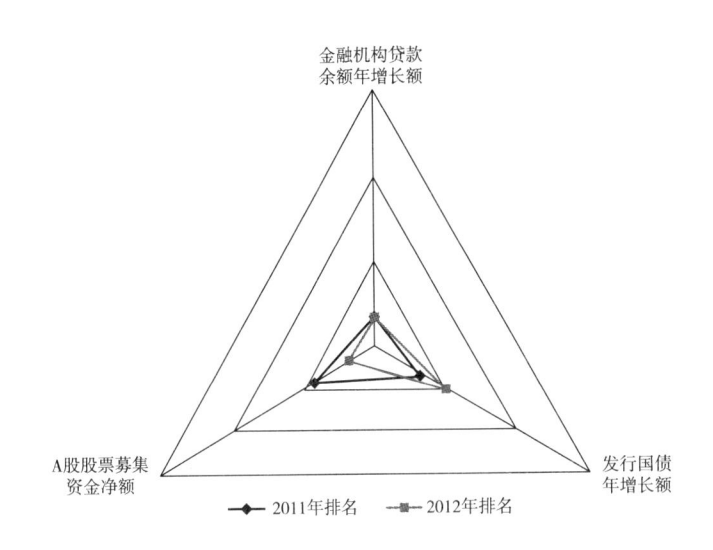

图9-2-1 洛阳市2011~2012年资本市场成长性指数四级指标比较

1. 2012年洛阳市资本市场成长性指数在整个河南省的综合排位为第2位，表明其在河南省处于优势地位；与2011年相比排位没有发生变化。

2. 从指标所处的水平看，2012年金融机构贷款余额年增长额和A股股票募集资金净额在整个河南省的排位均为第2位，尽管发行国债年增长额排位为第6位，但洛阳市的资本市场成长性在河南省仍处于领先地位。

3. 从雷达图图形变化看，2012年与2011年相比，面积基本上没有发生变化，其中发行国债年增长额成为图形扩张的动力点，A股股票募集资金净额成为图形缩小的动力点。

4. 从排位变化的动因看，尽管洛阳市发行国债年增长额指标排位有所下降，但 2012 年洛阳市资本市场成长性指标综合排位保持不变，居河南省第 2 位。

9.2.2 洛阳市经济成长性指数评价分析

2011~2012 年洛阳市经济成长性指标及其下属指标，在河南省的排位变化情况，如表 9-2-2 和图 9-2-2 所示。

表 9-2-2 洛阳市 2011~2012 年经济成长性指数及其四级指标

年份		GDP 年增长额	财政收入年增长额	社会固定资产投资年增长额	社会消费品零售总额年增长额	经济成长性指数
2011	原值（亿元）	382.51	36.25	400.60	147.36	45.66
	标准化后	38.78	29.36	66.08	44.85	
2012	原值（亿元）	278.37	26.99	431.36	151.24	46.45
	标准化后	47.82	23.40	62.50	47.07	
2011 年排名		2	2	2	2	2
2012 年排名		2	2	2	2	2
升降		0	0	0	0	0

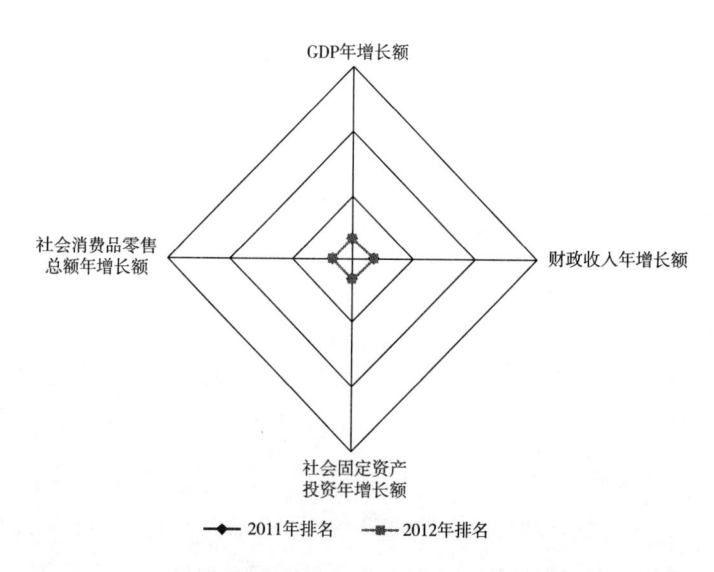

图 9-2-2 洛阳市 2011~2012 年经济成长性指数四级指标比较

1. 2012 年洛阳市经济成长性指数在整个河南省的综合排位处于第 2 位，表明其在河南省处于优势地位；与 2011 年相比排位没有发生变化。

2. 从指标所处的水平看,四个指标在整个河南省的排位均为第 2 位,这说明洛阳市的经济成长性在河南省处于领先地位。

3. 从雷达图图形变化看,2012 年与 2011 年相比,面积没有变化。

4. 2012 年洛阳市经济成长性指数四级指标在河南省的排位均没有发生变化,故 2012 年其综合排位保持不变,仍居河南省第 2 位。

9.2.3 洛阳市城市创新成长性指数评价分析

2011～2012 年洛阳市城市创新成长性指标及其下属指标,在河南省的排位变化情况,如表 9-2-3 和图 9-2-3 所示。

表 9-2-3 洛阳市 2011～2012 年城市创新成长性指数及其四级指标

年份		政府研发经费支出年增长额	政府研发人员年增长量	新产品销售收入年增长额	城市创新成长性指数
2011	原值	-2.592(亿元)	869(人)	54.50(亿元)	39.35
	标准化后	0	59.31	44.45	
2012	原值	4.643(亿元)	1086(人)	0.03(亿元)	79.37
	标准化后	100.00	63.65	61.53	
2011 年排名		18	4	4	5
2012 年排名		1	2	13	2
升降		17	2	-9	3

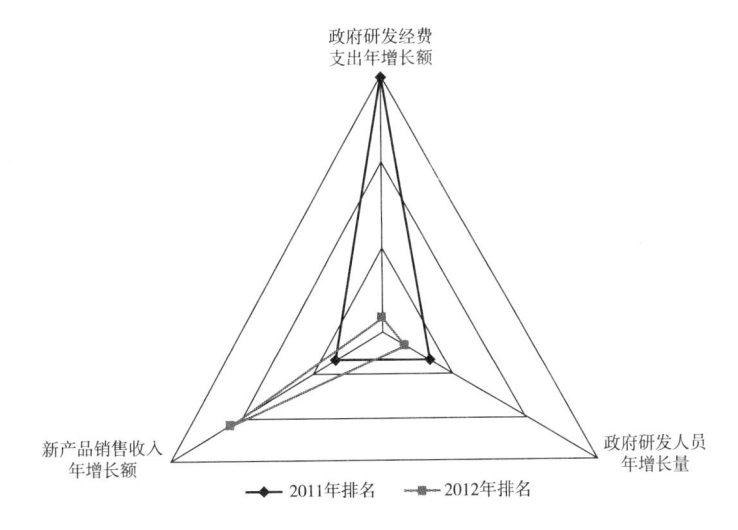

图 9-2-3 洛阳市 2011～2012 年城市创新成长性指数四级指标比较

1. 2012年洛阳市城市创新成长性指数在整个河南省的综合排位处于第2位，表明其在河南省处于绝对优势地位；与2011年相比排位上升3位。

2. 从指标所处的水平看，2012年新产品销售收入年增长额在河南省排位为第13位，但在其他指标的强劲拉动下，洛阳市的城市创新成长性在河南省处于优势地位。

3. 从雷达图图形变化看，2012年与2011年相比，面积略微减少，城市创新成长性呈现上升趋势，其中政府研发经费支出年增长额和政府研发人员年增长量指标成为图形缩小的动力点。

4. 从排位变化的动因看，2012年新产品销售收入年增长额的排位下降严重，但政府研发经费支出年增长额排位大幅度上升，导致2012年洛阳市城市创新成长性指数综合排位有一定幅度的上升，居河南省第2位。

9.2.4　洛阳市成长发展指数综合分析

2011~2012年洛阳市成长发展指标及其下属指标，在河南省的排位变化和指标结构情况，如表9-2-4所示。

表9-2-4　洛阳市2011~2012年成长发展指标及其三级指标

年份	资本市场成长性指数	经济成长性指数	城市创新成长性指数	成长发展指数
2011	38.67	45.66	39.35	44.23
2012	59.40	46.45	79.37	55.70
2011年排位	2	2	5	2
2012年排位	2	2	2	2
升降	0	0	3	0

1. 2012年洛阳市成长发展指数综合排位处于第2位，表明其在河南省处于优势地位；与2011年相比排位没有变化。

2. 从指标所处水平看，2012年资本市场成长性、经济成长性和城市创新成长性指标在河南省的排位均为第2位，处于上游区。

3. 从指标变化趋势看，资本市场成长性和经济成长性两个指标与2011年相比均没有变化，城市创新成长性指数排位上升3位，三个指标均处于优势地位。

4. 从排位综合分析看，三个指标的绝对优势决定了2012年洛阳市成长发展指数综合排位仍居河南省第2位。

9.3 洛阳市服务水平指数评价分析

9.3.1 洛阳市智力资本指数评价分析

2011~2012年洛阳市智力资本指标及其下属指标，在河南省的排位变化情况，如表9-3-1和图9-3-1所示。

表9-3-1 洛阳市2011~2012年智力资本指数及其四级指标

单位：人/平方公里，所

年份		金融业从业密度	受高等教育密度	科研人员密度	普通高等学校数量	智力资本指数
2011	原值	1.46	5.57	2.14	5	11.39
	标准化后	13.96	4.85	16.97	8.00	
2012	原值	1.49	5.81	2.48	5	12.12
	标准化后	44.07	10.00	10.78	39.49	
2011年排名		9	11	7	4	8
2012年排名		9	10	7	5	8
升降		0	1	0	-1	0

1. 2012年洛阳市智力资本指数在整个河南省的综合排位处于第8位，表明其在河南省处于中势地位；与2011年相比排位没有发生变化。

2. 从指标所处的水平看，虽然普通高等学校数量排位较为靠前，但金融业从业密度、受高等教育密度、科研人员密度在整个河南省排位均处于中游区，这导致洛阳市的智力资本在河南省处于中势地位。

3. 从雷达图图形变化看，2012年与2011年相比，面积没有明显变化，受高等教育密度指标成为图形缩小的动力点，普通高等学校数量指标成为图形扩张的动力点。

4. 从排位变化的动因看，2012年洛阳市智力资本指数四级指标在河南省的排位没有明显变化，故其2012年的综合排位保持不变，居河南省第8位。

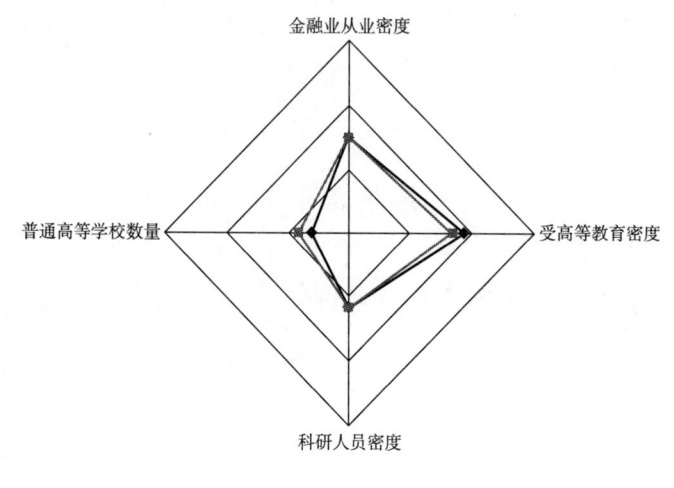

图 9-3-1 洛阳市 2011~2012 年智力资本指数四级指标比较雷达图

9.3.2 洛阳市城市环境指数评价分析

2011~2012 年洛阳市城市环境指标及其下属指标，在河南省的排位变化情况，如表 9-3-2 和图 9-3-2 所示。

表 9-3-2 洛阳市 2011~2012 年城市环境指数及其四级指标

年份		城镇化水平	城镇登记失业率	人均城市道路面积	人均绿化覆盖面积	基本医疗保险覆盖率	基本养老保险覆盖率	商品房屋销售均价	城市环境指数
2011	原值	46.13（%）	3.5（%）	7.37（平方米）	9.26（平方米）	29.83（%）	14.57（%）	3595（元/平方米）	43.05
	标准化后	43.91	25.00	5.64	38.55	100.00	55.19	38.53	
2012	原值	47.90（%）	3.8（%）	7.76（平方米）	10.19（平方米）	30.69（%）	15.23（%）	4034（元/平方米）	43.45
	标准化后	44.07	10.00	10.78	39.49	87.50	43.80	39.80	
2011 年排名		5	10	17	5	1	3	2	3
2012 年排名		5	14	17	5	2	3	2	3
升降		0	-4	0	0	-1	0	0	0

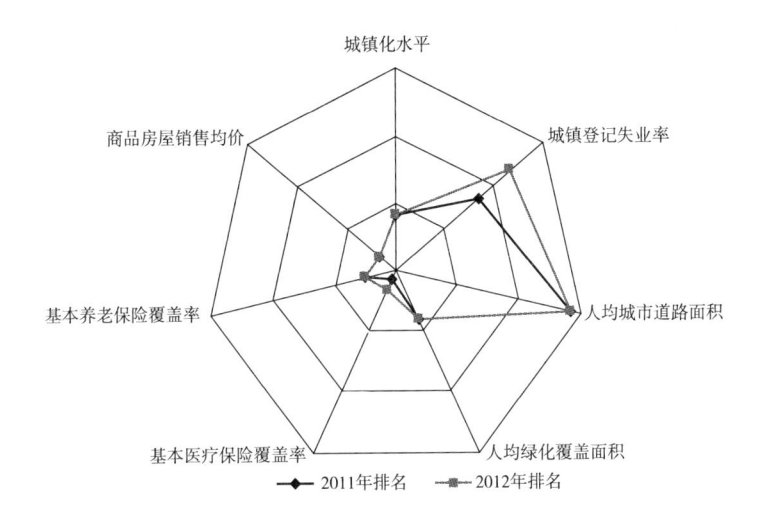

图 9-3-2　洛阳市 2011~2012 年城市环境指数四级指标比较

1. 2012 年洛阳市城市环境指数在整个河南省的综合排位为第 3 位，表明其在河南省处于优势地位；与 2011 年相比排位没有发生变化。

2. 从指标所处的水平看，虽然洛阳市 2012 年人均城市道路面积在河南省的排位为第 17 位，城镇登记失业率指标的排位为第 14 位，但在城镇化水平、基本养老保险覆盖率、基本医疗保险覆盖率和商品房屋销售均价指标的强力拉动下，城市环境指数排位仍在河南省处于领先地位。

3. 从雷达图图形变化看，2012 年与 2011 年相比，面积有所扩张，其中城镇登记失业率和基本医疗保险覆盖率指标成为图形扩张的动力点。

4. 从排位变化来看，虽然 2012 年洛阳市城镇登记失业率和基本医疗保险覆盖率指标排位均有所下降，但在其他指标的作用下，2012 年洛阳市城市环境指数综合排位保持不变，居河南省第 3 位。

9.3.3　洛阳市服务水平指数综合分析

2011~2012 年洛阳市服务水平指标及其下属指标，在河南省的排位变化和指标结构情况，如表 9-3-3 所示。

1. 2012 年洛阳市服务水平指数综合排位处于第 4 位，表明其在河南省处于优势地位；与 2011 年相比排位没有变化。

表 9-3-3　洛阳市 2011~2012 年服务水平指标及其三级指标

年份	智力资本指数	城市环境指数	服务水平指数
2011	11.39	43.05	29.62
2012	12.12	43.45	30.17
2011 年排位	8	3	4
2012 年排位	8	3	4
升降	0	0	0

2. 从指标所处水平看，2012 年智力资本指标排位为第 8 位，处于中游区；城市环境指标排位为第 3 位，处于上游区。

3. 从指标变化趋势看，智力资本和城市环境两个指标排位与 2011 年相比均没有变化。

4. 从排位综合分析看，由于两个指标的排位不变，决定了 2012 年洛阳市服务水平指数综合排位仍居河南省第 4 位。

9.4　洛阳市综合环境指数评价分析

9.4.1　洛阳市经济环境指数评价分析

2011~2012 年洛阳市经济环境指标及其下属指标，在河南省的排位变化情况，如表 9-4-1 和图 9-4-1 所示。

表 9-4-1　洛阳市 2011~2012 年经济环境指数及其四级指标

年份		城镇人均可支配收入	农村人均纯收入	人均GDP	人均财政收入	人均社会商品零售额	经济环境指数
2011	原值(元)	20163	6822	41198	2715	14672	56.11
	标准化后	79.39	24.52	61.92	42.33	51.85	
2012	原值(元)	22636	7777	45316	3115	16916	55.80
	标准化后	79.20	24.91	61.81	40.30	51.76	
2011 年排名		2	10	4	3	2	3
2012 年排名		2	10	4	3	2	3
升降		0	0	0	0	0	0

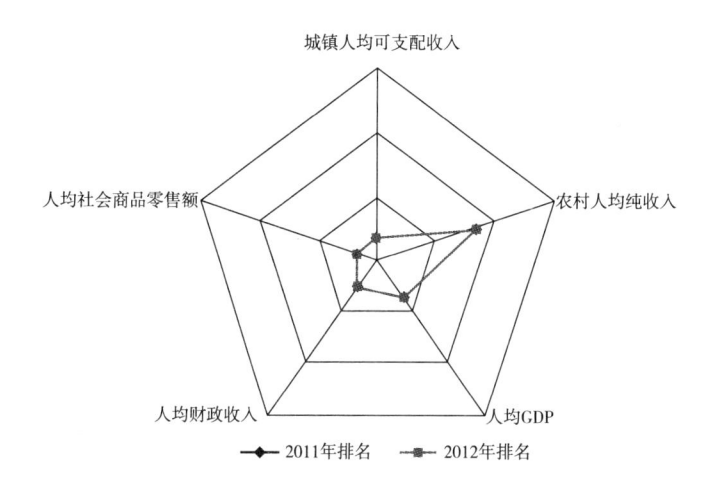

图 9 – 4 – 1　洛阳市 2011～2012 年经济环境指数四级指标比较

1. 2012 年洛阳市经济环境指数在整个河南省的综合排位处于第 3 位，表明其在河南省处于优势地位；与 2011 年相比排位没有发生变化。

2. 从指标所处的水平看，城镇人均可支配收入、人均 GDP、人均财政收入和人均社会商品零售额在整个河南省的排位均较靠前，农村人均纯收入排在第 10 位，这说明洛阳市的经济环境在河南省处于相对领先地位。

3. 从雷达图图形变化看，2012 年与 2011 年相比，面积不变。

4. 从排位变化来看，2012 年洛阳市经济环境指数四级指标在河南省的排位均没有发生变化，故其 2012 年的综合排位保持不变，仍居河南省第 3 位。

9.4.2　洛阳市开放程度指数评价分析

2011～2012 年洛阳市开放程度指标及其下属指标，在河南省的排位变化情况，如表 9 – 4 – 2 所示。

表 9 – 4 – 2　洛阳市 2011～2012 年开放程度指数及其四级指标

年份		实际利用外资额	净出口额	开放程度指数
2011	原值（万美元）	176800	87252.87	49.14
	标准化后	54.80	40.06	
2012	原值（万美元）	199251	80115.61	50.03
	标准化后	55.53	40.69	

续表

年份	实际利用外资额	净出口额	开放程度指数
2011 年排名	2	3	2
2012 年排名	2	4	2
升降	0	-1	0

1. 2012 年洛阳市开放程度指数在整个河南省的综合排位处于第 2 位，表明其在河南省处于优势地位；与 2011 年相比排位没有发生变化。

2. 从指标所处的水平看，2012 年洛阳市实际利用外资额和净出口额指标在整个河南省的排位分别为第 2 位和第 4 位，这说明洛阳市的开放程度在河南省处于较领先地位。

3. 从排位变化来看，2012 年洛阳市的实际利用外资额在河南省的排位不变，净出口额的排位下降 1 位，其 2012 年的开放程度指数的综合排位保持不变，居河南省第 2 位。

9.4.3 洛阳市综合环境指数综合分析

2011～2012 年洛阳市综合环境指标及其下属指标，在河南省的排位变化和指标结构情况，如表 9-4-3 所示。

表 9-4-3 洛阳市 2011～2012 年综合环境指标及其三级指标

年份	经济环境指数	开放程度指数	综合环境指数
2011	56.11	49.14	56.63
2012	55.80	50.03	57.36
2011 年排位	3	2	2
2012 年排位	3	2	2
升降	0	0	0

1. 2012 年洛阳市综合环境指数综合排位处于第 2 位，表明其在河南省处于优势地位；与 2011 年相比排位没有变化。

2. 从指标所处水平看，2012 年经济环境和开放程度两个指标排位分别为第 3 位和第 2 位，处于上游区。

3. 从指标变化趋势看，经济环境和开放程度两个指标与 2011 年相比均没有变化，保持优势地位。

4. 从排位综合分析看，两个指标的绝对优势决定了2012年洛阳市综合环境指数综合排位仍居河南省第2位。

9.5 洛阳市金融发展指数综合评价分析

2011~2012年洛阳市金融发展指数综合指标及其下属指标，在河南省的排位变化和指标结构情况，如表9-5-1所示。

表9-5-1 洛阳市2011~2012年金融发展指数指标及其二级指标

年份	金融状况指数	成长发展指数	服务水平指数	综合环境指数	金融发展指数
2011	31.01	44.23	29.62	56.63	42.23
2012	33.70	55.70	30.17	57.36	46.74
2011年排位	2	2	4	2	2
2012年排位	2	2	4	2	2
升降	0	0	0	0	0

1. 2012年洛阳市金融发展指数综合排位处于第2位，表明其在河南省处于优势地位；与2011年相比排位没有变化。

2. 从指标所处水平看，2012年洛阳市金融状况、成长发展和综合环境三个指标均处于第2位，服务水平指标排位为第4位，均处于优势地位。

3. 从指标变化趋势看，金融状况、成长发展、服务水平和综合环境四个指标的排位与2011年相比均没有变化，保持优势地位。

4. 从排位综合分析看，四个指标的相对优势决定了2012年洛阳市金融发展指数综合排位仍居河南省第2位，仅次于省会郑州市。这说明洛阳市虽在河南全省有显著优势，但与省会郑州市相比还存在一定差距。

第 10 章
平顶山市 2012 年金融发展指数报告

10.1 平顶山市金融状况指数评价分析

10.1.1 平顶山市金融市场发展指数评价分析

2011~2012 年平顶山市金融市场发展指标及其下属指标，在河南省的排位变化情况，如表 10-1-1 和图 10-1-1 所示。

表 10-1-1 平顶山市 2011~2012 年金融市场发展指数及其四级指标

年份		金融业增加值	金融系统存款余额	金融系统贷款余额	证券交易额	发行国债额	保费收入	保险赔付额	金融市场发展指数
2011	原值（亿元）	34.36	1226.19	794.69	741.02	2.57	42.90	8.24	13.35
	标准化后	10.57	11.86	10.70	5.96	11.29	23.83	18.14	
2012	原值（亿元）	49.96	1457.38	934.97	538.33	0.91	39.09	10.02	12.02
	标准化后	12.44	12.08	11.48	5.23	4.45	18.92	18.07	
2011 年排名		5	6	4	4	10	8	9	6
2012 年排名		3	6	4	4	14	12	7	7
升降		2	0	0	0	-4	-4	2	-1

1. 2012 年平顶山市金融市场发展指数在整个河南省的综合排位为第 7 位，表明其在河南省处于中势地位，与 2011 年相比下降了 1 位。

2. 从指标所处的水平看，金融业增加值、金融系统存款余额、金融系统贷款余额和证券交易额在整个河南省处于上游区，保费收入和发行国债额在整个河南省处于中下游区，而金融市场发展指数处于全省中游。

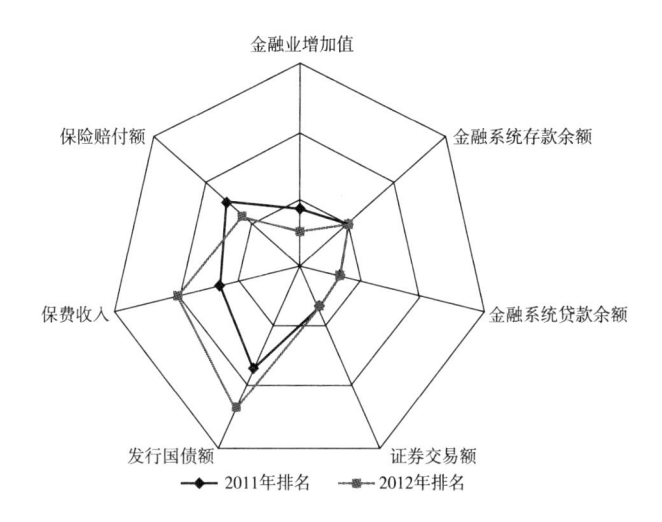

图 10-1-1 平顶山市 2011~2012 年金融市场发展指数四级指标比较

3. 从雷达图图形变化看，2012 年与 2011 年相比，面积明显扩大，其中保费收入和发行国债额成为图形扩张的动力点。

4. 从排位变化的动因看，金融市场发展指数四级指标中，发行国债额和保费收入两个指标排位的大幅下降，使得 2012 年平顶山市金融市场发展指数的综合排位下降，居河南省第 7 位。

10.1.2 平顶山市金融结构深化指数评价分析

2011~2012 年平顶山市金融结构深化指标及其下属指标，在河南省的排位变化情况，如表 10-1-2 和图 10-1-2 所示。

表 10-1-2 平顶山市 2011~2012 年金融结构深化指数及其四级指标

年份		证券募集资金净额比 GDP	短期贷款占比	保费收入比全省金融业增加值	金融结构深化指数
2011	原值(%)	2.63	4.19	4.94	30.38
	标准化后	90.79	11.69	49.15	
2012	原值(%)	2.61	4.66	3.86	30.07
	标准化后	91.40	13.05	18.92	
2011 年排名		3	10	8	4
2012 年排名		3	6	12	5
升降		0	4	-4	-1

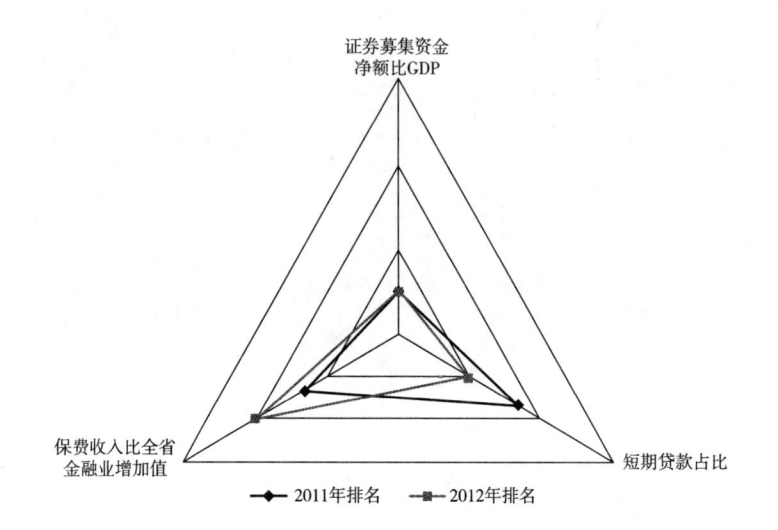

图10－1－2　平顶山市2011～2012年金融结构深化指数四级指标比较雷达图

1. 2012年平顶山市金融结构深化指数在整个河南省的综合排位为第5位，虽然较2011年下降了1个排位，但其在河南省仍处于相对优势地位。

2. 从指标所处的水平看，2012年证券募集资金净额比GDP排位在河南省处于第3位，短期贷款占比处于第6位，是上游区的优势指标，而保费收入比全省金融业增加值排位略微靠后。总体来说，平顶山市的金融结构深化在河南省处于较领先地位。

3. 从雷达图图形变化看，2012年与2011年相比，面积基本不变。

4. 从排位变化的动因看，尽管平顶山市短期贷款占比的排位有所上升，但受到保费收入比全省金融业增加值指标排位下降的影响，2012年平顶山市金融结构深化指数综合排位略微下降，居河南省第5位。

10.1.3　平顶山市金融效率提高指数评价分析

2011～2012年平顶山市金融效率提高指标及其下属指标，在河南省的排位变化情况，如表10－1－3和图10－1－3所示。

1. 2012年平顶山市金融效率提高指数在整个河南省的综合排位处于第7位，表明其在河南省处于中势地位；与2011年相比排位没有发生变化。

2. 从指标所处的水平看，2012年上市公司占有率和存贷比在整个河南省的排位分别为第5位和第6位，属于上游地位，保险密度排位相对靠后。整个平顶

表 10 – 1 – 3　平顶山市 2011～2012 年金融效率提高指数及其四级指标

年份		存贷比	保险密度	上市公司占有率	金融效率提高指数
2011	原值	64.81(%)	806(元/人)	4.76(%)	23.98
	标准化后	23.83	20.34	14.29	
2012	原值	64.15(%)	793(元/人)	4.55(%)	22.68
	标准化后	50.16	13.15	14.29	
2011 年排名		5	9	5	7
2012 年排名		6	10	5	7
升降		-1	-1	0	0

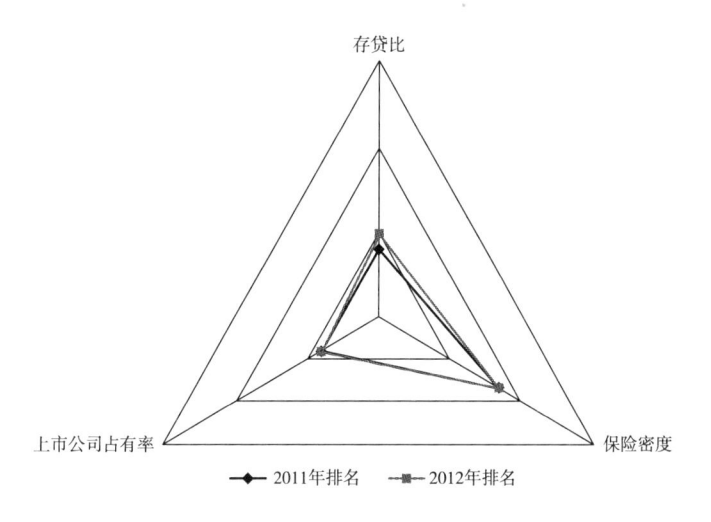

图 10 – 1 – 3　平顶山市 2011～2012 年金融效率提高指数四级指标比较

山市的金融效率提高指标在河南省处于中等地位。

3. 从雷达图图形变化看，2012 年与 2011 年相比，面积略微增大，金融效率提高指数呈现下降趋势。

4. 从排位变化的动因看，尽管平顶山市存贷比指标和保险密度指标排位有所下降，但是指标下降幅度较小，这使得 2012 年平顶山市金融效率提高指数综合排位保持不变，仍居河南省第 7 位。

10.1.4　平顶山市金融状况指数综合分析

2011～2012 年平顶山市金融状况指标及其下属指标，在河南省的排位变化和指标结构情况，如表 10 – 1 – 4 所示。

表 10-1-4　平顶山市 2011~2012 年金融状况指标及其三级指标

年份	金融市场发展指数	金融结构深化指数	金融效率提高指数	金融状况指数
2011	13.35	30.38	23.98	23.88
2012	12.02	30.07	22.68	22.86
2011 年排位	6	4	7	4
2012 年排位	7	5	7	5
升降	-1	-1	0	-1

1. 2012 年平顶山市金融状况指数综合排位处于第 5 位,表明其在河南省处于相对优势地位;与 2011 年相比下降了 1 位。

2. 从指标所处水平看,2012 年金融市场发展和金融效率提高两个指标在省内的排位均为第 7 位,而金融结构深化指数综合排位为第 5 位,具有相对优势。

3. 从指标变化趋势看,金融市场发展指数和金融结构深化指数排位均比上一年下降 1 位,而金融效率提高指数排位保持不变。

4. 从排位综合分析看,金融市场发展和金融结构深化两个指标的排位下降,导致 2012 年平顶山市金融状况指数在整个河南省居第 5 位,仍处于上游区,具有相对优势。综合来看,其金融整体发展程度较高,金融状况较好。

10.2　平顶山市成长发展指数评价分析

10.2.1　平顶山市资本市场成长性指数评价分析

2011~2012 年平顶山市资本市场成长性指标及其下属指标,在河南省的排位变化情况,如表 10-2-1 和图 10-2-1 所示。

表 10-2-1　平顶山市 2011~2012 年资本市场成长性指数及其四级指标

年份		金融机构贷款余额年增长额	发行国债年增长额	A 股股票募集资金净额	资本市场成长性指数
2011	原值(亿元)	100.31	0.1502	39.08	21.94
	标准化后	28.92	39.53	30.70	
2012	原值(亿元)	140.28	-1.6552	39.08	43.36
	标准化后	19.66	72.93	30.70	

续表

年份	金融机构贷款余额年增长额	发行国债年增长额	A股股票募集资金净额	资本市场成长性指数
2011年排名	6	10	3	4
2012年排名	4	16	5	6
升降	2	-6	-2	-2

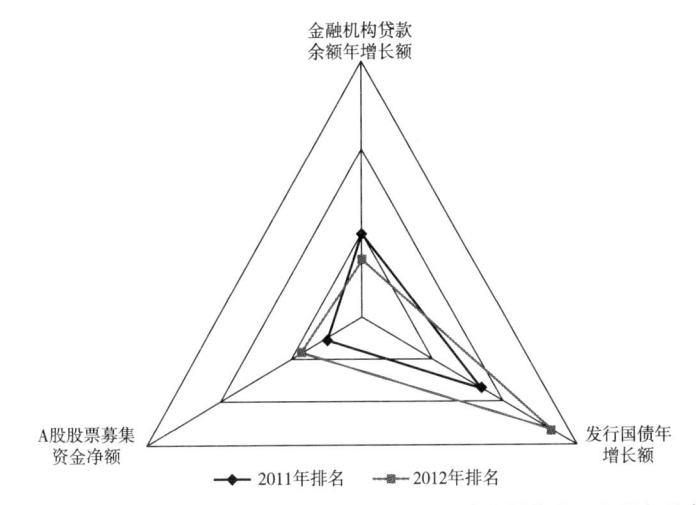

图10-2-1 平顶山市2011~2012年资本市场成长性指数四级指标比较

1. 2012年平顶山市资本市场成长性指数在整个河南省的综合排位处于第6位，处于中上游区，较有优势；与2011年相比下降了2位。

2. 从指标所处的水平看，2012年金融机构贷款余额年增长额和A股股票募集资金净额在省内的排位分别为第4位和第5位，而发行国债年增长额却位于第16位，处于劣势地位。

3. 从雷达图图形变化看，2012年与2011年相比，面积增大，资本市场成长性呈现下降趋势，其中发行国债年增长额和A股股票募集资金净额成为图形扩张的动力点。

4. 从排位变化的动因看，平顶山市发行国债年增长额指标排位大幅下降，金融机构贷款余额年增长额指标的拉升作用不足，导致2012年平顶山市资本市场成长性指标排位略微下降，居河南省第6位。

10.2.2 平顶山市经济成长性指数评价分析

2011~2012年平顶山市经济成长性指标及其下属指标，在河南省的排位变化情况，如表10-2-2和图10-2-2所示。

表10－2－2　平顶山市2011~2012年经济成长性指数及其四级指标

年份		GDP年增长额	财政收入年增长额	社会固定资产投资年增长额	社会消费品零售总额年增长额	经济成长性指数
2011	原值（亿元）	173.78	14.72	163.59	61.25	16.36
	标准化后	15.82	10.18	21.86	16.27	
2012	原值（亿元）	11.18	12.23	189.63	64.36	12.57
	标准化后	0	8.76	22.58	17.57	
2011年排名		9	6	10	12	11
2012年排名		18	8	10	11	14
升降		－9	－2	0	1	－3

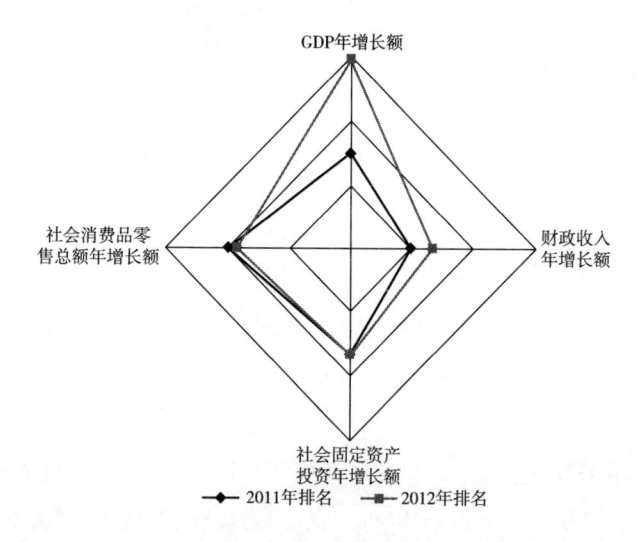

图10－2－2　平顶山市2011~2012年经济成长性指数四级指标比较

1. 2012年平顶山市经济成长性指数在整个河南省的综合排位为第14位，表明平顶山市的经济成长性在河南省处于相对劣势地位；与2011年相比下降了3位。

2. 从指标所处的水平看，财政收入年增长额、社会固定资产投资年增长额和社会消费品零售总额年增长额这三个指标在省内处于中等地位，而GDP年增长额综合排位为第18位，在河南省处于劣势地位。

3. 从雷达图图形变化看，2012年与2011年相比，面积明显增大，其中GDP年增长额和财政收入年增长额成为图形扩张的动力点。

4. 从排位变化的动因看，2012年平顶山市经济成长性指数四级指标中，除了社会固定资产投资年增长额排位保持不变、社会消费品零售总额年增长额排位上升1位外，其余两个指标与上一年相比，排位都有不同程度的下滑，最终导致2012年平顶山市的经济成长性指数排位下降3位，目前该市经济成长性水平在全省处于劣势。

10.2.3 平顶山市城市创新成长性指数评价分析

2011~2012年平顶山市城市创新成长性指标及其下属指标，在河南省的排位变化情况，如表10-2-3和图10-2-3所示。

表10-2-3 平顶山市2011~2012年城市创新成长性指数及其四级指标

年份		政府研发经费支出年增长额	政府研发人员年增长量	新产品销售收入年增长额	城市创新成长性指数
2011	原值	0.407（亿元）	-18（人）	28.71（亿元）	29.59
	标准化后	55.83	26.01	31.96	
2012	原值	-0.315（亿元）	84（人）	10.26（亿元）	31.59
	标准化后	0	11.54	74.33	
2011年排名		4	15	7	9
2012年排名		18	12	6	11
升降		-14	3	1	-2

1. 2012年平顶山市城市创新成长性指数在整个河南省的综合排位为第11位，表明其在河南省处于中势地位；与2011年相比排位下降2位。

2. 从指标所处的水平看，2012年新产品销售收入年增长额排在第6位，属于上游区，而政府研发人员年增长量和政府研发经费支出年增长额两个指标在整个河南省分别居于第12位和第18位。在此综合作用下，平顶山市的城市创新成长性在河南省处于中等偏下水平。

3. 从雷达图图形变化看，2012年与2011年相比，面积增大，其中政府研发经费支出年增长额成为图形扩张的明显动力点。

4. 从排位变化的动因看，虽然政府研发人员年增长量和新产品销售收入年增长额这两个指标的排名较2011年略微上升，但是政府研发经费支出年增长额排

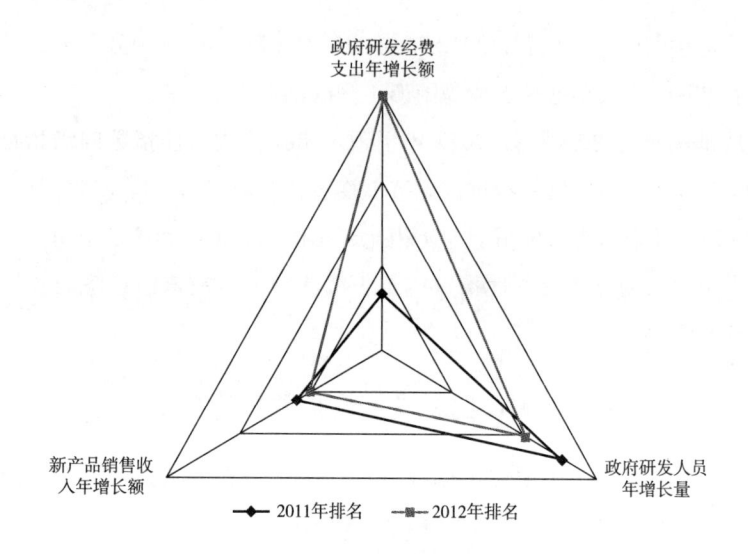

图 10-2-3　平顶山市 2011~2012 年城市创新成长性指数四级指标比较

位的大幅度下滑，导致 2012 年平顶山市城市创新成长性指数综合排位下降 2 位。这说明平顶山市的城市创新成长性在省内没有明显优势，还有较大的发展空间。

10.2.4　平顶山市成长发展指数综合分析

2011~2012 年平顶山市成长发展指标及其下属指标，在河南省的排位变化和指标结构情况，如表 10-2-4 所示。

表 10-2-4　平顶山市 2011~2012 年成长发展指标及其三级指标

年份	资本市场成长性指数	经济成长性指数	城市创新成长性指数	成长发展指数
2011	21.94	16.36	29.59	24.02
2012	43.36	12.57	31.59	27.14
2011 年排位	4	11	9	7
2012 年排位	6	14	11	9
升降	-2	-3	-2	-2

1. 2012 年平顶山市成长发展指数综合排位处于第 9 位，表明其在河南省处于中势地位；与 2011 年相比排位下滑 2 位。

2. 从指标所处水平看，2012 年资本市场成长性指标在省内的综合排位为第 6 位，处于上游区，而经济成长性和城市创新成长性两个指标分别处于第 14 位和第11位,处于中下游区。

3. 从指标变化趋势看,资本市场成长性、经济成长性和城市创新成长性这三个指标与2011年相比均有2~3位的下降,成长发展指数呈下降趋势。

4. 从排位综合分析看,资本市场成长性、经济成长性和城市创新成长性指数都有下降趋势,使得2012年平顶山市成长发展指数综合排位居河南省第9位,仍有上升的空间。

10.3 平顶山市服务水平指数评价分析

10.3.1 平顶山市智力资本指数评价分析

2011~2012年平顶山市智力资本指标及其下属指标,在河南省的排位变化情况,如表10-3-1和图10-3-1所示。

表10-3-1 平顶山市2011~2012年智力资本指数及其四级指标

年份		金融业从业密度	受高等教育密度	科研人员密度	普通高等学校数量	智力资本指数
2011	原值	2.27（人/平方公里）	7.85（人/平方公里）	2.44（人/平方公里）	4（所）	15.93
	标准化后	28.48	7.44	19.71	6.00	
2012	原值	2.08（人/平方公里）	7.80（人/平方公里）	2.5（人/平方公里）	4（所）	14.89
	标准化后	24.09	7.13	20.44	5.88	
2011年排名		3	6	6	10	4
2012年排名		5	6	6	10	4
升降		-2	0	0	0	0

1. 2012年平顶山市智力资本指数在整个河南省的综合排位为第4位,处于相对优势地位;与2011年相比排位没有发生变化。

2. 从指标所处的水平看,2012年金融业从业密度在河南省的排位为第5位,受高等教育密度和科研人员密度在河南省的排位均为第6位,处于上游区,普通高等学校数量省内排位为第10位,表明其高等教育规模在省内处于中等水平。

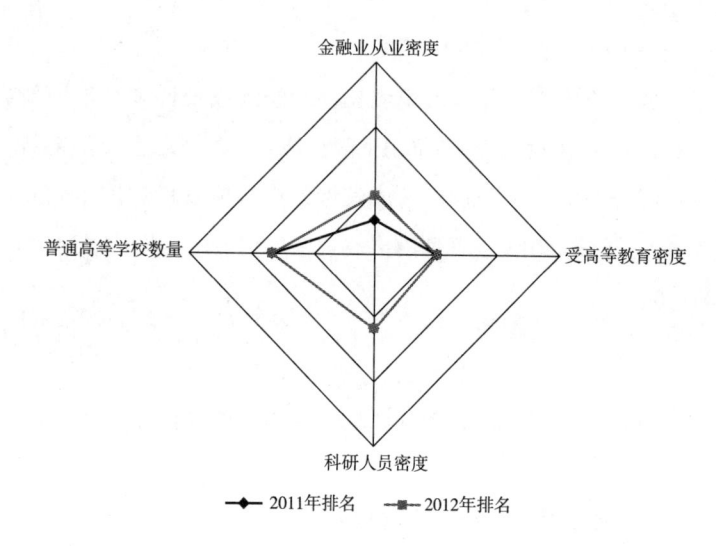

图 10 – 3 – 1　平顶山市 2011 ~ 2012 年智力资本指数四级指标比较

3. 从雷达图图形变化看，2012 年与 2011 年相比，面积增大，其中金融业从业密度指标成为面积扩张的动力点。

4. 从排位变化的动因看，虽然金融业从业密度指标较 2011 年下降了 2 位，但其他三个指标排位保持不变，故 2012 年平顶山市智力资本指数的综合排位保持不变，居河南省第 4 位，处于较领先地位。

10.3.2　平顶山市城市环境指数评价分析

2011 ~ 2012 年平顶山市城市环境指标及其下属指标，在河南省的排位变化情况，如表 10 – 3 – 2 和图 10 – 3 – 2 所示。

表 10 – 3 – 2　平顶山市 2011 ~ 2012 年城市环境指数及其四级指标

年份		城镇化水平	城镇登记失业率	人均城市道路面积	人均绿化覆盖面积	基本医疗保险覆盖率	基本养老保险覆盖率	商品房屋销售均价	城市环境指数
2011	原值	43.14（%）	3.3（%）	9.53（平方米）	5.53（平方米）	25.75（%）	9.09（%）	2881（元/平方米）	25.29
	标准化后	34.93	35.00	19.99	17.65	73.44	23.83	17.65	
2012	原值	45.00（%）	3.0（%）	11.24（平方米）	5.73（平方米）	26.01（%）	9.66（%）	3230（元/平方米）	23.74
	标准化后	35.26	50.00	32.34	16.10	60.31	19.09	18.00	

续表

年份	城镇化水平	城镇登记失业率	人均城市道路面积	人均绿化覆盖面积	基本医疗保险覆盖率	基本养老保险覆盖率	商品房屋销售均价	城市环境指数
2011年排名	7	7	15	12	7	12	6	9
2012年排名	7	7	14	12	7	12	5	11
升降	0	0	1	0	0	0	1	-2

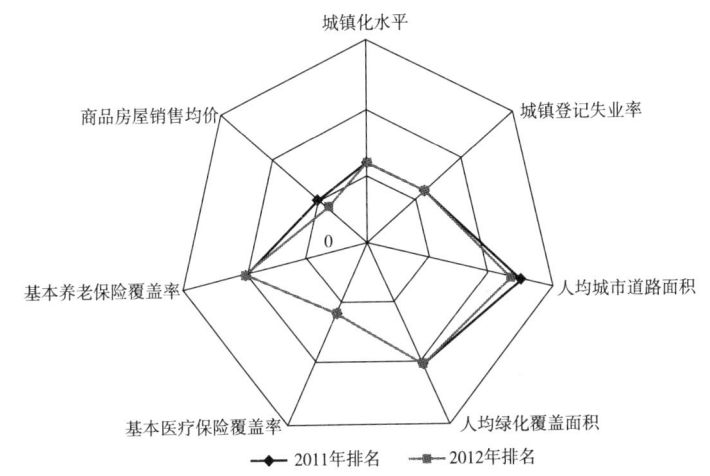

图10-3-2 平顶山市2011~2012年城市环境指数四级指标比较

1. 2012年平顶山市城市环境指数在整个河南省的综合排位为第11位，表明其在河南省处于中游；与2011年相比下降了2位。

2. 从指标所处的水平看，城镇化水平、城镇登记失业率和基本医疗保险覆盖率在省内的综合排位均为第7位，处于中游区；商品房屋销售均价综合排位为第5位；而人均城市道路面积、人均绿化覆盖面积和基本养老保险覆盖率的排位在第12位及以后。

3. 从雷达图图形变化看，2012年与2011年相比，面积略有减小，其中商品房屋销售均价和人均城市道路面积为图形缩小的两个动力点。

4. 从排位变化的动因看，虽然商品房屋销售均价和人均城市道路面积综合排位均上升了1位，其他指标排位保持不变，但由于2011~2012年省内其他城市环境改善速度更快，以致平顶山市城市环境指数综合排位有所下降。

10.3.3 平顶山市服务水平指数综合分析

2011~2012年平顶山市服务水平指标及其下属指标，在河南省的排位变化和指标结构情况，如表10-3-3所示。

表 10-3-3　平顶山市 2011~2012 年服务水平指数及其三级指标

年份	智力资本指数	城市环境指数	服务水平指数
2011	15.93	25.29	22.42
2012	14.89	23.74	20.98
2011 年排位	4	9	8
2012 年排位	4	11	9
升降	0	-2	-1

1. 2012 年平顶山市服务水平指数综合排位处于第 9 位，表明其在河南省处于中等地位；与 2011 年相比下降了 1 位。

2. 从指标所处水平看，2012 年智力资本指数在整个河南省的综合排位为第 4 位，处于相对领先地位；而城市环境指数综合排名为第 11 位，处于中势地位。

3. 从指标变化趋势看，智力资本指标与上一年相比没有变化，保持相对优势地位，城市环境指标排位比 2011 年下降了 2 位。

4. 从排位综合分析看，由于两个指标的综合作用，2012 年平顶山市服务水平指数在省内排第 9 位，处于中等地位。

10.4　平顶山市综合环境指数评价分析

10.4.1　平顶山市经济环境指数评价分析

2011~2012 年平顶山市经济环境指标及其下属指标，在河南省的排位变化情况，如表 10-4-1 和图 10-4-1 所示。

表 10-4-1　平顶山市 2011~2012 年经济环境指数及其四级指标

年份		城镇人均可支配收入	农村人均纯收入	人均 GDP	人均财政收入	人均社会商品零售额	经济环境指数
2011	原值(元)	18348	6578	30227	1938	8351	32.11
	标准化后	53.55	20.07	35.24	27.18	12.64	
2012	原值(元)	20610	7518	30380	2182	9705	30.07
	标准化后	53.04	20.83	28.34	24.83	12.25	
2011 年排名		5	12	8	6	11	9
2012 年排名		5	12	10	6	10	11
升降		0	0	-2	0	1	-2

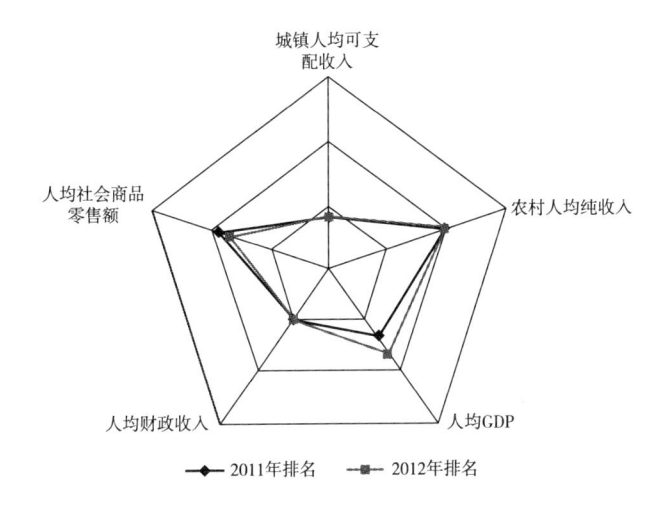

第10章 平顶山市2012年金融发展指数报告

图10－4－1 平顶山市2011～2012年经济环境指数四级指标比较

1. 2012年平顶山市经济环境指数在整个河南省的综合排位为第11位，表明其在河南省处于中等地位；与2011年相比下滑了2位。

2. 从指标所处的水平看，2012年城镇人均可支配收入与人均财政收入指标在整个河南省的排位分别居于第5位和第6位，处于上游区。人均GDP和人均社会商品零售额排位均为第10位，农村人均纯收入排位为第12位。

3. 从雷达图图形变化看，2012年与2011年相比，面积有所增大，经济环境指数呈现下降趋势，其中人均GDP成为图形扩张的动力点。

4. 从排位变化的动因看，尽管平顶山市人均社会商品零售额指标排位上升了1位，但人均GDP指标下降了2位，以致2012年平顶山市经济环境指数综合排位下降到第11位，在全省处于中游区，这说明平顶山市经济环境还有待提升。

10.4.2 平顶山市开放程度指数评价分析

2011～2012年平顶山市开放程度指标及其下属指标，在河南省的排位变化情况，如表10－4－2所示。

1. 2012年平顶山市开放程度指数在整个河南省的综合排位为第12位，表明其在河南省处于中游水平；与2011年相比下降了3位。

2. 从指标所处的水平看，2012年净出口额和实际利用外资额在整个河南省的排位均为第10位。

表 10-4-2　平顶山市 2011~2012 年开放程度指数及其四级指标

年份		实际利用外资额	净出口额	开放程度指数
2011	原值（万美元）	30768	22127.59	15.16
	标准化后	5.25	24.01	
2012	原值（万美元）	37358	16144.64	18.94
	标准化后	100.00	31.01	
2011 年排名		10	7	9
2012 年排名		10	10	12
升降		0	-3	-3

3. 从排位变化的动因看，2012 年平顶山市的实际利用外资额排位没有发生变化，净出口额排位下滑了 3 位，这使全市 2012 年的开放程度指数的综合排位下降了 3 位，居河南省第 12 位。综合来看，平顶山市经济开放程度在全省处于中游水平，与大部分省内城市比还有差距。

10.4.3　平顶山市综合环境指数综合分析

2011~2012 年平顶山市综合环境指标及其下属指标，在河南省的排位变化和指标结构情况，如表 10-4-3 所示。

表 10-4-3　平顶山市 2011~2012 年综合环境指标及其三级指标

年份	经济环境指数	开放程度指数	综合环境指数
2011	32.11	15.16	25.43
2012	30.07	18.94	26.56
2011 年排位	9	9	9
2012 年排位	11	12	10
升降	-2	-3	-1

1. 2012 年平顶山市综合环境指数综合排位处于第 10 位，表明其在河南省处于中等地位；与 2011 年相比下降了 1 位。

2. 从指标所处水平看,2012年经济环境和开放程度两个指标排位分别为第11位和第12位,处于中游区。

3. 从指标变化趋势看,经济环境指标比2011年下降了2位,开放程度指标下降了3位,决定了平顶山市2012年综合环境指标下降了1位。

4. 从排位综合分析看,两个指标的下降趋势,决定了2012年平顶山市综合环境排位居河南省第10位。

10.5 平顶山市金融发展指数综合评价分析

2011~2012年平顶山市金融发展指数综合指标及其下属指标在河南省的排位变化和指标结构情况,如表10-5-1所示。

表10-5-1 平顶山市2011~2012年金融发展指数指标及其二级指标

年份	金融状况指数	成长发展指数	服务水平指数	综合环境指数	金融发展指数
2011	23.88	24.02	22.42	25.43	25.05
2012	22.86	27.14	20.98	26.56	25.78
2011年排位	4	7	8	9	8
2012年排位	5	9	9	10	7
升降	-1	-2	-1	-1	1

1. 2012年平顶山市金融发展指数综合排位处于第7位,表明其在河南省处于相对优势地位;与2011年相比上升了1位。

2. 从指标所处水平看,2012年平顶山市成长发展和服务水平这两个指标的综合排位均为第9位,处于中游区;金融状况指标综合排位为第5位,处于上游区;综合环境指标排名处于第10位,处于中游区。

3. 从指标变化趋势看,金融状况、服务水平和综合环境三个指标与2011年相比均下降了1位,成长发展指标较2011年下降了2位。

4. 从排位综合分析看,四个指标排位分别下降,2012年平顶山市金融发展指数在省内居于中游水平,还有较大的提升空间。

第 11 章
安阳市 2012 年金融发展指数报告

11.1 安阳市金融状况指数评价分析

11.1.1 安阳市金融市场发展指数评价分析

2011～2012 年安阳市金融市场发展指标及其下属指标在河南省的排位变化情况，如表 11-1-1 和图 11-1-1 所示。

表 11-1-1 安阳市 2011～2012 年金融市场发展指数及其四级指标

年份		金融业增加值	金融系统存款余额	金融系统贷款余额	证券交易额	发行国债额	保费收入	保险赔付额	金融市场发展指数
2011	原值（亿元）	26.16	1162.43	634.2	574.31	1.49	41.04	9.55	11.69
	标准化后	7.84	11.13	8.01	4.46	5.29	22.61	21.56	
2012	原值（亿元）	31.91	1352.98	687.29	406.11	0.93	40.77	10.99	10.88
	标准化后	7.65	11.05	7.74	3.79	4.62	19.90	20.19	
2011 年排名		8	8	7	7	15	9	5	11
2012 年排名		8	10	9	7	13	9	5	10
升降		0	-2	-2	0	2	0	0	1

1. 2012 年安阳市金融市场发展指数在整个河南省的综合排位为第 10 位，表明其在河南省处于中等地位；与 2011 年相比排位上升 1 位。

2. 从指标所处的水平看，保险赔付额排位连续两年处于第 5 位，排位比较靠前；发行国债额排位比较靠后；金融业增加值、金融系统存款余额、金融系统

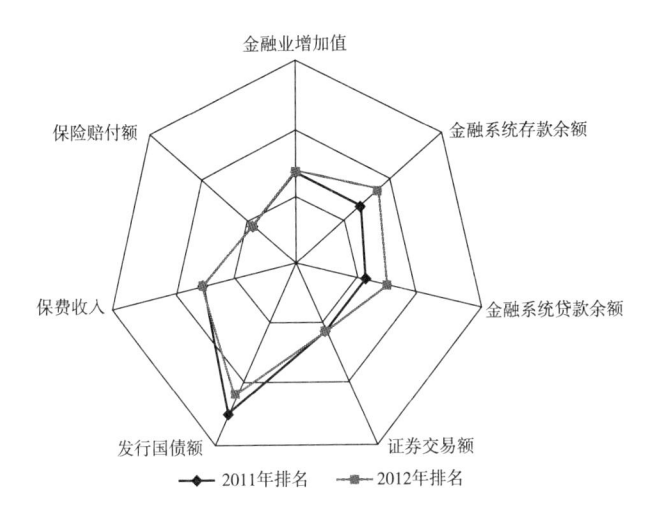

图 11-1-1　安阳市 2011~2012 年金融市场发展指数四级指标比较

贷款余额、证券交易额和保费收入在整个河南省均处于中游区。这说明安阳市的金融市场发展水平在河南省处于中游水平。

3. 从雷达图图形变化看，2012 年与 2011 年相比，面积略微增大，金融系统存款余额和金融系统贷款余额两个指标是图形扩张的动力点，发行国债额是图形缩小的动力点。

4. 从排位变化的动因看，2012 年安阳市金融市场发展指数四级指标中，虽然金融系统贷款余额和金融系统存款余额排位与上一年相比均下降了 2 位，但在发行国债额指标排位上升的拉动下，安阳市金融市场发展指数上升了 1 位。

11.1.2　安阳市金融结构深化指数评价分析

2011~2012 年安阳市金融结构深化指标及其下属指标在河南省的排位变化情况，如表 11-1-2 和图 11-1-2 所示。

1. 2012 年安阳市金融结构深化指数在整个河南省的综合排位为第 4 位，表明其在河南省处于优势地位；与 2011 年相比排位下降 2 位。

2. 从指标所处的水平看，证券募集资金净额比 GDP 在整个河南省排位靠前，2011 年处于第 1 位，2012 年处于第 2 位，即在整个省域处于上游区，为优势指标。短期贷款占比和保费收入比全省金融业增加值排位在省内处于中游区。

3. 从雷达图图形变化看，2012 年与 2011 年相比，面积有略微增大，金融结

表 11-1-2　安阳市 2011~2012 年金融结构深化指数及其四级指标

年份		证券募集资金净额比 GDP	短期贷款占比	保费收入比全省金融业增加值	金融结构深化指数
2011	原值(%)	2.9	5.05	4.73	32.97
	标准化后	100.00	15.02	22.61	
2012	原值(%)	2.75	4.38	4.02	31.05
	标准化后	96.23	12.00	19.90	
2011 年排名		1	6	9	2
2012 年排名		2	8	9	4
升　降		-1	-2	0	-2

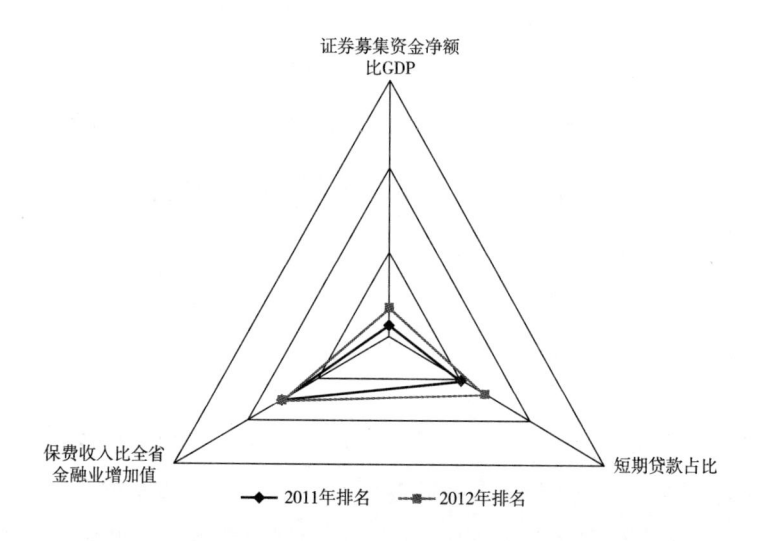

图 11-1-2　安阳市 2011~2012 年金融结构深化指数四级指标比较

构深化指数呈现下降趋势,其中证券募集资金净额比 GDP 和短期贷款占比成为图形扩张的动力点。

4. 从排位变化的动因看,安阳市证券募集资金净额比 GDP 和短期贷款占比指标排位均有所下降,决定了 2012 年安阳市金融结构深化指数综合排位下降 2 位,居河南省第 4 位。

11.1.3　安阳市金融效率提高指数评价分析

2011~2012 年安阳市金融效率提高指标及其下属指标,在河南省的排位变化情况,如表 11-1-3 和图 11-1-3 所示。

表 11-1-3　安阳市 2011~2012 年金融效率提高指数及其四级指标

年份		存贷比	保险密度	上市公司占有率	金融效率提高指数
2011	原值	54.56(%)	718(元/人)	4.76(%)	17.55
	标准化后	30.48	15.17	14.29	
2012	原值	50.80(%)	802(元/人)	4.55(%)	16.43
	标准化后	26.08	13.81	14.29	
2011 年排名		13	11	5	11
2012 年排名		14	9	5	11
升　降		-1	2	0	0

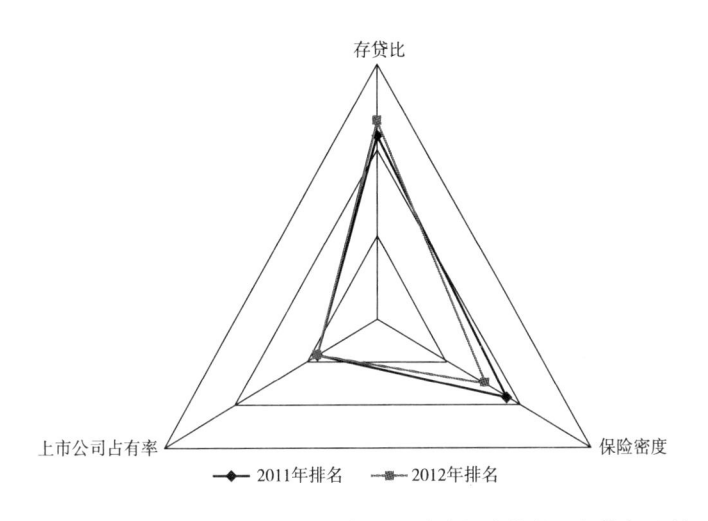

图 11-1-3　安阳市 2011~2012 年金融效率提高指数四级指标比较

1. 2012 年安阳市金融效率提高指数在整个河南省的综合排位为第 11 位，表明其在河南省处于中等地位；与 2011 年相比排位没有发生变化。

2. 从指标所处的水平看，2012 年安阳市上市公司占有率排位为第 5 位，具有相对优势；保险密度排位为第 9 位，处于中游区；存贷比综合排位为第 14 位，处于下游区。整个安阳市的金融效率提高指数在河南省处于中等地位。

3. 从雷达图图形变化看，2012 年与 2011 年相比，面积有所减小，保险密度指标是图形收缩的动力点。

4. 从排位变化的动因看，安阳市存贷比指标排位下降了 1 位，但保险密度排位指标上升了 2 位，故 2012 年安阳市金融效率提高指数综合排位保持不变，居河南省第 11 位。这说明安阳市金融效率提高的优势在全省并不明显，与省内大部分城市相比还有一定差距。

11.1.4 安阳市金融状况指数综合分析

2011～2012 年安阳市金融状况指标及其下属指标，在河南省的排位变化和指标结构情况，如表 11－1－4 所示。

表 11－1－4 安阳市 2011～2012 年金融状况指标及其三级指标

年份	金融市场发展指数	金融结构深化指数	金融效率提高指数	金融状况指数
2011	11.69	32.97	17.55	22.04
2012	10.88	31.05	16.43	20.67
2011 年排位	11	2	11	6
2012 年排位	10	4	11	6
升降	1	-2	0	0

1. 2012 年安阳市金融状况指数综合排位处于第 6 位，表明其在河南省处于相对优势地位；与 2011 年相比排位没有变化。

2. 从指标所处水平看，2012 年金融结构深化指标综合排位为第 4 位，排位比较靠前；金融市场发展指标和金融效率提高指标综合排位分别为第 10 位和第 11 为，处于中游区。

3. 从指标变化趋势看，金融市场发展指标与上一年相比上升了 1 位，金融结构深化指标与上一年相比下降了 2 位，金融效率提高指标与上一年相比没有变化，整个安阳市金融状况指标排位也没有发生变化。

4. 从排位综合分析看，三个指标中金融结构深化指标保持优势地位，决定了 2012 年安阳市金融状况指数综合排位仍居河南省第 6 位。这说明安阳市金融整体发展程度比较高，在整个河南省处于较领先地位。

11.2 安阳市成长发展指数评价分析

11.2.1 安阳市资本市场成长性指数评价分析

2011～2012 年安阳市资本市场成长性指标及其下属指标，在河南省的排位变化情况，如表 11－2－1 和图 11－2－1 所示。

第11章 安阳市2012年金融发展指数报告

表 11-2-1　安阳市 2011~2012 年资本市场成长性指数及其四级指标

年份		金融机构贷款余额年增长额	发行国债年增长额	A 股股票募集资金净额	资本市场成长性指数
2011	原值（亿元）	36.81	0.1852	43.11	14.27
	标准化后	13.61	40.02	33.86	
2012	原值（亿元）	53.09	-0.5552	43.11	46.26
	标准化后	6.71	92.34	33.86	
2011 年排名		12	9	2	7
2012 年排名		15	5	3	4
升降		-3	4	-1	3

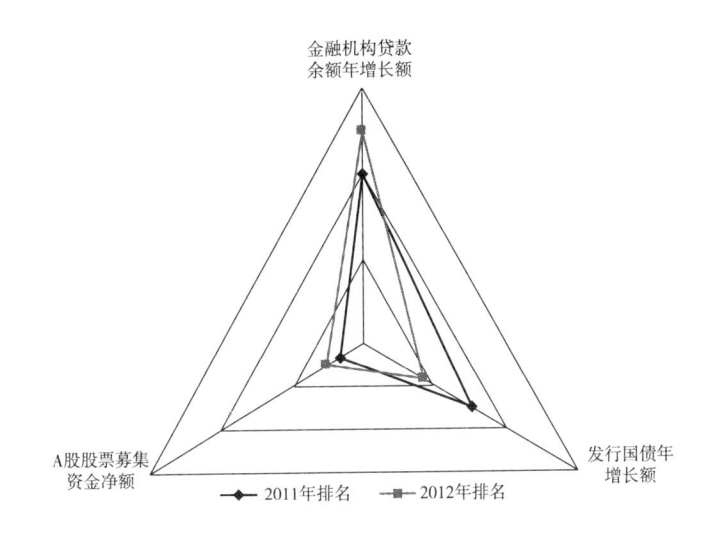

图 11-2-1　安阳市 2011~2012 年资本市场成长性指数四级指标比较

1. 2012年安阳市资本市场成长性指数在整个河南省的综合排位为第4位，表明其在河南省处于优势地位；与2011年相比排位上升3位。

2. 从指标所处的水平看，2012年发行国债年增长额和A股股票募集资金净额在整个河南省排位靠前，但是金融机构贷款余额年增长额在省内综合排位为第15位，比较靠后。

3. 从雷达图图形变化看，2012年与2011年相比，面积减小，资本市场成长性呈现上升趋势，其中发行国债年增长额成为图形缩小的动力点。

4. 从排位变化的动因看，尽管安阳市金融机构贷款余额年增长额指标综合排位下降了3位，A股股票募集资金净额指标排位下降了1位，但在发行国债年增长额指标排位上升的强劲拉升作用下，2012年安阳市资本市场成长性指标综合排位上升3位，居河南省第4位。安阳市资本市场成长性较高，推动了整个资本市场和金融市场的发展。

11.2.2 安阳市经济成长性指数评价分析

2011~2012年安阳市经济成长性指标及其下属指标，在河南省的排位变化情况，如表11-2-2和图11-2-2所示。

表11-2-2 安阳市2011~2012年经济成长性指数及其四级指标

年份		GDP年增长额	财政收入年增长额	社会固定资产投资年增长额	社会消费品零售总额年增长额	经济成长性指数
2011	原值（亿元）	171.02	12.31	203.39	61.73	17.66
	标准化后	15.52	8.03	29.29	16.43	
2012	原值（亿元）	80.29	6.20	192.34	62.84	14.21
	标准化后	12.37	2.83	23.03	17.05	
2011年排名		10	8	6	11	7
2012年排名		14	16	9	12	12
升降		-4	-8	-3	-1	-5

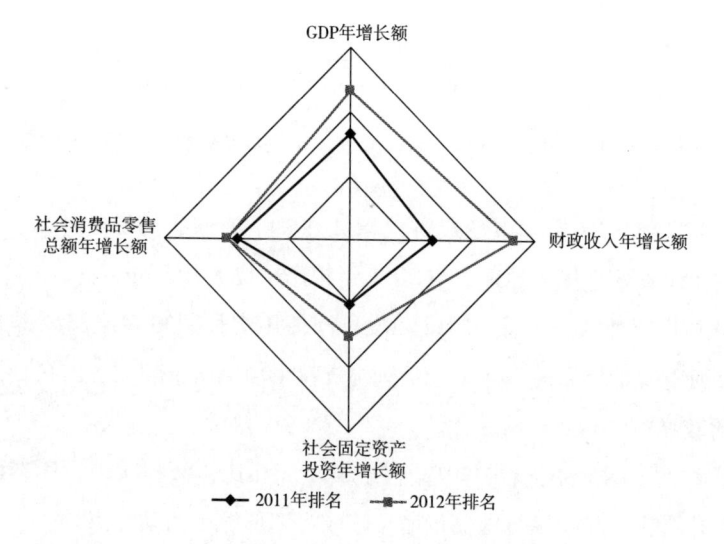

图11-2-2 安阳市2011~2012年经济成长性指数四级指标比较

1. 2012年安阳市经济成长性指数在整个河南省的综合排位处于第12位,表明其在河南省处于中势地位;与2011年相比排位下降5位。

2. 从指标所处的水平看,除社会固定资产投资年增长额在整个河南省的排位为第9位、社会消费品零售总额年增长额居于第12位外,GDP年增长额、财政收入年增长额在整个河南省均处于下游区,这导致安阳市的经济成长性在河南省处于中游水平。

3. 从雷达图图形变化看,2012年与2011年相比,面积大幅增加,其中GDP年增长额、财政收入年增长额和社会固定资产投资年增长额成为图形扩张的主要动力点。

4. 从排位变化的动因看,2012年安阳市经济成长性指数四级指标在河南省的排位均有所下降,这使其2012年的经济成长性综合排位下降5位,居河南省第12位。

11.2.3 安阳市城市创新成长性指数评价分析

2011~2012年安阳市城市创新成长性指标及其下属指标,在河南省的排位变化情况,如表11-2-3和图11-2-3所示。

表11-2-3 安阳市2011~2012年城市创新成长性指数及其四级指标

年份		政府研发经费支出年增长额	政府研发人员年增长量	新产品销售收入年增长额	城市创新成长性指数
2011	原值	0.057(亿元)	1910(人)	130.55(亿元)	74.87
	标准化后	47.54	98.39	81.30	
2012	原值	0.083(亿元)	562(人)	-49.16(亿元)	14.81
	标准化后	8.02	36.40	0	
2011年排名		10	2	2	2
2012年排名		9	5	18	18
升降		1	-3	-16	-16

1. 2012年安阳市城市创新成长性指数在整个河南省的综合排位处于第18位,表明其在河南省处于下游地位;与2011年相比排位下降16位。

2. 从指标所处的水平看,2012年政府研发经费支出年增长额在整个河南省的排位为第9位,政府研发人员年增长量排在第5位,新产品销售收入年增长额排在第18位。

3. 从雷达图图形变化看,面积显著增大,其中新产品销售收入年增长额和

政府研发经费
支出年增长额

新产品销售收入
年增长额

政府研发人员
年增长量

──◆── 2011年排名　──■── 2012年排名

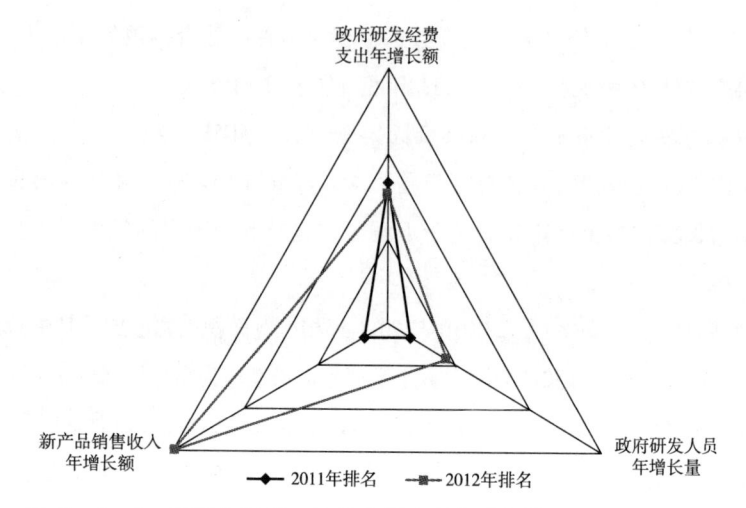

图 11 - 2 - 3　安阳市 2011 ~ 2012 年城市创新成长性指数四级指标比较

政府研发人员年增长量成为图形扩张的动力点。

4. 从排位变化的动因看，虽然政府研发经费支出年增长额排位上升 1 位，但是政府研发人员年增长量排名下降 3 位，新产品销售收入年增长额的排位下降了 16 位，导致 2012 年安阳市城市创新成长性指数综合排位大幅下降，居河南省第 18 位。安阳市城市创新发展相对于其他城市处于落后的地位，亟待调整结构、培养创新型研发人才、扩大政府支持、缩小与省内其他城市的差距。

11.2.4　安阳市成长发展指数综合分析

2011 ~ 2012 年安阳市成长发展指标及其下属指标，在河南省的排位变化和指标结构情况，如表 11 - 2 - 4 所示。

表 11 - 2 - 4　安阳市 2011 ~ 2012 年成长发展指标及其三级指标

年份	资本市场成长性指数	经济成长性指数	城市创新成长性指数	成长发展指数
2011	14.27	17.66	74.87	37.02
2012	46.26	14.21	14.81	24.78
2011 年排位	7	7	2	3
2012 年排位	4	12	18	12
升降	3	-5	-16	-9

1. 2012 年安阳市成长发展指数综合排位处于第 12 位，表明其在河南省处于中游区；与 2011 年相比排位下降 9 位。

2. 从指标所处水平看，2012年资本市场成长性指标排位为第4位，处于上游区，而经济成长性和城市创新成长性两个指标排名靠后，分别处于第12位和第18位，处于中下游区。

3. 从指标变化趋势看，资本市场成长性指标与上一年相比上升了3位，经济成长性指标下降了5位，城市创新成长性指标下降了16位，决定了安阳市成长发展指标呈大幅下降趋势，下降了9位。

4. 从排位综合分析看，虽然安阳市资本市场成长性指标在省内具有相对优势，但后两个指标劣势比较明显，故2012年安阳市成长发展综合排位居河南省第12位，处于较落后地位。

11.3 安阳市服务水平指数评价分析

11.3.1 安阳市智力资本指数评价分析

2011~2012年安阳市智力资本指标及其下属指标，在河南省的排位变化情况，如表11-3-1和图11-3-1所示。

表11-3-1 安阳市2011~2012年智力资本指数及其四级指标

年份		金融业从业密度	受高等教育密度	科研人员密度	普通高等学校数量	智力资本指数
2011	原值	2.05（人/平方公里）	6.97（人/平方公里）	2.13（人/平方公里）	5(所)	14.39
	标准化后	24.43	6.44	16.82	8.00	
2012	原值	1.50（人/平方公里）	7.67（人/平方公里）	2.28（人/平方公里）	6(所)	12.72
	标准化后	13.73	6.99	18.37	9.80	
2011年排名		4	8	8	4	5
2012年排名		8	7	8	3	7
升降		-4	1	0	1	-2

1. 2012年安阳市智力资本指数在整个河南省的综合排位处于第7位，表明其在河南省处于相对优势地位；与2011年相比排位下降2位。

2. 从指标所处的水平看，金融业从业密度、受高等教育密度和科研人员密

```
                金融业从业密度




普通高等学校数量                          受高等教育密度




                科研人员密度
         ◆ 2011年排名    ■ 2012年排名
```

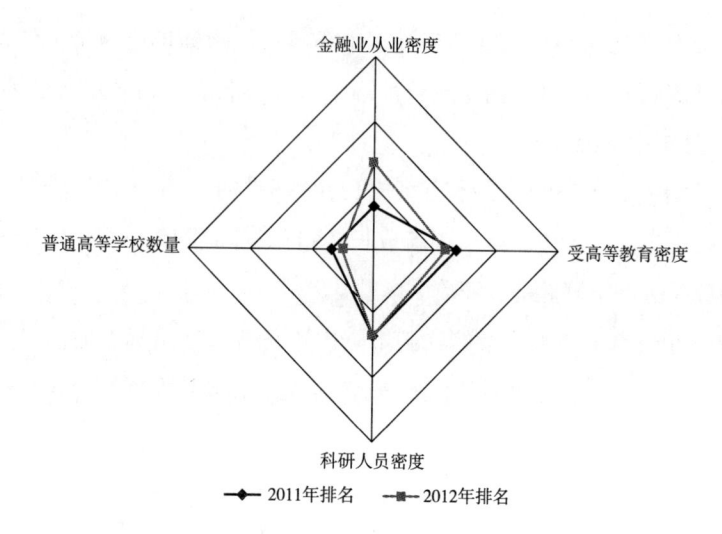

图 11-3-1　安阳市 2011~2012 年智力资本指数四级指标比较

度在整个河南省均处于中游区；普通高等学校数量排名较靠前，位于第 3 位。

3. 从雷达图图形变化看，2012 年与 2011 年相比，面积增大，金融业从业密度成为图形扩张的动力点。

4. 从排位变化的动因看，2012 年安阳市智力资本指数四级指标中受高等教育密度和普通高等学校数量在河南省的排位小幅上升，但是金融业从业密度排位的大幅下降，使得 2012 年安阳市的智力资本指数综合排位下降 2 位，居河南省第 7 位。

11.3.2　安阳市城市环境指数评价分析

2011~2012 年安阳市城市环境指标及其下属指标，在河南省的排位变化情况，如表 11-3-2 和图 11-3-2 所示。

1. 2012 年安阳市城市环境指数在整个河南省的综合排位处于第 9 位，表明其在河南省处于中势地位；与 2011 年相比排位上升 1 位。

2. 从指标所处的水平看，所有指标在整个河南省均处于中游或下游区，这说明安阳市的城市环境在河南省处于较落后地位。

3. 从雷达图图形变化看，2012 年与 2011 年相比，面积增大，其中城镇登记失业率和商品房屋销售均价成为图形扩张的动力点。

4. 从排位变化的动因看，2012 年安阳市人均绿化覆盖面积在河南省的排名

表 11-3-2 安阳市 2011~2012 年城市环境指数及其四级指标

年份		城镇化水平	城镇登记失业率	人均城市道路面积	人均绿化覆盖面积	基本医疗保险覆盖率	基本养老保险覆盖率	商品房屋销售均价	城市环境指数
2011	原值	40.49（%）	3.4（%）	13.43（平方米）	5.71（平方米）	23.59（%）	12.66（%）	2765（元/平方米）	23.75
	标准化后	26.98	30.00	45.88	18.67	59.41	44.30	14.25	
2012	原值	42.40（%）	3.9（%）	13.55（平方米）	5.94（平方米）	24.04（%）	13.30（%）	2907（元/平方米）	26.01
	标准化后	27.36	5.00	46.65	17.24	48.83	35.26	9.25	
2011 年排名		11	9	10	11	10	6	9	10
2012 年排名		11	16	10	10	10	7	13	9
升降		0	-7	0	1	0	-1	-4	1

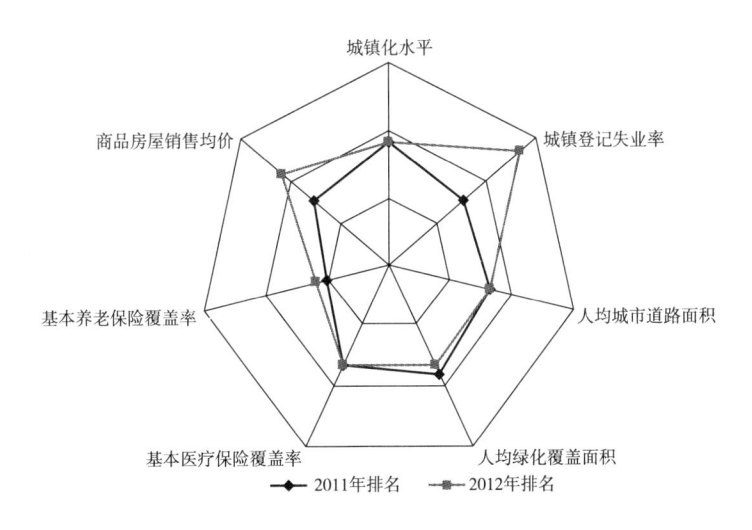

图 11-3-2 安阳市 2011~2012 年城市环境指数四级指标比较

上升 1 位，虽然有些指标的综合排位有不同程度的下降，但整体上安阳市城市环境指数综合排位上升 1 位，居河南省第 9 位。

11.3.3 安阳市服务水平指数综合分析

2011~2012 年安阳市服务水平指标及其下属指标在河南省的排位变化和指标结构情况，如表 11-3-3 所示。

表 11-3-3 安阳市 2011~2012 年服务水平指标及其三级指标

年份	智力资本指数	城市环境指数	服务水平指数
2011	14.39	23.75	20.75
2012	12.72	26.01	21.03
2011 年排位	5	10	9
2012 年排位	7	9	8
升降	-2	1	1

1. 2012 年安阳市服务水平指数综合排位处于第 8 位,表明其在河南省处于中势地位;与 2011 年相比排位上升 1 位。

2. 从指标所处水平看,2012 年智力资本和城市环境两个指标分别处于第 7 位和第 9 位,处于中游区。

3. 从指标变化趋势看,智力资本指标排位与 2011 年相比下降 2 位,城市环境指标排位与 2011 年相比上升 1 位,处于中游区。

4. 从排位综合分析看,两个指标的中游地位决定了 2012 年安阳市服务水平指数综合排位居河南省第 8 位,即安阳市城市服务水平在河南省处于中间水平。

11.4 安阳市综合环境指数评价分析

11.4.1 安阳市经济环境指数评价分析

2011~2012 年安阳市经济环境指标及其下属指标在河南省的排位变化情况,如表 11-4-1 和图 11-4-1 所示。

表 11-4-1 安阳市 2011~2012 年经济环境指数及其四级指标

年份		城镇人均可支配收入	农村人均纯收入	人均 GDP	人均财政收入	人均社会商品零售额	经济环境指数
2011	原值(元)	18686.00	7586.00	28806.00	1502.00	7897.00	33.58
	标准化后	58.36	38.17	31.79	18.68	9.83	
2012	原值(元)	21042.00	8618.00	30624.00	1644.00	9287.00	32.46
	标准化后	58.62	38.20	28.89	15.93	9.96	

续表

年份	城镇人均可支配收入	农村人均纯收入	人均GDP	人均财政收入	人均社会商品零售额	经济环境指数
2011年排名	4	7	10	10	13	7
2012年排名	4	8	9	10	13	7
升降	0	-1	1	0	0	0

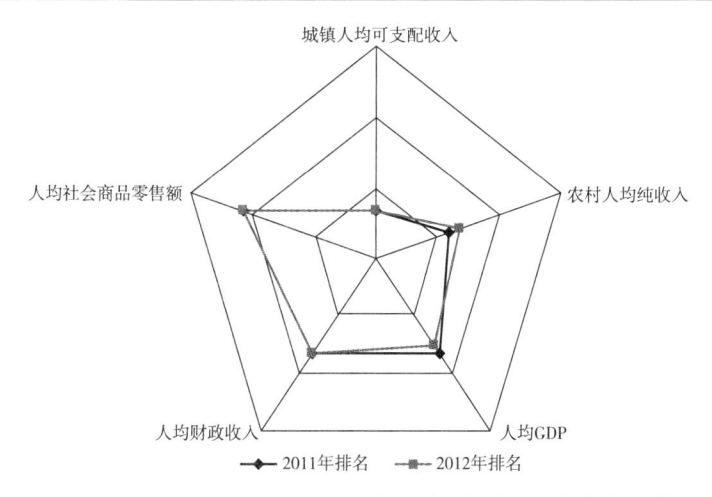

图 11-4-1 安阳市 2011~2012 年经济环境指数四级指标比较

1. 2012 年安阳市经济环境指数在整个河南省的综合排位处于第 7 位，表明其在河南省处于中势地位；与 2011 年相比排位没有发生变化。

2. 从指标所处的水平看，2012 年城镇人均可支配收入在整个河南省居第 4 位，比较靠前；而人均财政收入、人均 GDP 等在整个河南省处于中游区。

3. 从雷达图图形变化看，2012 年与 2011 年相比，面积基本无变化。

4. 从排位变化的动因看，安阳市农村人均纯收入指标较 2011 年排位下降了 1 位，但人均 GDP 指标排位上升了 1 位，这使得 2012 年安阳市经济环境指数综合排位保持不变，居河南省第 7 位。

11.4.2 安阳市开放程度指数评价分析

2011~2012 年安阳市开放程度指标及其下属指标在河南省的排位变化情况，如表 11-4-2 所示。

1. 2012 年安阳市开放程度指数在整个河南省的综合排位为第 17 位，表明其在河南省处于劣势地位；与 2011 年相比排位没有发生变化。

表 11 – 4 – 2　安阳市 2011~2012 年开放程度指数及其四级指标

年份		实际利用外资额	净出口额	开放程度指数
2011	原值（万美元）	25838	-71155.04	2.38
	标准化后	3.58	1.02	
2012	原值（万美元）	31573	-28744.21	14.47
	标准化后	3.61	24.22	
2011 年排名		13	17	17
2012 年排名		15	17	17
升降		-2	0	0

2. 从指标所处的水平看，净出口额在整个河南省居第 17 位，实际利用外资额居第 15 位，均处于下游区，这说明安阳市的开放程度在河南省处于下游地位。

3. 从排位变化的动因看，2012 年安阳市的净出口额指标综合排位较上一年保持不变，实际利用外资额综合排位虽较上一年有所下降，但是幅度不大，这使得安阳市 2012 年的开放程度指数的综合排位保持不变，居河南省第 17 位，说明安阳市经济开放程度较低。

11.4.3　安阳市综合环境指数综合分析

2011~2012 年安阳市综合环境指标及其下属指标在河南省的排位变化和指标结构情况，如表 11 – 4 – 3 所示。

表 11 – 4 – 3　安阳市 2011~2012 年综合环境指标及其三级指标

年份	经济环境指数	开放程度指数	综合环境指数
2011	33.58	2.38	19.35
2012	32.46	14.47	25.44
2011 年排位	7	17	12
2012 年排位	7	17	11
升降	0	0	1

1. 2012 年安阳市综合环境指数综合排位处于第 11 位，表明其在河南省处于中势地位；与 2011 年相比排位上升 1 位。

2. 从指标所处水平看，2012 年经济环境指标在省内的排位为第 7 位，处于中游区；开放程度指标排位为第 17 位，处于下游区。

3. 从指标变化趋势看，经济环境和开放程度这两个指标的排位与 2011 年相比均没有变化。

4. 从排位综合分析看，两个指标排位相差比较大，使得 2012 年安阳市综合环境指数综合排位居于河南省第 11 位，处于中等地位。

11.5 安阳市金融发展指数综合评价分析

2011~2012 年安阳市金融发展指数综合指标及其下属指标在河南省的排位变化和指标结构情况，如表 11-5-1 所示。

表 11-5-1 安阳市 2011~2012 年金融发展指数指标及其二级指标

年份	金融状况指数	成长发展指数	服务水平指数	综合环境指数	金融发展指数
2011	22.04	37.02	20.75	19.35	25.82
2012	20.67	24.78	21.03	25.44	24.30
2011 年排位	6	3	9	12	6
2012 年排位	6	12	8	11	8
升降	0	-9	1	1	-2

1. 2012 年安阳市金融发展指数综合排位处于第 8 位，表明其在河南省处于中游地位；与 2011 年相比排位下降 2 位。

2. 从指标所处水平看，2012 年安阳市金融状况指标在河南省的排名为第 6 名，处于上游区；服务水平指标排名为第 8 名，处于中上游区；成长发展和综合环境两个指标排名均处于中游地位。

3. 从指标变化趋势看，成长发展指数综合排位与 2011 年相比下降了 9 位，服务水平和综合环境两个指标与 2011 年相比均上升了 1 位。

4. 从排位综合分析看，金融状况排位不变，服务水平与综合环境排位均上升 1 位，成长发展指数排位与 2011 年相比下降显著，决定了 2012 年安阳市金融发展指数综合排位下降 2 位，居河南省第 8 位。

第 12 章
鹤壁市 2012 年金融发展指数报告

12.1 鹤壁市金融状况指数评价分析

12.1.1 鹤壁市金融市场发展指数评价分析

2011~2012 年鹤壁市金融市场发展指标及其下属指标在河南省的排位变化情况，如表 12-1-1 和图 12-1-1 所示。

表 12-1-1 鹤壁市 2011~2012 年金融市场发展指数及其四级指标

年份		金融业增加值	金融系统存款余额	金融系统贷款余额	证券交易额	发行国债额	保费收入	保险赔付额	金融市场发展指数
2011	原值（亿元）	6.98	305.45	283.45	203.57	1.84	10.78	2.64	2.83
	标准化后	1.46	1.37	2.12	1.12	7.25	2.76	3.52	
2012	原值（亿元）	9.32	366.65	336.56	161.61	0.37	11.26	2.99	1.77
	标准化后	1.65	1.41	2.44	1.12	0.06	2.72	2.73	
2011 年排名		16	17	16	17	13	17	17	17
2012 年排名		16	17	15	17	17	17	17	17
升降		0	0	1	0	-4	0	0	0

1. 2012 年鹤壁市金融市场发展指数在整个河南省的综合排位处于第 17 位，表明其在河南省处于劣势地位；与 2011 年相比排位没有发生变化。
2. 从指标所处的水平看，2012 年金融业增加值、金融系统存款余额、金融

第12章 鹤壁市2012年金融发展指数报告

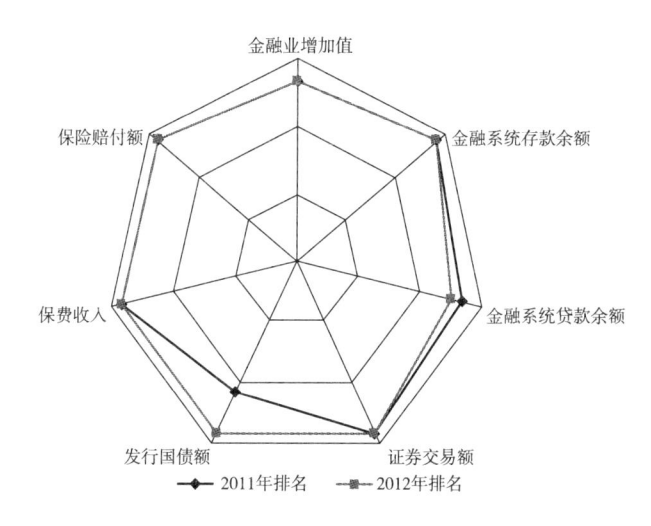

图12-1-1 鹤壁市2011~2012年金融市场发展指数四级指标比较

系统贷款余额、证券交易额、发行国债额、保费收入和保险赔付额在整个河南省的排位均处于下游区，这说明鹤壁市的金融市场发展指数在河南省处于落后地位。

3. 从雷达图图形变化看，2012年与2011年相比，面积有所扩大，其中发行国债额是图形扩张的动力点。

4. 从排位变化的动因看，2012年鹤壁市金融市场发展指数四级指标中，虽然金融系统贷款余额指标排位与上一年相比上升了1位，但在发行国债额指标排位下降的影响下，2012年鹤壁市金融市场发展综合排位保持不变，居河南省第17位。总体来看，鹤壁市金融市场发展相对滞后。

12.1.2 鹤壁市金融结构深化指数评价分析

2011~2012年鹤壁市金融结构深化指标及其下属指标在河南省的排位变化情况，如表12-1-2和图12-1-2所示。

1. 2012年鹤壁市金融结构深化指数在整个河南省的综合排位为第18位，表明其在河南省处于劣势地位；与2011年相比排位没有发生变化。

2. 从指标所处的水平看，2012年证券募集资金净额比GDP、短期贷款占比和保费收入比全省金融业增加值在整个河南省的排位均处于下游区，为劣势指标，这说明鹤壁市的金融结构深化指数在河南省相对落后。

表 12-1-2　鹤壁市 2011~2012 年金融结构深化指数及其四级指标

年份		证券募集资金净额比 GDP	短期贷款占比	保费收入比全省金融业增加值	金融结构深化指数
2011	原值(%)	0	1.79	1.24	1.78
	标准化后	0	2.39	2.76	
2012	原值(%)	0	1.87	1.11	1.80
	标准化后	0	2.52	2.72	
2011 年排名		16	17	17	18
2012 年排名		16	16	17	18
升降		0	1	0	0

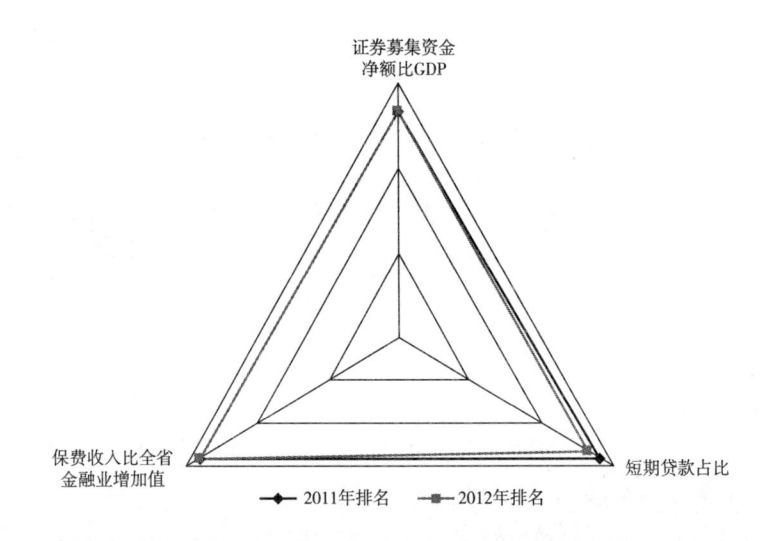

图 12-1-2　鹤壁市 2011~2012 年金融结构深化指数四级指标比较

3. 从雷达图图形变化看，2012 年与 2011 年相比，面积减小，短期贷款占比成为图形收缩的动力点。

4. 从排位变化的动因看，尽管短期贷款占比指标的排位较上一年上升了 1 位，但由于证券募集资金净额比 GDP 和保费收入比全省金融业增加值排位保持不变且比较靠后，2012 年鹤壁市金融结构深化指数综合排位保持不变，居河南省第 18 位。

12.1.3　鹤壁市金融效率提高指数评价分析

2011~2012 年鹤壁市金融效率提高指标及其下属指标在河南省的排位变化情况，如表 12-1-3 和图 12-1-3 所示。

第12章 鹤壁市2012年金融发展指数报告

表12-1-3 鹤壁市2011~2012年金融效率提高指数及其四级指标

年份		存贷比	保险密度	上市公司占有率	金融效率提高指数
2011	原值	92.73(%)	676(元/人)	0	29.23
	标准化后	100.00	12.69	0	
2012	原值	91.79(%)	709(元/人)	0	29.24
	标准化后	100.00	6.98	0	
2011年排名		1	12	18	5
2012年排名		1	12	18	6
升降		0	0	0	-1

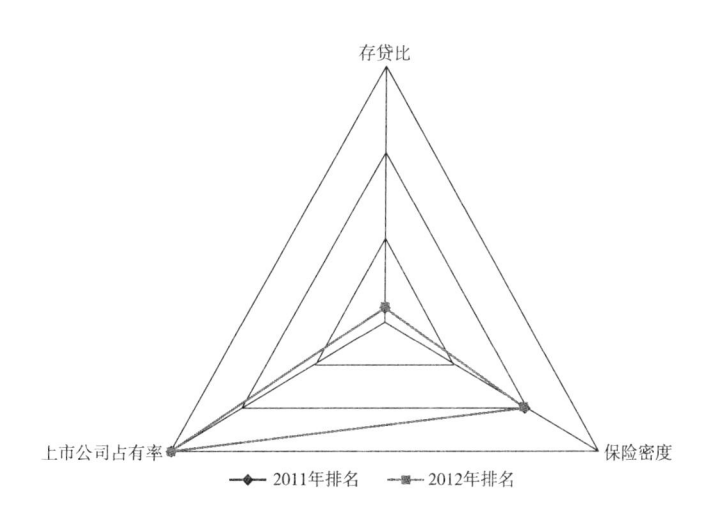

图12-1-3 鹤壁市2011~2012年金融效率提高指数四级指标比较雷达图

1. 2012年鹤壁市金融效率提高指数在整个河南省处于第6位，表明其在河南省处于相对优势地位；与2011年相比下降了1位。

2. 从指标所处的水平看，2012年鹤壁市存贷比指标居河南省第1位，而保险密度和上市公司占有率在整个河南省分别居于第12位和第18位。

3. 从雷达图图形变化看，2012年与2011年相比，面积没有变化。

4. 从排位变化来看，存贷比、保险密度和上市公司占有率这三个指标综合排位较上一年均没有变化，由于其他部分城市金融效率的提高，2012年鹤壁市金融效率提高指数综合排位下降1位，居河南省第6位。

12.1.4 鹤壁市金融状况指数综合分析

2011~2012年鹤壁市金融状况指标及其下属指标在河南省的排位变化和指标结构情况,如表12-1-4所示。

表12-1-4 鹤壁市2011~2012年金融状况指标及其三级指标

年份	金融市场发展指数	金融结构深化指数	金融效率提高指数	金融状况指数
2011	2.83	1.78	29.23	11.57
2012	1.77	1.80	29.24	11.26
2011年排位	17	18	5	16
2012年排位	17	18	6	15
升降	0	0	-1	1

1. 2012年鹤壁市金融状况指数在河南省排在第15位,处于劣势地位;与2011年相比上升了1位。

2. 从指标所处水平看,2012年金融市场发展和金融结构深化指数排位在省内处于下游区,是劣势指标;金融效率提高指数综合排位为第6位,处于上游区,是相对优势指标。

3. 从指标变化趋势看,金融市场发展和金融结构深化指标排位与上一年相比没有变化,而金融效率提高指标排位比上一年下降了1位。

4. 从排位综合分析看,两个劣势指标和一个相对优势指标的综合作用,使得2012年鹤壁市金融状况指数居河南省第15位。这说明其金融整体发展程度较低,在整个河南省处于劣势地位。大力发展金融业、构建良好的金融体系,是鹤壁市经济工作的重要组成部分。

12.2 鹤壁市成长发展指数评价分析

12.2.1 鹤壁市资本市场成长性指数评价分析

2011~2012年鹤壁市资本市场成长性指标及其下属指标在河南省的排位变化情况,如表12-2-1和图12-2-1所示。

第12章 鹤壁市2012年金融发展指数报告

表 12-2-1 鹤壁市 2011~2012 年资本市场成长性指数及其四级指标

年份		金融机构贷款余额年增长额	发行国债年增长额	A股股票募集资金净额	资本市场成长性指数
2011	原值（亿元）	14.82	0.7672	0	-5.83
	标准化后	8.31	48.21	0	
2012	原值（亿元）	53.31	-1.4716	0	28.51
	标准化后	6.75	76.17	0	
2011年排名		15	5	16	17
2012年排名		14	13	16	17
升降		1	-8	0	0

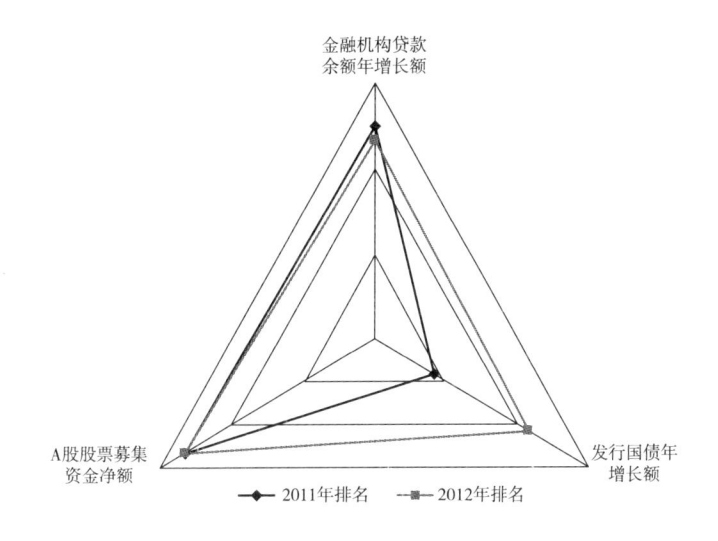

图 12-2-1 鹤壁市 2011~2012 年资本市场成长性指数四级指标比较

1. 2012年鹤壁市资本市场成长性指数在整个河南省处于第17位，表明其在河南省处于劣势地位；与2011年相比排位没有发生变化。

2. 从指标所处的水平看，2012年金融机构贷款余额年增长额省内排位为第14位，发行国债年增长额排位为第13位，A股股票募集资金净额排位为第16位，三者排位均比较靠后，鹤壁市的资本市场成长性在河南省居劣势。

3. 从雷达图图形变化看，2012年与2011年相比，面积增大，其中发行国债年增长额成为图形扩张的动力点。

4. 从排位变化的动因看，尽管鹤壁市发行国债年增长额指标排位有大幅下降,但在金融机构贷款余额年增长额的拉升作用下,2012年鹤壁市资本市场成长性指标综合排位保持不变,仍居河南省第17位。

12.2.2 鹤壁市经济成长性指数评价分析

2011~2012年鹤壁市经济成长性指标及其下属指标在河南省的排位变化情况,如表12-2-2和图12-2-2所示。

表12-2-2 鹤壁市2011~2012年经济成长性指数及其四级指标

年份		GDP年增长额	财政收入年增长额	社会固定资产投资年增长额	社会消费品零售总额年增长额	经济成长性指数
2011	原值(亿元)	71.40	5.87	68.98	16.59	3.19
	标准化后	4.56	2.29	4.21	1.45	
2012	原值(亿元)	45.26	4.64	76.36	17.33	3.29
	标准化后	6.10	1.28	3.85	1.60	
2011年排名		16	17	17	17	17
2012年排名		17	17	17	17	17
升降		-1	0	0	0	0

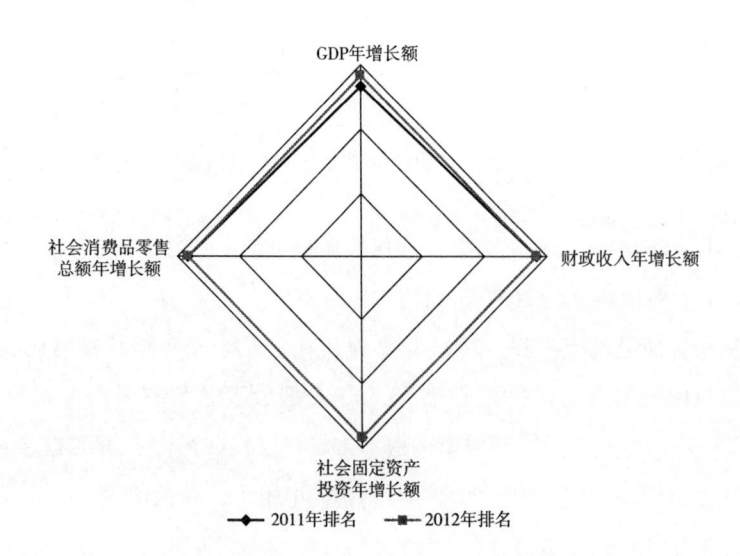

图12-2-2 鹤壁市2011~2012年经济成长性指数四级指标比较

1. 2012年鹤壁市经济成长性指数在河南省内处于第17位，处于劣势地位；与2011年相比排位没有发生变化。

2. 从指标所处的水平看，2012年GDP年增长额、财政收入年增长额、社会固定资产投资年增长额和社会消费品零售总额年增长额在整个河南省均居第17位，这说明鹤壁市的经济成长性在河南省较落后。

3. 从雷达图图形变化看，2012年与2011年相比，面积增大，其中GDP年增长额是图形扩张的动力点。

4. 从排位变化的动因看，2012年鹤壁市经济成长性指数四级指标中，GDP年增长额指标排位较上一年下降了1位，其他指标的排位均没有发生变化，这决定了2012年鹤壁市经济成长性指数排位保持不变，居河南省第17位。

12.2.3 鹤壁市城市创新成长性指数评价分析

2011~2012年鹤壁市城市创新成长性指标及其下属指标在河南省的排位变化情况，如表12-2-3和图12-2-3所示。

表12-2-3 鹤壁市2011~2012年城市创新成长性指数及其四级指标

年份		政府研发经费支出年增长额	政府研发人员年增长量	新产品销售收入年增长额	城市创新成长性指数
2011	原值	-0.120(亿元)	90(人)	13.17(亿元)	26.95
	标准化后	44.38	30.07	24.42	
2012	原值	-0.001(亿元)	-22(人)	-4.64(亿元)	25.05
	标准化后	6.33	6.03	55.69	
2011年排名		15	13	11	13
2012年排名		13	16	15	16
升降		2	-3	-4	-3

1. 2012年鹤壁市城市创新成长性指数在整个河南省处于第16位，处于劣势地位；与2011年相比下降3位。

2. 从指标所处的水平看，政府研发经费支出年增长额省内排位为第13位，处于中下游区；政府研发人员年增长量排位为第16位，新产品销售收入年增长额排位为第15位。鹤壁市的城市创新成长性在河南省处于劣势地位。

3. 从雷达图图形变化看，2012年与2011年相比，面积增大，城市创新成长

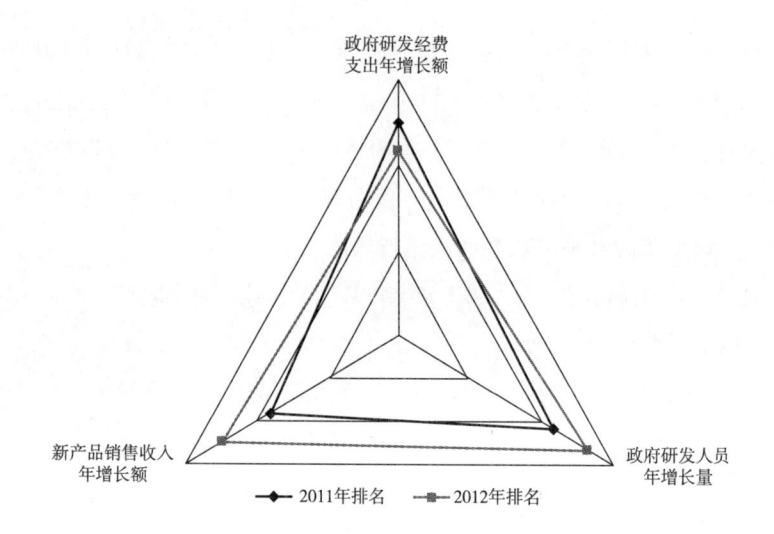

图 12-2-3 鹤壁市 2011~2012 年城市创新成长性指数四级指标比较

性呈现下降趋势,其中政府研发人员年增长量和新产品销售收入年增长额成为图形扩张的动力点。

4. 从排位变化的动因看,虽然政府研发经费支出年增长额较上一年上升了 2 位,但政府研发人员年增长量和新产品销售收入年增长额分别下降了 3 位和 4 位,这导致 2012 年鹤壁市城市创新成长性指数综合排位下滑 3 位,居河南省第 16 位。鹤壁市城市创新进程还有待加快,创新成长性还有较大提升空间。

12.2.4 鹤壁市成长发展指数综合分析

2011~2012 年鹤壁市成长发展指标及其下属指标在河南省的排位变化和指标结构情况,如表 12-2-4 所示。

表 12-2-4 鹤壁市 2011~2012 年成长发展指标及其三级指标

年份	资本市场成长性指数	经济成长性指数	城市创新成长性指数	成长发展指数
2011	-5.83	3.19	26.95	8.17
2012	28.51	3.29	25.05	17.14
2011 年排位	17	17	13	18
2012 年排位	17	17	16	18
升降	0	0	-3	0

1. 2012年鹤壁市成长发展指数综合排位处于第18位,表明其在河南省处于劣势地位;与2011年相比排位没有变化。

2. 从指标所处水平看,2012年资本市场成长性和经济成长性两个指标排位均为第17位,城市创新成长性排在第16位,三个指标均处于下游区。这说明2012年鹤壁市成长发展指数各项指标在全省范围内处于劣势地位。

3. 从指标变化趋势看,资本市场成长性和经济成长性两个指标与上一年相比没有变化,均处于劣势地位,城市创新成长性与上一年相比下滑了3位。成长发展指数综合排位与上一年相比没有变化。

4. 从排位综合分析看,这三个四级指标的劣势地位决定了2012年鹤壁市成长发展指数仍居河南省第18位,这说明鹤壁市成长发展进程比较缓慢。

12.3 鹤壁市服务水平指数评价分析

12.3.1 鹤壁市智力资本指数评价分析

2011~2012年鹤壁市智力资本指标及其下属指标在河南省的排位变化情况,如表12-3-1和图12-3-1所示。

表12-3-1 鹤壁市2011~2012年智力资本指数及其四级指标

年份		金融业从业密度	受高等教育密度	科研人员密度	普通高等学校数量	智力资本指数
2011	原值	1.93（人/平方公里）	4.62（人/平方公里）	1.19（人/平方公里）	2（所）	9.28
	标准化后	22.30	3.77	8.15	2.00	
2012	原值	2.15（人/平方公里）	4.82（人/平方公里）	1.24（人/平方公里）	2（所）	10.30
	标准化后	25.39	3.84	8.95	1.96	
2011年排名		7	12	12	14	11
2012年排名		4	12	12	14	9
升降		3	0	0	0	2

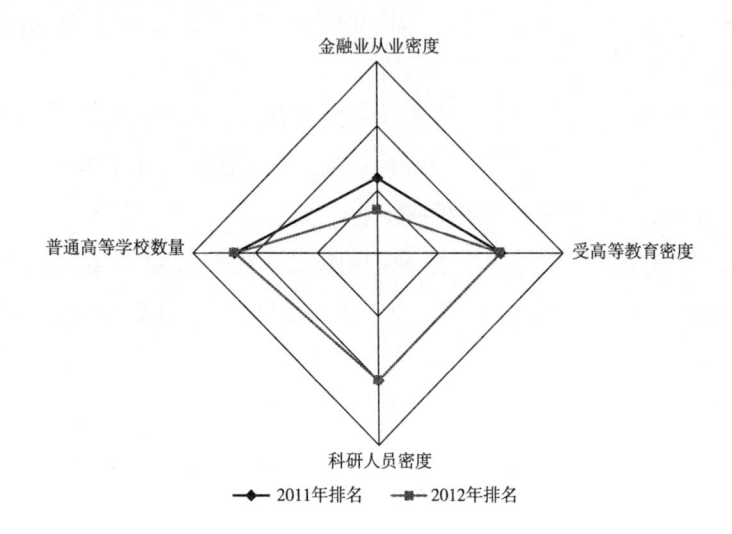

图12-3-1 鹤壁市2011~2012年智力资本指数四级指标比较

1. 2012年鹤壁市智力资本指数在整个河南省的综合排位处于第9位，表明其在河南省处于中等地位；与2011年相比上升了2位。

2. 从指标所处的水平看，金融业从业密度在全省排在第4位，比较靠前；受高等教育密度及科研人员密度这两个指标均排在第12位，处于中游区；普通高等学校数量排在第14位，处于下游区。这说明鹤壁市的智力资本在河南省处于中等地位。

3. 从雷达图图形变化看，2012年与2011年相比，面积缩小，鹤壁市智力资本呈上升趋势，其中金融业从业密度是图形收缩的动力点。

4. 从排位变化的动因看，2012年鹤壁市智力资本指数四级指标中，金融业从业密度上升了3位，在其他三个指标在河南省的排位均没有发生变化的情况下，2012年鹤壁市智力资本指数的综合排位比上一年上升2位，居河南省第9位，处于中等地位。

12.3.2 鹤壁市城市环境指数评价分析

2011~2012鹤壁市城市环境指标及其下属指标在河南省的排位变化情况，如表12-3-2和图12-3-2所示。

表 12-3-2　鹤壁市 2011~2012 年城市环境指数及其四级指标

年份		城镇化水平	城镇登记失业率	人均城市道路面积	人均绿化覆盖面积	基本医疗保险覆盖率	基本养老保险覆盖率	商品房屋销售均价	城市环境指数
2011	原值	49.76（%）	3.9（%）	15.32（平方米）	14.87（平方米）	24.56（%）	10.38（%）	2794（元/平方米）	35.55
	标准化后	54.80	5.00	58.43	70.06	65.71	31.21	15.10	
2012	原值	51.60（%）	2.0（%）	15.17（平方米）	15.48（平方米）	24.71（%）	10.92（%）	3057（元/平方米）	35.44
	标准化后	55.32	100.00	56.69	67.21	52.73	24.65	13.30	
2011 年排名		3	14	5	2	9	9	8	5
2012 年排名		3	1	6	2	9	9	10	5
升降		0	13	-1	0	0	0	-2	0

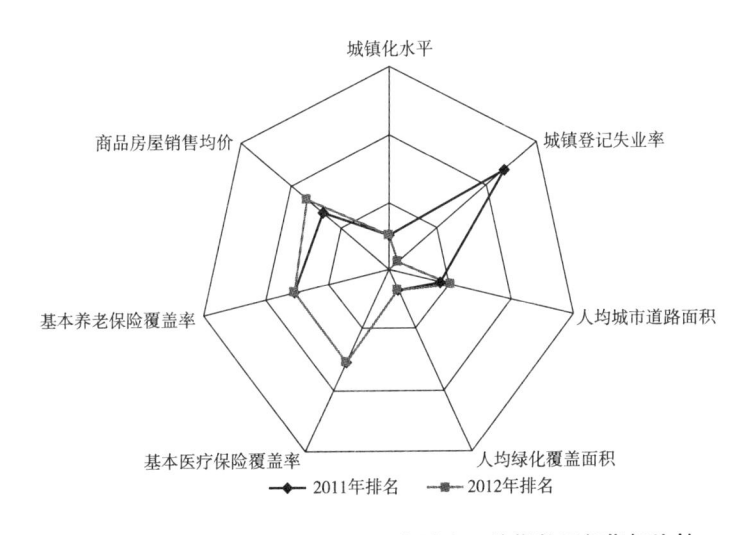

图 12-3-2　鹤壁市 2011~2012 年城市环境指数四级指标比较

1. 2012 年鹤壁市城市环境指数在整个河南省处于第 5 位，表明其在河南省处于相对优势地位；与 2011 年相比排位没有发生变化。

2. 从指标所处的水平看，2012 年城镇化水平、城镇登记失业率、人均城市道路面积和人均绿化覆盖面积四个指标在河南省排位比较靠前，其中城镇登记失业率指标排在第 1 位，有绝对优势；基本养老保险覆盖率、基本医疗保险覆盖率和商品房屋销售均价在整个河南省处于中游水平。

3. 从雷达图图形变化看，2012 年与 2011 年相比，面积有所减小，其中城镇登记失业率成为图形缩小的动力点。

4. 从排位变化的动因看，2012 年鹤壁市城镇登记失业率指标排位有较大幅度的上升，上升了 13 位，但人均城市道路面积和商品房屋销售均价排位均有所下降。2012 年鹤壁市城市环境指数综合排位保持不变，居河南省第 5 位。

12.3.3 鹤壁市服务水平指数综合分析

2011~2012 年鹤壁市服务水平指标及其下属指标在河南省的排位变化和指标结构情况，如表 12-3-3 所示。

表 12-3-3 鹤壁市 2011~2012 年服务水平指标及其三级指标

年份	智力资本指数	城市环境指数	服务水平指数
2011	9.28	35.55	24.38
2012	10.30	35.44	24.84
2011 年排位	11	5	6
2012 年排位	9	5	6
升降	2	0	0

1. 2012 年鹤壁市服务水平指数综合排位处于第 6 位，表明其在河南省处于相对优势地位；与 2011 年相比排位没有变化。

2. 从指标所处水平看，2012 年智力资本指数在全省排在第 9 位，处于中游区，城市环境指数居第 5 位，处于上游区。

3. 从指标变化趋势看，智力资本指标较上一年上升了 2 位，城市环境指标与上一年相比排位没有变化，仍然保持相对优势地位。综合起来看，2012 年鹤壁市服务水平指数排位与上一年相比没有变化，仍处于第 6 位，比较靠前。

4. 从排位综合分析看，智力资本指数和城市环境指数两个指标在省内处于中上游区，决定了 2012 年鹤壁市服务水平处于较领先地位。

12.4 鹤壁市综合环境指数评价分析

12.4.1 鹤壁市经济环境指数评价分析

2011~2012 年鹤壁市经济环境指标及其下属指标在河南省的排位变化情况，如表 12-4-1 和图 12-4-1 所示。

表 12-4-1 鹤壁市 2011~2012 年经济环境指数及其四级指标

年份		城镇人均可支配收入	农村人均纯收入	人均 GDP	人均财政收入	人均社会商品零售额	经济环境指数
2011	原值(元)	17255	8271	31763	1773	6861	33.28
	标准化后	38.00	50.40	38.98	23.97	3.4	
2012	原值(元)	19284	9388	34456	2057	8021	32.21
	标准化后	35.91	50.36	37.47	22.76	3.02	
2011 年排名		10	5	7	7	15	8
2012 年排名		11	5	7	8	15	8
升降		-1	0	0	-1	0	0

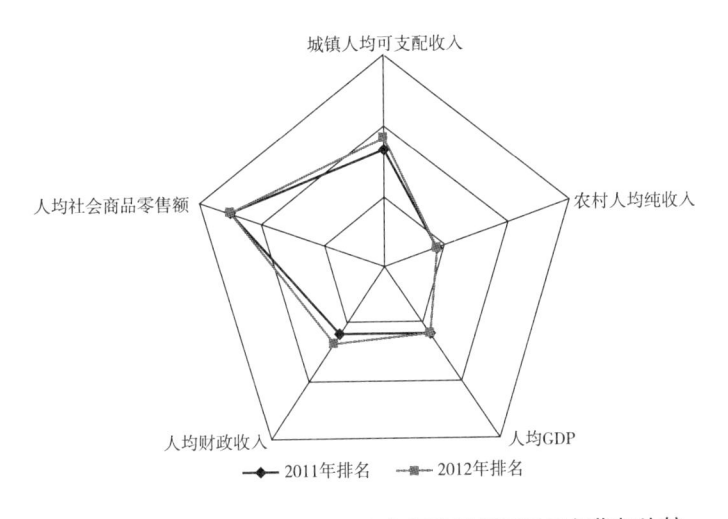

图 12-4-1 鹤壁市 2011~2012 年经济环境指数四级指标比较

1. 2012 年鹤壁市经济环境指数在整个河南省的综合排位处于第 8 位，表明其在河南省处于中势地位；与 2011 年相比排位没有变化。

2. 从指标所处的水平看，2012 年各四级指标的排位差别较大，其中农村人均纯收入指标省内排位为第 5 位，比较靠前；人均社会商品零售额省内排位为第 15 位，比较靠后；其他三项指标在省内处于中游区。

3. 从雷达图图形变化看，2012 年与 2011 年相比，面积略有增大，其中人均财政收入和城镇人均可支配收入成为图形扩张的动力点。

4. 从排位变化的动因看，尽管鹤壁市人均财政收入和城镇人均可支配收入指标排位较上一年有所下降，但幅度不大，而其他指标较上一年相比排位没有变化，故 2012 年鹤壁市经济环境指数综合排位保持不变，仍居河南省第 8 位。

12.4.2 鹤壁市开放程度指数评价分析

2011~2012年鹤壁市开放程度指标及其下属指标在河南省的排位变化情况,如12-4-2所示。

表12-4-2 鹤壁市2011~2012年开放程度指数及其四级指标

年份		实际利用外资额	净出口额	开放程度指数
2011	原值(万美元)	35903	9289.87	14.42
	标准化后	6.99	20.84	
2012	原值(万美元)	44009	14178.55	19.85
	标准化后	7.46	30.71	
2011年排名		7	13	10
2012年排名		7	13	10
升降		0	0	0

1. 2012年鹤壁市开放程度指数在整个河南省处于第10位,表明其在河南省处于中势地位;与2011年相比排位没有变化。

2. 从指标所处的水平看,实际利用外资额在整个河南省居第7位,处于中游区;净出口额在全省居第13位,处于下游区。

3. 从排位变化来看,2012年鹤壁市的净出口额和实际利用外资额在河南省的排位均没有发生变化,故其2012年的开放程度指数的综合排位保持不变,居河南省第10位。

12.4.3 鹤壁市综合环境指数综合分析

2011~2012年鹤壁市综合环境指标及其下属指标在河南省的排位变化和指标结构情况,如表12-4-3所示。

表12-4-3 鹤壁市2011~2012年综合环境指标及其三级指标

年份	经济环境指数	开放程度指数	综合环境指数
2011	33.28	14.42	25.66
2012	32.21	19.85	28.22
2011年排位	8	10	8
2012年排位	8	10	9
升降	0	0	-1

1. 2012年鹤壁市综合环境指数处于第9位，表明其在河南省处于中等地位；与2011年相比下降了1位。

2. 从指标所处水平看，2012年鹤壁市经济环境和开放程度两个指标分别居第8位和第10位，处于中游区。

3. 从指标变化趋势看，经济环境和开放程度这两个指标的排位与上一年相比均没有变化，而鹤壁综合环境指标与上一年相比下降了1位。

4. 从排位综合分析看，两个指标的中等地位，决定了2012年鹤壁市综合环境指数位居河南省第9位，也处于中等地位。

12.5 鹤壁市金融发展指数综合评价分析

2011～2012年鹤壁市金融发展指数综合指标及其下属指标在河南省的排位变化和指标结构情况，如表12-5-1所示。

表12-5-1 鹤壁市2011～2012年金融发展指数指标及其二级指标

年份	金融状况指数	成长发展指数	服务水平指数	综合环境指数	金融发展指数
2011	11.57	8.17	24.38	25.66	18.29
2012	11.26	17.14	24.84	28.22	21.59
2011年排位	16	18	6	8	11
2012年排位	15	18	6	9	12
升降	1	0	0	-1	-1

1. 2012年鹤壁市金融发展指数在河南省处于第12位，处于中游区；与2011年相比下降了1位。

2. 从指标所处水平看，2012年鹤壁市金融状况和成长发展指标在省内处于下游区，服务水平和综合环境指标分别处于上、中游区。

3. 从指标变化趋势看，金融状况指标比上一年上升了1位，综合环境指标与上一年相比下降了1位，成长发展和服务水平指标排位与上一年相比均没有变化。

4. 从排位综合分析看，四个指标的排位差别较大，上游区指标和下游区指标并存，决定了2012年鹤壁市金融发展指数综合排位居河南第12位，在全省处于中游水平。这说明鹤壁市金融发展程度在全省范围内还较低，处于中等发展水平，距其他大中城市还有一定的差距。

第 13 章
新乡市 2012 年金融发展指数报告

13.1 新乡市金融状况指数评价分析

13.1.1 新乡市金融市场发展指数评价分析

2011~2012 年新乡市金融市场发展指标及其下属指标在河南省的排位变化情况，如表 13-1-1 和图 13-1-1 所示。

表 13-1-1　新乡市 2011~2012 年金融市场发展指数及其四级指标

年份		金融业增加值	金融系统存款余额	金融系统贷款余额	证券交易额	发行国债额	保费收入	保险赔付额	金融市场发展指数
2011	原值（亿元）	35.72	1306.27	781.78	788.36	2.42	45.70	8.22	13.71
	标准化后	11.03	12.77	10.49	6.39	10.45	25.67	18.09	
2012	原值（亿元）	46.37	1476.61	868.48	704.73	1.71	43.93	9.24	13.08
	标准化后	11.48	12.26	10.47	7.04	10.85	21.74	16.36	
2011 排名		4	4	5	3	11	7	10	5
2012 排名		5	5	5	3	5	7	11	4
升降		-1	-1	0	0	6	0	-1	1

1. 2012 年新乡市金融市场发展指数在整个河南省处于第 4 位，表明其在河南省处于优势地位；与 2011 年相比排位提高 1 位。

2. 从指标所处的水平看，金融业增加值、金融系统存款余额、金融系统贷款余额、证券交易额、发行国债额在整个河南省均居前列，这说明新乡市的金融

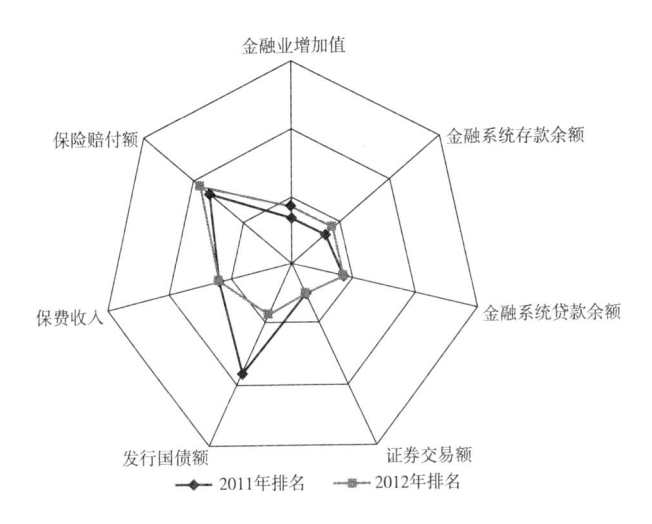

图 13-1-1 新乡市 2011~2012 年金融市场发展指数四级指标比较

市场发展在河南省处于相对领先地位。

3. 从雷达图图形变化看，2012 年与 2011 年相比，面积略微减小，新乡市金融市场发展呈上升趋势。其中，发行国债额指标排位的提高是面积减小的主要原因。

4. 从排位变化的动因看，2012 年新乡市由于发行国债额明显提高，其 2012 年的综合排位上升 1 位。

13.1.2 新乡市金融结构深化指数评价分析

2011~2012 年新乡市金融结构深化指标及其下属指标，在河南省的排位变化情况，如表 13-1-2 和图 13-1-2 所示。

表 13-1-2 新乡市 2011~2012 年金融结构深化指数及其四级指标

年份		证券募集资金净额比 GDP	短期贷款占比	保费收入比全省金融业增加值	金融结构深化指数
2011	原值(%)	0.60	5.39	5.26	18.68
	标准化后	20.78	16.35	25.67	
2012	原值(%)	0.55	4.97	4.33	16.39
	标准化后	19.38	14.21	21.74	
2011 排名		14	5	7	11
2012 排名		14	5	7	12
升降		0	0	0	-1

```
                证券募集资金
                 净额比GDP




保费收入比全省                              短期贷款占比
金融业增加值
              ──◆── 2011年排名    ──■── 2012年排名
```

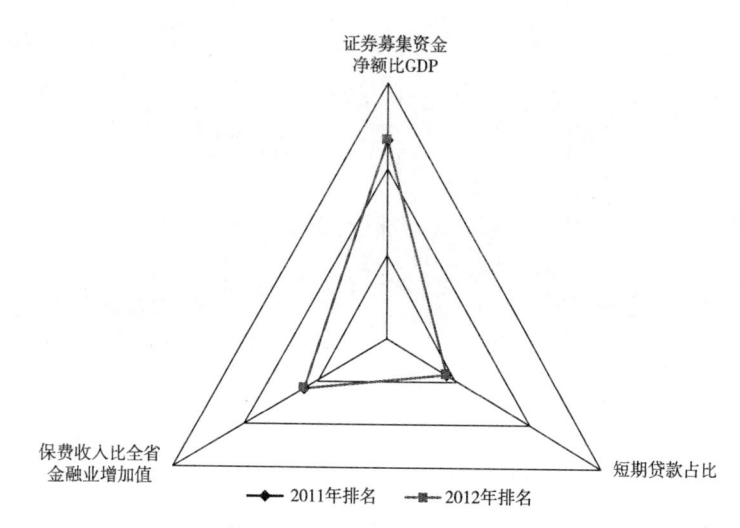

图 13 – 1 – 2　新乡市 2011～2012 年金融结构深化指数四级指标比较

1. 2012 年新乡市金融结构深化指数在整个河南省处于第 12 位，表明其在河南省处于中等地位；与 2011 年相比排位降低 1 位。

2. 从指标所处的水平看，短期贷款占比和保费收入比全省金融业增加值在整个河南省分别居第 5 位、第 7 位，但证券募集资金净额比 GDP 排位略微靠后，新乡市的金融结构深化在河南省处于中等地位。

3. 从雷达图图形变化看，2012 年与 2011 年相比，面积保持不变。

4. 从排位变化来看，新乡市金融结构深化三项指标均保持不变，金融结构深化指数综合排位稍微下降，位于全省第 12 位，这表明新乡市在金融结构调整及深化方面力度不够。

13.1.3　新乡市金融效率提高指数评价分析

2011～2012 年新乡市金融效率提高指标及其下属指标在河南省的排位变化情况，如表 13 – 1 – 3 和图 13 – 1 – 3 所示。

1. 2012 年新乡市金融效率提高指数在整个河南省的综合排位处于第 9 位，表明其在河南省处于中等地位；与 2011 年相比排位没有发生变化。

2. 从指标所处的水平看，2012 年保险密度排位降低 1 位，存贷比排位提升 1 位，各单项指标省内排名均为中等。

3. 从雷达图图形变化看，2012 年与 2011 年相比，面积保持不变。

第13章 新乡市2012年金融发展指数报告

表13-1-3 新乡市2011~2012年金融效率提高指数及其四级指标

年份		存贷比	保险密度	上市公司占有率	金融效率提高指数数
2011	原值	59.85(%)	770（元/人）	3.17(%)	19.43
	标准化后	40.11	18.23	9.52	
2012	原值	58.82(%)	775（元/人）	3.03(%)	18.06
	标准化后	40.54	11.82	9.52	
2011年排名		8	10	8	9
2012年排名		7	11	8	9
升降		1	-1	0	0

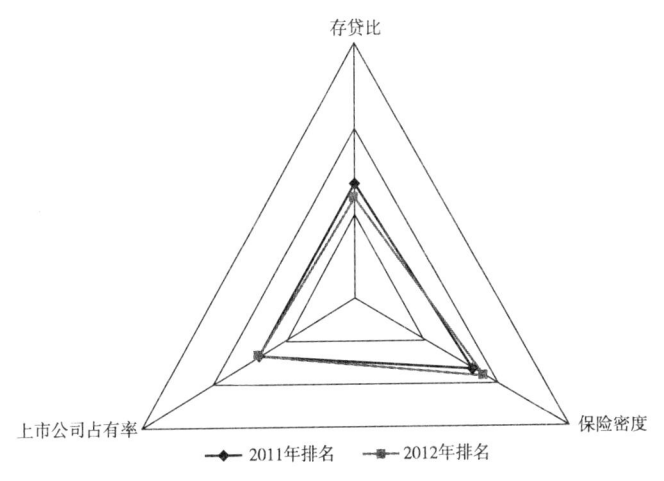

图13-1-3 新乡市2011~2012年金融效率提高指数四级指标比较

4. 从排位变化的动因看，尽管新乡市保险密度指标排位有所下降，但在存贷比指标排位上升的作用下，2012年新乡市金融效率提高指数综合排位保持不变，居河南省第9位。

13.1.4 新乡市金融状况指数综合分析

2011~2012年新乡市金融状况指标及其下属指标在河南省的排位变化和指标结构情况，如表13-1-4所示。

1. 2012年新乡市金融状况指数排位与2011年相比下滑1位，处于中等地位。
2. 从指标所处水平看，2012年金融市场发展指标相对靠前，处于上游区；金融结构深化和金融效率提高两个指标排位略微靠后，排名中等。

表13-1-4 新乡市2011~2012年金融状况指标及其三级指标

年份	金融市场发展指数	金融结构深化指数	金融效率提高指数	金融状况指数
2011	13.71	18.68	19.43	18.26
2012	13.08	16.39	18.06	16.77
2011年排位	5	11	9	9
2012年排位	4	12	9	10
升降	1	-1	0	-1

3. 从指标变化趋势看，金融效率提高指标排位保持不变，金融市场发展、金融结构深化指标排位一升一降，变化不大。

4. 从排位综合分析看，金融市场发展、金融结构深化指标排位与上一年相比一升一降，总体上对金融状况指数有下拉影响，2012年新乡市金融状况指数省内排名第10位，说明其金融整体发展还有很大潜力。

13.2 新乡市成长发展指数评价分析

13.2.1 新乡市资本市场成长性指数评价分析

2011~2012年新乡市资本市场成长性指标及其下属指标在河南省的排位变化情况，如表13-2-1和图13-2-1所示。

表13-2-1 新乡市2011~2012年资本市场成长性指数及其四级指标

年份		金融机构贷款余额年增长额	发行国债年增长额	A股股票募集资金净额	资本市场成长性指数
2011	原值(亿元)	69.43	-2.1443	8.97	14.14
	标准化后	21.48	7.23	7.05	
2012	原值(亿元)	86.71	-0.7123	8.97	37.49
	标准化后	11.71	89.57	7.05	
2011年排名		7	17	13	8
2012年排名		11	7	13	9
升降		-4	10	0	-1

1. 2012年新乡市资本市场成长性指数在整个河南省的综合排位处于第9位，表明其在河南省处于中等地位；与2011年相比降低1位。

2. 从指标所处的水平看，受宏观经济政策影响，金融机构贷款余额年增长额排名明显降低，A股股票募集资金净额在整个河南省排位不变，发行国债年增

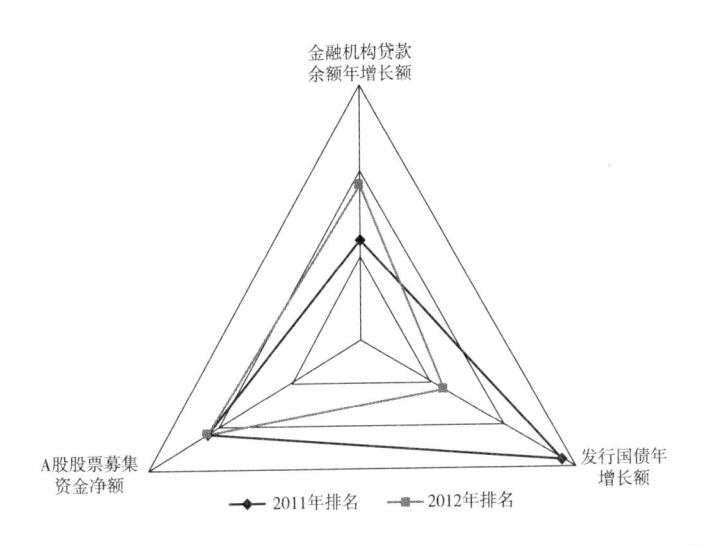

图 13-2-1　新乡市 2011~2012 年资本市场成长性指数四级指标比较

长额排位有明显提升。

3. 从雷达图图形变化看，2012 年与 2011 年相比，面积略微缩小，新乡市资本市场成长性呈上升趋势。其中，发行国债年增长额指数排位的提高成为图形收缩的动力点。

4. 从排位变化的动因看，2012 年新乡市金融机构贷款余额年增长额指标排位有明显下降，尽管发行国债年增长额指标排位有显著提升，但新乡市的资本市场成长性在河南省的排位降低 1 位，表明其受紧缩性货币政策影响比较大。

13.2.2　新乡市经济成长性指数评价分析

2011~2012 年新乡市经济成长性指标及其下属指标在河南省的排位变化情况，如表 13-2-2 和图 13-2-2 所示。

1. 2012 年新乡市经济成长性指数在河南省处于第 4 位，表明其在河南省处于优势地位；与 2011 年相比排位没有发生变化。

2. 从指标所处的水平看，财政收入年增长额、社会固定资产投资年增长额和社会消费品零售总额年增长额在河南省排在前列，2012 年 GDP 年增长额排名大幅下降，新乡市的经济成长性整体排名保持不变。

3. 从雷达图图形变化看，2012 年与 2011 年相比，面积扩大。其中 GDP 年增长额指数排位下降是图形面积增大的动力点。

表13-2-2 新乡市2011~2012年经济成长性指数及其四级指标

年份		GDP年增长额	财政收入年增长额	社会固定资产投资年增长额	社会消费品零售总额年增长额	经济成长性指数
2011	原值（亿元）	299.47	20.27	256.05	74.51	26.68
	标准化后	29.65	15.12	39.11	20.67	
2012	原值（亿元）	130.36	17.62	250.40	79.87	23.35
	标准化后	21.33	14.12	32.61	22.84	
2011年排名		3	3	4	6	4
2012年排名		7	3	4	6	4
升降		-4	0	0	0	0

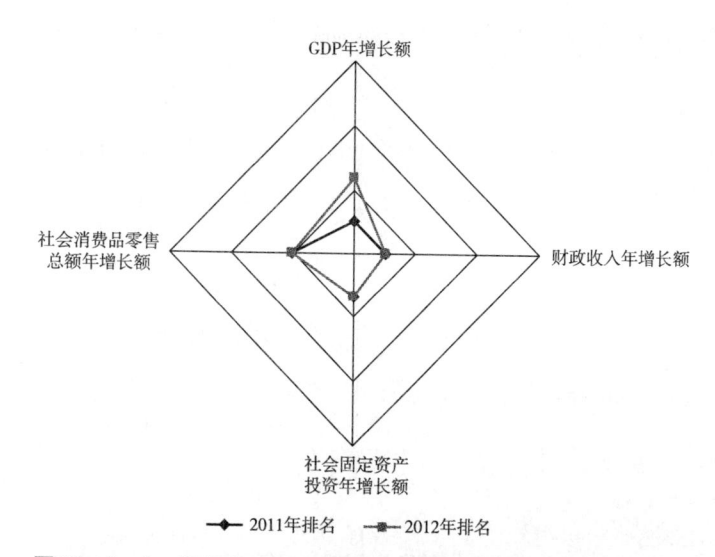

图13-2-2 新乡市2011~2012年经济成长性指数四级指标比较

4. 从排位变化的动因看，2012年新乡市经济成长性指数四级指标中除GDP年增长额排位大幅下降外，其他指标在河南省的排位均没有发生变化，新乡市的经济成长性在河南省居前列。

13.2.3 新乡市城市创新成长性指数评价分析

2011~2012年新乡市城市创新成长性指标及其下属指标在河南省的排位变化情况，如表13-2-3和图13-2-3所示。

表13-2-3 新乡市2011~2012年城市创新成长性指数及其四级指标

年份		政府研发经费支出年增长额	政府研发人员年增长量	新产品销售收入年增长额	城市创新成长性指数
2011	原值	0.636(亿元)	970(人)	27.48(亿元)	44.05
	标准化后	57.94	63.10	31.36	
2012	原值	1.615(亿元)	1785(人)	30.78(亿元)	84.07
	标准化后	38.92	100	100	
2011年排名		3	3	8	3
2012年排名		2	1	1	1
升降		1	2	7	2

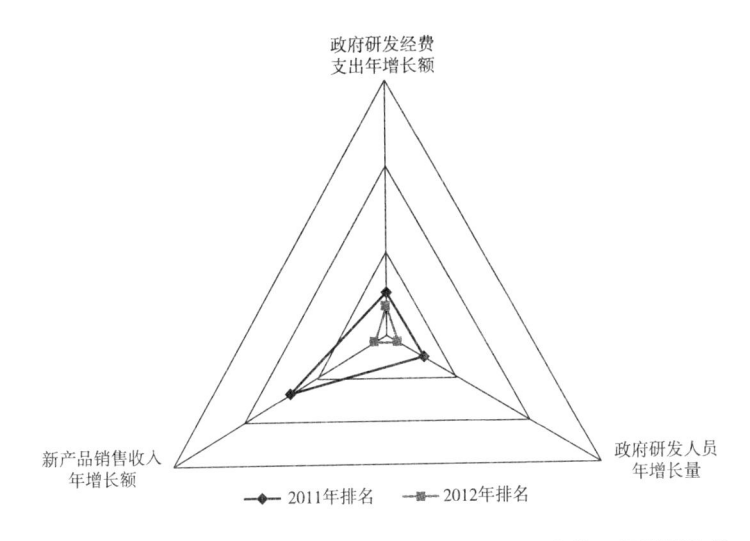

图13-2-3 新乡市2011~2012年城市创新成长性指数四级指标比较

1. 2012年新乡市城市创新成长性指数在整个河南省处于第1位，表明其在河南省处于绝对领先地位；与2011年相比排位上升2位。

2. 从指标所处的水平看，2012年政府研发经费支出年增长额在河南省排在第2位，新产品销售收入年增长额和政府研发人员年增长量排在第1位，三项指标排位均有提升，新乡市的城市创新成长性十分突出。

3. 从雷达图图形变化看，2012年与2011年相比，面积明显缩小，城市创新成长性呈现上升趋势，其中政府研发经费支出年增长额、政府研发人员年增长量和新产品销售收入年增长额排位的提高均成为图形缩小的动力点。

4. 从排位变化的动因看，由于政府研发经费支出年增长额和政府研发人员年增长量这两个指标的排名均有所上升,同时新产品销售收入年增长额的排位提升显著,2012年新乡市城市创新成长性指数综合排位提升至首位。

13.2.4 新乡市成长发展指数综合分析

2011~2012年新乡市成长发展指标及其下属指标在河南省的排位变化和指标结构情况,如表13-2-4所示。

表13-2-4 新乡市2011~2012年成长发展指标及其三级指标

年份	资本市场成长性指数	经济成长性指数	城市创新成长性指数	成长发展指数
2011	14.14	26.68	44.05	29.88
2012	37.49	23.35	84.07	41.11
2011年排位	8	4	3	5
2012年排位	9	4	1	3
升降	-1	0	2	2

1. 2012年新乡市除资本市场成长性指数的综合排位处于中等地位外,其余三个指标排名均靠前,表明其在河南省处于相对优势地位。

2. 从指标所处水平看,2012年城市创新成长性指标排在第1位,与经济成长性指标共同处于上游区,但是资本市场成长性排在第9位,处于中游区。

3. 从指标变化趋势看,资本市场成长性指标与上一年相比变化不大,但城市创新成长性指数排位上升2位。

4. 从排位综合分析看,由于有两个指标具有相对优势,2012年新乡市成长发展指数综合排位升至河南省第3位。

13.3 新乡市服务水平指数评价分析

13.3.1 新乡市智力资本指数评价分析

2011~2012年新乡市智力资本指标及其下属指标在河南省的排位变化情况,如表13-3-1和图13-3-1所示。

表13-3-1 新乡市2011~2012年智力资本指数及其四级指标

年份		金融业从业密度	受高等教育密度	科研人员密度	普通高等学校数量	智力资本指数
2011	原值	1.35（人/平方公里）	14.50（人/平方公里）	3.14（人/平方公里）	9（所）	18.20
	标准化后	12.11	14.99	26.25	16.00	
2011	原值	1.37（人/平方公里）	17.25（人/平方公里）	3.00（人/平方公里）	10（所）	18.79
	标准化后	11.48	17.57	25.02	17.65	
2011年排名		10	3	4	2	3
2012年排名		11	3	4	2	3
升降		-1	0	0	0	0

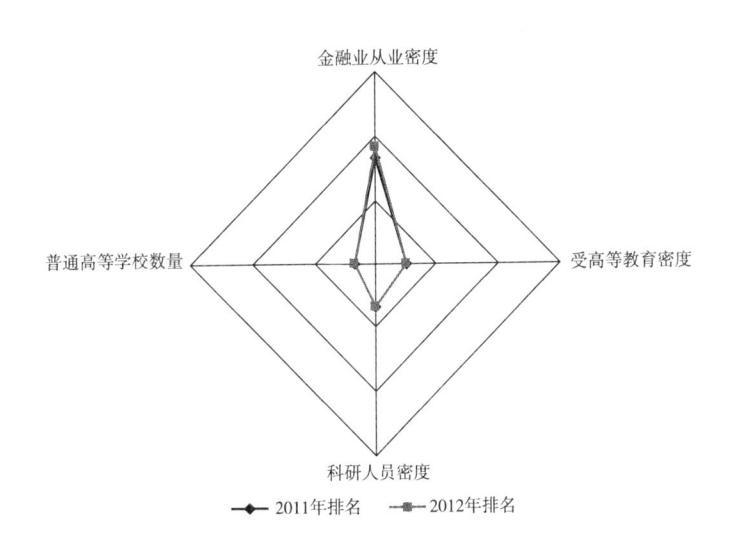

图13-3-1 新乡市2011~2012年智力资本指数四级指标比较

1. 2012年新乡市智力资本指数在整个河南省处于第3位,表明其在河南省处于领先地位;与2011年相比排位没有发生变化。

2. 从指标所处的水平看,2012年受高等教育密度、科研人员密度和普通高等学校数量在整个河南省均居前列,虽然金融业从业密度排位稍有下降,但是对整体智力资本影响不明显,这说明新乡市的智力资本在河南省处于领先地位。

3. 从雷达图图形变化看,2012年与2011年相比,面积没有明显变化。

4. 从排位变化的动因看，2012 年虽然金融业从业密度排位下降 1 位，但 2012 年新乡智力资本指数的综合排位保持不变，居河南省第 3 位。

13.3.2 新乡市城市环境指数评价分析

2011~2012 年新乡市城市环境指标及其下属指标在河南省的排位变化情况，如表 13-3-2 和图 13-3-2 所示。

表 13-3-2 新乡市 2011~2012 年城市环境指数及其四级指标

年份		城镇化水平	城镇登记失业率	人均城市道路面积	人均绿化覆盖面积	基本医疗保险覆盖率	基本养老保险覆盖率	商品房屋销售均价	城市环境指数
2011	原值	42.89（%）	3.9（%）	13.72（平方米）	7.8（平方米）	25.02（%）	12.63（%）	2663（元/平方米）	28.04
	标准化后	34.18	5.00	47.81	30.35	68.69	44.11	11.27	
2012	原值	44.70（%）	3.8（%）	14.12（平方米）	8.01（平方米）	25.08（%）	13.43（%）	2848（元/平方米）	30.29
	标准化后	34.35	10	50.19	28.09	54.90	35.80	7.64	
2011 年排名		8	14	8	7	8	7	13	7
2012 年排名		8	14	9	7	8	5	14	6
升降		0	0	-1	0	0	2	-1	1

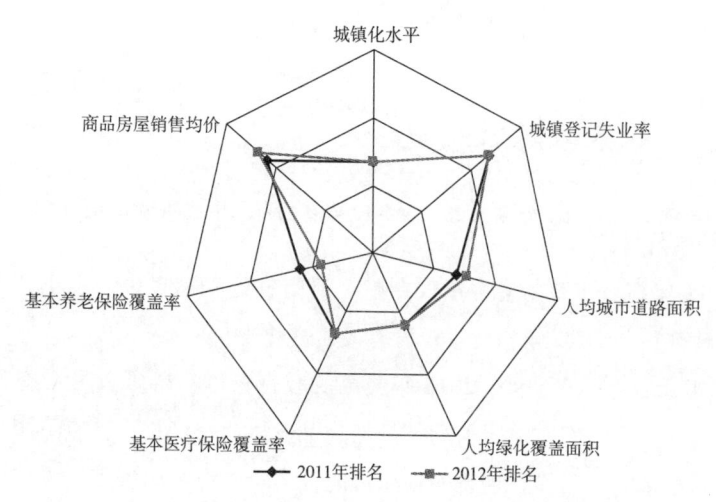

图 13-3-2 新乡市 2011~2012 年城市环境指数四级指标比较

1. 2012年新乡市城市环境指数在河南省的综合排位处于第6位,与2011年相比排位提升1位。

2. 从指标所处的水平看,城镇登记失业率、商品房屋销售均价在河南省排位靠后,人均绿化覆盖面积、城镇化水平、基本医疗保险覆盖率等在河南省均为中游水平。

3. 从雷达图图形变化看,2012年与2011年相比,面积基本不变,基本养老保险覆盖率指标排位提高和人均城市道路面积等指标排位下降对图形面积的影响不明显。

4. 从排位变化的动因看,2012年新乡市城市环境指数综合排位小幅提升,基本养老保险覆盖率指标排位提高是主要原因。

13.3.3 新乡市服务水平指数综合分析

2011~2012年新乡市服务水平指标及其下属指标在河南省的排位变化和指标结构情况,如表13-3-3所示。

表13-3-3 新乡市2011~2012年服务水平指标及其三级指标

年份	智力资本指数	城市环境指数	服务水平指数
2011	18.20	28.04	25.15
2012	18.79	30.29	26.65
2011年排位	3	7	5
2012年排位	3	6	5
升降	0	1	0

1. 2012年新乡市服务水平指数综合排位处于第5位,表明其在河南省处于相对优势地位;与2011年相比排位没有变化。

2. 从指标所处水平看,2012年智力资本指标和城市环境指标排位均靠前,处于上游水平。

3. 从指标变化趋势看,智力资本和城市环境两个指标与上一年相比没有明显变化,服务水平指数综合排名保持不变。

4. 从排位综合分析看,两个指标具有相对优势地位,加上城市环境指数排位稍微提高,决定了2012年新乡市服务水平指数综合排位仍居河南省第5位。

13.4 新乡市综合环境指数评价分析

13.4.1 新乡市经济环境指数评价分析

2011～2012年新乡市经济环境指标及其下属指标在河南省的排位变化情况，如表13-4-1和图13-4-1所示。

表13-4-1 新乡市2011～2012年经济环境指数及其四级指标

年份		城镇人均可支配收入	农村人均纯收入	人均GDP	人均财政收入	人均社会商品零售额	经济环境指数
2011	原值（元）	17988	7532	26198	1603	8157	30.69
	标准化后	48.44	37.21	25.45	20.65	11.44	
2012	原值（元）	20159	8647	28598	1911	9669	30.64
	标准化后	47.22	38.66	24.34	20.36	12.05	
2011年排名		7	8	11	9	12	11
2012年排名		6	7	11	9	11	10
升降		1	1	0	0	1	1

1. 2012年新乡市经济环境指数在河南省处于第10位，表明其在河南省处于中等地位；与2011年相比排位提升1位。

2. 从指标所处的水平看，人均财政收入和人均GDP指标保持中等地位不变，城镇人均可支配收入、农村人均纯收入和人均社会商品零售额在河南省的排位均提升1位。

3. 从雷达图图形变化看，2012年与2011年相比，面积有所缩小，经济环境指数呈现提高趋势。

4. 从排位变化的动因看，2012年新乡市人均财政收入和人均GDP指标保持不变，城镇人均可支配收入、农村人均纯收入和人均社会商品零售额在整个河南省的排位上升，造成经济环境指数排位相对提升1位。

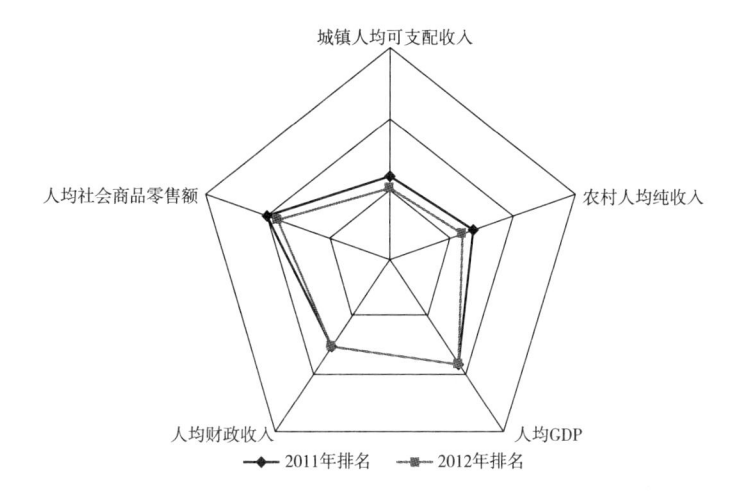

图 13-4-1　新乡市 2011～2012 年经济环境指数四级指标比较

13.4.2　新乡市开放程度指数评价分析

2011～2012 年新乡市开放程度指标及其下属指标在河南省的排位变化情况，如表 13-4-2 所示。

表 13-4-2　新乡市 2011～2012 年开放程度指数及其四级指标

年份		实际利用外资额	净出口额	开放程度指数
2011	原值（万美元）	53056	17107.24	18.43
	标准化后	12.82	22.77	
2012	原值（万美元）	63000	52260.59	26.00
	标准化后	13.53	36.47	
2011 年排名		4	8	7
2012 年排名		4	5	5
升降		0	3	2

1. 2012 年新乡市开放程度指数在整个河南省处于第 5 位，表明其在河南省处于上游地位；与 2011 年相比排位提升 2 位。

2. 从指标所处的水平看，2012 年新乡市实际利用外资额在整个河南省排位保持在第 4 位，净出口额居第 5 位，均为上游水平，这说明新乡市的开放程度在河南省处于优势地位。

3. 从排位变化的动因看，2012年新乡市的净出口额在整个河南省排位提升3位，其2012年的开放程度指数的综合排位提升2位，说明净出口额的增长对开放程度指数变动的影响较大。

13.4.3　新乡市综合环境指数综合分析

2011~2012年新乡市综合环境指标及其下属指标在河南省的排位变化和指标结构情况，如表13-4-3所示。

表13-4-3　新乡市2011~2012年综合环境指标及其三级指标

年份	经济环境指数	开放程度指数	综合环境指数
2011	30.69	18.43	26.43
2012	30.64	26.00	30.70
2011年排位	11	7	7
2012年排位	10	5	7
升降	1	2	0

1. 2012年新乡市综合环境指数处于第7位，表明其在河南省处于中等地位；与2011年相比排位没有变化。

2. 从指标所处水平看，2012年经济环境和开放程度两个指标分别为第10位和第5位，处于中游或上游区。

3. 从指标变化趋势看，经济环境和开放程度两个指标的排位与上一年相比均有所上升。

4. 从排位综合分析看，虽然两个指标的排位均有提升，但2012年新乡市综合环境指数仍居河南省第7位，这说明其他地区内部经济和对外经济发展程度都有提高。

13.5　新乡市金融发展指数综合评价分析

2011~2012年新乡市金融发展指数综合指标及其下属指标在河南省的排位变化和指标结构情况，如表13-5-1所示。

1. 2012年新乡市金融发展指数综合排位处于第6位，表明其在河南省处于相对优势地位；与2011年相比排位下滑1位。

2. 从指标所处水平看，2012年新乡市成长发展、服务水平两个指标均处于

表13-5-1 新乡市2011~2012年金融发展指数指标及其二级指标

年份	金融状况指数	成长发展指数	服务水平指数	综合环境指数	金融发展指数
2011	18.26	29.88	25.15	26.43	26.01
2012	16.77	41.11	26.65	30.70	30.26
2011年排位	9	5	5	7	5
2012年排位	10	3	5	7	6
升降	-1	2	0	0	-1

前列,但是金融状况的排位相比2011年略有下降,处于中等地位。

3. 从指标变化趋势看,金融状况指标的排位下降1位,成长发展指标的排位提升2位,服务水平和综合环境指标与上一年相比均没有变化。

4. 从排位综合分析看,服务水平指数和综合环境指数两个指标的排位保持不变,金融状况指数的排位下降,而成长发展指数的排位提升幅度不明显,以致2012年新乡市金融发展指数滑落至河南省第6位,这说明金融状况指数对新乡市金融发展指数具有较大影响。

第 14 章
焦作市 2012 年金融发展指数报告

14.1 焦作市金融状况指数评价分析

14.1.1 焦作市金融市场发展指数评价分析

2011~2012 年焦作市金融市场发展指标及其下属指标在河南省的排位变化情况，如表 14-1-1 和图 14-1-1 所示。

表 14-1-1　焦作市 2011~2012 年金融市场发展指数及其四级指标

年份		金融业增加值	金融系统存款余额	金融系统贷款余额	证券交易额	发行国债额	保费收入	保险赔付额	金融市场发展指数
2011	原值（亿元）	22.07	890.12	571.49	462.84	4.74	40.09	7.97	12.64
	标准化后	6.48	8.03	6.96	3.45	23.36	21.99	17.44	
2012	原值（亿元）	26.85	1012.64	672.19	363.18	3.32	40.28	9.15	12.19
	标准化后	6.30	7.73	7.51	3.32	23.94	19.61	16.18	
2011 年排名		9	12	11	8	3	11	12	8
2012 年排名		9	12	10	8	3	10	12	6
升降		0	0	1	0	0	1	0	2

1. 2012 年焦作市金融市场发展指数在整个河南省处于第 6 位，表明其在河南省处于上游地位；与 2011 年相比排位提高 2 位。

2. 从指标所处的水平看，发行国债额排位靠前，金融业增加值、金融系统存款余额、金融系统贷款余额、证券交易额、保费收入和保险赔付额在整个河南省均

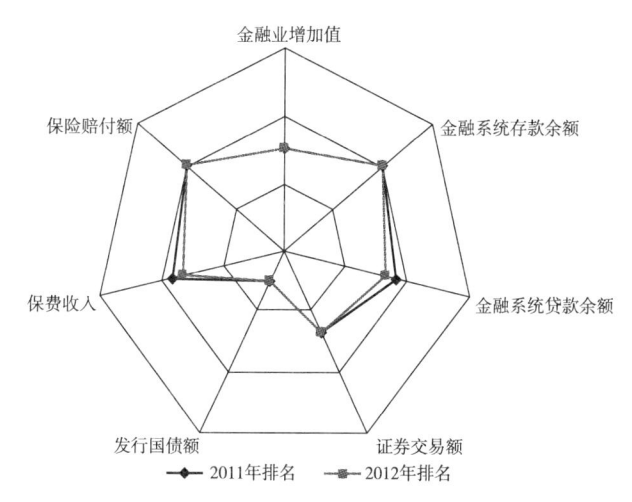

图 14 -1 -1　焦作市 2011 ~ 2012 年金融市场发展指数四级指标比较

为中等水平，这说明焦作市的金融市场发展水平在河南省处于中等地位。

3. 从雷达图图形变化看，2012 年与 2011 年相比，金融系统贷款余额和保费收入指标排位的提高导致面积减小。

4. 从排位变化的动因看，2012 年焦作市金融机构贷款余额绝对值明显提高，带动金融市场发展指数排位相对省内其他地市提升 2 位，说明其金融市场发展水平相对有所提高。

14.1.2　焦作市金融结构深化指数评价分析

2011 ~ 2012 年焦作市金融结构深化指标及其下属指标在河南省的排位变化情况，如表 14 -1 -2 和图 14 -1 -2 所示。

表 14 -1 -2　焦作市 2011 ~ 2012 年金融结构深化指数及其四级指标

年份		证券募集资金净额比 GDP	短期贷款占比	保费收入比全省金融业增加值	金融结构深化指数
2011	原值(%)	2.42	4.15	4.62	28.21
	标准化后	83.34	11.54	21.99	
2012	原值(%)	2.25	3.88	3.97	26.61
	标准化后	78.61	10.11	19.61	
2011 年排名		5	11	11	5
2012 年排名		6	12	10	6
升降		-1	-1	1	-1

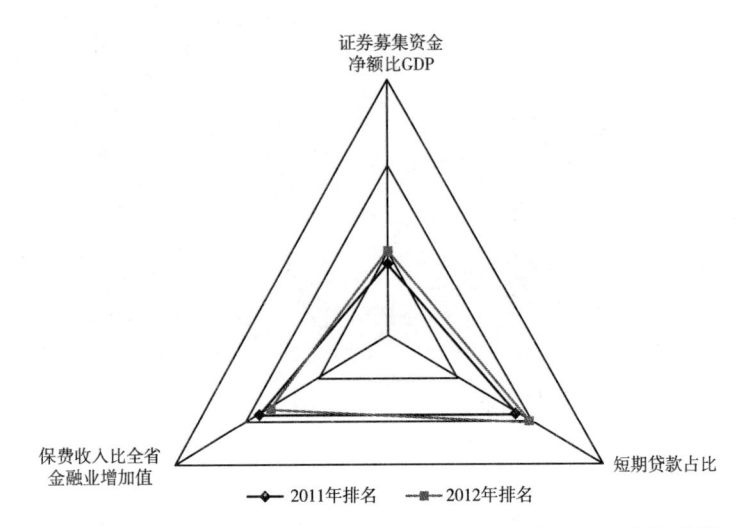

图 14-1-2　焦作市 2011~2012 年金融结构深化指数四级指标比较

1. 2012 年焦作市金融结构深化指数在整个河南省处于第 6 位，表明其在河南省处于上游地位；与 2011 年相比排位降低 1 位。

2. 从指标所处的水平看，2012 年短期贷款占比和保费收入比全省金融业增加值在整个河南省分别居第 12 位、第 10 位，即均为中势指标，但证券募集资金净额比 GDP 居第 6 位。

3. 从雷达图图形变化看，2012 年与 2011 年相比，图形面积变化不大。

4. 从排位变化的动因看，2012 年焦作市金融结构深化三项指标发展不均衡，金融结构深化指数综合排位稍微下降，表明焦作市在金融结构调整及深化方面需要加大力度，以保证证券业与信贷业务、保险业务均衡发展。

14.1.3　焦作市金融效率提高指数评价分析

2011~2012 年焦作市金融效率提高指标及其下属指标在河南省的排位变化情况，如表 14-1-3 和图 14-1-3 所示。

1. 2012 年焦作市金融效率提高指数在整个河南省处于第 2 位，表明其在河南省处于相对领先地位；与 2011 年相比排位没有发生变化。

2. 从指标所处的水平看，2012 年保险密度指标排位保持不变，存贷比排位提升 3 位，上市公司占有率指标排位下降 1 位，各单项指标省内排名均居上游水平。

表 14-1-3　焦作市 2011~2012 年金融效率提高指数及其四级指标

年份		存贷比	保险密度	上市公司占有率	金融效率提高指数
2011	原值	64.2(%)	1101（元/人）	11.11(%)	36.00
	标准化后	48.04	37.67	33.33	
2012	原值	66.38(%)	1144(元/人)	10.61(%)	38.81
	标准化后	54.18	38.96	33.33	
2011 年排名		7	2	2	2
2012 年排名		4	2	3	2
升降		3	0	-1	0

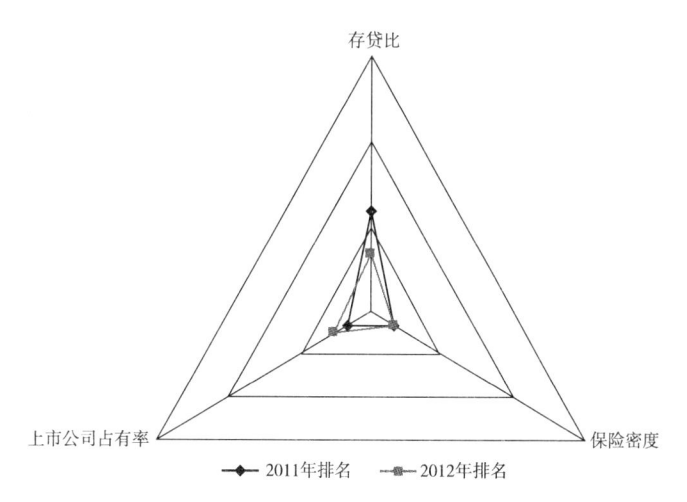

图 14-1-3　焦作市 2011~2012 年金融效率提高指数四级指标比较

3. 从雷达图图形变化看，2012 年与 2011 年相比，面积略缩小。

4. 从排位变化的动因看，尽管焦作市上市公司占有率指标排位有所下降，但在存贷比指标排位上升的作用下，2012 年焦作市金融效率提高指数综合排位保持不变，居河南省第 2 位，处于领先地位。

14.1.4　焦作市金融状况指数综合分析

2011~2012 年焦作市金融状况指标及其下属指标在河南省的排位变化和指标结构情况，如表 14-1-4 所示。

1. 2012 年焦作市金融状况指数综合排位处于第 3 位，表明其在河南省处于相

表14-1-4　焦作市2011~2012年金融状况指标及其三级指标

年份	金融市场发展指数	金融结构深化指数	金融效率提高指数	金融状况指数
2011	12.64	28.21	36.00	26.93
2012	12.19	26.61	38.81	27.19
2011年排位	8	5	2	3
2012年排位	6	6	2	3
升降	2	-1	0	0

对领先地位；与2011年相比保持不变。

2. 从指标所处水平看，2012年金融效率提高指标排位相对靠前，处于领先地位；金融结构深化和金融市场发展两个指标排位相对略微靠后。

3. 从指标变化趋势看，2012年焦作市金融效率提高指标排位保持不变，金融市场发展排位提升2位，金融结构深化指标排位下滑1位，升降互抵，整体保持平稳。

4. 从排位综合分析看，2012年焦作市各指标均居上游地位，整体金融状况处于领先地位，这说明该地区金融发展状况十分稳定，保持优势水平。

14.2　焦作市成长发展指数评价分析

14.2.1　焦作市资本市场成长性指数评价分析

2011~2012年焦作市资本市场成长性指标及其下属指标在河南省的排位变化情况，如表14-2-1和图14-2-1所示。

1. 2012年焦作市资本市场成长性指数在整个河南省处于第7位，表明其在河

表14-2-1　焦作市2011~2012年资本市场成长性指数及其四级指标

年份		金融机构贷款余额年增长额	发行国债年增长额	A股股票募集资金净额	资本市场成长性指数
2011	原值(亿元)	100.51	1.5983	34.86	15.96
	标准化后	28.97	59.91	27.39	
2012	原值(亿元)	100.70	-1.4147	34.86	41.40
	标准化后	13.78	77.18	27.39	
2011年排名		5	2	4	6
2012年排名		10	12	6	7
升降		-5	-10	-2	-1

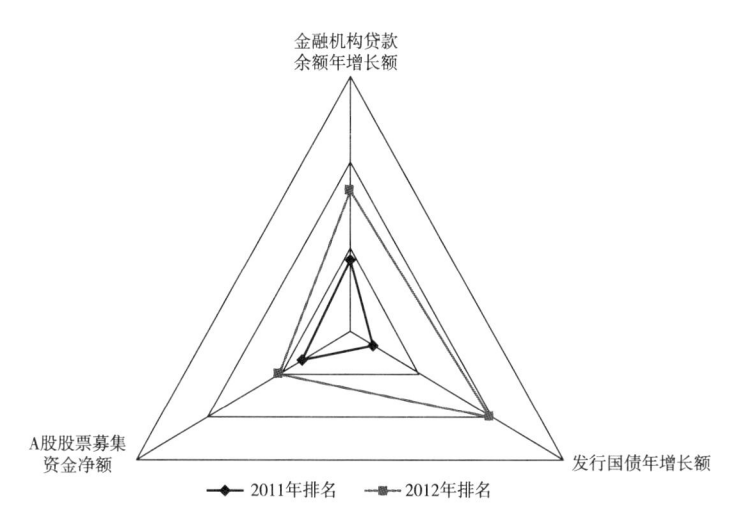

第14章 焦作市2012年金融发展指数报告

图14-2-1 焦作市2011~2012年资本市场成长性指数四级指标比较

南省处于中游水平;与2011年相比降低1位。

2. 从指标所处的水平看,2012年金融机构贷款余额年增长额、A股股票募集资金净额、发行国债年增长额在整个河南省的排位均有不同程度的下滑。

3. 从雷达图图形变化看,2012年与2011年相比,面积明显增大,资本市场成长性呈现下降趋势。

4. 从排位变化的动因看,2012年焦作市资本市场成长三大指标排位有明显下降,但焦作市的资本市场成长性排位在河南省仅降低1位,表明其他地市也面临同样的资本市场增长回落情况,焦作市保持在中游水平。

14.2.2 焦作市经济成长性指数评价分析

2011~2012年焦作市经济成长性指标及其下属指标,在河南省的排位变化情况,如表14-2-2和图14-2-2所示。

1. 2012年焦作市经济成长性指数在整个河南省处于第11位,表明其在河南省处于中等地位;与2011年相比排位下滑1位。

2. 从指标所处的水平看,四项指标均排名中游或下游水平。

3. 从雷达图图形变化看,2012年与2011年相比,图形有扩大趋势。

4. 从排位变化的动因看,2012年GDP年增长额和财政收入年增长额两项指标排位下滑明显,对经济成长性指标表现出负作用。

表 14-2-2　焦作市 2011~2012 年经济成长性指数及其四级指标

年份		GDP 年增长额	财政收入年增长额	社会固定资产投资年增长额	社会消费品零售总额年增长额	经济成长性指数
2011	原值（亿元）	196.70	11.17	194.35	57.47	17.34
	标准化后	18.34	7.01	27.60	15.02	
2012	原值（亿元）	108.72	10.62	203.37	58.47	16.72
	标准化后	17.46	7.20	24.85	15.57	
2011 年排名		6	10	7	13	10
2012 年排名		10	13	7	13	11
升降		-4	-3	0	0	-1

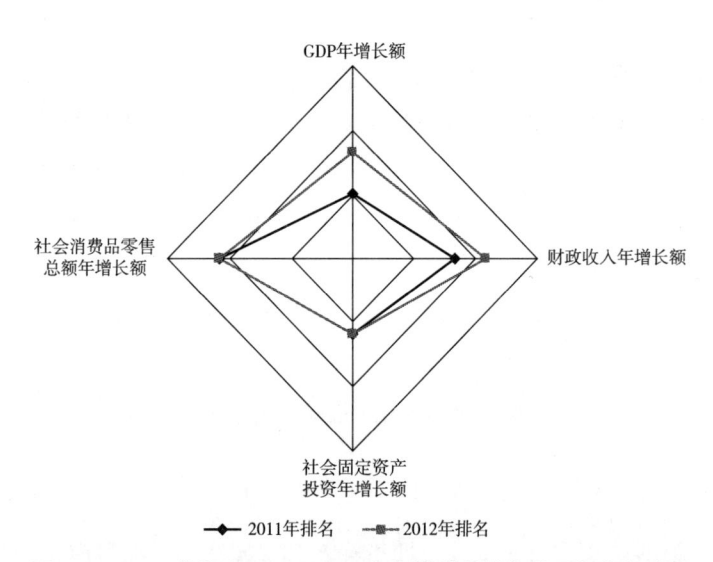

图 14-2-2　焦作市 2011~2012 年经济成长性指数四级指标比较

14.2.3　焦作市城市创新成长性指数评价分析

2011~2012 年焦作市城市创新成长性指标及其下属指标在河南省的排位变化情况，如表 14-2-3 和图 14-2-3 所示。

1. 2012 年焦作市城市创新成长性指数在整个河南省处于第 6 位，与 2011 年相比排位上升 11 位，提升十分明显，表明其在城市创新能力上增长异常突出。

表 14-2-3 焦作市 2011~2012 年城市创新成长性指数及其四级指标

年份		政府研发经费支出年增长额	政府研发人员年增长量	新产品销售收入年增长额	城市创新成长性指数
2011	原值	0.067(亿元)	-711(人)	43.02(亿元)	21.45
	标准化后	47.72	0	38.89	
2012	原值	0.349(亿元)	302(人)	4.74(亿元)	37.48
	标准化后	13.38	22.88	67.42	
2011 年排名		9	18	5	17
2012 年排名		7	8	9	6
升降		2	10	-4	11

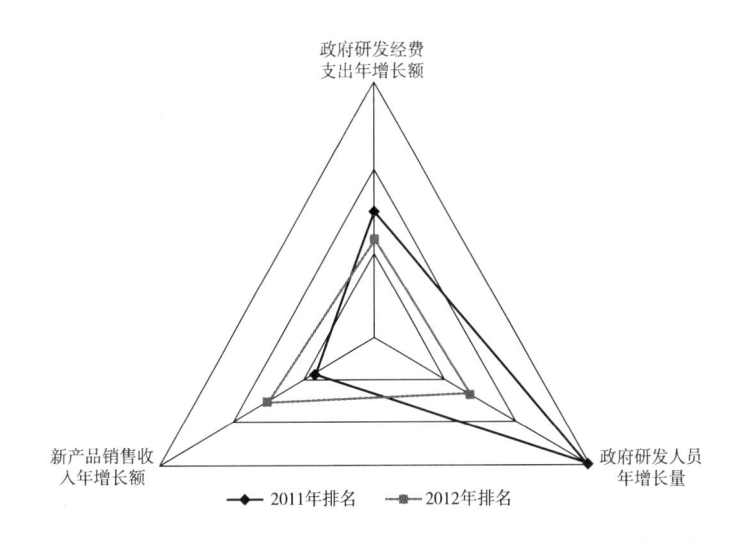

图 14-2-3 焦作市 2011~2012 年城市创新成长性指数四级指标比较

2. 从指标所处的水平看，2012 年政府研发人员年增长量排位从末位大幅提升，与政府研发经费支出年增长额和新产品销售收入年增长额指标排位共同达到了中等水平。

3. 从雷达图图形变化看，2012 年与 2011 年相比，面积明显缩小，城市创新成长性呈现上升趋势，虽然新产品销售收入年增长额排位下降，但是对图形变化影响不大。

4. 从排位变化的动因看，政府研发人员年增长量指标带动城市创新成长性指标排名大幅提升，说明 2012 年焦作市在科研人才引进方面下了大工夫，其对城市创新能力提升表现出十分强大的作用。

14.2.4 焦作市成长发展指数综合分析

2011~2012年焦作市成长发展指标及其下属指标在河南省的排位变化和指标结构情况,如表14-2-4所示。

表14-2-4 焦作市2011~2012年成长发展指标及其三级指标

年份	资本市场成长性指数	经济成长性指数	城市创新成长性指数	成长发展指数
2011	15.96	17.34	21.45	19.46
2012	41.40	16.72	37.48	29.25
2011年排位	6	10	17	10
2012年排位	7	11	6	7
升降	-1	-1	11	3

1. 2012年焦作市成长发展指数综合排位为第7位,表明其在河南省处于中等地位;与2011年相比排位提升3位,增长显著。

2. 从指标所处水平看,2012年城市创新成长性指数处于上游区,但是资本市场成长性指数和经济成长性指数处于中等位置。

3. 从指标变化趋势看,资本市场成长性和经济成长性两个指标与上一年相比排位均下滑1位,但城市创新成长性排位提升了11位。

4. 从排位综合分析看,虽然前两个指标排位略有回落,但城市创新成长性指标带动2012年焦作市成长发展指数综合排位升至河南省第7位,进步非常明显,表现出焦作市2012年十分强劲的城市创新竞争力。

14.3 焦作市服务水平指数评价分析

14.3.1 焦作市智力资本指数评价分析

2011~2012年焦作市智力资本指标及其下属指标,在河南省的排位变化情况,如表14-3-1和图14-3-1所示。

1. 2012年焦作市智力资本指数在整个河南省处于第2位,表明其在河南省处于领先地位;与2011年相比排位没有发生变化。

2. 从指标所处的水平看,2012年受高等教育密度、科研人员密度和普通高

第 14 章　焦作市 2012 年金融发展指数报告

表 14-3-1　焦作市 2011~2012 年智力资本指数及其四级指标

年份		金融业从业密度	受高等教育密度	科研人员密度	普通高等学校数量	智力资本指数
2011	原值	4.52（人/平方公里）	17.78（人/平方公里）	4.70（人/平方公里）	5（所）	35.06
	标准化后	68.37	18.72	40.81	8	
2012	原值	4.42（人/平方公里）	19.30（人/平方公里）	5.02（人/平方公里）	5（所）	35.33
	标准化后	65.67	19.83	43.38	7.84	
2011 年排名		2	2	2	4	2
2012 年排名		2	2	2	5	2
升降		0	0	0	-1	0

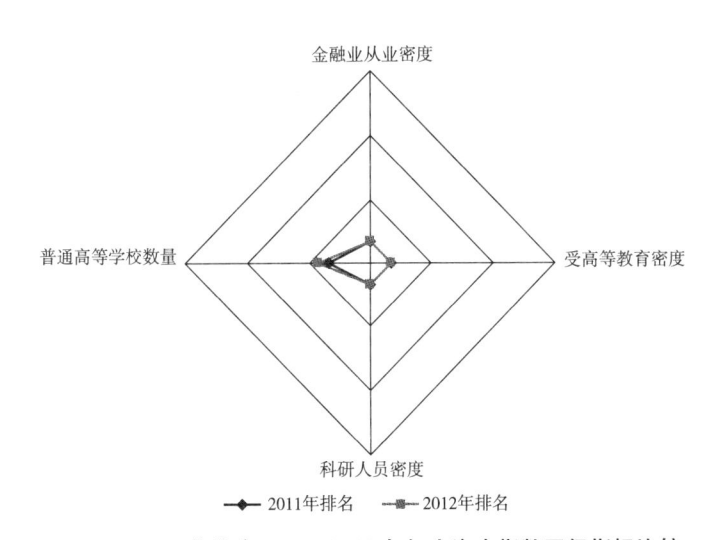

图 14-3-1　焦作市 2011~2012 年智力资本指数四级指标比较

等学校数量在整个河南省均居前列，虽然普通高等学校数量排位稍微下降，但是整体对智力资本指数影响不明显，这说明焦作市的智力资本在河南省处于领先地位。

3. 从雷达图图形变化看，2012 年与 2011 年相比，只有普通高等学校数量指标方向略微扩大。

4. 从排位变化的动因看，2012 年焦作市智力资本指数四级指标在河南省的排位基本没有发生变化，其 2012 年的综合排位保持不变，居河南省第 2 位，地区智力资本优势明显。

14.3.2 焦作市城市环境指数评价分析

2011~2012年焦作市城市环境指标及其下属指标在河南省的排位变化情况，如表14-3-2和图14-3-2所示。

表14-3-2 焦作市2011~2012年城市环境指数及其四级指标

年份		城镇化水平	城镇登记失业率	人均城市道路面积	人均绿化覆盖面积	基本医疗保险覆盖率	基本养老保险覆盖率	商品房屋销售均价	城市环境指数
2011	原值	48.80（%）	4.0（%）	15.28（平方米）	10.76（平方米）	26.42（%）	14.37（%）	2814（元/平方米）	37.09
	标准化后	51.92	0	58.17	47.00	77.85	54.10	15.71	
2012	原值	50.70（%）	4.0（%）	15.59（平方米）	11.16（平方米）	26.70（%）	14.97（%）	3184（元/平方米）	41.71
	标准化后	52.58	0	59.29	44.56	64.28	42.66	16.75	
2011年排名		4	17	6	4	6	4	7	4
2012年排名		4	17	5	4	6	4	7	4
升降		0	0	1	0	0	0	0	0

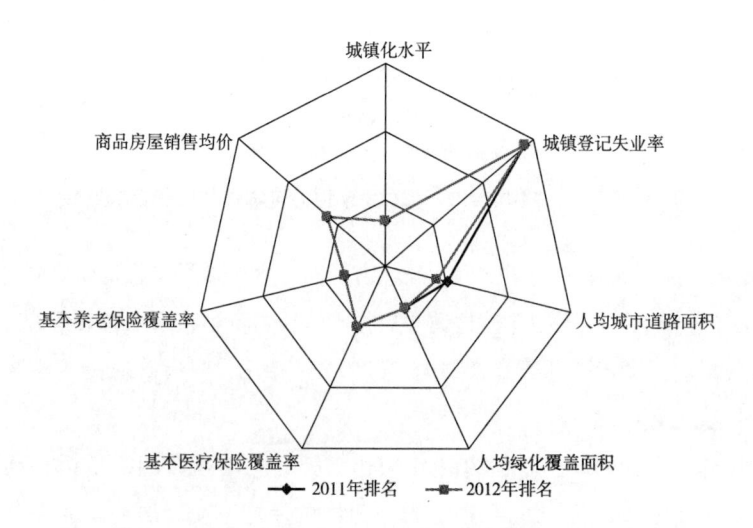

图14-3-2 焦作市2011~2012年城市环境指数四级指标比较

1. 2012 年焦作市城市环境指数在河南省排在第 4 位,与 2011 年相比排位没有变化。

2. 从指标所处的水平看,除城镇登记失业率排名靠后外,商品房屋销售均价在河南省排在中游,人均绿化覆盖面积、城镇化水平、基本养老保险覆盖率、基本医疗保险覆盖率等在整个河南省排在上游,这说明焦作市的城市环境在河南省居优势地位。

3. 从雷达图图形变化看,2012 年与 2011 年相比,面积基本不变。

4. 从排位变化来看,2012 年焦作市人均城市道路面积指标排位提升 1 位,对整体城市环境影响不大,焦作市继续居于上游地位,各项指标均衡。

14.3.3 焦作市服务水平指数综合分析

2011~2012 年焦作市服务水平指标及其下属指标在河南省的排位变化和指标结构情况,如表 14-3-3 所示。

表 14-3-3 焦作市 2011~2012 年服务水平指标及其三级指标

年份	智力资本指数	城市环境指数	服务水平指数
2011	35.06	37.09	39.25
2012	35.33	41.71	41.83
2011 年排位	2	4	2
2012 年排位	2	4	2
升降	0	0	0

1. 2012 年焦作市服务水平指数综合排位处于第 2 位,表明其在河南省处于相对领先地位,仅次于郑州市;与 2011 年相比排位没有变化。

2. 从指标所处水平看,2012 年智力资本指标和城市环境指标排位均靠前,处于领先水平。

3. 从指标变化趋势看,智力资本和城市环境两个指标的排位与上一年相比均没有明显变化,服务水平指数综合排名保持不变。

4. 从排位综合分析看,由于两个指标处于相对优势地位,并且绝对值稳定增长,2012 年焦作市服务水平指数仍然居于河南省第 2 位,保持领先水平。

14.4 焦作市综合环境指数评价分析

14.4.1 焦作市经济环境指数评价分析

2011~2012年焦作市经济环境指标及其下属指标,在河南省的排位变化情况,如表14-4-1和图14-4-1所示。

表14-4-1　焦作市2011~2012年经济环境指数及其四级指标

年份		城镇人均可支配收入	农村人均纯收入	人均GDP	人均财政收入	人均社会商品零售额	经济环境指数
2011	原值(元)	18005	8902	40810	2113	10746	49.36
	标准化后	48.68	61.66	60.98	30.59	27.50	
2012	原值(元)	20136	10113	44029	2419	12483	48.26
	标准化后	46.92	61.81	58.92	28.76	27.47	
2011年排名		6	3	5	5	4	4
2012年排名		7	3	5	5	4	4
升降		-1	0	0	0	0	0

1. 2012年焦作市经济环境指数在整个河南省的综合排位处于第4位,表明其在河南省处于上游;与2011年相比排位没有变化。

2. 从指标所处的水平看,2012年人均财政收入、人均GDP、农村人均纯收入和人均社会商品零售额指标在整个河南省排在上游,城镇人均可支配收入指标下滑1位,处于中等水平。

3. 从雷达图图形变化看,2012年与2011年相比,面积略微扩大。

4. 从排位变化的动因看,人均财政收入、人均GDP、农村人均纯收入和人均社会商品零售额指标在整个河南省的排位保持不变,尽管城镇人均可支配收入指标排位下滑,但2012年焦作市经济环境指数排位没变。

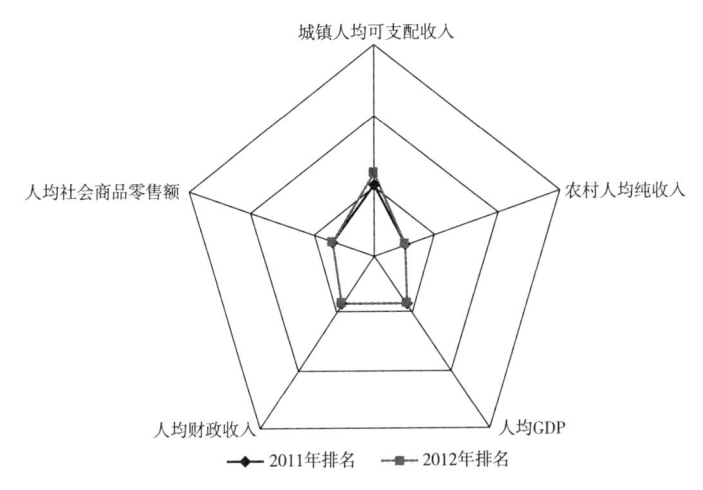

图 14-4-1　焦作市 2011~2012 年经济环境指数四级指标比较

14.4.2　焦作市开放程度指数评价分析

2011~2012 年焦作市开放程度指标及其下属指标在河南省的排位变化情况，如表 14-4-2 所示。

表 14-4-2　焦作市 2011~2012 年开放程度指数及其四级指标

年份		实际利用外资额	净出口额	开放程度指数
2011	原值（万美元）	48767	58189.91	22.92
	标准化后	11.36	32.89	
2012	原值（万美元）	59528	80169.79	27.54
	标准化后	12.27	40.69	
2011 年排名		5	4	4
2012 年排名		6	3	4
升降		-1	1	0

1. 2012 年焦作市开放程度指数在整个河南省排位为第 4 位，表明其在河南省处于上游地位；与 2011 年相比排位不变。

2. 从指标所处的水平看，2012 年实际利用外资额在整个河南省的排位下滑至第 6 位，净出口额排位提升至第 3 位，均为上游水平，这说明焦作市的开放程度在河南省处于相对优势地位。

3. 从排位变化的动因看，2012年焦作市实用外资额指标排位下滑1位，净出口额在整个河南省的排位提升1位，焦作市2012年的开放程度指数的综合排位保持不变。

14.4.3 焦作市综合环境指数综合分析

2011~2012年焦作市综合环境指标及其下属指标在河南省的排位变化和指标结构情况，如表14-4-3所示。

表14-4-3 焦作市2011~2012年综合环境指标及其三级指标

年份	经济环境指数	开放程度指数	综合环境指数
2011	49.36	22.92	38.89
2012	48.26	27.54	41.08
2011年排位	4	4	3
2012年排位	4	4	3
升降	0	0	0

1. 2012年焦作市综合环境指数综合排位处于第3位，表明其在河南省处于相对领先地位；与2011年相比排位没有变化。

2. 从指标所处水平看，2012年经济环境和开放程度两个指标均居第4位，排位没有变动，仍然处于上游区。

3. 从指标变化趋势看，经济环境和开放程度两个指标的排位与上一年相比均没有变化，保持相对优势。

4. 从排位综合分析看，经济环境和开放程度两个指标排位保持不变，2012年焦作市综合环境指数综合排位仍居河南省第3位。

14.5 焦作市金融发展指数综合评价分析

2011~2012年焦作市金融发展指数综合指标及其下属指标在河南省的排位变化和指标结构情况，如表14-5-1所示。

1. 2012年焦作市金融发展指数综合排位处于第3位，表明其在河南省处于相对领先地位；与2011年相比排位没有变化。

表14-5-1 焦作市2011~2012年金融发展指数指标及其二级指标

年份	金融状况指数	成长发展指数	服务水平指数	综合环境指数	金融发展指数
2011	26.93	19.46	39.25	38.89	32.62
2012	27.19	29.25	41.83	41.08	36.93
2011年排位	3	10	2	3	3
2012年排位	3	7	2	3	3
升降	0	3	0	0	0

2. 从指标所处水平看，2012年焦作市金融状况、服务水平和综合环境三个个指标均保持领先地位，成长发展指标相比2011年提升3位，达到中等水平。

3. 从指标变化趋势看，成长发展指标的排位提升3位，金融状况、服务水平和综合环境三个指标的排位与上一年相比均没有变化。

4. 从排位综合分析看，金融发展指数四项指标在保持原有优势地位的基础上，成长发展指标排名大幅提升，焦作市金融发展水平在河南省相对比较高。

第 15 章
濮阳市 2012 年金融发展指数报告

15.1 濮阳市金融状况指数评价分析

15.1.1 濮阳市金融市场发展指数评价分析

2011~2012 年濮阳市金融市场发展指标及其下属指标在河南省的排位变化情况,如表 15-1-1 和图 15-1-1 所示。

表 15-1-1 濮阳市 2011~2012 年金融市场发展指数及其四级指标

年份		金融业增加值	金融系统存款余额	金融系统贷款余额	证券交易额	发行国债额	保费收入	保险赔付额	金融市场发展指数
2011	原值(亿元)	8.22	680.95	257.56	336.87	3.50	36.71	7.15	9.06
	标准化后	1.88	5.65	1.69	2.32	16.48	19.77	15.30	
2012	原值(亿元)	9.74	836.89	304.09	312.22	2.46	36.84	8.66	8.94
	标准化后	1.76	6.01	1.95	2.76	16.95	17.61	15.10	
2011 年排名		15	15	17	13	5	13	13	13
2012 年排名		15	14	17	10	4	13	13	13
升降		0	1	0	3	1	0	0	0

1. 2012 年濮阳市金融市场发展指数在整个河南省排在第 13 位,表明其在河南省处于下游地位;与 2011 年相比排位没有变化。

2. 从指标所处的水平看,除发行国债额排位靠前外,金融业增加值、金融系统存款余额、金融系统贷款余额、保费收入和保险赔付额在整个河南省均居下游区,

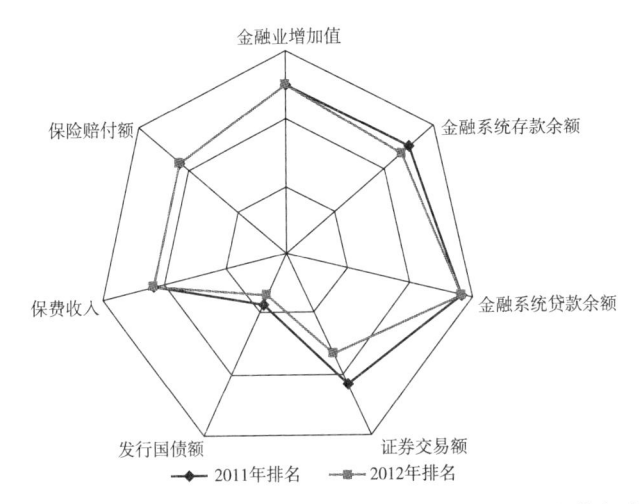

图 15-1-1　濮阳市 2011～2012 年金融市场发展指数四级指标比较

证券交易额居中游区，这导致濮阳市的金融市场发展指数在河南省处于下游地位。

3. 从雷达图图形变化看，2012 年与 2011 年相比，发行国债额和证券交易额等指标排位的提高导致面积减小。

4. 从排位变化的动因看，2012 年濮阳市发行国债额和证券交易额等指标排位小幅提升，但其对金融市场发展指数排位的影响不大，金融市场发展指数排位相对省内其他地市保持不变。

15.1.2　濮阳市金融结构深化指数评价分析

2011～2012 年濮阳市金融结构深化指标及其下属指标在河南省的排位变化情况，如表 15-1-2 和图 15-1-2 所示。

表 15-1-2　濮阳市 2011～2012 年金融结构深化指数及其四级指标

年份		证券募集资金净额比 GDP	短期贷款占比	保费收入比全省金融业增加值	金融结构深化指数
2011	原值（%）	0.30	1.81	4.23	9.70
	标准化后	10.38	2.46	19.77	
2012	原值（%）	0.27	1.79	3.63	8.76
	标准化后	9.55	2.23	17.61	
2011 年排名		15	16	13	16
2012 年排名		15	17	13	15
升降		0	-1	0	1

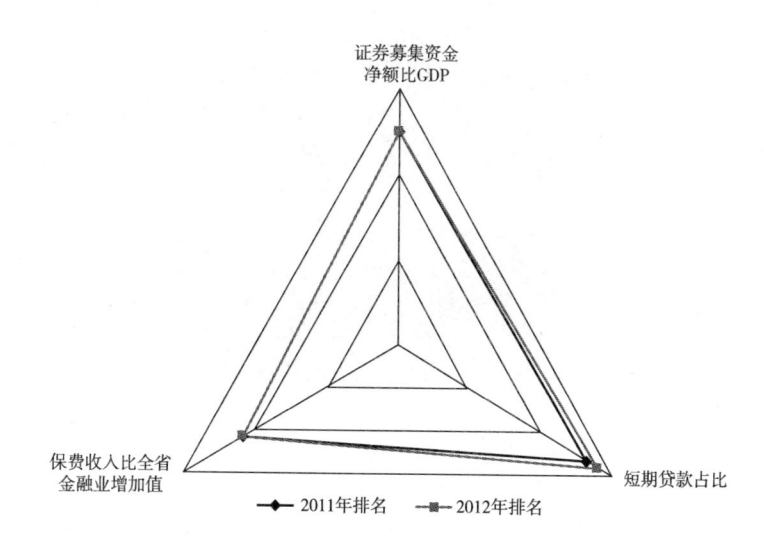

图 15-1-2　濮阳市 2011~2012 年金融结构深化指数四级指标比较

1. 2012 年濮阳市金融结构深化指数在整个河南省的综合排位为第 15 位，表明其在河南省处于下游地位；与 2011 年相比排位提升 1 位。

2. 从指标所处的水平看，短期贷款占比、保费收入比全省金融业增加值和证券募集资金净额比 GDP 在省内的排位均靠后，这说明濮阳市 2012 年的证券业发展水平偏低。

3. 从雷达图图形变化看，2012 年与 2011 年相比，面积几乎没有变化。

4. 从排位变化的动因看，2012 年濮阳市金融结构深化三项指标排位均比较靠后，表明濮阳市在金融结构调整及深化方面需要加大力度。

15.1.3　濮阳市金融效率提高指数评价分析

2011~2012 年濮阳市金融效率提高指标及其下属指标在河南省的排位变化情况，如表 15-1-3 和图 15-1-3 所示。

1. 2012 年濮阳市金融效率提高指数在整个河南省排在第 15 位，表明其在河南省处于相对落后地位；与 2011 年相比排位没有发生变化。

2. 从指标所处的水平看，2012 年濮阳市存贷比指标和上市公司占有率指标在省内的排位靠后；保险密度指标排位比较靠前，并且有了进一步提升。

3. 从雷达图图形变化看，2012 年与 2011 年相比，面积略微减小。

4. 从排位变化的动因看，濮阳市2012年保险密度指标排位有所提升，但是濮阳市金融效率提高指数综合排位不变。

表 15-1-3　濮阳市 2011~2012 年金融效率提高指数及其四级指标

年份		存贷比	保险密度	上市公司占有率	金融效率提高指数
2011	原值	37.82(%)	956(元/人)	1.59(%)	11.69
	标准化后	0	29.16	4.76	
2012	原值	36.34(%)	1024(元/人)	1.52(%)	11.75
	标准化后	0	30.12	4.76	
2011 年排名		18	5	13	15
2012 年排名		18	3	13	15
升降		0	2	0	0

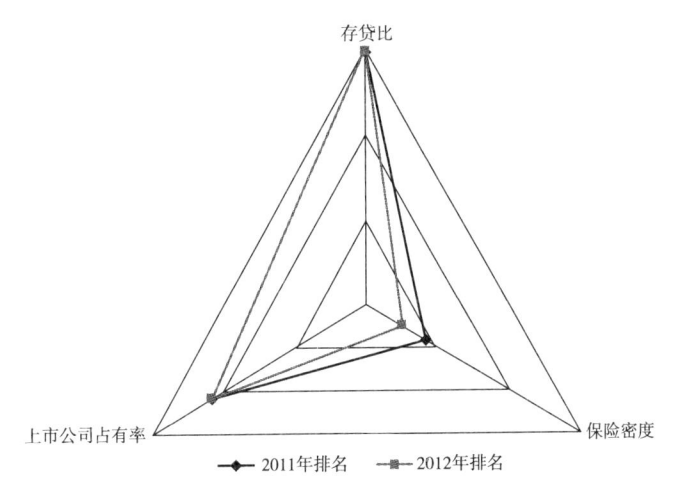

图 15-1-3　濮阳市 2011~2012 年金融效率提高指数四级指标比较

15.1.4　濮阳市金融状况指数综合分析

2011~2012 年濮阳市金融状况指标及其下属指标，在河南省的排位变化和指标结构情况，如表 15-1-4 所示。

1. 2012 年濮阳市金融状况指数排在第 17 位，表明其在河南省处于十分不利的地位；与 2011 年相比保持不变。

2. 从指标所处水平看，2012 年金融市场发展、金融结构深化和金融效率提高三个指标排位靠后，都处于下游水平。

表 15 -1 -4　濮阳市 2011 ~2012 年金融状况指标及其三级指标

年份	金融市场 发展指数	金融结构 深化指数	金融效率 提高指数	金融状况 指数
2011	9.06	9.70	11.69	10.73
2012	8.94	8.76	11.75	10.39
2011 年排位	13	16	15	17
2012 年排位	13	15	15	17
升降	0	1	0	0

3. 从指标变化趋势看，金融市场发展指数、金融效率提高指数排位保持不变，金融结构深化指数排位提升 1 位，整体进步不显著。

4. 从排位综合分析看，2012 年濮阳市各指标均居下游地位，说明该地区金融发展状况相对落后，需要加大投入、优化金融结构、提高地区金融效率，快速发展地区金融业。

15.2　濮阳市成长发展指数评价分析

15.2.1　濮阳市资本市场成长性指数评价分析

2011 ~ 2012 年濮阳市资本市场成长性指标及其下属指标在河南省的排位变化情况，如表 15 -2 -1 和图 15 -2 -1 所示。

表 15 -2 -1　濮阳市 2011 ~2012 年资本市场成长性指数及其四级指标

年份		金融机构贷款 余额年增长额	发行国债 年增长额	A 股股票募 集资金净额	资本市场成 长性指数
2011	原值（亿元）	25.96	-0.9989	2.70	2.21
	标准化后	11.00	23.35	2.12	
2012	原值（亿元）	46.53	-1.0420	2.70	31.48
	标准化后	5.74	83.76	2.12	
2011 年排名		13	15	15	12
2012 年排名		16	8	15	16
升降		-3	7	0	-4

1. 2012 年濮阳市资本市场成长性指数在整个河南省处于第 16 位，表明其在河南省处于相对落后地位；与 2011 年相比降低 4 位。

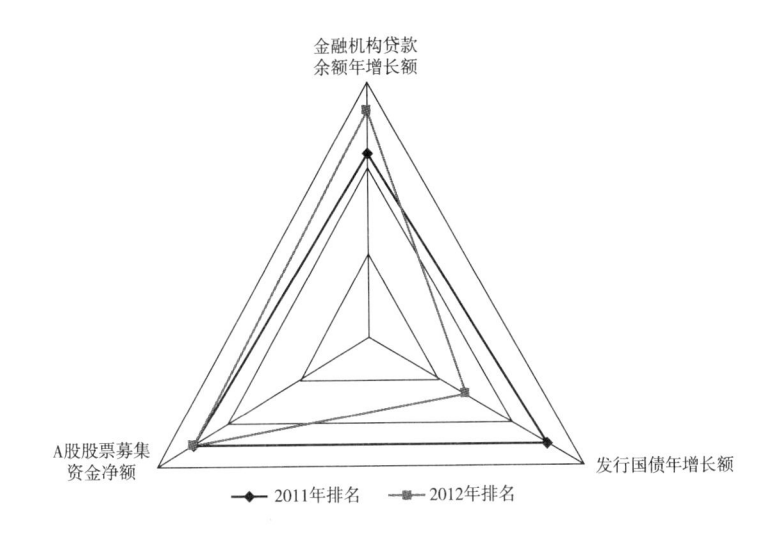

图 15-2-1　濮阳市 2011~2012 年资本市场成长性指数四级指标比较

2. 从指标所处的水平看，2012 年发行国债年增长额指标排位大幅提升至中等水平，金融机构贷款余额年增长额、A 股股票募集资金净额两项指标在整个河南省均处于下游水平。

3. 从雷达图图形变化看，2012 年与 2011 年相比，面积略微减小。

4. 从排位变化的动因看，濮阳市金融机构贷款余额年增长额的省内排位回落 3 位，虽然发行国债年增长额指标排位大幅拉升 7 位，但濮阳市的资本市场成长性排位在河南省仍然降低 4 位，表明它相对于其他地市资本市场成长情况表现无力，濮阳市资本市场成长性保持在下游水平。

15.2.2　濮阳市经济成长性指数评价分析

2011~2012 年濮阳市经济成长性指标及其下属指标在河南省的排位变化情况，如表 15-2-2 和图 15-2-2 所示。

1. 2012 年濮阳市经济成长性指数在整个河南省处于第 15 位，表明其在河南省处于下游水平；与 2011 年相比排位保持不变。

2. 从指标所处的水平看，四项指标排在中游或下游偏下水平。

3. 从雷达图图形变化看，2012 年与 2011 年相比，图形面积减小。

4. 从排位变化的动因看，2012 年 GDP 年增长额的绝对值虽然相对有所降低，

表15-2-2 濮阳市2011~2012年经济成长性指数及其四级指标

年份		GDP年增长额	财政收入年增长额	社会固定资产投资年增长额	社会消费品零售总额年增长额	经济成长性指数
2011	原值（亿元）	121.94	8.85	135.66	44.30	10.80
	标准化后	10.12	4.95	16.65	10.64	
2012	原值（亿元）	92.36	9.07	148.06	44.19	11.98
	标准化后	14.53	5.67	15.72	10.72	
2011年排名		15	14	15	14	15
2012年排名		12	14	15	14	15
升降		3	0	0	0	0

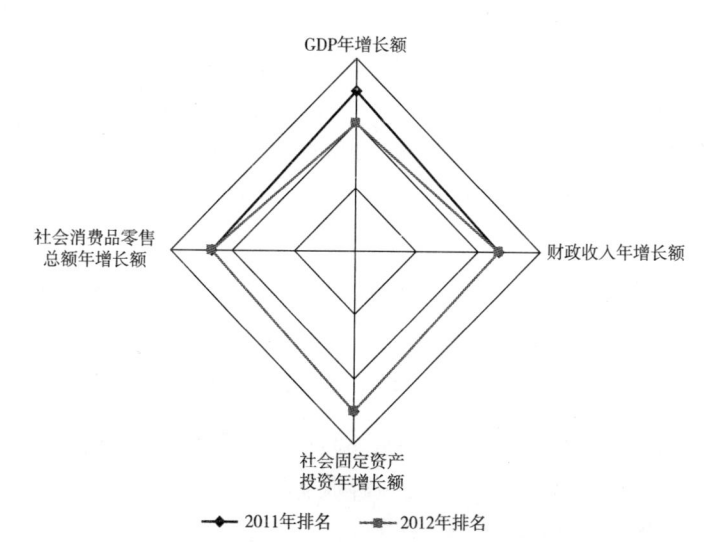

图15-2-2 濮阳市2011~2012年经济成长性指数四级指标比较

但该指标的省内排位却有所提升，其余指标排位均保持不变，在此综合作用下，濮阳市经济成长性指标排位不变，表明其经济成长性指数相对其他地市保持稳定。

15.2.3 濮阳市城市创新成长性指数评价分析

2011~2012年濮阳市城市创新成长性指标及其下属指标，在河南省的排位变化情况，如表15-2-3和图15-2-3所示。

表 15 – 2 – 3　濮阳市 2011~2012 年城市创新成长性指数及其四级指标

年份		政府研发经费支出年增长额	政府研发人员年增长量	新产品销售收入年增长额	城市创新成长性指数
2011	原值	0.257（亿元）	346（人）	20.71（亿元）	32.94
	标准化后	51.13	39.68	28.08	
2012	原值	0.124（亿元）	112（人）	10.98（亿元）	35.55
	标准化后	8.85	13.00	75.23	
2011 年排名		6	7	10	7
2012 年排名		8	11	5	8
升降		-2	-4	5	-1

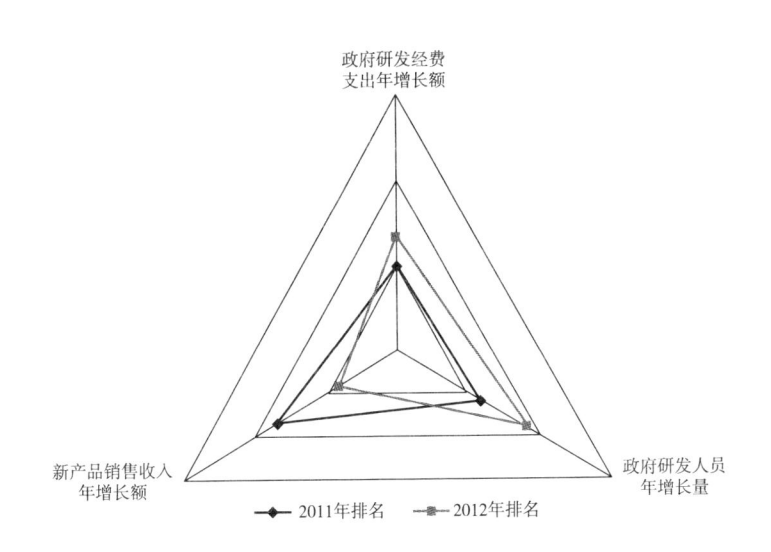

图 15 – 2 – 3　濮阳市 2011~2012 年城市创新成长性指数四级指标比较

1. 2012 年濮阳市城市创新成长性指数在整个河南省排在第 8 位，与 2011 年相比排位回落 1 位，仍处于中等水平。

2. 从指标所处的水平看，2012 年政府研发人员年增长量的排位从第 7 位下降至第 11 位，与政府研发经费支出年增长额和新产品销售收入年增长额指标的排位都进入了中上等水平。

3. 从雷达图图形变化看，2012 年与 2011 年相比，面积小幅缩小。

4. 从排位变化的动因看，2012 年濮阳市新产品销售收入年增长额排位上升

5 位、政府研发经费支出年增长额排位小幅下降、政府研发人员年增长量指标排位大幅下降,增减互抵后,城市创新成长性指标排名下降 1 位。

15.2.4 濮阳市成长发展指数综合分析

2011～2012 年濮阳市成长发展指标及其下属指标在河南省的排位变化和指标结构情况,如表 15-2-4 所示。

表 15-2-4 濮阳市 2011～2012 年成长发展指标及其三级指标

年份	资本市场成长性指数	经济成长性指数	城市创新成长性指数	成长发展指数
2011	2.21	10.80	32.94	15.93
2012	31.48	11.98	35.55	23.65
2011 年排位	12	15	7	12
2012 年排位	16	15	8	15
升降	-4	0	-1	-3

1. 2012 年濮阳市成长发展指数综合排位处于第 15 位,表明其在河南省处于相对落后地位;与 2011 年相比排位回落 3 位。

2. 从指标所处水平看,2012 年城市创新成长性指数的排位处于中游水平,资本市场成长性、经济成长性指数居劣势地位。

3. 从指标变化趋势看,资本市场成长性和城市创新成长性两个指标排位与上一年相比均有不同程度的下滑。

4. 从排位综合分析看,资本市场成长性和城市创新成长性两个指标排位略有回落,2012 年濮阳市成长发展指数综合排位降至河南省第 15 位,濮阳市整体成长表现出动力不足的态势。

15.3 濮阳市服务水平指数评价分析

15.3.1 濮阳市智力资本指数评价分析

2011～2012 年濮阳市智力资本指标及其下属指标在河南省的排位变化情况,如表 15-3-1 和图 15-3-1 所示。

1. 2012 年濮阳市智力资本指数在整个河南省排在第 11 位,表明其在河南省

表 15-3-1　濮阳市 2011~2012 年智力资本指数及其四级指标

年份		金融业从业密度	受高等教育密度	科研人员密度	普通高等学校数量	智力资本指数
2011	原值	2.03（人/平方公里）	2.85（人/平方公里）	1.76（人/平方公里）	1（所）	10.07
	标准化后	24.14	1.75	13.40	0	
2012	原值	1.43（人/平方公里）	2.71（人/平方公里）	2.13（人/平方公里）	1（所）	8.04
	标准化后	12.53	1.52	17.00	0	
2011 年排名		5	15	10	16	10
2012 年排名		10	15	9	16	11
升降		-5	0	1	0	-1

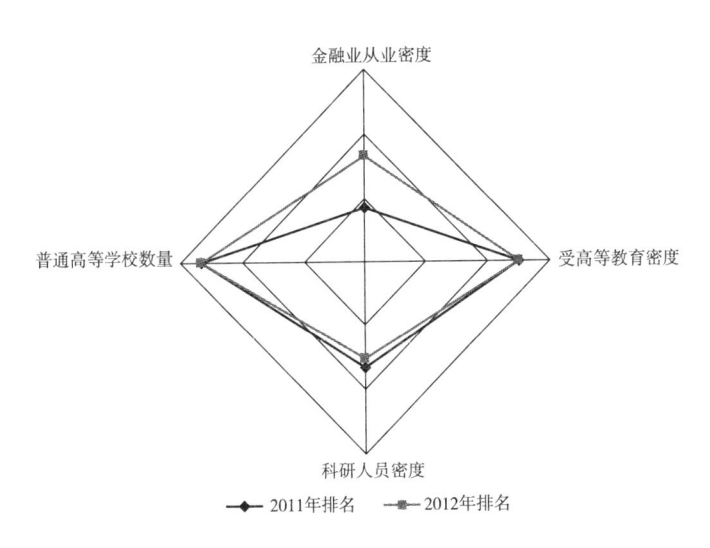

图 15-3-1　濮阳市 2011~2012 年智力资本指数四级指标比较

处于中等地位；与 2011 年相比排位下降 1 位。

2. 从指标所处的水平看，金融业从业密度、科研人员密度指标在整个河南省的排位均为中等，受高等教育密度和普通高等学校数量排位保持在下游水平。

3. 从雷达图图形变化看，2012 年与 2011 年相比，面积略微扩大。

4. 从排位变化的动因看，2012 年濮阳市智力资本指数主要受金融业从业密度指标排位大幅回落影响，相对其他省市排位降低 1 位，依然处于中等水平。

15.3.2 濮阳市城市环境指数评价分析

2011~2012年濮阳市城市环境指标及其下属指标,在河南省的排位变化情况,如表15-3-2和图15-3-2所示。

表15-3-2 濮阳市2011~2012年城市环境指数及其四级指标

年份		城镇化水平	城镇登记失业率	人均城市道路面积	人均绿化覆盖面积	基本医疗保险覆盖率	基本养老保险覆盖率	商品房屋销售均价	城市环境指数
2011	原值	33.35(%)	2.7(%)	12.84(平方米)	4.92(平方米)	22.56(%)	7.70(%)	2720(元/平方米)	13.13
	标准化后	5.55	65.00	41.97	14.20	52.70	15.86	12.95	
2012	原值	35.20(%)	3.0(%)	13.14(平方米)	4.87(平方米)	22.38(%)	7.99(%)	3141(元/平方米)	12.47
	标准化后	5.47	55.00	44.11	11.60	39.16	11.64	15.58	
2011年排名		15	3	11	13	11	15	10	13
2012年排名		15	7	11	14	11	15	9	14
升降		0	-4	0	-1	0	0	1	-1

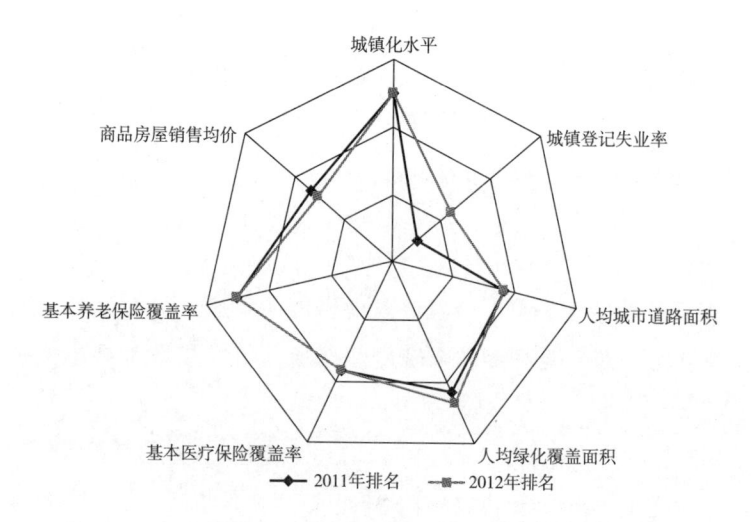

图15-3-2 濮阳市2011~2012年城市环境指数四级指标比较

1. 2012年濮阳市城市环境指数在整个河南省排在第14位，与2011年相比排位下降1位。

2. 从指标所处的水平看，2012年城镇登记失业率排名从优势地位回落至中等水平，城镇化水平和人均绿化覆盖面积、基本养老保险覆盖率指标在河南省排位靠后，商品房屋销售均价、基本医疗保险覆盖率等在整个河南省均为中等水平。

3. 从雷达图图形变化看，2012年与2011年相比，面积小幅扩大。

4. 从排位变化的动因看，2012年濮阳市城镇登记失业率排位大幅回落，而人均绿化覆盖面积指标排位降低1位，商品房屋销售均价指标排位提升1位，互抵之后，濮阳市城市环境指数在原有水平上下降1位。

15.3.3 濮阳市服务水平指数综合分析

2011~2012年濮阳市服务水平指标及其下属指标在河南省的排位变化和指标结构情况，如表15-3-3所示。

表15-3-3 濮阳市2011~2012年服务水平指标及其三级指标

年份	智力资本指数	城市环境指数	服务水平指数
2011	10.07	13.13	12.62
2012	8.04	12.47	11.13
2011年排位	10	13	13
2012年排位	11	14	13
升降	-1	-1	0

1. 2012年濮阳市服务水平指数在整个河南省排在第13位，表明其在河南省处于相对落后地位；与2011年相比排位没有变化。

2. 从指标所处水平看，2012年智力资本指标排在中游，城市环境指标排在下游。

3. 从指标变化趋势看，智力资本和城市环境两个指标的排位与上一年相比均有小幅回落。

4. 从排位综合分析看，智力资本指数和城市环境指数两个指标排位的相对下降对2012年濮阳市服务水平指数的综合排位有负面作用，但其他地区也存在不同程度的下降情况，相比之下濮阳市服务水平指标仍然保持原有水平。

15.4 濮阳市综合环境指数评价分析

15.4.1 濮阳市经济环境指数评价分析

2011~2012年濮阳市经济环境指标及其下属指标在河南省的排位变化情况，如表15-4-1和图15-4-1所示。

表15-4-1 濮阳市2011~2012年经济环境指数及其四级指标

年份		城镇人均可支配收入	农村人均纯收入	人均GDP	人均财政收入	人均社会商品零售额	经济环境指数
2011	原值（元）	17228	6082	25066	1096	7712	19.56
	标准化后	37.62	11.32	22.69	10.76	8.68	
2012	原值（元）	19511	6945	27654	1337	8929	19.71
	标准化后	38.85	11.78	22.23	10.84	8.00	
2011年排名		11	15	12	12	14	13
2012年排名		10	15	12	12	14	13
升降		1	0	0	0	0	0

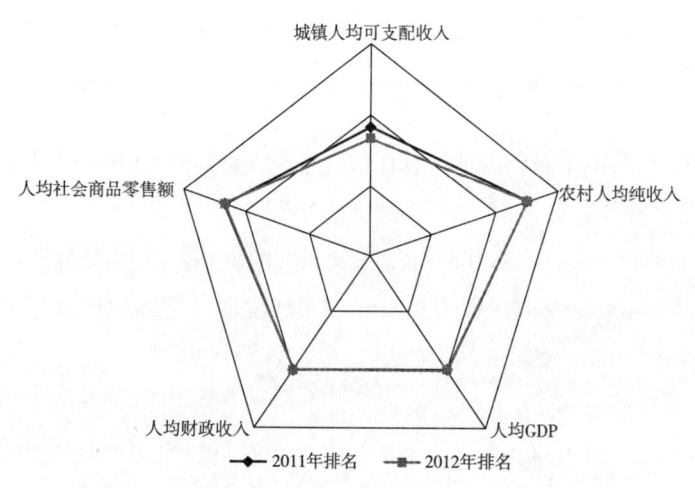

图15-4-1 濮阳市2011~2012年经济环境指数四级指标比较

1. 2012 年濮阳市经济环境指数在整个河南省排在第 13 位，表明其在河南省处于相对落后地位；与 2011 年相比排位没有变化。

2. 从指标所处的水平看，2012 年农村人均纯收入和人均社会商品零售额指标在整个河南省排在偏下水平，人均财政收入、城镇人均可支配收入、人均 GDP 指标达到中等水平。

3. 从雷达图图形变化看，2012 年与 2011 年相比，面积略微缩小。

4. 从排位变化的动因看，2012 年濮阳市除城镇人均可支配收入指标排位有小幅上升外，其他指标排位均不变，经济环境指数保持原有水平。

15.4.2 濮阳市开放程度指数评价分析

2011~2012 年濮阳市开放程度指标及其下属指标在河南省的排位变化情况，如表 15-4-2 所示。

表 15-4-2 濮阳市 2011~2012 年开放程度指数及其四级指标

年份		实际利用外资额	净出口额	开放程度指数
2011	原值（万美元）	15748	43435.25	15.24
	标准化后	0.16	29.26	
2012	原值（万美元）	32001	47456.41	20.54
	标准化后	3.75	35.75	
2011 年排名		17	6	8
2012 年排名		14	6	9
升降		3	0	-1

1. 2012 年濮阳市开放程度指数在整个河南省处于第 9 位，表明其在河南省处于中等水平；与 2011 年相比排位下滑 1 位。

2. 从指标所处的水平看，2012 年濮阳市实际利用外资额在整个河南省的排位提升至第 14 位；净出口额排位保持不变，仍处于上游。

3. 从排位变化的动因看，尽管 2012 年濮阳市实际利用外资额指标排位提升 3 位，净出口额在整个河南省保持相对优势，但其开放程度指数的综合排位仍然下滑 1 位，说明相比其他地市它的开放程度仍然不够。

15.4.3 濮阳市综合环境指数分析

2011~2012年濮阳市综合环境指标及其下属指标在河南省的排位变化和指标结构情况,如表15-4-3所示。

表15-4-3 濮阳市2011~2012年综合环境指标及其三级指标

年份	经济环境指数	开放程度指数	综合环境指数
2011	19.56	15.24	18.72
2012	19.71	20.54	21.81
2011年排位	13	8	13
2012年排位	13	9	13
升降	0	-1	0

1. 2012年濮阳市综合环境指数处于第13位,表明其在河南省处于相对落后地位;与2011年相比排位没有变化。

2. 从指标所处水平看,2012年经济环境指数排位没有变动,仍然处于相对落后地位;开放程度指数保持在中等水平。

3. 从指标变化趋势看,开放程度指标排位与上一年相比下降1位。

4. 从排位综合分析看,经济环境指标排位保持不变,开放程度指标排位回落1位,在此综合作用下,2012年濮阳市综合环境指数继续居于河南省第13位,排名依然靠后。

15.5 濮阳市金融发展指数综合评价分析

2011~2012年濮阳市金融发展指数综合指标及其下属指标,在河南省的排位变化和指标结构情况,如表15-5-1所示。

表15-5-1 濮阳市2011~2012年金融发展指数指标及其二级指标

年份	金融状况指数	成长发展指数	服务水平指数	综合环境指数	金融发展指数
2011	10.73	15.93	12.62	18.72	15.15
2012	10.39	23.65	11.13	21.81	17.64
2011年排位	17	12	13	13	14
2012年排位	17	15	13	13	15
升降	0	-3	0	0	-1

1. 2012 年濮阳市金融发展指数排在第 15 位，表明其在河南省处于相对落后地位；与 2011 年相比排位小幅回落。

2. 从指标所处水平看，2012 年濮阳市成长发展指标省内排位相比 2011 年回落 3 位，金融状况、服务水平和综合环境三个指标排名也居于下游水平。

3. 从指标变化趋势看，成长发展指标下降 3 位，表现出金融业成长力减弱的趋势。

4. 从排位综合分析看，成长发展指标排位下降 3 位，其他三项指标排位保持不变，在此综合作用下，金融发展指数排名小幅回落。

第 16 章
许昌市 2012 年金融发展指数报告

16.1 许昌市金融状况指数评价分析

16.1.1 许昌市金融市场发展指数评价分析

2011~2012 年许昌市金融市场发展指标及其下属指标在河南省的排位变化情况,如表 16-1-1 和图 16-1-1 所示。

表 16-1-1 许昌市 2011~2012 年金融市场发展指数及其四级指标

年份		金融业增加值	金融系统存款余额	金融系统贷款余额	证券交易额	发行国债额	保费收入	保险赔付额	金融市场发展指数
2011	原值(亿元)	27.23	971.94	697.19	629.23	1.21	40.13	8.45	10.92
	标准化后	8.20	8.96	9.07	4.95	3.73	22.01	18.69	
2012	原值(亿元)	34.62	1188.22	850.76	453.74	0.94	39.9	9.59	10.67
	标准化后	8.36	9.44	10.21	4.31	4.65	19.39	17.14	
2011 年排名		6	11	6	5	17	10	8	12
2012 年排名		6	11	6	6	12	11	10	12
升降		0	0	0	-1	5	-1	-2	0

1. 2012 年许昌市金融市场发展指数在整个河南省排在第 12 位,表明其在河南省处于中势地位;与 2011 年相比排位没有发生变化。

2. 从指标所处的水平看,2012 年发行国债额排位大幅提升,金融业增加值、金融系统存款余额、金融系统贷款余额排位不变,证券交易额、保费收入和保险

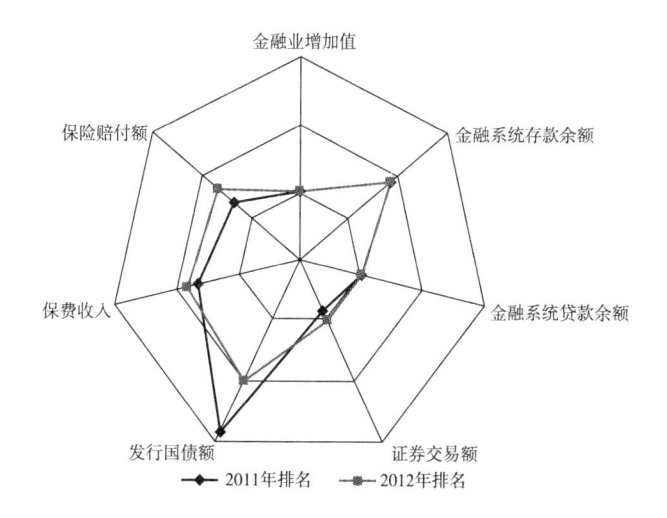

图 16-2-1 许昌市 2011~2012 年金融市场发展指数四级指标比较

赔付额在整个河南省排位变化不大，这导致许昌市的金融市场发展指数在河南省处于中等位置且相对排名不变。

3. 从雷达图图形变化看，2012 年与 2011 年相比，面积稍有增加。

4. 从排位变化的动因看，2012 年许昌市金融市场发展指数四级指标在河南省的排位有四项发生变化，但是其 2012 年的综合排位保持不变，居河南省第 12 位。

16.1.2 许昌市金融结构深化指数评价分析

2011~2012 年许昌市金融结构深化指标及其下属指标在河南省的排位变化情况，如表 16-1-2 和图 16-1-2 所示。

表 16-1-2 许昌市 2011~2012 年金融结构深化指数及其四级指标

年份		证券募集资金净额比 GDP	短期贷款占比	保费收入比全省金融业增加值	金融结构深化指数
2011	原值(%)	1.70	5.62	4.62	25.28
	标准化后	58.52	17.25	22.01	
2012	原值(%)	1.57	5.89	3.94	24.24
	标准化后	54.95	17.70	19.39	
2011 年排名		6	4	10	7
2012 年排名		7	4	11	8
升降		-1	0	-1	-1

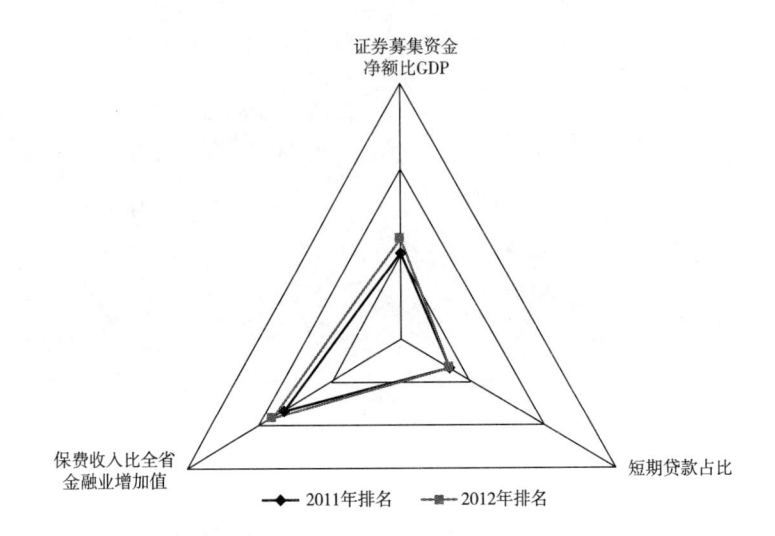

图 16-1-2　许昌市 2011~2012 年金融结构深化指数四级指标比较

1. 2012 年许昌市金融结构深化指数在整个河南省排在第 8 位，表明其在河南省处于中等地位；与 2011 年相比排位下降一位。

2. 从指标所处的水平看，2012 年短期贷款占比和保费收入比全省金融业增加值在河南省排在第 4 位和第 11 位，说明短期贷款占比是优势指标，后者是中势指标；证券募集资金净额比 GDP 排位第 7，处于中等位置。这说明许昌市的金融结构深化指数在河南省处于中等偏上的位置。

3. 从雷达图图形变化看，2012 年与 2011 年相比，面积有略微扩大，金融结构深化指数呈现下降趋势。

4. 从排位变化的动因看，因为许昌市证券募集资金净额比 GDP 指标和保费收入比全省金融业增加值排位均有所下降，所以 2012 年许昌市金融结构深化指数综合排位下降 1 位。

16.1.3　许昌市金融效率提高指数评价分析

2011~2012 年许昌市金融效率提高指标及其下属指标在河南省的排位变化情况，如表 16-1-3 和图 16-1-3 所示。

1. 2012 年许昌市金融效率提高指数在整个河南省排在第 4 位，表明其在河南省处于优势地位；与 2011 年相比排位没有发生变化。

2. 从指标所处的水平看，2012 年三个指标都处于比较靠前的位置，说明许

表16-1-3 许昌市2011~2012年金融效率提高指数及其四级指标

年份		存贷比	保险密度	上市公司占有率	金融效率提高指数
2011	原值	71.73(%)	837(元/人)	7.94(%)	30.88
	标准化后	61.75	22.15	23.81	
2012	原值	71.60(%)	929(元/人)	7.58(%)	32.82
	标准化后	63.59	23.12	23.81	
2011年排名		3	7	4	4
2012年排名		3	6	4	4
升降		0	1	0	0

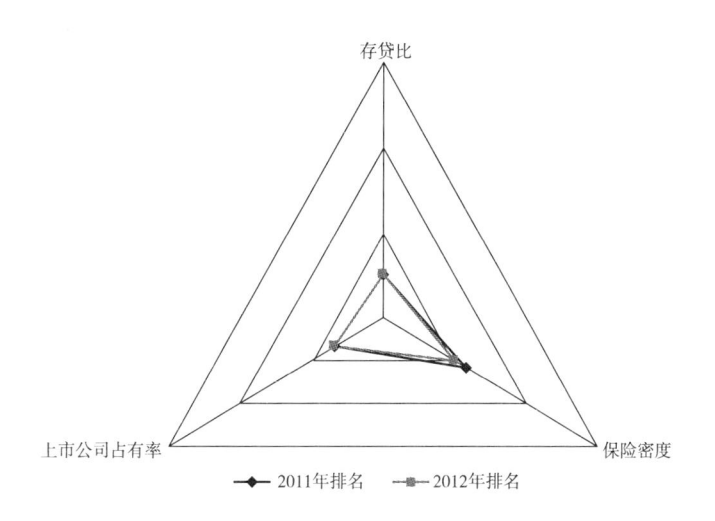

图16-1-3 许昌市2011~2012年金融效率提高指数四级指标比较

昌市的金融效率提高指数河南省处于相对领先的地位。

3. 从雷达图图形变化看，2012年与2011年相比，面积有所缩小，保险密度排位呈现上升趋势，成为图形收缩的动力点。

4. 从排位变化的动因看，尽管许昌市保险密度排名上升1位，但2012年许昌市金融效率提高指数综合排位保持不变，居河南省第4位。

16.1.4 许昌市金融状况指数综合分析

2011~2012年许昌市金融状况指标及其下属指标在河南省的排位变化和指标结构情况，如表16-1-4所示。

表16-1-4 许昌市2011~2012年金融状况指标及其三级指标

年份	金融市场发展指数	金融结构深化指数	金融效率提高指数	金融状况指数
2011	10.92	25.28	30.88	23.51
2012	10.67	24.24	32.82	23.74
2011年排位	12	7	4	5
2012年排位	12	8	4	4
升降	0	-1	0	1

1. 2012年许昌市金融状况指数排在第4位，表明其在河南省处于相对优势地位；与2011年相比排位上升1位。

2. 从指标所处水平看，2012年金融效率提高指标排在第4位，处于上游区；其他两个指标排在中游区。

3. 从指标变化趋势看，金融市场发展和金融效率提高两个指标与上一年相比排位没有变化，金融结构深化指数排名下降1位。

4. 从排位综合分析看，三个指标排位相对平稳，决定了2012年许昌市金融状况指数仍然居河南省第4位。这说明其金融整体发展水平很高，在整个河南省处于相对领先地位。许昌市已形成银行、证券、保险、期货、信托各业并举，调控、监管和经营各类机构并存的金融体系。

16.2 许昌市成长发展指数评价分析

16.2.1 许昌市资本市场成长性指数评价分析

2011~2012年许昌市资本市场成长性指标及其下属指标在河南省的排位变化情况，如表16-2-1和图16-2-1所示。

1. 2012年许昌市资本市场成长性指数在整个河南省排在第3位，表明其在河南省处于优势地位；与2011年相比排位没有发生变化。

2. 从指标所处的水平看，金融机构贷款余额年增长额和发行国债年增长额在整个河南省排在第3位，A股股票募集资金净额在河南省排在第7位，许昌市的资本市场成长性指数在河南省处于相对领先地位。

3. 从雷达图图形变化看，2012年与2011年相比，面积缩小，资本市场成长

表16-2-1 许昌市2011~2012年资本市场成长性指数及其四级指标

年份		金融机构贷款余额年增长额	发行国债年增长额	A股股票募集资金净额	资本市场成长性指数
2011	原值（亿元）	134.85	0.1358	26.96	22.59
	标准化后	37.24	39.33	21.18	
2012	原值（亿元）	153.57	-0.2771	26.96	48.98
	标准化后	21.63	97.36	21.18	
2011年排名		4	11	6	3
2012年排名		3	3	7	3
升降		1	8	-1	0

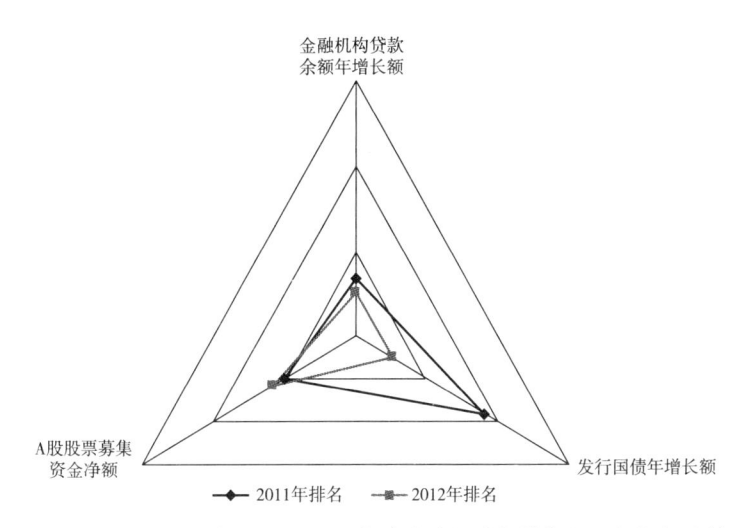

图16-2-1 许昌市2011~2012年资本市场成长性指数四级指标比较

性呈现上升趋势，其中发行国债年增长额排位上升成为图形收缩的动力点。

4. 从排位变化的动因看，尽管许昌市发行国债年增长额指标排位有大幅上升，但在其他各指标排位相对稳定的情况下，2012年许昌市资本市场成长性指标综合排位保持不变，居河南省第3位。

16.2.2 许昌市经济成长性指数评价分析

2011~2012年许昌市经济成长性指标及其下属指标在河南省的排位变化情况，如表16-2-2和图16-2-2所示。

1. 2012年许昌市经济成长性指数在整个河南省排在第7位，表明其在河南省

表 16-2-2　许昌市 2011~2012 年经济成长性指数及其四级指标

年份		GDP 年增长额	财政收入年增长额	社会固定资产投资年增长额	社会消费品零售总额年增长额	经济成长性指数
2011	原值（亿元）	272.25	16.72	190.64	66.5	21.33
	标准化后	26.65	11.96	26.91	18.01	
2012	原值（亿元）	127.45	16.2	214.76	68.34	20.33
	标准化后	20.81	12.72	26.73	18.92	
2011 年排名		4	5	8	10	5
2012 年排名		9	5	6	10	7
升降		-5	0	2	0	-2

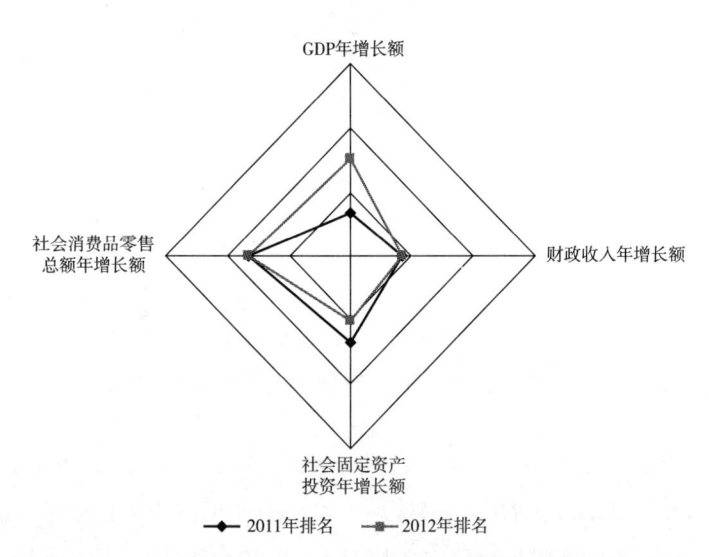

图 16-2-2　许昌市 2011~2012 年经济成长性指数四级指标比较

省处于中游地位；与 2011 年相比排位下降 2 位。

2. 从指标所处的水平看，2012 年 GDP 年增长额、财政收入年增长额、社会固定资产投资年增长额和社会消费品零售总额年增长额在整个河南省分别排在第 9 位、第 5 位、第 6 位和第 10 位，这说明许昌市的经济成长性指标在河南省处于中游偏上的位置。

3. 从雷达图图形变化看，2012 年与 2011 年相比，面积稍有增加。

4. 从排位变化的动因看，2012 年许昌市 GDP 年增长额指标在河南省的排位下降 5 位，使其 2012 年的综合排位下降 2 位，居河南省第 7 位。

16.2.3 许昌市城市创新成长性指数评价分析

2011~2012 年许昌市城市创新成长性指标及其下属指标在河南省的排位变化情况，如表 16-2-3 和图 16-2-3 所示。

表 16-2-3 许昌市 2011~2012 年城市创新成长性指数及其四级指标

年份		政府研发经费支出年增长额	政府研发人员年增长量	新产品销售收入年增长额	城市创新成长性指数
2011	原值	-0.102（亿元）	146（人）	37.04（亿元）	32.16
	标准化后	44.69	32.17	35.99	
2012	原值	0.658（亿元）	299（人）	23.98（亿元）	48.16
	标准化后	19.62	22.72	91.49	
2011 年排名		14	11	6	8
2012 年排名		4	9	2	3
升降		10	2	4	5

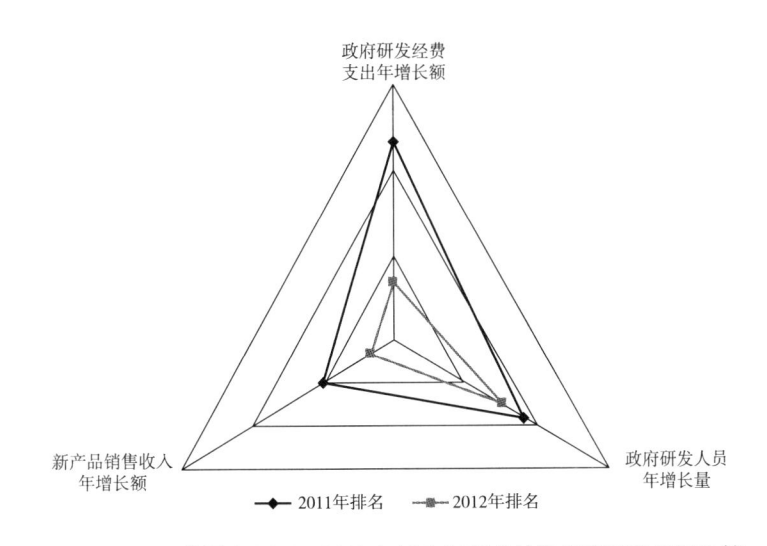

图 16-2-3 许昌市 2011~2012 年城市创新成长性指数四级指标比较

1. 2012 年许昌市城市创新成长性指数在整个河南省排在第 3 位，表明其在河南省处于优势地位；与 2011 年相比排位上升 5 位。

2. 从指标所处的水平看，2012 年政府研发经费支出年增长额和政府研发人员年增长量在整个河南省的排位分别为第 4 位和第 9 位，而新产品销售收入年增长额高居第 2 位，在此综合作用下，许昌市的城市创新成长性在河南省处于优势地位。

3. 从雷达图图形变化看，2012 年与 2011 年相比，面积缩小，城市创新成长性呈现上升趋势，其中政府研发经费支出年增长额、政府研发人员年增长量和新产品销售收入年增长额排位提升均成为图形收缩的动力点。

4. 从排位变化的动因看，由于政府研发经费支出年增长额和政府研发人员年增长量这两个指标的排名分别上升 10 位和 2 位，另外新产品销售收入年增长额的排位上升 4 位，2012 年许昌市城市创新成长性指数综合排位大幅上升，居河南省第 3 位。

16.2.4 许昌市成长发展指数综合分析

2011~2012 年许昌市成长发展指标及其下属指标在河南省的排位变化和指标结构情况，如表 16-2-4 所示。

表 16-2-4 许昌市 2011~2012 年成长发展指标及其三级指标

年份	资本市场成长性指数	经济成长性指数	城市创新成长性指数	成长发展指数
2011	22.59	21.33	32.16	26.97
2012	48.98	20.33	48.64	35.81
2011 年排位	3	5	8	6
2012 年排位	3	7	3	4
升降	0	-2	5	2

1. 2012 年许昌市成长发展指数排在第 4 位，表明其在河南省处于优势地位；与 2011 年相比排位提升 2 位。

2. 从指标所处水平看，2012 年资本市场成长性和城市创新成长性两个指标排位均居于第 3 位，处于上游区，但是经济成长性指标排在第 7 位，处于中游区。

3. 从指标变化趋势看，资本市场成长性指标与上一年相比没有变化，保持相对优势地位，城市创新成长性指标排名变动较大，由中游上升为上游水平。

4. 从排位综合分析看，城市创新成长性指标排位的大幅提高决定了 2012 年许昌市成长发展指数居河南省第 4 位，相比 2011 年上升 2 位。

16.3 许昌市服务水平指数评价分析

16.3.1 许昌市智力资本指数评价分析

2011~2012年许昌市智力资本指标及其下属指标在河南省的排位变化情况，如表16-3-1和图16-3-1所示。

表16-3-1 许昌市2011~2012年智力资本指数及其四级指标

年份		金融业从业密度	受高等教育密度	科研人员密度	普通高等学校数量	智力资本指数
2011	原值	1.31（人/平方公里）	6.82（人/平方公里）	3.20（人/平方公里）	4（所）	13.22
	标准化后	11.34	6.27	26.85	6.00	
2012	原值	1.60（人/平方公里）	6.92（人/平方公里）	3.47（人/平方公里）	4（所）	14.80
	标准化后	15.57	6.16	29.24	5.88	
2011年排名		11	9	3	10	7
2012年排名		7	9	3	10	5
升降		4	0	0	0	2

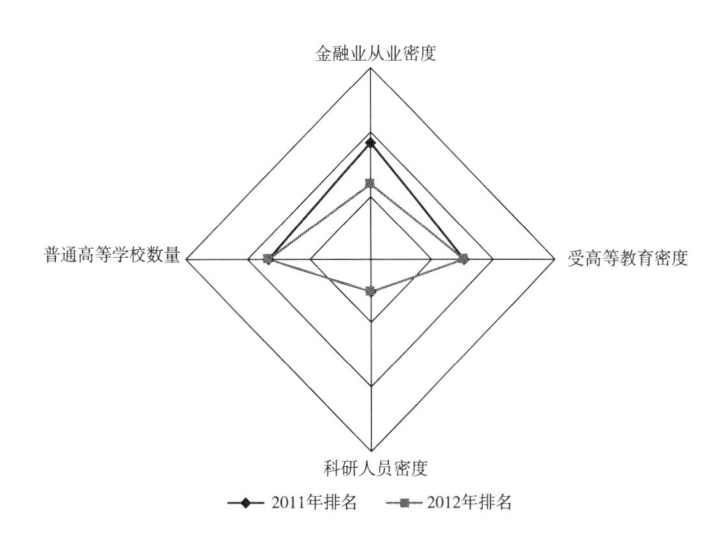

图16-3-1 许昌市2011~2012年智力资本指数四级指标比较

1. 2012年许昌市智力资本指数在整个河南省排在第5位，表明其在河南省处于相对优势地位；与2011年相比排位上升2位。

2. 从指标所处的水平看，2012年金融业从业密度、受高等教育密度、科研人员密度和普通高等学校数量指标在整个河南省分别排在第7、第9、第3和第10位，这说明许昌市的智力资本在河南省处于相对领先地位。

3. 从雷达图图形变化看，2012年与2011年相比，面积有所缩小。

4. 从排位变化的动因看，2012年许昌市金融从业密度指标在河南省的排位上升4位，使其2012年的综合排位上升2位，居河南省第5位。

16.3.2 许昌市城市环境指数评价分析

2011～2012年许昌市城市环境指标及其下属指标在河南省的排位变化情况，如表16-3-2和图16-3-2所示。

表16-3-2 许昌市2011～2012年城市环境指数及其四级指标

年份		城镇化水平	城镇登记失业率	人均城市道路面积	人均绿化覆盖面积	基本医疗保险覆盖率	基本养老保险覆盖率	商品房屋销售均价	城市环境指数
2011	原值	40.92（%）	3.2（%）	10.61（平方米）	7.42（平方米）	20.93（%）	9.48（%）	2974（元/平方米）	21.41
	标准化后	28.27	40.00	27.16	28.23	42.13	26.03	20.38	
2012	原值	42.80（%）	3.0（%）	12.28（平方米）	7.42（平方米）	21.13（%）	9.89（%）	3228（元/平方米）	20.13
	标准化后	28.57	50.00	38.79	24.99	31.93	20.10	17.94	
2011年排名		10	5	12	8	13	11	4	11
2012年排名		9	7	13	9	13	11	6	12
升降		1	-2	-1	-1	0	0	-2	-1

1. 2012年许昌市城市环境指数在整个河南省排在第12位，表明其在河南省处于中游偏下的位置；与2011年相比排位下降1位。

2. 从指标所处的水平看，2012年多数指标处于省内的中游或下游，所以总体排名也就处在中游偏下水平。

3. 从雷达图图形变化看，2012年与2011年相比，面积有所增大，城市环境

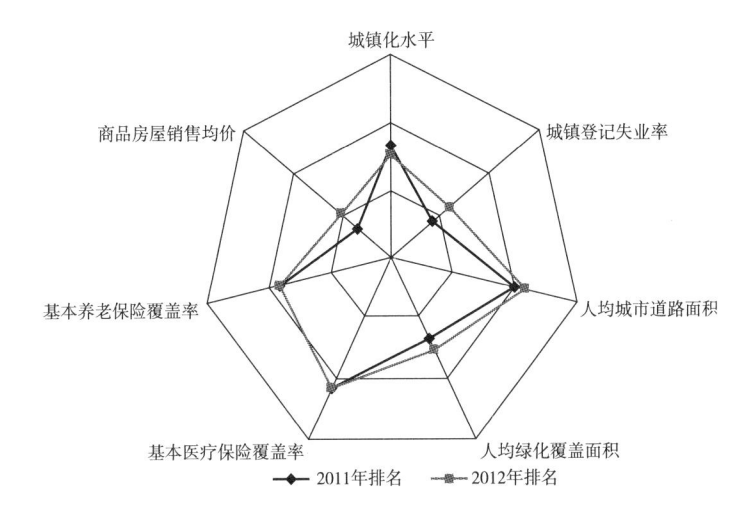

图 16-3-2　许昌市 2011~2012 年城市环境指数四级指标比较

指数呈现下降趋势，其中城镇登记失业率、人均城市道路面积、人均绿化覆盖面积和商品房屋销售均价排位下降成了图形增大的动力点。

4. 从排位变化的动因看，2012 年许昌市城市环境指数综合排位下降 1 位，居河南省第 12 位，城镇登记失业率、商品房屋销售均价和人均绿化覆盖面积等排位下降是主要原因。

16.3.3　许昌市服务水平指数综合分析

2011~2012 年许昌市服务水平指标及其下属指标在河南省的排位变化和指标结构情况，如表 16-3-3 所示。

表 16-3-3　许昌市 2011~2012 年服务水平指标及其三级指标

年份	智力资本指数	城市环境指数	服务水平指数
2011	13.22	21.41	18.84
2012	14.80	20.13	18.97
2011 年排位	7	11	10
2012 年排位	5	12	11
升降	2	-1	-1

1. 2012 年许昌市服务水平指数排在第 11 位，表明其在河南省处于中游偏下地位；与 2011 年相比排位下降 1 位。

2. 从指标所处水平看,2012 年智力资本排第 5 位,处于上游区;城市环境指数排在第 12 位,处于中下游区。

3. 从指标变化趋势看,2012 年智力资本指数排位上升 2 位,处于相对优势地位;城市环境指数排位下降 1 位,处于中游区。

4. 从排位综合分析看,智力资本指数排位上升 2 位,城市环境指数排位下降 1 位,综合作用的结果是 2012 年许昌市服务水平指数排位下降 1 位。

16.4 许昌市综合环境指数评价分析

16.4.1 许昌市经济环境指数评价分析

2011~2012 年许昌市经济环境指标及其下属指标在河南省的排位变化情况,如表 16-4-1 和图 16-4-1 所示。

表 16-4-1 许昌市 2011~2012 年经济环境指数及其四级指标

年份		城镇人均可支配收入	农村人均纯收入	人均 GDP	人均财政收入	人均社会商品零售额	经济环境指数
2011	原值(元)	17503	8651	36924	1726	9658	41.69
	标准化后	41.54	57.17	51.53	23.06	20.75	
2012	原值(元)	19685	9819	39947	2104	11378	41.55
	标准化后	41.09	57.16	49.78	23.54	21.42	
2011 年排名		8	4	6	8	7	6
2012 年排名		8	4	6	7	7	6
升降		0	0	0	1	0	0

1. 2012 年许昌市经济环境指数在整个河南省排在第 6 位,表明其在河南省处于上游地位;与 2011 年相比排位没有发生变化。

2. 从指标所处的水平看,2012 年城镇人均可支配收入、人均财政收入和人均社会商品零售额排在中游位置,农村人均纯收入排在上游位置。这导致许昌

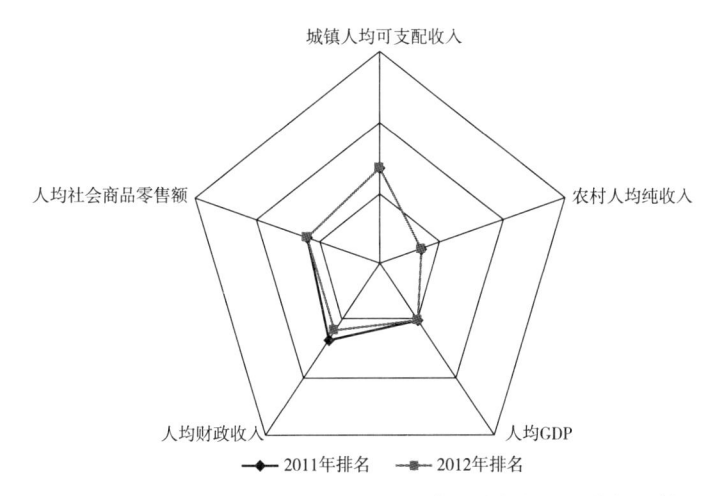

图 16-4-1　许昌市 2011~2012 年经济环境指数四级指标比较

市的经济环境指数在河南省处于上游地位。

3. 从雷达图图形变化看，2012 年与 2011 年相比，面积有所缩小，人均财政收入排位呈现上升趋势，成为图形缩小的动力点。

4. 从排位变化的动因看，尽管许昌市人均财政收入指标排位有所上升，但在其他各指标保持稳定的情况下，2012 年许昌市经济环境指数综合排位保持不变，居河南省第 6 位。

16.4.2　许昌市开放程度指数评价分析

2011~2012 年许昌市开放程度指标及其下属指标在河南省的排位变化情况，如表 16-4-2 所示。

表 16-4-2　许昌市 2011~2012 年开放程度指数及其四级指标

年份		实际利用外资额	净出口额	开放程度指数
2011	原值（万美元）	35901.00	97734.33	25.71
	标准化后	6.99	42.64	
2012	原值（万美元）	43977.00	112304.50	27.56
	标准化后	7.45	45.56	
2011 年排名		8	2	3
2012 年排名		8	2	3
升降		0	0	0

1. 2012年许昌市开放程度指数在整个河南省处于第3位，表明其在河南省处于优势地位；与2011年相比排位没有发生变化。

2. 从指标所处的水平看，2012年实际利用外资额在整个河南排位第8位，净出口在整个河南省排在第2位，这说明许昌市的开放程度在河南省处于相对领先地位。

3. 从排位变化的动因看，2012年许昌市的净出口额和实际利用外资额在河南省的排位均没有发生变化，这使其2012年的开放程度指数的综合排位保持不变，居河南省第3位。

16.4.3 许昌市综合环境指数综合分析

2011~2012年许昌市综合环境指标及其下属指标在河南省的排位变化和指标结构情况，如表16-4-3所示。

表16-4-3 许昌市2011~2012年综合环境指标及其三级指标

年份	经济环境指数	开放程度指数	综合环境指数
2011	41.69	25.71	36.26
2012	41.55	27.56	37.46
2011年排位	6	3	5
2012年排位	6	3	5
升降	0	0	0

1. 2012年许昌市综合环境指数综合排位处于第5位，表明其在河南省处于上游地位；与2011年相比排位没有变化。

2. 从指标所处水平看，2012年经济环境和开放程度两个指标的排位分别为第6位和第3位，处于上游区。

3. 从指标变化趋势看，经济环境和开放程度两个指标与上一年相比均没有变化，保持相对优势地位。

4. 从排位综合分析看，两个指标的相对优势决定了2012年许昌市综合环境指数综合排位仍居河南省第5位。这说明许昌市内部经济和对外经济发展程度都很高，在整个河南省处于相对领先地位。

16.5 许昌市金融发展指数综合评价分析

2011~2012年许昌市金融发展指数综合指标及其下属指标在河南省的排位变化和指标结构情况，如表16-5-1所示。

表16-5-1 许昌市2011~2012年金融发展指数指标及其二级指标

年份	金融状况指数	成长发展指数	服务水平指数	综合环境指数	金融发展指数
2011	23.51	26.97	18.84	36.26	27.64
2012	23.74	35.81	18.97	37.46	30.66
2011年排位	5	6	10	5	4
2012年排位	4	4	11	5	4
升降	1	2	-1	0	0

1. 2012年许昌市金融发展指数排在第4位，表明其在河南省处于相对优势地位；与2011年相比排位没有变化。

2. 从指标所处水平看，2012年许昌市金融状况、成长发展和综合环境三个指标的排名分别为第4位、第4位和第5位，处于相对优势地位。

3. 从指标变化趋势看，2012年金融状况指数排位提高1位，成长发展指数排位提高2位，服务水平指数排位降低1位，综合环境指数排位保持不变，整体保持相对优势地位。

4. 从排位综合分析看，四个指标的相对优势决定了2012年许昌市金融发展指数仍然居河南省第4位。这说明无论是从金融状况、成长发展、服务水平和综合环境四个方面分别评价，还是从金融发展指数方面进行综合评价，许昌市在河南省都有比较明显的优势。

第 17 章
漯河市 2012 年金融发展指数报告

17.1 漯河市金融状况指数评价分析

17.1.1 漯河市金融市场发展指数评价分析

2011~2012 年漯河市金融市场发展指标及其下属指标在河南省的排位变化情况，如表 17-1-1 和图 17-1-1 所示。

表 17-1-1 漯河市 2011~2012 年金融市场发展指数及其四级指标

年份		金融业增加值	金融系统存款余额	金融系统贷款余额	证券交易额	发行国债额	保费收入	保险赔付额	金融市场发展指数
2011	原值（亿元）	4.92	471.78	303.05	239.81	1.36	22.79	4.40	4.49
	标准化后	0.78	3.27	2.45	1.44	4.55	10.64	8.12	
2012	原值（亿元）	5.03	593.75	310.92	180.64	0.89	22.96	4.93	4.08
	标准化后	0.51	3.63	2.05	1.33	4.26	9.53	6.96	
2011 年排名		17	16	15	16	16	15	16	16
2012 年排名		17	16	16	16	16	15	16	16
升降		0	0	-1	0	0	0	0	0

1. 2012 年漯河市金融市场发展指数在整个河南省排在第 16 位，表明其在河南省处于劣势地位；与 2011 年相比排位没有发生变化。

2. 从指标所处的水平看，2012 年金融业增加值、金融系统存款余额、金融系统贷款余额、证券交易额、发行国债额、保费收入和保险赔付额在整个河南省的排

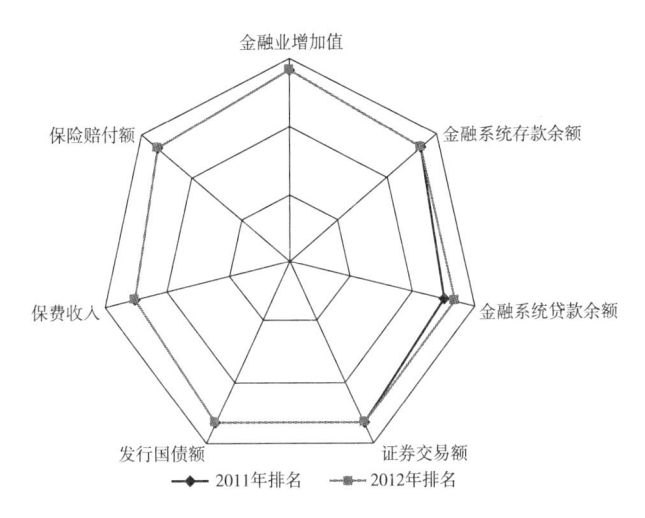

图 17-1-1　漯河市 2011~2012 年金融市场发展指数四级指标比较

位均非常靠后，这说明漯河市的金融市场发展指数在河南省处于绝对劣势地位。

3. 从雷达图图形变化看，2012 年与 2011 年相比，面积稍有增加。

4. 从排位变化的动因看，2012 年漯河市金融系统贷款余额在河南省的排位下降 1 位，但是其 2012 年的综合排位保持在河南省第 16 位，说明相对其他地市漯河市金融市场保持稳定发展。

17.1.2　漯河市金融结构深化指数评价分析

2011~2012 年漯河市金融结构深化指标及其下属指标在河南省的排位变化情况，如表 17-1-2 和图 17-1-2 所示。

表 17-1-2　漯河市 2011~2012 年金融结构深化指数及其四级指标

年份		证券募集资金净额比 GDP	短期贷款占比	保费收入比全省金融业增加值	金融结构深化指数
2011	原值（%）	0.64	2.52	2.62	9.85
	标准化后	21.96	5.21	10.64	
2012	原值（%）	0.60	1.97	2.27	8.64
	标准化后	21.00	2.91	9.53	
2011 年排名		13	14	15	15
2012 年排名		13	15	15	16
升降		0	-1	0	-1

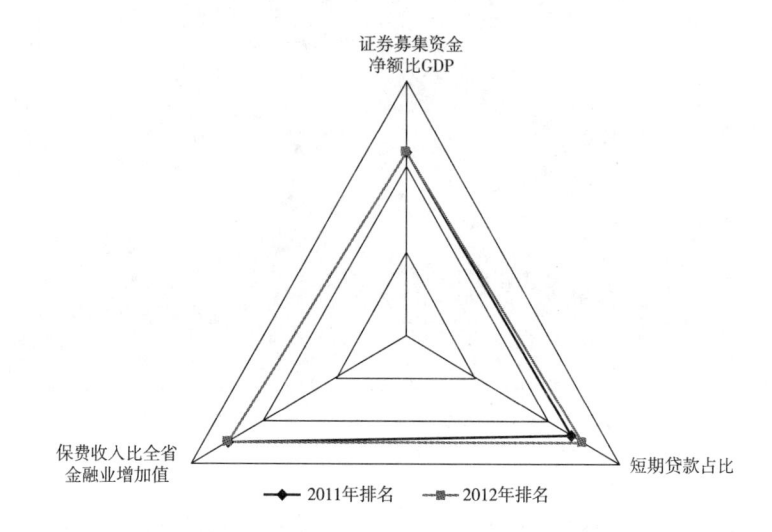

图 17-1-2　漯河市 2011～2012 年金融结构深化指数四级指标比较

1. 2012 年漯河市金融结构深化指数在整个河南省排在第 16 位，表明其在河南省处于劣势地位；与 2011 年相比排位下降 1 位。

2. 从指标所处的水平看，三项指标都处于河南省内的劣势位置，这说明漯河市的金融结构深化指数在河南省处于劣势地位。

3. 从雷达图图形变化看，2012 年与 2011 年相比，面积略微增大，金融结构深化指数呈现下降趋势，其中短期贷款占比排位下降成为图形扩张的动力点。

4. 从排位变化的动因看，因为漯河市短期贷款占比排名下降 1 位，其他指标排名不变，2012 年漯河市金融结构深化指数的综合排位下降 1 位，居河南省第 16 位。

17.1.3　漯河市金融效率提高指数评价分析

2011～2012 年漯河市金融效率提高指标及其下属指标在河南省的排位变化情况，如表 17-1-3 和图 17-1-3 所示。

1. 2012 年漯河市金融效率提高指数在整个河南省排在第 10 位，表明其在河南省处于相对劣势地位；与 2011 年相比排位下降 2 位。

2. 从指标所处的水平看，2012 年保险密度和上市公司占有率在整个河南省的排位分别为第 7 位和第 8 位，处于中游水平；存贷比居于第 12 位，也处于中游水平。漯河市的金融效率提高指数在河南省处于中等偏下位置。

表 17-1-3 漯河市 2011~2012 年金融效率提高指数及其四级指标

年份		存贷比	保险密度	上市公司占有率	金融效率提高指数
2011	原值	64.24(%)	835(元/人)	3.17(%)	22.74
	标准化后	48.10	22.05	9.52	
2012	原值	52.37(%)	898(元/人)	3.03(%)	17.97
	标准化后	28.90	20.83	9.52	
2011 年排名		6	8	8	8
2012 年排名		12	7	8	10
升降		-6	1	0	-2

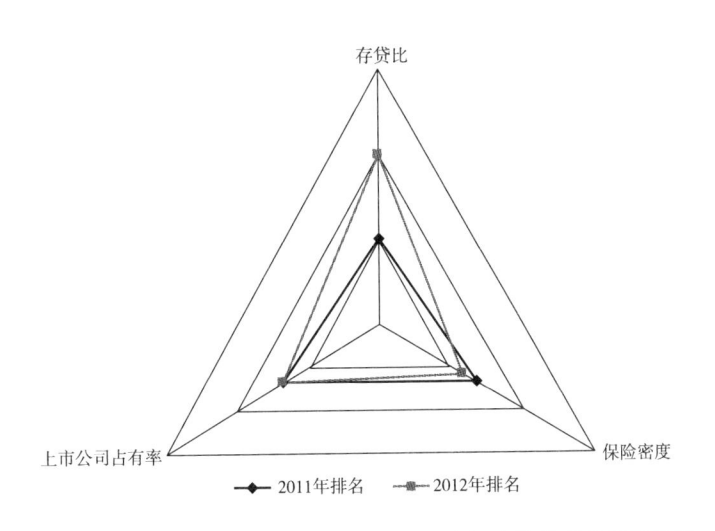

图 17-1-3 漯河市 2011~2012 年金融效率提高指数四级指标比较

3. 从雷达图图形变化看，2012 年与 2011 年相比，面积有所增大，存贷比指数排位呈现下降趋势，成为图形扩张的动力点。

4. 从排位变化的动因看，因为漯河市存贷比指标排位下降明显，在其他各指标排位相对稳定的情况下，2012 年漯河市金融效率提高指数综合排位下降 2 位，居河南省第 10 位。

17.1.4 漯河市金融状况指数综合分析

2011~2012 年漯河市金融状况指标及其下属指标在河南省的排位变化和指标结构情况，如表 17-1-4 所示。

表 17-1-4　漯河市 2011~2012 年金融状况指标及其三级指标

年份	金融市场发展指数	金融结构深化指数	金融效率提高指数	金融状况指数
2011	4.49	9.85	22.74	12.88
2012	4.08	8.64	17.97	10.70
2011 年排位	16	15	8	15
2012 年排位	16	16	10	16
升降	0	-1	-2	-1

1. 2012 年漯河市金融状况指数综合排位处于第 16 位，表明其在河南省处于劣势地位；与 2011 年相比排位下降 1 位。

2. 从指标所处水平看，2012 年金融市场发展、金融结构深化和金融效率提高三个指标的排位分别为第 16 位、第 16 位和第 10 位。

3. 从指标变化趋势看，金融结构深化和金融效率提高两个指标的排位与上一年相比均有所下降，金融市场发展指标排位不变，整体居劣势地位。

4. 从排位综合分析看，三个指标的相对劣势，决定了 2012 年漯河市金融状况指数综合排位居河南省第 16 位。这说明其金融整体发展程度很低，在整个河南省处于落后地位。

17.2　漯河市成长发展指数评价分析

17.2.1　漯河市资本市场成长性指数评价分析

2011~2012 年漯河市资本市场成长性指标及其下属指标在河南省的排位变化情况，如表 17-2-1 和图 17-2-1 所示。

1. 2012 年漯河市资本市场成长性指数在整个河南省排在第 15 位，表明其在河南省处于劣势地位；与 2011 年相比排位上升 1 位。

2. 从指标所处的水平看，2012 年金融机构贷款余额年增长额在整个河南省排在最后，在各因素综合作用下，漯河市的资本市场成长性在河南省处于相对落后地位。

3. 从雷达图图形变化看，2012 年与 2011 年相比，面积缩小，发行国债年增长额排位上升成为图形收缩的动力点。

4. 从排位变化的动因看，漯河市发行国债年增长额指标排位上升 2 位，金

表17-2-1 漯河市2011~2012年资本市场成长性指数及其四级指标

年份		金融机构贷款余额年增长额	发行国债年增长额	A股股票募集资金净额	资本市场成长性指数
2011	原值(亿元)	1.85	0.5391	4.79	-5.26
	标准化后	5.19	45.00	3.76	
2012	原值(亿元)	7.87	-0.4680	4.79	33.38
	标准化后	0	93.88	3.76	
2011年排名		17	6	14	16
2012年排名		18	4	14	15
升降		-1	2	0	1

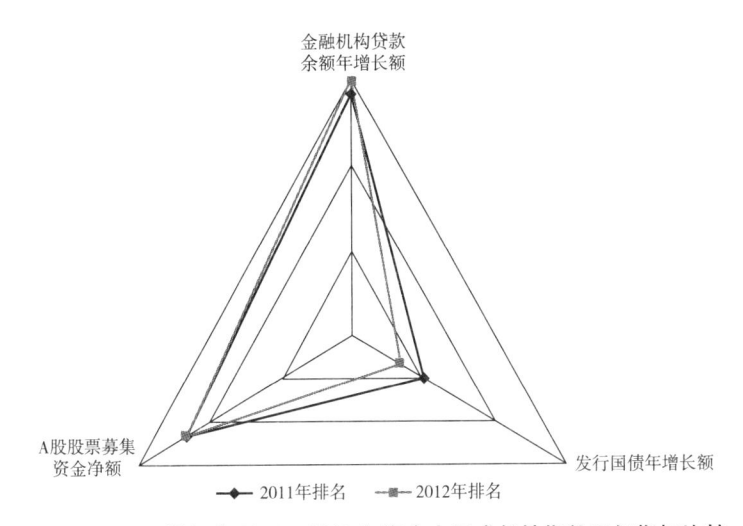

图17-2-1 漯河市2011~2012年资本市场成长性指数四级指标比较

融机构贷款余额年增长额指标排位下降1位，A股股票募集资金净额指标排位不变，2012年漯河市资本市场成长性指标综合排位上升1位，居河南省第15位。

17.2.2 漯河市经济成长性指数评价分析

2011~2012年漯河市经济成长性指标及其下属指标在河南省的排位变化情况，如表17-2-2和图17-2-2所示。

1. 2012年漯河市经济成长性指数在整个河南省排在第16位，表明其在河南省处于劣势地位；与2011年相比排位没有发生变化。

2. 从指标所处的水平看，2012年GDP年增长额、财政收入年增长额、社

表 17-2-2　漯河市 2011~2012 年经济成长性指数及其四级指标

年份		GDP 年增长额	财政收入年增长额	社会固定资产投资年增长额	社会消费品零售总额年增长额	经济成长性指数
2011	原值（亿元）	71.21	7.56	94.95	38.47	6.65
	标准化后	4.53	3.80	9.05	8.71	
2012	原值（亿元）	45.42	7.92	101.02	40.95	7.26
	标准化后	6.13	4.53	7.95	9.62	
2011 年排名		17	16	16	15	16
2012 年排名		16	15	16	15	16
升降		1	1	0	0	0

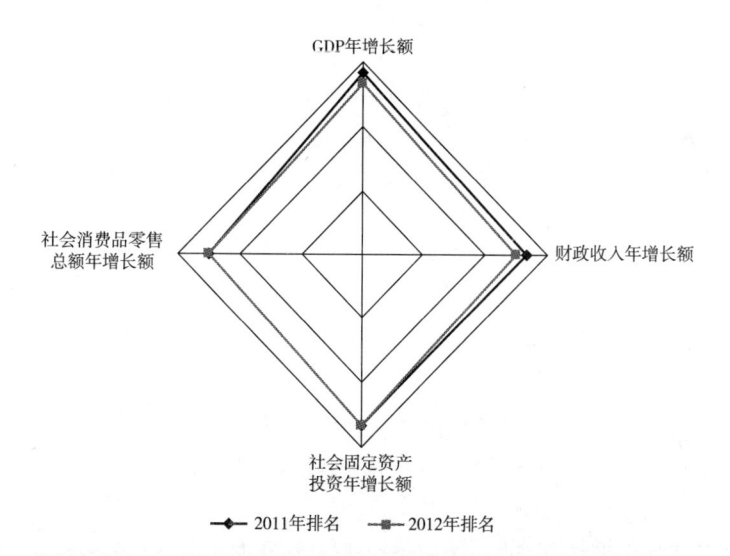

图 17-2-2　漯河市 2011~2012 年经济成长性指数四级指标比较

会固定资产投资年增长额和社会消费品零售总额年增长额在整个河南省的排位分别为第 16 位、第 15 位、第 16 位和第 15 位，这说明漯河市的经济成长性在河南省处于落后地位。

3. 从雷达图图形变化看，2012 年与 2011 年相比，面积稍有缩小。

4. 从排位变化的动因看，2012 年漯河市 GDP 年增长额和财政收入年增长额的排位都上升了 1 位，其他两项四级指标排位保持不变，最终漯河市 2012 年的综合排位保持不变，居河南省第 16 位。

17.2.3 漯河市城市创新成长性指数评价分析

2011~2012年漯河市城市创新成长性指标及其下属指标在河南省的排位变化情况,如表17-2-3和图17-2-3所示。

表17-2-3 漯河市2011~2012年城市创新成长性指数及其四级指标

年份		政府研发经费支出年增长额	政府研发人员年增长量	新产品销售收入年增长额	城市创新成长性指数
2011	原值	0.075(亿元)	188(人)	-15.19(亿元)	23.65
	标准化后	47.86	33.75	10.68	
2012	原值	0.026(亿元)	79(人)	0.85(亿元)	29.54
	标准化后	6.86	11.28	62.56	
2011年排名		8	10	17	16
2012年排名		11	13	11	13
升降		-3	-3	6	3

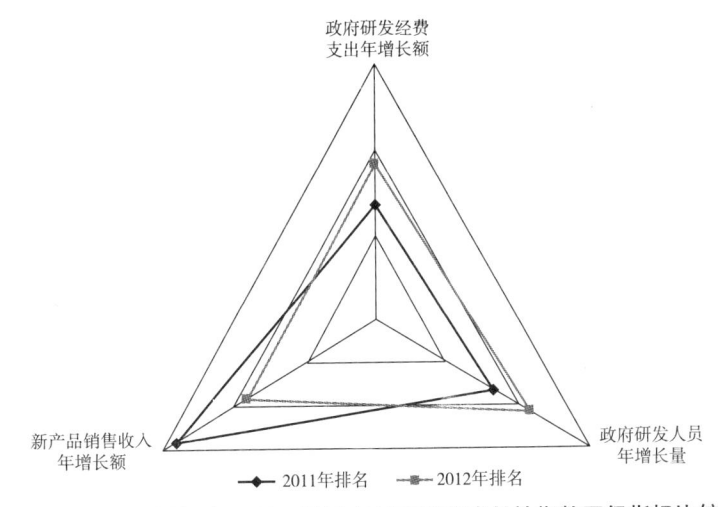

图17-2-3 漯河市2011~2012年城市创新成长性指数四级指标比较

1. 2012年漯河市城市创新成长性指数在整个河南省排在第13位,表明其在河南省处于下游地位;与2011年相比排位上升3位。

2. 从指标所处的水平看,2012年政府研发经费支出年增长额和政府研发人员年增长量在整个河南省的排位分别为第11位和第13位,而新产品销售收入年增长额排在第11位,在此综合作用下,漯河市的城市创新成长性在河南省处于下游位置。

3. 从雷达图图形变化看，2012 年与 2011 年相比，面积稍有缩小，城市创新成长性呈现上升趋势，其中新产品销售收入年增长额排位提升成为图形收缩的主要动力点。

4. 从排位变化的动因看，尽管政府研发经费支出年增长额和政府研发人员年增长量这两个指标的排名均下降 3 位，但是新产品销售收入年增长额的排位上升明显，2012 年漯河市城市创新成长性指数综合排位有所上升，居河南省第 13 位。

17.2.4　漯河市成长发展指数综合分析

2011～2012 年漯河市成长发展指标及其下属指标在河南省的排位变化和指标结构情况，如表 17-2-4 所示。

表 17-2-4　漯河市 2011～2012 年成长发展指标及其三级指标

年份	资本市场成长性指数	经济成长性指数	城市创新成长性指数	成长发展指数
2011	-5.26	6.65	23.65	8.53
2012	33.38	7.26	29.54	21.29
2011 年排位	16	16	16	16
2012 年排位	15	16	13	16
升降	1	0	3	0

1. 2012 年漯河市成长发展指数排在第 16 位，表明其在河南省处于劣势地位；与 2011 年相比排位没有变化。

2. 从指标所处水平看，2012 年资本市场成长性、经济成长性和城市创新成长性三个指标的排位分别为第 15 位、第 16 位和第 13 位，均处于下游区。

3. 从指标变化趋势看，资本市场成长性和城市创新成长性两个指标与上一年相比排位分别上升 1 位和 3 位，但整体仍处于下游位置。

4. 从排位综合分析看，虽然有两个指标排位上升，但是 2012 年漯河市成长发展指数的综合排位仍然未发生变化，居河南省第 16 位。

17.3　漯河市服务水平指数评价分析

17.3.1　漯河市智力资本指数评价分析

2011～2012 年漯河市智力资本指标及其下属指标在河南省的排位变化情况，如表 17-3-1 和图 17-3-1 所示。

表17－3－1 漯河市2011～2012年智力资本指数及其四级指标

年份		金融业从业密度	受高等教育密度	科研人员密度	普通高等学校数量	智力资本指数
2011	原值	1.99（人/平方公里）	10.81（人/平方公里）	1.93（人/平方公里）	3（所）	13.79
	标准化后	23.43	10.80	14.98	4.00	
2012	原值	2.25（人/平方公里）	10.81（人/平方公里）	1.84（人/平方公里）	3（所）	14.46
	标准化后	27.18	10.46	14.36	3.92	
2011年排名		6	5	9	12	6
2012年排名		3	5	10	12	6
升降		3	0	－1	0	0

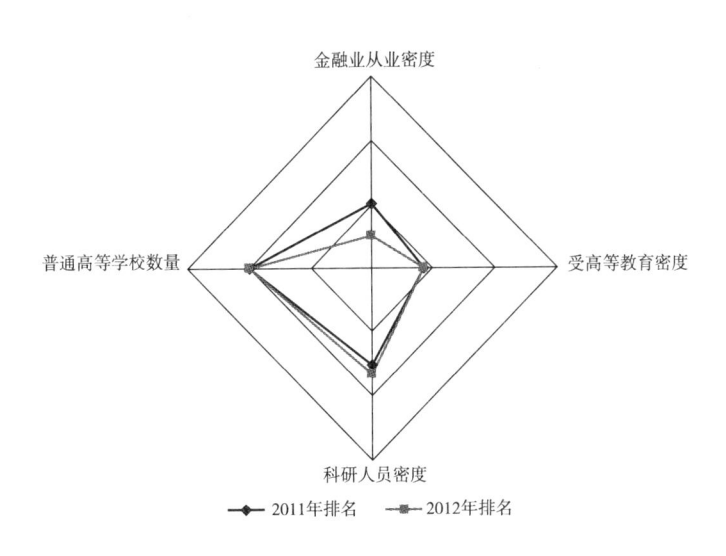

图17－3－1 漯河市2011～2012年智力资本指数四级指标比较

1. 2012年漯河市智力资本指数在整个河南省排在第6位，表明其在河南省处于上游地位；与2011年相比排位没有发生变化。

2. 从指标所处的水平看，2012年金融业从业密度、受高等教育密度、科研人员密度和普通高等学校数量在整个河南省的排位分别为第3位、第5位、第10位和第12位，这导致漯河市的智力资本指数在河南省处于上游地位。

3. 从雷达图图形变化看，2012年与2011年相比，面积稍有缩小。

4. 从排位变化的动因看，2012年漯河市金融业从业密度指标在河南省的排位上升3位，但是最终2012年漯河市智力资本指数综合排位保持不变，居河南省第6位。

17.3.2 漯河市城市环境指数评价分析

2011~2012年漯河市城市环境指标及其下属指标在河南省的排位变化情况，如表17-3-2和图17-3-2所示。

表17-3-2 漯河市2011~2012年城市环境指数及其四级指标

年份		城镇化水平	城镇登记失业率	人均城市道路面积	人均绿化覆盖面积	基本医疗保险覆盖率	基本养老保险覆盖率	商品房屋销售均价	城市环境指数
2011	原值	40.92（%）	2.7（%）	13.77（平方米）	9.02（平方米）	28.71（%）	10.08（%）	2278（元/平方米）	27.75
	标准化后	28.27	65.00	48.14	37.19	92.68	29.52	0	
2012	原值	42.80（%）	2.6（%）	14.25（平方米）	9.07（平方米）	30.54（%）	10.83（%）	2952（元/平方米）	30.21
	标准化后	28.57	70.00	50.99	33.60	86.63	24.25	10.46	
2011年排名		9	3	7	6	4	10	18	8
2012年排名		9	3	7	6	3	10	12	7
升降		0	0	0	0	1	0	6	1

1. 2012年漯河市城市环境指数在整个河南省排在第7位，表明其在河南省处于中游地位；与2011年相比排位上升1位。

2. 从指标所处的水平看，2012年各项指标位于上游或中游的位置，这说明漯河市的城市环境指数在河南省处于中游的地位。

3. 从雷达图图形变化看，2012年与2011年相比，面积有所减小，城市环境指数呈现上升趋势，其中商品房屋销售均价排位提升成为图形缩小的动力点。

4. 从排位变化的动因看，2012年漯河市城市环境指数综合排位上升1位，居河南省第7位。

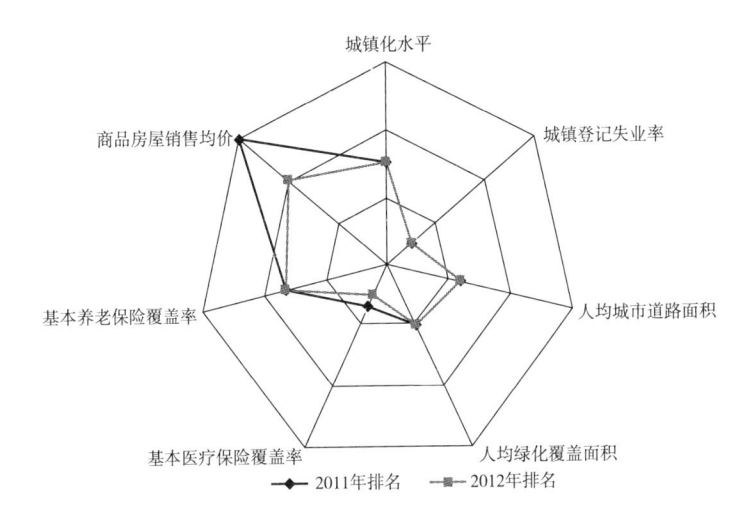

图17-3-2 漯河市2011~2012年城市环境指数四级指标比较

17.3.3 漯河市服务水平指数综合分析

2011~2012年漯河市服务水平指标及其下属指标在河南省的排位变化和指标结构情况，如表17-3-3所示。

表17-3-3 漯河市2011~2012年服务水平指标及其三级指标

年份	智力资本指数	城市环境指数	服务水平指数
2011	13.79	27.75	22.60
2012	14.46	30.21	24.25
2011年排位	6	8	7
2012年排位	6	7	7
升降	0	1	0

1. 2012年漯河市服务水平指数排在第7位，表明其在河南省处于中游偏上地位；与2011年相比排位没有变化。

2. 从指标所处水平看，2012年智力资本和城市环境两个指标的排位分别位于第6和第7的位置。

3. 从指标变化趋势看，智力资本指标排位没有变化，城市环境指标排位上升1位。

4. 从排位综合分析看，两个指标的相对稳定决定了 2012 年漯河市服务水平指数仍然居于河南省第 7 位。

17.4 漯河市综合环境指数评价分析

17.4.1 漯河市经济环境指数评价分析

2011~2012 年漯河市经济环境指标及其下属指标在河南省的排位变化情况，如表 17-4-1 和图 17-4-1 所示。

表 17-4-1 漯河市 2011~2012 年经济环境指数及其四级指标

年份		城镇人均可支配收入	农村人均纯收入	人均GDP	人均财政收入	人均社会商品零售额	经济环境指数
2011	原值（元）	16997.00	7700.00	29487.00	1321.00	9965.00	31.25
	标准化后	34.34	40.21	33.45	15.15	22.65	
2012	原值（元）	19136.00	8755.00	31211.00	1627.00	11697.00	30.81
	标准化后	34.00	40.37	30.20	15.64	23.16	
2011 年排名		13	6	9	11	6	10
2012 年排名		13	6	8	11	6	9
升降		0	0	1	0	0	1

1. 2012 年漯河市经济环境指数在整个河南省排在第 9 位，表明其在河南省处于中游地位；与 2011 年相比排位上升 1 位。

2. 从指标所处的水平看，2012 年城镇人均可支配收入、农村人均纯收入、人均 GDP、人均财政收入和人均社会商品零售额在整个河南省的排位均处于上游或中游位置，这说明漯河市的经济环境在河南省处于中游地位。

3. 从雷达图图形变化看，2012 年与 2011 年相比，面积有所缩小，经济环境指数呈现上升趋势，其中人均 GDP 排位提升成为图形缩小的动力点。

4. 从排位变化的动因看，漯河市人均 GDP 指标排位上升 1 位，在其他各指标排位相对平稳的情况下，2012 年漯河市经济环境指数综合排位上升 1 位，居河南省第 9 位。

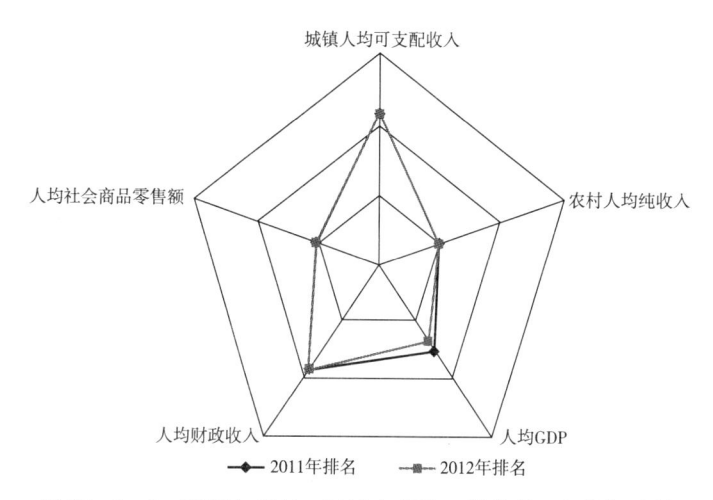

图17-4-1 漯河市2011~2012年经济环境指数四级指标比较

17.4.2 漯河市开放程度指数评价分析

2011~2012年漯河市开放程度指标及其下属指标在河南省的排位变化情况，如表17-4-2所示。

表17-4-2 漯河市2011~2012年开放程度指数及其四级指标

年份		实际利用外资额	净出口额	开放程度指数
2011	原值（万美元）	42791	-8938.29	13.30
	标准化后	9.33	16.35	
2012	原值（万美元）	62066	9536.34	22.39
	标准化后	13.05	30.01	
2011年排名		6	15	11
2012年排名		5	15	7
升降		1	0	4

1. 2012年漯河市开放程度指数在整个河南省排在第7位，表明其在河南省处于中游地位；与2011年相比排位上升4位。

2. 从指标所处的水平看，2012年净出口额和实际利用外资额在整个河南省的排位分别为第15位和第5位，这说明漯河市的开放程度指数在河南省处于中游地位。

3. 从排位变化的动因看,2012 年漯河市的净出口额排位没有发生变化,实际利用外资额排位上升 1 位,使其 2012 年的开放程度指数的综合排位升高 4 位,居河南省第 7 位。

17.4.3 漯河市综合环境指数综合分析

2011~2012 年漯河市综合环境指标及其下属指标在河南省的排位变化和指标结构情况,如表 17-4-3 所示。

表 17-4-3 漯河市 2011~2012 年综合环境指标及其三级指标

年份	经济环境指数	开放程度指数	综合环境指数
2011	31.25	13.30	23.97
2012	30.81	22.39	28.84
2011 年排位	10	11	10
2012 年排位	9	7	8
升降	1	4	2

1. 2012 年漯河市综合环境指数排在第 8 位,表明其在河南省处于中游地位;与 2011 年相比排位上升 2 位。

2. 从指标所处水平看,2012 年经济环境和开放程度两个指标排位分别是第 9 位和第 7 位,处于中游区。

3. 从指标变化趋势看,经济环境和开放程度两个指标排位分别上升 1 位和 4 位,保持在中游位置。

4. 从排位综合分析看,两个指标排位都有所提高,决定了 2012 年漯河市综合环境指数综合排位提高 2 位,位于河南省第 8 位。

17.5 漯河市金融发展指数综合评价分析

2011~2012 年漯河市金融发展指数综合指标及其下属指标在河南省的排位变化和指标结构情况,如表 17-5-1 所示。

1. 2012 年漯河市金融发展指数排在第 10 位,表明其在河南省处于中势地位;与 2011 年相比排位上升 2 位。

2. 从指标所处水平看,2012 年漯河市金融状况、成长发展、服务水平和综

表17-5-1 漯河市2011~2012年金融发展指数及其二级指标

年份	金融状况指数	成长发展指数	服务水平指数	综合环境指数	金融发展指数
2011	12.88	8.53	22.60	23.97	17.82
2012	10.70	21.29	24.25	28.84	22.50
2011年排位	15	16	7	10	12
2012年排位	16	16	7	8	10
升降	-1	0	0	2	2

合环境四个指标的排名分别是第16位、第16位、第7位和第8位,处于中游或下游位置。

3. 从指标变化趋势看,金融状况指数排位下降1位,成长发展、服务水平指数排位保持不变,综合环境指数排位提高2位。

4. 从排位综合分析看,由于四个指标均处于中游或下游的位置,2012年漯河市金融发展指数居于河南省第10位。这说明无论从金融状况、成长发展、服务水平和综合环境四个方面分别评价,还是从金融发展指数方面进行综合评价,漯河市始终在河南没有显著优势。

第 18 章
三门峡市 2012 年金融发展指数报告

18.1 三门峡市金融状况指数评价分析

18.1.1 三门峡市金融市场发展指数评价分析

2011~2012 年三门峡市金融市场发展指标及其下属指标在河南省的排位变化情况，如表 18-1-1 和图 18-1-1 所示。

表 18-1-1 三门峡市 2011~2012 年金融市场发展指数及其四级指标

年份		金融业增加值	金融系统存款余额	金融系统贷款余额	证券交易额	发行国债额	保费收入	保险赔付额	金融市场发展指数
2011	原值(亿元)	9.60	687.7	381.18	282.79	1.79	20.27	4.50	5.49
	标准化后	2.33	5.73	3.76	1.83	6.95	8.98	8.38	
2012	原值(亿元)	11.71	825.07	467.35	212.67	1.67	19.72	5.26	5.80
	标准化后	2.28	5.89	4.41	1.68	10.55	7.64	7.70	
2011 年排名		14	14	14	15	14	16	15	15
2012 年排名		14	15	14	15	7	16	15	15
升降		0	-1	0	0	7	0	0	0

1. 2012 年三门峡市金融市场发展指数在整个河南省排在第 15 位，表明其在河南省处于劣势地位；与 2011 年相比排位没有发生变化。

2. 从指标所处的水平看，2012 年金融业增加值、金融系统存款余额、金融系统贷款余额、证券交易额、保费收入和保险赔付额在整个河南省的排位均比较靠后，发

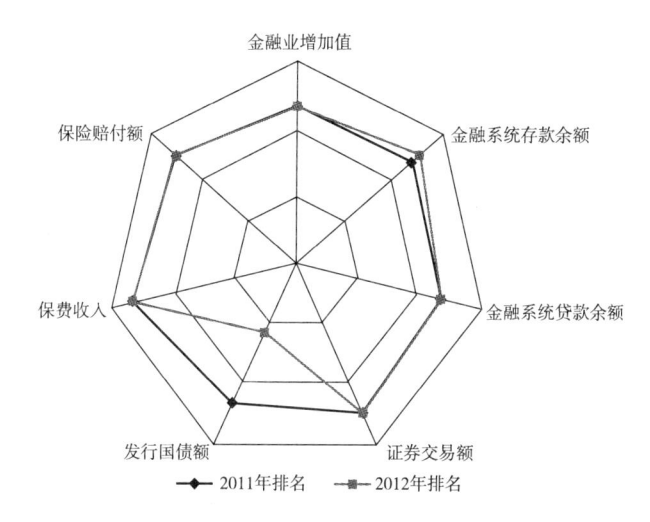

图 18-1-1 三门峡市 2011~2012 年金融市场发展指数四级指标比较

行国债额排位居中游水平，这导致三门峡市的金融市场发展在河南省处于落后地位。

3. 从雷达图图形变化看，2012 年与 2011 年相比，面积稍有缩小。

4. 从排位变化的动因看，2012 年三门峡市金融系统存款余额指标在河南省的排位下降 1 位，发行国债额指标提高 7 位，但是其 2012 年的综合排位保持不变，居河南省第 15 位。

18.1.2　三门峡市金融结构深化指数评价分析

2011~2012 年三门峡市金融结构深化指标及其下属指标在河南省的排位变化情况，如表 18-1-2 和图 18-1-2 所示。

表 18-1-2　三门峡市 2011~2012 年金融结构深化指数及其四级指标

年份		证券募集资金净额比 GDP	短期贷款占比	保费收入比全省金融业增加值	金融结构深化指数
2011	原值(%)	0	2.77	2.33	5.25
	标准化后	0	6.18	8.98	
2012	原值(%)	0	2.84	1.95	4.75
	标准化后	0	6.18	7.64	
2011 年排名		16	13	16	17
2012 年排名		16	13	16	17
升降		0	0	0	0

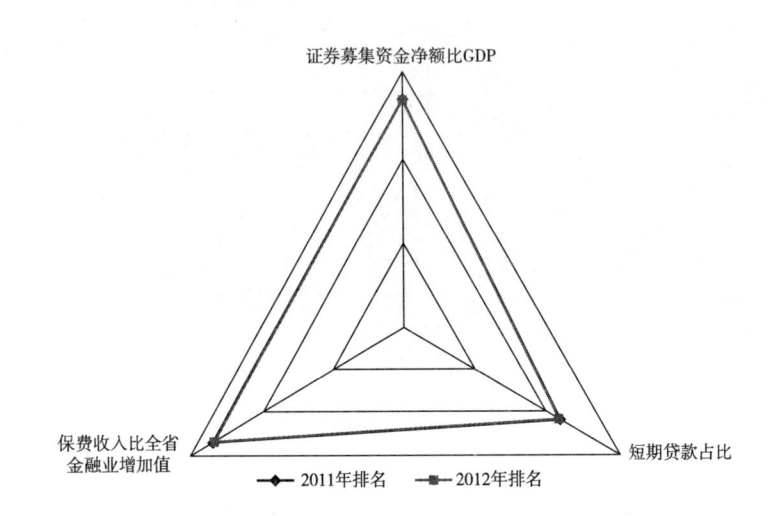

图 18-1-2　三门峡市 2011~2012 年金融结构深化指数四级指标比较

1. 2012 年三门峡市金融结构深化指数在整个河南省排在第 17 位，表明其在河南省处于劣势地位；与 2011 年相比排位没有发生变化。

2. 从指标所处的水平看，2012 年短期贷款占比和保费收入比全省金融业增加值在整个河南省的排位分别为第 13 位和第 16 位，即在整个省域内处于下游区且均为劣势指标，同时证券募集资金净额比 GDP 排位也很靠后，也是劣势指标，这说明三门峡市的金融结构深化指标在河南省处于绝对落后地位。

3. 从雷达图图形变化看，2012 年与 2011 年相比，面积没有变化，金融结构深化指数没有变化。

4. 从排位变化的动因看，三门峡市三项四级指标都没有发生变化，所以 2012 年三门峡市金融结构深化指数综合排位保持不变，居河南省第 17 位。

18.1.3　三门峡市金融效率提高指数评价分析

2011~2012 年三门峡市金融效率提高指标及其下属指标在河南省的排位变化情况，如表 18-1-3 和图 18-1-3 所示。

1. 2012 年三门峡市金融效率提高指数在整个河南省排在第 8 位，表明其在河南省处于中游位置；与 2011 年相比排位提高 2 位。

2. 从指标所处的水平看，2012 年存贷比、保险密度和上市公司占有率在整个河南省的排位分别为第10位、第8位和第13位,均处于中下游的位置,这导致三门峡市的金融效率提高指数在河南省处于中游地位。

表18-1-3 三门峡市2011~2012年金融效率提高指数及其四级指标

年份		存贷比	保险密度	上市公司占有率	金融效率提高指数
2011	原值	55.43(%)	898(元/人)	1.59(%)	18.47
	标准化后	32.06	25.75	4.76	
2012	原值	56.64(%)	883(元/人)	1.52(%)	18.11
	标准化后	36.62	19.80	4.76	
2011年排名		11	6	13	10
2012年排名		10	8	13	8
升降		1	-2	0	2

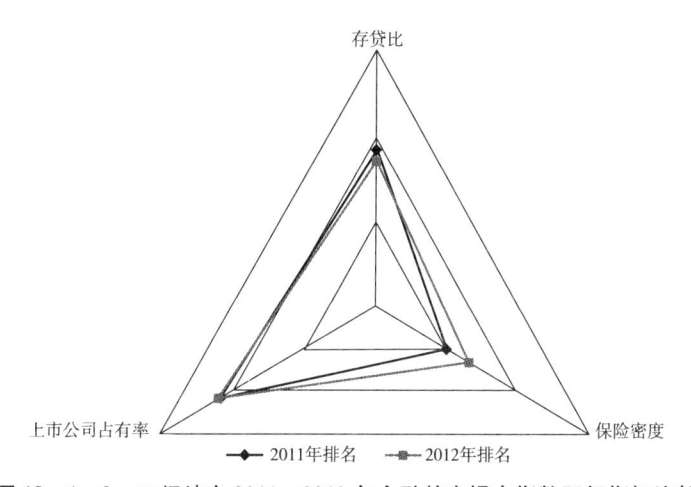

图18-1-3 三门峡市2011~2012年金融效率提高指数四级指标比较

3. 从雷达图图形变化看,2012年与2011年相比,面积略有变化,金融效率提高指数呈现上升趋势,其中保险密度排位变动成为图形变化的动力点。

4. 从排位变化的动因看,三门峡市保险密度有所下降,但在其存贷比排位的拉升作用下,2012年三门峡市金融效率提高指数综合排位提高2位,居河南省第8位。

18.1.4 三门峡市金融状况指数综合分析

2011~2012年三门峡市金融状况指标及其下属指标在河南省的排位变化和指标结构情况,如表18-1-4所示。

表18-1-4 三门峡市2011~2012年金融状况指标及其三级指标

年份	金融市场发展指数	金融结构深化指数	金融效率提高指数	金融状况指数
2011	5.49	5.25	18.47	10.13
2012	5.80	4.75	18.11	9.98
2011年排位	15	17	10	18
2012年排位	15	17	8	18
升降	0	0	2	0

1. 2012年三门峡市金融状况指数排在第18位，表明其在河南省处于绝对劣势地位；与2011年相比排位没有变化。

2. 从指标所处水平看，2012年金融市场发展、金融结构深化和金融效率提高三个指标的排位分别为第15位、第17位和第8位，处于中游或下游区。

3. 从指标变化趋势看，金融市场发展和金融结构深化两个指标与上一年相比排位没有变化，金融效率提高指数排名上升2位。

4. 从排位综合分析看，由于三个指标均没有较大改善，2012年三门峡市金融状况指数综合排位仍然居于河南省第18位。这说明三门峡市的金融状况不理想，发展滞后。

18.2 三门峡市成长发展指数评价分析

18.2.1 三门峡市资本市场成长性指数评价分析

2011~2012年三门峡市资本市场成长性指标及其下属指标在河南省的排位变化情况，如表18-2-1和图18-2-1所示。

表18-2-1 三门峡市2011~2012年资本市场成长性指数及其四级指标

年份		金融机构贷款余额年增长额	发行国债年增长额	A股股票募集资金净额	资本市场成长性指数
2011	原值（亿元）	40.99	-0.0924	0	0.56
	标准化后	14.62	36.11	0	
2012	原值（亿元）	86.17	-0.1214	0	38.46
	标准化后	11.63	100	0	
2011年排名		10	12	16	14
2012年排名		12	1	16	8
升降		-2	11	0	6

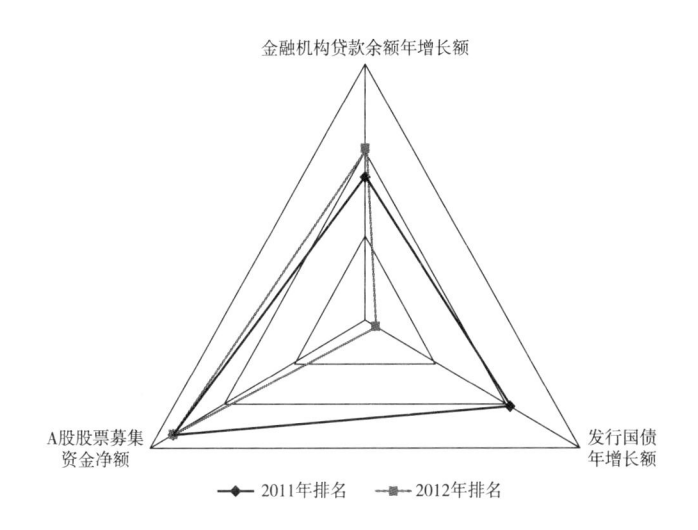

图 18-2-1　三门峡市 2011~2012 年资本市场成长性指数四级指标比较

1. 2012 年三门峡市资本市场成长性指数在整个河南省排在第 8 位,表明其在河南省处于中游地位;与 2011 年相比排位上升 6 位。

2. 从指标所处的水平看,2012 年金融机构贷款余额年增长额和 A 股股票募集资金净额在整个河南省的排位分别为第 12 位和第 16 位,但是发行国债年增长额排在第 1 位,在此综合作用下,三门峡市的资本市场成长性在河南省处于中游地位。

3. 从雷达图图形变化看,2012 年与 2011 年相比,面积缩小,资本市场成长性呈现上升趋势,其中发行国债年增长额排位提升成为图形收缩的动力点。

4. 从排位变化的动因看,由于三门峡市发行国债年增长额指标排位有大幅上升,在其他各指标相对稳定的情况下,2012 年三门峡市资本市场成长性指标综合排位上升 6 位,居河南省第 8 位。

18.2.2　三门峡市经济成长性指数评价分析

2011~2012 年三门峡市经济成长性指标及其下属指标在河南省的排位变化情况,如表 18-2-2 和图 18-2-2 所示。

表 18-2-2　三门峡市 2011~2012 年经济成长性指数及其四级指标

年份		GDP 年增长额	财政收入年增长额	社会固定资产投资年增长额	社会消费品零售总额年增长额	经济成长性指数
2011	原值（亿元）	156.03	7.87	150.77	36.67	11.61
	标准化后	13.87	4.07	19.47	8.11	
2012	原值（亿元）	96.87	11.01	176.47	37.80	13.31
	标准化后	15.34	7.58	20.41	8.55	
2011 年排名		13	15	12	16	14
2012 年排名		11	12	12	16	13
升降		2	3	0	0	1

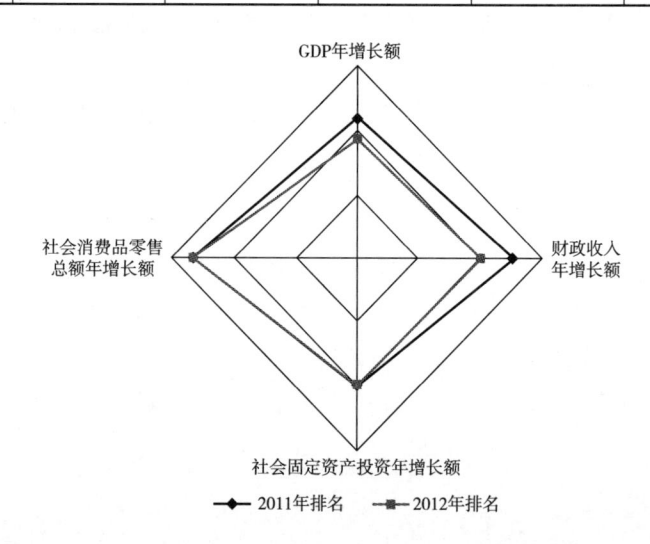

图 18-2-2　三门峡市 2011~2012 年经济成长性指数四级指标比较

1. 2012 年三门峡市经济成长性指数在整个河南省排在第 13 位，表明其在河南省处于劣势地位；与 2011 年相比排位上升 1 位。

2. 从指标所处的水平看，2012 年 GDP 年增长额、财政收入年增长额、社会固定资产投资年增长额和社会消费品零售总额年增长额在整个河南省的排位分别为第 11 位、第 12 位、第 12 位和第 16 位，这说明三门峡市的经济成长性在河南省处于相对落后地位。

3. 从雷达图图形变化看，2012年与2011年相比，面积稍有缩小。

4. 从排位变化的动因看，2012年三门峡市GDP年增长额排名提高2位，财政收入年增长额排名提高3位，这使其2012年经济成长性指数的综合排位提高1位，居河南省第13位。

18.2.3　三门峡市城市创新成长性指数评价分析

2011～2012年三门峡市城市创新成长性指标及其下属指标在河南省的排位变化情况，如表18－2－3和图18－2－3所示。

表18－2－3　三门峡市2011～2012年城市创新成长性指数及其四级指标

年份		政府研发经费支出年增长额	政府研发人员年增长量	新产品销售收入年增长额	城市创新成长性指数
2011	原值	0.037（亿元）	231（人）	10.17（亿元）	28.81
	标准化后	47.18	35.36	22.97	
2012	原值	-0.107（亿元）	-85（人）	11.72（亿元）	30.87
	标准化后	4.18	2.76	76.15	
2011年排名		11	8	13	10
2012年排名		16	17	4	12
升降		-5	-9	9	-2

1. 2012年三门峡市城市创新成长性指数在整个河南省排在第12位，表明其在河南省处于劣势地位；与2011年相比排位下降2位。

2. 从指标所处的水平看，2012年政府研发经费支出年增长额和政府研发人员年增长量在整个河南省的排位分别为第16位和第17位，而新产品销售收入年增长额排在第4位，在此综合作用下，三门峡市的城市创新成长性在河南省处于中游位置。

3. 从雷达图图形变化看，2012年与2011年相比，面积增大，城市创新成长性呈现下降趋势，其中政府研发经费支出年增长额、政府研发人员年增长量排位下降成为图形扩张的动力点。

4. 从排位变化的动因看，由于政府研发经费支出年增长额和政府研发人员年增长量这两个指标的排名分别下降5位和9位，尽管新产品销售收入年增长额的排位上升明显，但2012年三门峡市城市创新成长性指数综合排位仍然下降，居河南省第12位。

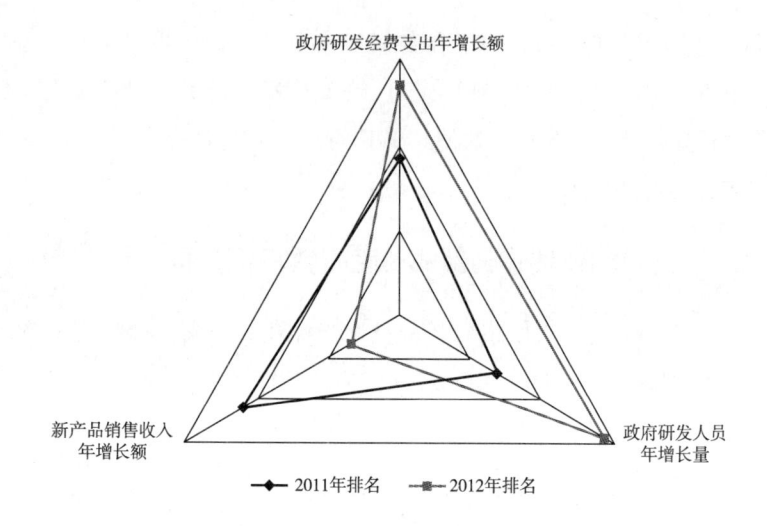

图 18－2－3　三门峡市 2011～2012 年城市创新成长性指数四级指标比较

18.2.4　三门峡市成长发展指数综合分析

2011～2012 年三门峡市成长发展指标及其下属指标在河南省的排位变化和指标结构情况，如表 18－2－4 所示。

表 18－2－4　三门峡市 2011～2012 年成长发展指标及其三级指标

年份	资本市场成长性指数	经济成长性指数	城市创新成长性指数	成长发展指数
2011	0.56	11.61	28.81	14.23
2012	38.46	13.31	30.87	25.48
2011 年排位	14	14	10	13
2012 年排位	8	13	12	11
升降	6	1	－2	2

1. 2012 年三门峡市成长发展指数在整个河南省排在第 11 位，表明其在河南省处于中游偏下的位置；与 2011 年相比排位上升 2 位。

2. 从指标所处水平看，2012 年资本市场成长性、经济成长性以及城市创新成长性指标在河南省分别排在第 8 位、第 13 位和第 12 位，处于中游或下游区。

3. 从指标变化趋势看，资本市场成长性指标排名上升 6 位，经济成长性指标排名上升 1 位，城市创新成长性指数排名下降 2 位。

4. 从排位综合分析看，由于有两个指标的排名提高，2012年三门峡市成长发展指数综合排位提高2位，居河南省第11位。

18.3 三门峡市服务水平指数评价分析

18.3.1 三门峡市智力资本指数评价分析

2011~2012年三门峡市智力资本指标及其下属指标在河南省的排位变化情况，如表18-3-1和图18-3-1所示。

表18-3-1 三门峡市2011~2012年智力资本指数及其四级指标

年份		金融业从业密度	受高等教育密度	科研人员密度	普通高等学校数量	智力资本指数
2011	原值	0.98（人/平方公里）	1.45（人/平方公里）	0.65（所）	1（人/平方公里）	2.26
	标准化后	5.57	0.16	3.10	0	
2012	原值	1.11（人/平方公里）	1.37（人/平方公里）	0.69（所）	1（人/平方公里）	2.74
	标准化后	6.68	0.03	3.87	0	
2011年排名		14	17	15	16	17
2012年排名		12	17	14	16	16
升降		2	0	1	0	1

1. 2012年三门峡市智力资本指数在整个河南省排在第16位，表明其在河南省处于绝对劣势地位；与2011年相比排位上升1位。

2. 从指标所处的水平看，2012年金融业从业密度、受高等教育密度、科研人员密度和普通高等学校数量在整个河南省的排位分别为第12位、第17位、第14位和第16位，这说明三门峡市的智力资本在河南省处于绝对落后地位。

3. 从雷达图图形变化看，2012年与2011年相比，面积稍有缩小。

4. 从排位变化的动因看，由于2012年三门峡市金融业从业密度排位排名提高2位，科研人员密度排名提高1位，其他指标排名保持不变，2012年三门峡市智力资本指数排位第16位。

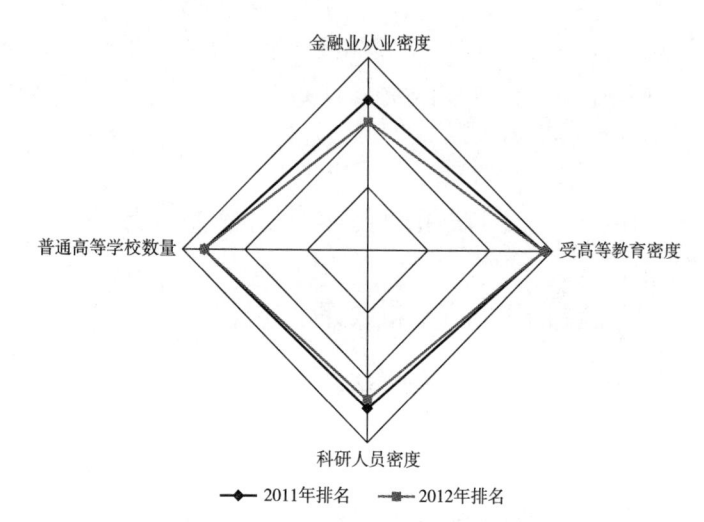

图 18-3-1　三门峡市 2011~2012 年智力资本指数四级指标比较

18.3.2　三门峡市城市环境指数评价分析

2011~2012 年三门峡市城市环境指标及其下属指标在河南省的排位变化情况，如表 18-3-2 和图 18-3-2 所示。

表 18-3-2　三门峡市 2011~2012 年城市环境指数及其四级指标

年份		城镇化水平	城镇登记失业率	人均城市道路面积	人均绿化覆盖面积	基本医疗保险覆盖率	基本养老保险覆盖率	商品房屋销售均价	城市环境指数
2011	原值	46.00	3.20（%）	9.79（平方米）	5.82（平方米）	28.58（%）	12.28（%）	2520（元/平方米）	31.80
	标准化后	43.52	40.00	21.71	19.26	91.84	42.07	7.10	
2012	原值	47.60	2.90（%）	9.29（平方米）	5.84（平方米）	29.09（%）	12.90（%）	2963（元/平方米）	29.88
	标准化后	43.16	55.00	20.26	16.71	78.21	33.48	10.75	
2011 年排名		6	5	14	10	8	8	15	6
2012 年排名		6	5	15	11	5	8	11	8
升降		0	0	-1	-1	0	0	4	-2

1. 2012 年三门峡市城市环境指数在整个河南省排在第 8 位，表明其在河南省处于中游地位；与 2011 年相比排位下降 2 位。

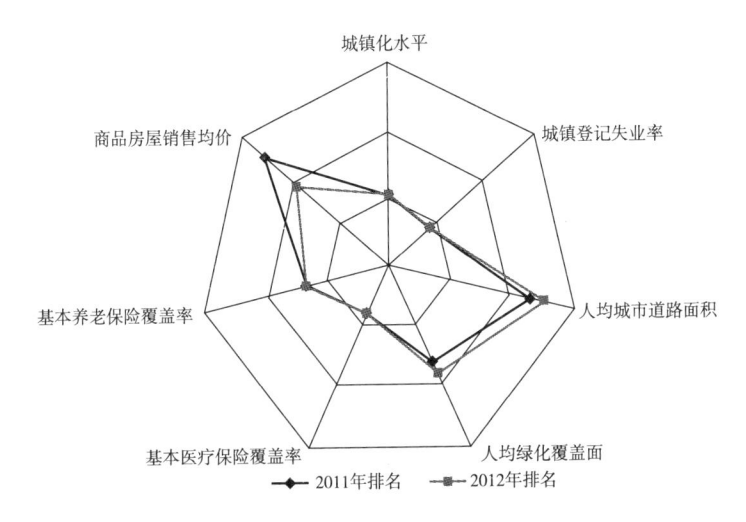

图 18-3-2   三门峡市 2011~2012 年城市环境指数四级指标比较

2. 从指标所处的水平看，各项指标大多处于中游或上游的位置，这导致三门峡市的城市环境指数在河南省处于中游位置。

3. 从雷达图图形变化看，2012 年与 2011 年相比，面积有所减小，城市环境指数排位呈现上升趋势，其中商品房屋销售均价排位提升成为图形缩小的动力点。

4. 从排位变化的动因看，2012 年三门峡市人均城市道路面积和人均绿化覆盖面积排位均下降 1 位，商品房屋销售均价排位上升 4 位，城市环境指数的综合排位下降 2 位，居河南省第 8 位。

18.3.3 三门峡市服务水平指数综合分析

2011~2012 年三门峡市服务水平指标及其下属指标在河南省的排位变化和指标结构情况，如表 18-3-3 所示。

表 18-3-3   三门峡市 2011~2012 年服务水平指标及其三级指标

年份	智力资本指数	城市环境指数	服务水平指数
2011	2.26	31.80	18.53
2012	2.74	29.88	17.71
2011 年排位	17	6	11
2012 年排位	16	8	12
升降	1	-2	-1

1. 2012年三门峡市服务水平指数排在第12位，表明其在河南省处于中势地位；与2011年相比排位下降1位。

2. 从指标所处水平看，2012年智力资本和城市环境两个指标排位分别为第16位和第8位，处于中游或下游的位置。

3. 从指标变化趋势看，智力资本指数排位上升1位，城市环境指数排位下降2位。

4. 从排位综合分析看，城市环境指标排位的下降决定了2012年三门峡市服务水平指数综合排位下降1位，居河南省第12位。

18.4 三门峡市综合环境指数评价分析

18.4.1 三门峡市经济环境指数评价分析

2011~2012年三门峡市经济环境指标及其下属指标在河南省的排位变化情况，如表18-4-1和图18-4-1所示。

表18-4-1 三门峡市2011~2012年经济环境指数及其四级指标

年份		城镇人均可支配收入	农村人均纯收入	人均GDP	人均财政收入	人均社会商品零售额	经济环境指数
2011	原值（元）	17062	6929	46049	2571	10677	43.93
	标准化后	35.26	26.44	73.72	39.52	27.07	
2012	原值（元）	19184	7906	50406	3074	12414	43.90
	标准化后	34.63	26.96	73.21	39.62	27.09	
2011年排名		12	9	3	4	5	5
2012年排名		12	9	3	4	5	5
升降		0	0	0	0	0	0

1. 2012年三门峡市经济环境指数在整个河南省排在第5位，表明其在河南省处于相对优势地位；与2011年相比排位没有发生变化。

2. 从指标所处的水平看，2012年城镇人均可支配收入、农村人均纯收入、人均GDP、人均财政收入和人均社会商品零售额在整个河南省的排位分别为第12位、第9位、第3位、第4位和第5位，这导致三门峡市的经济环境指数在河

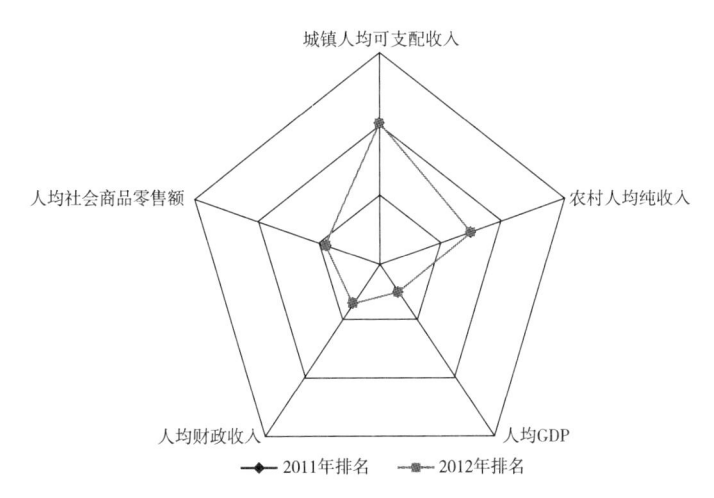

图 18-4-1 三门峡市 2011~2012 年经济环境指数四级指标比较

南省处于相对领先地位。

3. 从雷达图图形变化看，2012 年与 2011 年相比，面积没有变化，因为所有的四级指标排位都没有发生变化。

4. 从排位变化来看，因为所有的指标排位都保持稳定，所以 2012 年三门峡市经济环境指数的综合排位保持不变，居河南省第 5 位。

18.4.2 三门峡市开放程度指数评价分析

2011~2012 年三门峡市开放程度指标及其下属指标在河南省的排位变化情况，如表 18-4-2 所示。

1. 2012 年三门峡市开放程度指数在整个河南省排在第 6 位，表明其在河南省

表 18-4-2 三门峡市 2011~2012 年开放程度指数及其四级指标

年份		实际利用外资额	净出口额	开放程度指数
2011	原值（万美元）	63149	12504.33	19.62
	标准化后	16.24	21.64	
2012	原值（万美元）	74672	15674.27	24.91
	标准化后	16.96	30.94	
2011 年排名		3	11	5
2012 年排名		3	12	6
升降		0	-1	-1

处于相对优势地位；与2011年相比排位下降1位。

2. 从指标所处的水平看，2012年实际利用外资额在整个河南省排在第3位，净出口额排名第12，这说明三门峡市的开放程度在河南省处于相对领先地位。

3. 从排位变化的动因看，2012年三门峡市的净出口额在河南省的排位下降1位，使其2012年的开放程度指数的综合排位下降1位，居河南省第6位。

18.4.3 三门峡市综合环境指数综合分析

2011~2012年三门峡市综合环境指标及其下属指标在河南省的排位变化和指标结构情况，如表18-4-3所示。

表18-4-3 三门峡市2011~2012年综合环境指标及其三级指标

年份	经济环境指数	开放程度指数	综合环境指数
2011	43.93	19.62	34.19
2012	43.90	24.91	37.29
2011年排位	5	5	6
2012年排位	5	6	6
升降	0	-1	0

1. 2012年三门峡市综合环境指数排在第6位，表明其在河南省处于相对优势地位；与2011年相比排位没有变化。

2. 从指标所处水平看，2012年经济环境和开放程度两个指标分别排在第5位和第6位，处于中上游区。

3. 从指标变化趋势看，开放程度指标与上一年相比下降1位，经济环境指数排位不变，居于相对优势地位。

4. 从排位综合分析看，由于两个指标具有相对优势，2012年三门峡市综合环境指数综合排位仍居河南省第6位。这说明三门峡市内部经济和对外经济发展程度比较高，在整个河南省处于相对领先地位。

18.5 三门峡市金融发展指数综合评价分析

2011~2012年三门峡市金融发展指数综合指标及其下属指标在河南省的排位变化和指标结构情况，如表18-5-1所示。

表 18-5-1　三门峡市 2011~2012 年金融发展指数指标及其二级指标

年份	金融状况指数	成长发展指数	服务水平指数	综合环境指数	金融发展指数
2011	10.13	14.23	18.53	34.19	20.19
2012	9.98	25.48	17.71	37.29	23.96
2011 年排位	18	13	11	6	10
2012 年排位	18	11	12	6	9
升降	0	2	-1	0	1

1. 2012 年三门峡市金融发展指数排在第 9 位，表明其在河南省处于中游的位置；与 2011 年相比排位上升 1 位。

2. 从指标所处水平看，2012 年三门峡市金融状况、成长发展、服务水平和综合环境四个指标的排名分别为第 18 位、第 11 位、第 12 位和第 6 位。

3. 从指标变化趋势看，金融状况和综合环境两个指标与上一年相比排位没有变化，成长发展指数排名上升 2 位，服务水平指标排名下降 1 位。

4. 从排位综合分析看，由于四个指标的排位保持相对平稳，2012 年三门峡市金融发展指数综合排位升高 1 位，居于河南省第 9 位。这说明无论从金融状况、成长发展、服务水平和综合环境四个方面分别评价，还是从金融发展指数方面进行综合评价，三门峡市始终在河南省缺乏显著优势，处于中游位置。

第 19 章
商丘市 2012 年金融发展指数报告

19.1 商丘市金融状况指数评价分析

19.1.1 商丘市金融市场发展指数评价分析

2011~2012 年商丘市金融市场发展指标及其下属指标,在河南省的排位变化情况,如表 19-1-1 和图 19-1-1 所示。

表 19-1-1 商丘市 2011~2012 年金融市场发展指数及其四级指标

年份		金融业增加值	金融系统存款余额	金融系统贷款余额	证券交易额	发行国债额	保费收入	保险赔付额	金融市场发展指数
2011	原值(亿元)	17.48	1098.24	587.99	370.97	2.67	52.19	8.04	12.17
	标准化后	4.96	10.40	7.22	2.63	11.85	29.93	17.62	
2012	原值(亿元)	21.09	1353.83	700.94	278.46	1.30	50.30	10.13	11.22
	标准化后	4.78	11.06	7.94	2.40	7.53	25.45	18.32	
2011 年排名		12	10	9	11	9	5	11	9
2012 年排名		12	9	8	13	11	5	6	9
升降		0	1	1	-2	-2	0	5	0

1. 2012 年商丘市金融市场发展指数在整个河南省的综合排位处于第 9 位,表明其在河南省处于中游位置;与 2011 年相比排位没有发生变化。

2. 从指标所处的水平看,2012 年金融业增加值、金融系统存款余额、金融系统贷款余额、证券交易额、发行国债额在整个河南省的排位均处于中游或下游

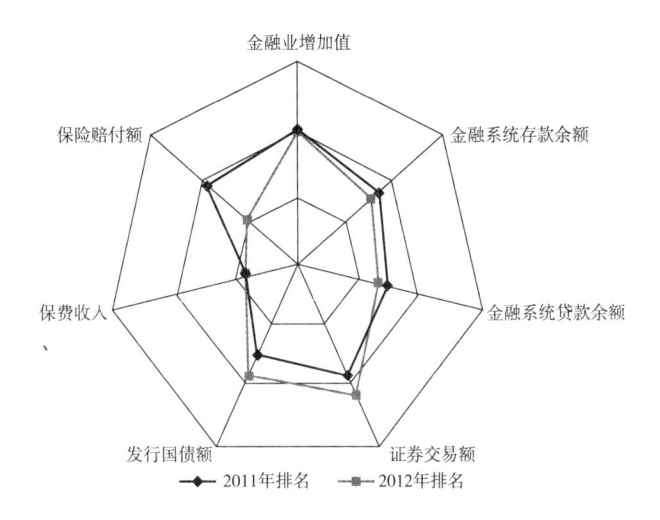

图 19-1-1　商丘市 2011~2012 年金融市场发展指数四级指标比较

位置，这说明商丘市的金融市场发展在河南省处于中游地位。

3. 从雷达图图形变化看，2012 年与 2011 年相比，面积基本保持不变。

4. 从排位变化的动因看，2012 年商丘市金融市场发展指数四级指标在河南省的排位增减互抵，使其 2012 年的综合排位保持不变，居河南省第 9 位。

19.1.2　商丘市金融结构深化指数评价分析

2011~2012 年商丘市金融结构深化指标及其下属指标，在河南省的排位变化情况，如表 19-1-2 和图 19-1-2 所示。

表 19-1-2　商丘市 2011~2012 年金融结构深化指数及其四级指标

年份		证券募集资金净额比 GDP	短期贷款占比	保费收入比全省金融业增加值	金融结构深化指数
2011	原值(%)	1.08	4.10	6.01	21.67
	标准化后	37.30	11.33	29.93	
2012	原值(%)	1.01	4.05	4.96	19.80
	标准化后	35.43	10.75	25.45	
2011 年排名		9	12	5	8
2012 年排名		10	10	5	9
升降		-1	2	0	-1

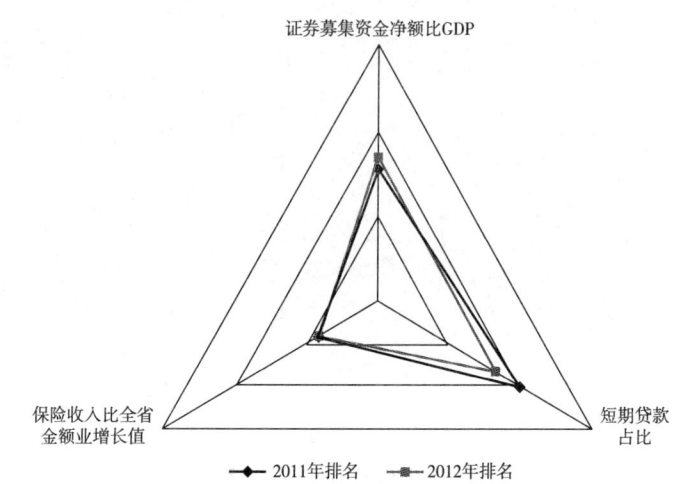

图 19 -1 -2　商丘市 2011 ~ 2012 年金融结构深化指数四级指标比较

1. 2012 年商丘市金融结构深化指数在整个河南省的综合排位处于第 9 位，表明其在河南省处于中游位置；与 2011 年相比排位下降 1 位。

2. 从指标所处的水平看，2012 年短期贷款占比和保费收入比全省金融业增加值在整个河南省排位分别为第 10 位和第 5 位，同时证券募集资金净额比 GDP 居河南省第 10 位，处于中游位置，这导致商丘市的金融结构深化指数在河南省处于中游位置。

3. 从雷达图图形变化看，2012 年与 2011 年相比，面积变化不大。

4. 从排位变化的动因看，尽管商丘市证券募集资金净额比 GDP 指标排位有所下降，但是在其他因素作用下，2012 年商丘市金融结构深化指数综合排位下降 1 位，居河南省第 9 位。

19.1.3　商丘市金融效率提高指数评价分析

2011 ~ 2012 年商丘市金融效率提高指标及其下属指标，在河南省的排位变化情况，如表 19 - 1 - 3 和图 19 - 1 - 3 所示。

1. 2012 年商丘市金融效率提高指数在整个河南省的综合排位为第 13 位，表明其在河南省处于劣势地位；与 2011 年相比排位没有发生变化。

2. 从指标所处的水平看，2012 年保险密度和上市公司占有率在整个河南省的排位分别是第 15 位和第 8 位，存贷比居于第 13 位，所以商丘市的金融效率提高指数在河南省处于相对落后地位。

表 19-1-3　商丘市 2011~2012 年金融效率提高指数及其四级指标

单位：%，元/人

年份		存贷比	保险密度	上市公司占有率	金融效率提高指数
2011	原值	53.54	586	3.17	12.82
	标准化后	28.62	7.40	9.52	
2012	原值	51.77	687	3.03	12.46
	标准化后	27.84	5.36	9.52	
2011 年排名		14	15	8	13
2012 年排名		13	15	8	13
升降		1	0	0	0

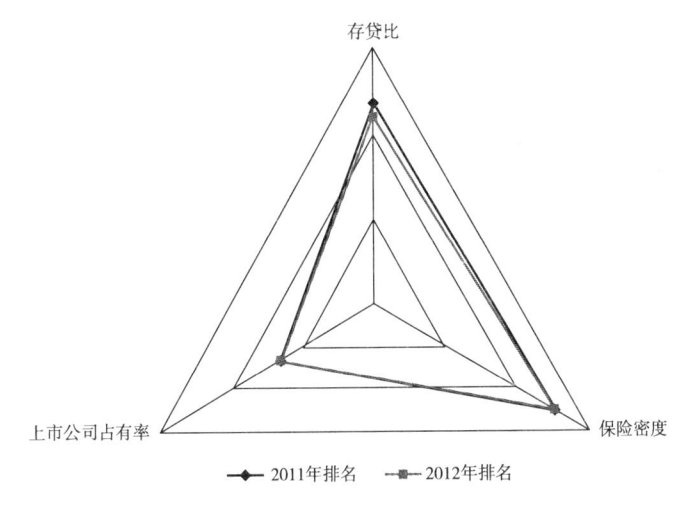

图 19-1-3　商丘市 2011~2012 年金融效率提高指数四级指标比较

3. 从雷达图图形变化看，2012 年与 2011 年相比，面积有所缩小，金融效率提高指数呈现上升趋势，其中存贷比排位提升成为图形收缩的动力点。

4. 从排位变化的动因看，尽管商丘市存贷比指标排位有所上升，但是在其他各指标排位不变的情况下，2012 年商丘市金融效率提高指数综合排位保持不变，居河南省第 13 位。

19.1.4　商丘市金融状况指数综合分析

2011~2012 年商丘市金融状况指标及其下属指标在河南省的排位变化和指标结构情况，如表 19-1-4 所示。

表 19-1-4　商丘市 2011~2012 年金融状况指数及其三级指标

年份	金融市场发展指数	金融结构深化指数	金融效率提高指数	金融状况指数
2011	12.17	21.67	12.82	16.54
2012	11.22	19.80	12.46	15.41
2011 年排位	9	8	13	10
2012 年排位	9	9	13	11
升降	0	-1	0	-1

1. 2012 年商丘市金融状况指数在整个河南省的综合排位处于第 11 位，表明其在河南省处于相对中势地位；与 2011 年相比，排位下降 1 位。

2. 从指标所处水平看，2012 年金融市场发展、金融结构深化和金融效率提高三个指标在河南省的排位分别为第 9 位、第 9 位和第 13 位，处于中游或下游水平。

3. 从指标变化趋势看，2012 年金融市场发展和金融效率提高这两项指标与上一年相比均没有变化，金融结构深化指标排名比上一年下降 1 位，居于中游。

4. 从排位综合分析看，金融结构深化指标排位下降 1 位，决定了 2012 年商丘市金融状况指数综合排位下降 1 位，居河南省第 11 位。这说明其金融整体发展程度一般，在整个河南省处于相对落后的地位。

19.2　商丘市成长发展指数评价分析

19.2.1　商丘市资本市场成长性指数评价分析

2011~2012 年商丘市资本市场成长性指标及其下属指标在河南省的排位变化情况，如表 19-2-1 和图 19-2-1 所示。

表 19-2-1　商丘市 2011~2012 年资本市场成长性指数及其四级指标

年份		金融机构贷款余额年增长额	发行国债年增长额	A 股股票募集资金净额	资本市场成长性指数
2011	原值（亿元）	-19.68	0.4251	14.15	-4.65
	标准化后	0	43.40	11.12	
2012	原值（亿元）	112.95	-1.3754	14.15	36.43
	标准化后	15.60	77.87	11.12	
2011 年排名		18	8	9	15
2012 年排名		6	11	10	13
升降		12	-3	-1	2

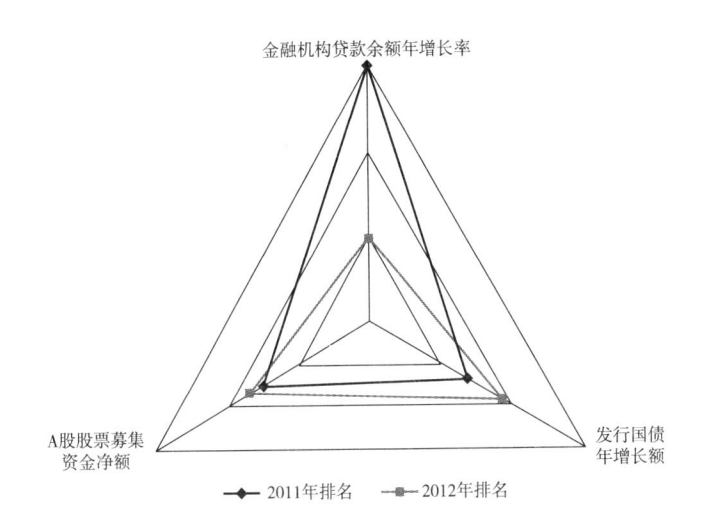

图 19-2-1　商丘市 2011～2012 年资本市场成长性指数四级指标比较

1. 2012 年商丘市资本市场成长性指数在整个河南省的综合排位处于第 13 位，表明其在河南省处于劣势地位；与 2011 年相比排位上升 2 位。

2. 从指标所处的水平看，2012 年金融机构贷款余额年增长额、发行国债年增长额和 A 股股票募集资金净额在整个河南省的排位分别为第 6 位、第 11 位和第 10 位，在这些因素的综合作用下商丘市的资本市场成长性指数在河南省处于相对落后地位。

3. 从雷达图图形变化看，2012 年与 2011 年相比，面积缩小，资本市场成长性呈现上升趋势，其中金融机构贷款余额年增长额排位提升成为图形收缩的动力点。

4. 从排位变化的动因看，因为商丘市金融机构贷款余额年增长额指标排位有大幅上升，在其他各指标排位相对稳定的情况下，2012 年商丘市资本市场成长性指数综合排位上升 2 位，居河南第 13 位。

19.2.2　商丘市经济成长性指数评价分析

2011～2012 年商丘市经济成长性指标及其下属指标在河南省的排位变化情况，如表 19-2-2 和图 19-2-2 所示。

表19-2-2　商丘市2011~2012年经济成长性指数及其四级指标

年份		GDP年增长额	财政收入年增长额	社会固定资产投资年增长额	社会消费品零售总额年增长额	经济成长性指数
2011	原值（亿元）	164.58	13.44	176.20	72.51	17.36
	标准化后	14.81	9.04	24.21	20.01	
2012	原值（亿元）	88.9	13.75	197.13	75.90	17.86
	标准化后	13.91	10.30	23.82	21.49	
2011年排名		12	7	9	7	9
2012年排名		13	6	8	7	8
升降		-1	1	1	0	1

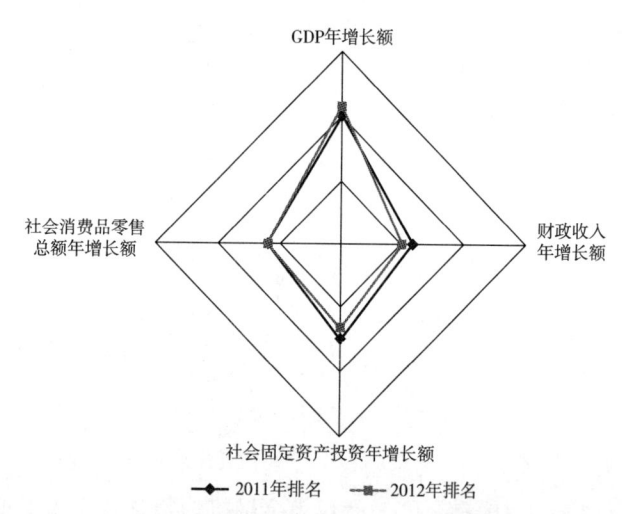

图19-2-2　商丘市2011~2012年经济成长性指数四级指标比较

1. 2012年商丘市经济成长性指数在整个河南省的综合排位处于第8位，表明其在河南省处于中游位置；与2011年相比排位上升1位。

2. 从指标所处的水平看，2012年GDP年增长额、财政收入年增长额、社会固定资产投资年增长额和社会消费品零售总额年增长额在整个河南省的排位分别为第13位、第6位、第8位和第7位，这说明商丘市的经济成长性指数在河南省处于中游位置。

3. 从雷达图图形变化看，2012 年与 2011 年相比，面积略有缩小。

4. 从排位变化的动因看，因为商丘市财政收入年增长额和社会固定资产投资年增长额这两项四级指标在河南省的排位均上升 1 位，2012 年商丘市经济成长性指数综合排位上升 1 位，居河南省第 8 位。

19.2.3 商丘市城市创新成长性指数评价分析

2011～2012 年商丘市城市创新成长性指标及其下属指标在河南省的排位变化情况，如表 19-2-3 和图 19-2-3 所示。

表 19-2-3 商丘市 2011～2012 年城市创新成长性指数及其四级指标

单位：亿元，人

年份		政府研发经费支出年增长额	政府研发人员年增长量	新产品销售收入年增长额	城市创新成长性指数
2011	原值	0.287	77	3.59	26.04
	标准化后	51.67	29.58	19.78	
2012	原值	-0.209	391	0.45	33.00
	标准化后	2.12	27.51	62.05	
2011 年排名		5	14	15	14
2012 年排名		17	6	12	9
升降		-12	8	3	5

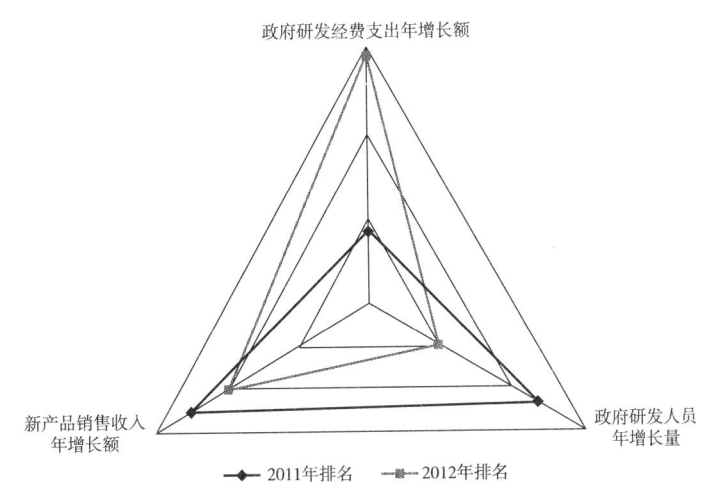

图 19-2-3 商丘市 2011～2012 年城市创新成长性指数四级指标比较

1. 2012年商丘市城市创新成长性指数在整个河南省的综合排位处于第9位,表明其在河南省处于中游水平;与2011年相比排位上升5位。

2. 从指标所处的水平看,2012年政府研发经费支出年增长额和政府研发人员年增长量在整个河南省的排位分别为第17位和第6位,而新产品销售收入年增长额排在第12位,在各因素综合作用下,商丘市的城市创新成长性指数在河南省处于中游水平。

3. 从雷达图图形变化看,2012年与2011年相比,面积缩小,城市创新成长性指数呈现上升趋势,其中政府研发人员年增长量和新产品销售收入年增长额排位变动成为图形收缩的动力点。

4. 从排位变化的动因看,政府研发经费支出年增长额的排名下降12位,政府研发人员年增长量排名上升8位,另外,新产品销售收入年增长额的排位上升3位,导致2012年商丘市城市创新成长性指数综合排位上升5位,居河南省第9位。

19.2.4 商丘市成长发展指数综合分析

2011~2012年商丘市成长发展指标及其下属指标在河南省的排位变化和指标结构情况,如表19-2-4所示。

表19-2-4 商丘市2011~2012年成长发展指标及其三级指标

年份	资本市场成长性指数	经济成长性指数	城市创新成长性指数	成长发展指数
2011	-4.65	17.36	26.04	13.52
2012	36.43	17.86	33.00	26.83
2011年排位	15	9	14	14
2012年排位	13	8	9	10
升降	2	1	5	4

1. 2012年商丘市成长发展指数在整个河南省的综合排位为第10位,表明其在河南省处于中势地位;与2011年相比,排位上升4位。

2. 从指标所处水平看,2012年资本市场成长性和经济成长性两个指标的排位为第13位和第8位,分别处于中游、下游水平,城市创新成长性指数排在第9位,也处于中游区。

3. 从指标变化趋势看,资本市场成长性、经济成长性和城市创新成长性三个指标与2011年相比排名分别上升2位、1位和5位,居于中游或下游。

4. 从排位综合分析看，三项指标的排名都有所上升，决定了2012年商丘市成长发展指数综合排位上升4位，居河南省第10位。

19.3 商丘市服务水平指数评价分析

19.3.1 商丘市智力资本指数评价分析

2011~2012年商丘市智力资本指标及其下属指标在河南省的排位变化情况，如表19-3-1和图19-3-1所示。

表19-3-1 商丘市2011~2012年智力资本指数及其四级指标

单位：人/平方公里，所

年份		金融业从业密度	受高等教育密度	科研人员密度	普通高等学校数量	智力资本指数
2011	原值	1.01	7.29	0.57	6	6.55
	标准化后	1.75	1.32	4.04	8.00	
2012	原值	1.11	7.21	0.67	6	6.97
	标准化后	6.79	6.48	3.69	9.80	
2011年排名		13	7	16	3	14
2012年排名		13	8	16	3	13
升降		0	-1	0	0	1

1. 2012年商丘市智力资本指数在整个河南省的综合排位为第13位，表明其在河南省处于相对劣势地位；与2011年相比排位上升1位。

2. 从指标所处的水平看，2012年金融业从业密度、受高等教育密度、科研人员密度和普通高等学校数量在整个河南省的排位分别为第13位、第8位、第16位和第3位，这说明商丘市的智力资本在河南省处于相对落后地位。

3. 从雷达图图形变化看，2012年与2011年相比，面积稍有增加。

4. 从排位变化的动因看，2012年商丘市受高等教育密度排名下降1位，其他的指标排名不变，2012年商丘市智力资本指数的综合排位升高1位，居河南省第13位。

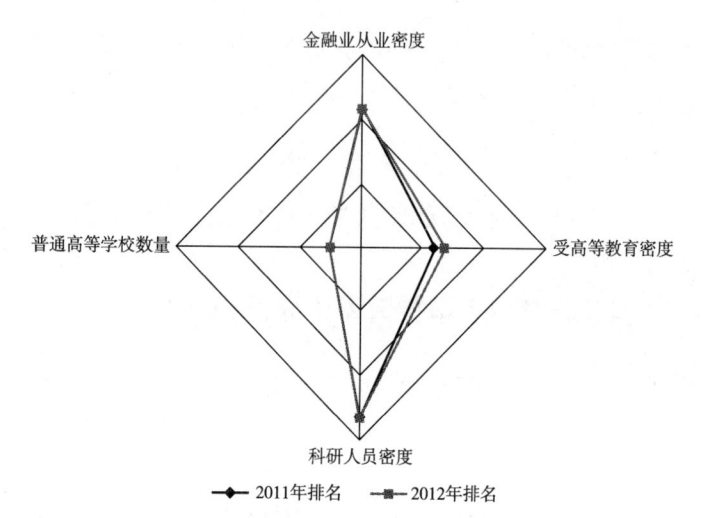

图 19-3-1　商丘市 2011~2012 年智力资本指数四级指标比较

19.3.2　商丘市城市环境指数评价分析

2011~2012 年商丘市城市环境指标及其下属指标在河南省的排位变化情况，如表 19-3-2 和图 19-3-2 所示。

表 19-3-2　商丘市 2011~2012 年城市环境指数及其四级指标

年份		城镇化水平	城镇登记失业率	人均城市道路面积	人均绿化覆盖面积	基本医疗保险覆盖率	基本养老保险覆盖率	商品房屋销售均价	城市环境指数
2011	原值	31.54（%）	3.70（%）	7.37（平方米）	3.16（平方米）	18.38（%）	6.45（%）	2897（元/平方米）	7.82
	标准化后	0.12	15.00	5.64	4.35	25.55	8.71	18.11	
2012	原值	33.50（%）	3.40（%）	9.13（平方米）	3.46（平方米）	19.43（%）	6.91（%）	2834（元/平方米）	5.67
	标准化后	0.30	30.00	19.27	4.2	22.01	6.85	7.27	
2011 年排名		17	12	16	15	15	16	5	15
2012 年排名		16	10	16	17	15	16	15	16
升降		1	2	0	-2	0	0	-10	-1

1. 2012 年商丘市城市环境指数在整个河南省的综合排位为第 16 位，表明其在河南省处于绝对劣势地位；与 2011 年相比排位下降 1 位。

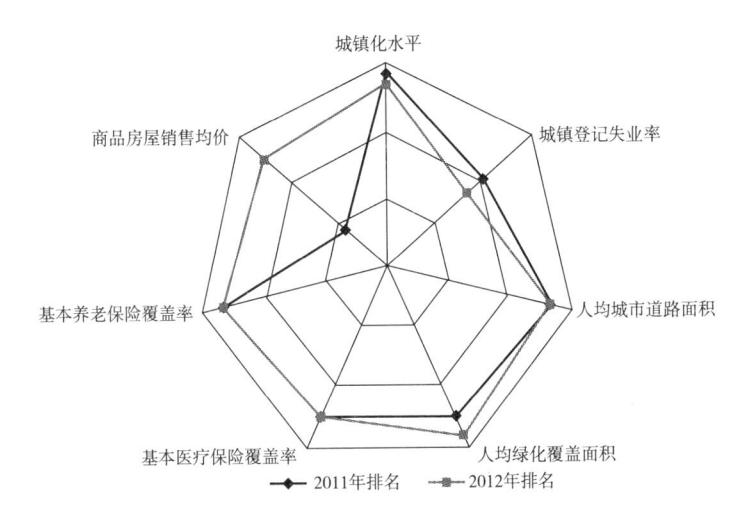

图 19-3-2　商丘市 2011~2012 年城市环境指数四级指标比较

2. 从指标所处的水平看，2012 年各项指标都处于河南省的中下游位置，这说明商丘市的城市环境在河南省处于相对劣势地位。

3. 从雷达图图形变化看，2012 年与 2011 年相比，面积有所增大，城市环境指数呈现下降趋势，其中商品房屋销售均价和人均绿化覆盖面积排位下降成为图形扩大的动力点。

4. 从排位变化的动因看，2012 年商丘市城市环境指数综合排位下降 1 位，居河南省第 16 位。

19.3.3　商丘市服务水平指数综合分析

2011~2012 年商丘市服务水平指标及其下属指标在河南省的排位变化和指标结构情况，如表 19-3-3 所示。

表 19-3-3　商丘市 2011~2012 年服务水平指数及其三级指标

年份	智力资本指数	城市环境指数	服务水平指数
2011	6.55	7.82	7.81
2012	6.97	5.67	6.86
2011 年排位	14	15	15
2012 年排位	13	16	15
升降	1	-1	0

1. 2012 年商丘市服务水平指数在整个河南省的综合排位处于第 15 位，表明其在河南省处于劣势地位；与 2011 年相比排位没有变化。

2. 从指标所处水平看，2012 年智力资本和城市环境两个指标排位分别为第 13 位和第 16 位，处于下游水平。

3. 从指标变化趋势看，智力资本指数排位与 2011 年相比上升 1 位，城市环境指数排位下降 1 位，保持劣势地位。

4. 从排位综合分析看，两项指标排位的相对稳定，决定了 2012 年商丘市服务水平指数综合排位仍居河南省第 15 位。

19.4 商丘市综合环境指数评价分析

19.4.1 商丘市经济环境指数评价分析

2011～2012 年商丘市经济环境指标及其下属指标，在河南省的排位变化情况，如表 19-4-1 和图 19-4-1 所示。

表 19-4-1 商丘市 2011～2012 年经济环境指数及其四级指标

年份		城镇人均可支配收入	农村人均纯收入	人均 GDP	人均财政收入	人均社会商品零售额	经济环境指数
2011	原值(元)	16151	5637	17779	766	6401	7.59
	标准化后	22.31	3.38	4.97	4.33	0.55	
2012	原值(元)	18312	6426	19029	959	7575	7.47
	标准化后	23.37	3.59	2.90	4.57	0.58	
2011 年排名		14	17	16	15	17	16
2012 年排名		14	17	17	15	17	16
升降		0	0	-1	0	0	0

1. 2012 年商丘市经济环境指数在整个河南省的综合排位为第 16 位，表明其在河南省处于劣势地位；与 2011 年相比排位没有发生变化。

2. 从指标所处的水平看，2012 年城镇人均可支配收入、农村人均纯收入、人均 GDP、人均财政收入和人均社会商品零售额在整个河南省的排位分别为第 14 位、第 17 位、第 17 位、第 15 位和第 17 位，这说明商丘市的经济环境在河南

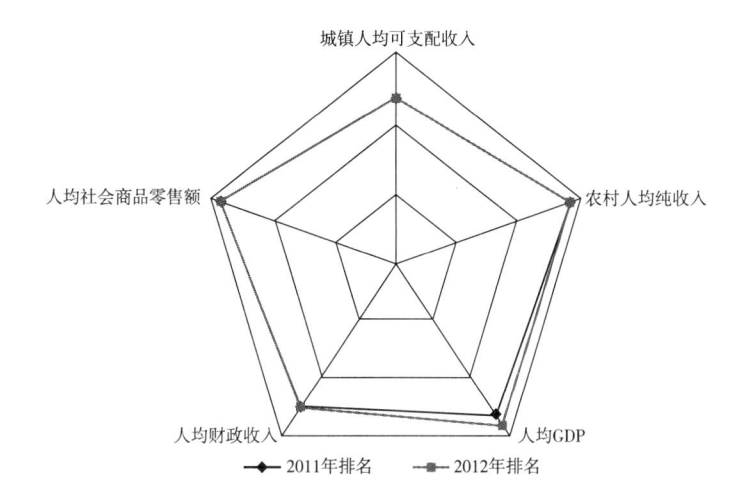

图 19-4-1　商丘市 2011~2012 年经济环境指数四级指标比较

省处于落后地位。

3. 从雷达图图形变化看，2012 年与 2011 年相比，面积有所增大，经济环境指数呈现下降趋势，其中人均 GDP 排位下降成为图形扩张的动力点。

4. 从排位变化的动因看，尽管商丘市人均 GDP 指标排位有所下降，但是在其他各指标相对稳定的情况下，2012 年商丘市经济环境指数综合排位保持不变，居河南省第 16 位。

19.4.2　商丘市开放程度指数评价分析

2011~2012 年商丘市开放程度指标及其下属指标在河南省的排位变化情况，如表 19-4-2 所示。

表 19-4-2　商丘市 2011~2012 年开放程度指数及其四级指标

年份		实际利用外资额	净出口额	开放程度指数
2011	原值（万美元）	16804	13770.47	11.64
	标准化后	0.51	21.95	
2012	原值（万美元）	24596	11698.37	16.53
	标准化后	1.45	30.34	
2011 年排名		16	10	15
2012 年排名		17	14	15
升降		-1	-4	0

1. 2012年商丘市开放程度指数在整个河南省的综合排位为第15位,表明其在河南省处于劣势地位;与2011年相比排位没有发生变化。

2. 从指标所处的水平看,2012实际利用外资额和净出口额在整个河南省的排位分别为第17位和第14位,这说明商丘市的开放程度在河南省处于绝对落后地位。

3. 从排位变化的动因看,2012年商丘市的实际利用外资额排位下降1位,净出口额排位下降4位,最终2012年商丘市开放程度指数综合排位保持不变,居河南省第15位。

19.4.3 商丘市综合环境指数综合分析

2011~2012年商丘市综合环境指标及其下属指标在河南省的排位变化和指标结构情况,如表19-4-3所示。

表19-4-3 商丘市2011~2012年综合环境指数及其三级指标

年份	经济环境指数	开放程度指数	综合环境指数
2011	7.59	11.64	10.34
2012	7.47	16.53	13.01
2011年排位	16	15	15
2012年排位	16	15	16
升降	0	0	-1

1. 2012年商丘市综合环境指数在整个河南省的综合排位为第16位,表明其在河南省处于劣势地位;与2011年相比排位下降1位。

2. 从指标所处水平看,2012年经济环境和开放程度两项指标的排位分别为第16和第15位,处于下游水平。

3. 从指标变化趋势看,经济环境和开放程度两个指标的排位与2011年相比均没有变化,保持相对劣势地位。

4. 从排位综合分析看,虽然两项指标相对稳定,但是最终2012年商丘市综合环境指数排位下降1位,居河南第16位。这说明商丘市内部经济和对外经济发展程度不高,在整个河南省处于落后地位。

19.5 商丘市金融发展指数综合评价分析

2011~2012年商丘市金融发展指数综合指标及其下属指标在河南省的排位变化和指标结构情况，如表19-5-1所示。

表19-5-1 商丘市2011~2012年金融发展指数指标及其二级指标

年份	金融状况指数	成长发展指数	服务水平指数	综合环境指数	金融发展指数
2011	16.54	13.52	7.81	10.34	12.63
2012	15.41	26.83	6.86	13.01	16.27
2011年排位	10	14	15	15	16
2012年排位	11	10	15	16	16
升降	-1	4	0	-1	0

1. 2012年商丘市金融发展指数在整个河南省的综合排位为第16位，表明其在河南省处于劣势地位；与2011年相比排位没有变化。

2. 从指标所处水平看，2012年金融状况、成长发展、服务水平和综合环境四项指标的排名处于中游或下游水平。

3. 从指标变化趋势看，与2011年相比，金融状况指数排名下降1位，成长发展指数上升4位，服务水平指数排名没有变化，综合环境指数排名下降1位。

4. 从排位综合分析看，四项指标的排位相对稳定，决定了2012年商丘市金融发展指数综合排位仍居河南省第16位。这说明无论是从金融状况、成长发展、服务水平和综合环境四个方面分别评价，还是从金融发展指数方面进行综合评价，商丘市始终在河南省处于劣势的地位。

第 20 章
周口市 2012 年金融发展指数报告

20.1 周口市金融状况指数评价分析

20.1.1 周口市金融市场发展指数评价分析

2011~2012 年周口市金融市场发展指标及其下属指标在河南省的排位变化情况,如表 20-1-1 和图 20-1-1 所示。

表 20-1-1 周口市 2011~2012 年金融市场发展指数及其四级指标

年份		金融业增加值	金融系统存款余额	金融系统贷款余额	证券交易额	发行国债额	保费收入	保险赔付额	金融市场发展指数
2011	原值(亿元)	20.60	1126.04	579.31	295.90	4.41	67.18	10.16	15.83
	标准化后	5.99	10.72	7.09	1.95	21.55	39.76	23.15	
2012	原值(亿元)	23.65	1403.5	638.45	229.53	1.50	57.99	11.71	12.55
	标准化后	5.45	111.55	7.00	1.86	9.22	29.92	21.76	
2011 年排名		10	9	10	14	4	3	4	4
2012 年排名		10	8	12	14	9	4	4	5
升降		0	1	-2	0	-5	-1	0	-1

1. 2012 年周口市金融市场发展指数在整个河南省的综合排位为第 5 位,表明其在河南省处于相对优势地位;与 2011 年相比排位下降 1 位。

2. 从指标所处的水平看,2012 年金融业增加值、金融系统存款余额、金融系统贷款余额、发行国债额、保费收入和保险赔付额在整个河南省位于中游或上

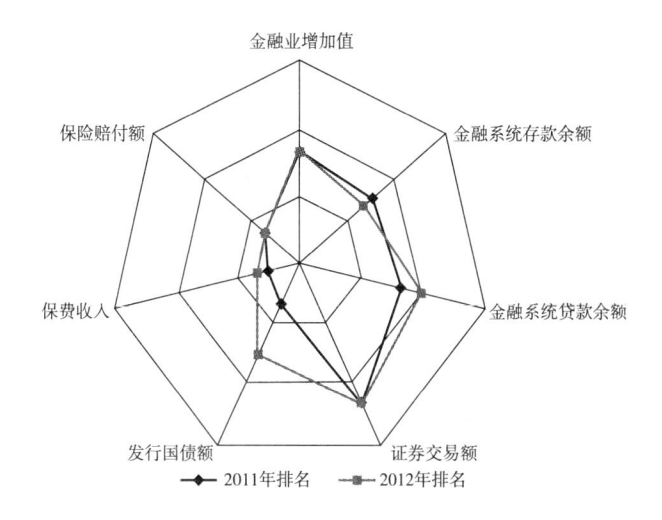

图 20 - 1 - 1　周口市 2011~2012 年金融市场发展指数四级指标比较

游,这说明周口市的金融市场发展指数在河南省处于相对领先地位。

3. 从雷达图图形变化看,2012 年与 2011 年相比,面积稍有增大。

4. 从排位变化的动因看,2012 年周口市金融市场发展指数四级指标中 1 个排位上升,3 个排位下降,这使其 2012 年的综合排位下降 1 位,居河南省第 5 位。

20.1.2　周口市金融结构深化指数评价分析

2011~2012 年周口市金融结构深化指标及其下属指标在河南省的排位变化情况,如表 20 - 1 - 2 和图 20 - 1 - 2 所示。

表 20 - 1 - 2　周口市 2011~2012 年金融结构深化指数及其四级指标

年份		证券募集资金净额比 GDP	短期贷款占比	保费收入比全省金融业增加值	金融结构深化指数
2011	原值(%)	0	4.96	7.74	18.77
	标准化后	0	14.69	39.76	
2012	原值(%)	0	4.30	5.72	14.25
	标准化后	0	11.69	29.92	
2011 年排名		16	7	3	10
2012 年排名		16	9	4	14
升降		0	-2	-1	-4

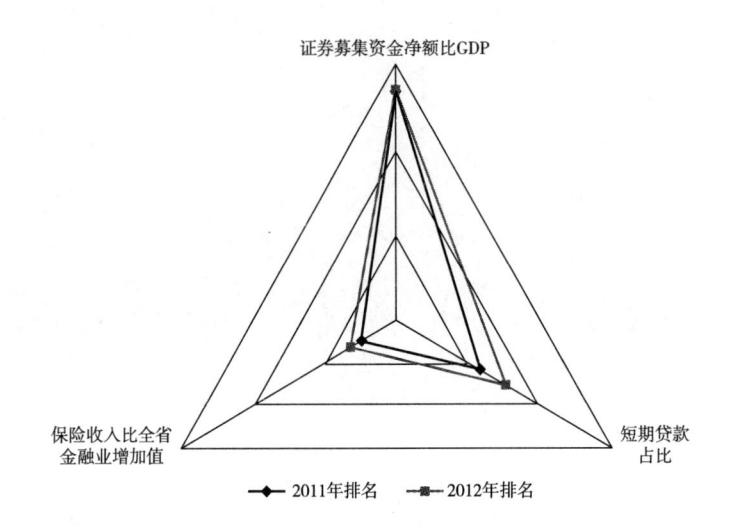

图 20-1-2 周口市 2011~2012 年金融结构深化指数四级指标比较

1. 2012 年周口市金融结构深化指数在整个河南省的综合排位为第 14 位，表明其在河南省处于劣势地位；与 2011 年相比排位下降 4 位。

2. 从指标所处的水平看，2012 年短期贷款占比和保费收入比全省金融业增加值在整个河南省的排位分别为第 9 位和第 4 位，即其在整个省域内处于中上游水平，但是证券募集资金净额比 GDP 排位靠后，这说明周口市的金融结构深化指数在河南省处于相对落后地位。

3. 从雷达图图形变化看，2012 年与 2011 年相比，面积稍有增大，短期贷款占比和保费收入比全省金融业增加值排位下降成为图形扩张的动力点。

4. 从排位变化的动因看，尽管周口市证券募集资金净额比 GDP 指标排位不变，但是在其他各指标排位下降的情况下，2012 年周口市金融结构深化指数综合排位下降 4 位，居河南省第 14 位。

20.1.3 周口市金融效率提高指数评价分析

2011~2012 年周口市金融效率提高指标及其下属指标在河南省的排位变化情况，如表 20-1-3 和图 20-1-3 所示。

1. 2012 年周口市金融效率提高指数在整个河南省的综合排位为第 18 位，表明其在河南省处于绝对劣势地位；与 2011 年相比排位下降 2 位。

2. 从指标所处的水平看，2012 年存贷比、保险密度和上市公司占有率在整个河南省的排位均比较靠后,所以周口市的金融效率提高指数在河南省处于落后地位。

表20-1-3 周口市2011~2012年金融效率提高指数及其四级指标

单位:%,元/人

年份		存贷比	保险密度	上市公司占有率	金融效率提高指数
2011	原值	51.45	599	1.59	10.57
	标准化后	24.81	8.19	4.76	
2012	原值	45.49	658	1.52	7.12
	标准化后	16.51	3.26	4.76	
2011年排名		15	13	13	16
2012年排名		16	17	13	18
升降		-1	-4	0	-2

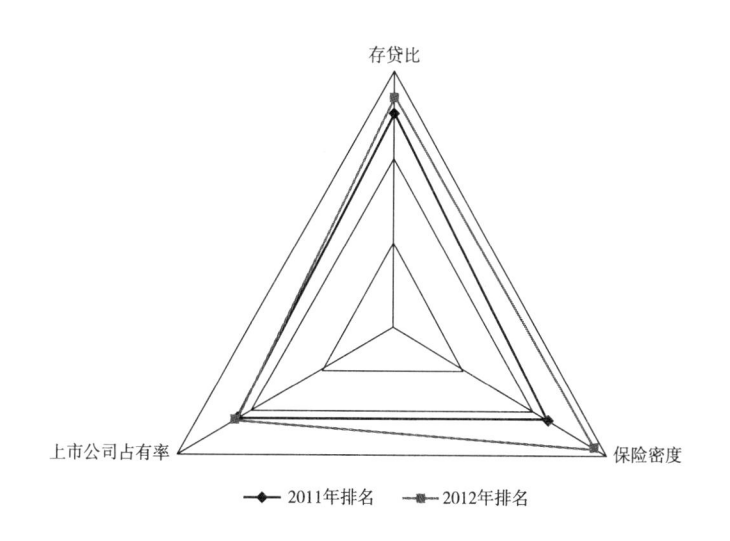

图20-1-3 周口市2011~2012年金融效率提高指数四级指标比较

3. 从雷达图图形变化看,2012年与2011年相比,面积有所增大,金融效率提高指数呈现下降趋势,其中存贷比和保险密度排位下降成为图形扩张的动力点。

4. 从排位变化的动因看,因为周口市存贷比和保险密度排位有所下降,在其他指标排位不变的情况下,2012年周口市金融效率提高指数综合排位下降2位,居河南省第18位。

20.1.4 周口市金融状况指数综合分析

2011~2012年周口市金融状况指标及其下属指标在河南省的排位变化和指标结构情况，如表20-1-4所示。

表20-1-4　周口市2011~2012年金融状况指数及其三级指标

年份	金融市场发展指数	金融结构深化指数	金融效率提高指数	金融状况指数
2011	15.83	18.77	10.57	16.06
2012	12.55	14.25	7.12	12.09
2011年排位	4	10	16	11
2012年排位	5	14	18	13
升降	-1	-4	-2	-2

1. 2012年周口市金融状况指数在整个河南省的综合排位为第13位，表明其在河南省处于劣势地位；与2011年相比排位下降2位。

2. 从指标所处水平看，2012年金融市场发展、金融结构深化和金融效率提高三项指标的排位分别为第5位、第14位和第18位，处于上游或下游水平。

3. 从指标变化趋势看，金融市场发展、金融结构深化和金融效率提高3个指标的排位与2011年相比均有所下降。

4. 从排位综合分析看，三项指标的排位落后，决定了2012年周口市金融状况指数综合排位居河南省第13位。这说明其金融整体发展程度不高，在整个河南省处于落后地位。

20.2　周口市成长发展指数评价分析

20.2.1　周口市资本市场成长性指数评价分析

2011~2012年周口市资本市场成长性指标及其下属指标在河南省的排位变化情况，如表20-2-1和图20-2-1所示。

表 20-2-1 周口市 2011~2012 年资本市场成长性指数及其四级指标

年份		金融机构贷款余额年增长额	发行国债年增长额	A股股票募集资金净额	资本市场成长性指数
2011	原值(亿元)	16.13	1.585	0	-8.19
	标准化后	8.63	59.72	0	
2012	原值(亿元)	59.14	-2.9091	0	20.18
	标准化后	7.61	50.81	0	
2011 年排名		14	3	16	18
2012 年排名		13	17	16	18
升降		1	-14	0	0

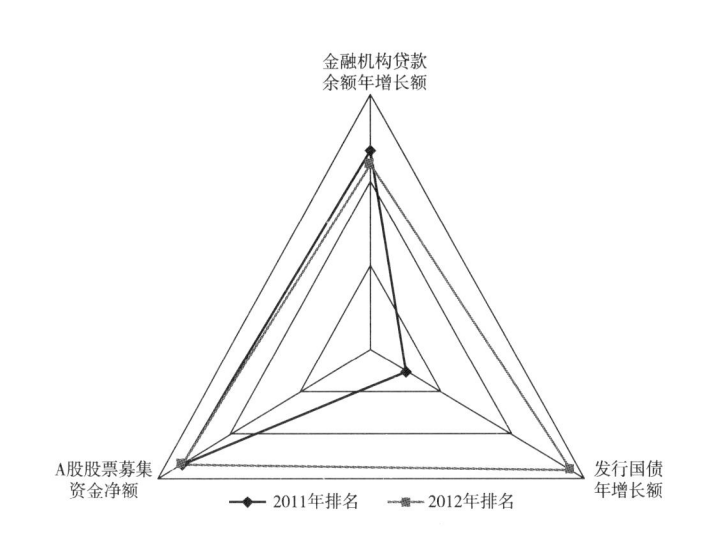

图 20-2-1 周口市 2011~2012 年资本市场成长性指数四级指标比较

1. 2012 年周口市资本市场成长性指数在整个河南省的综合排位为第 18 位，表明其在河南省处于绝对劣势地位；与 2011 年相比排位没有发生变化。

2. 从指标所处的水平看，2012 年金融机构贷款余额年增长额和 A 股股票募集资金净额在整个河南省的排位分别为第 13 位和第 16 位，同时发行国债年增长额排位大幅下降，排在第 17 位，在此综合作用下周口市的资本市场成长性指数在河南省处于绝对落后地位。

3. 从雷达图图形变化看，2012 年与 2011 年相比，面积增大，资本市场成长性指数呈现下降趋势，其中发行国债年增长额排位下降成为图形扩张的动力点。

4. 从排位变化的动因看,虽然周口市发行国债年增长额指标排位大幅下降,但是在其他各指标排位相对稳定的情况下,2012年周口市资本市场成长性指标综合排位保持不变,居河南省第18位。

20.2.2 周口市经济成长性指数评价分析

2011~2012年周口市经济成长性指标及其下属指标在河南省的排位变化情况,如表20-2-2和图20-2-2所示。

表20-2-2 周口市2011~2012年经济成长性指数及其四级指标

年份		GDP年增长额	财政收入年增长额	社会固定资产投资年增长额	社会消费品零售总额年增长额	经济成长性指数
2011	原值(亿元)	179.19	10.41	155.29	89.48	17.55
	标准化后	16.41	6.34	20.31	25.64	
2012	原值(亿元)	167.23	11.41	180.97	93.35	21.73
	标准化后	27.93	7.99	21.15	27.41	
2011年排名		8	12	11	4	8
2012年排名		3	10	11	4	5
升降		5	2	0	0	3

1. 2012年周口市经济成长性指数在整个河南省的综合排位为第5位,表明其在河南省处于相对优势地位;与2011年相比排位上升3位。

2. 从指标所处的水平看,2012年GDP年增长额、财政收入年增长额、社会固定资产投资年增长额和社会消费品零售总额年增长额在整个河南省的排位分别为第3位、第10位、第11位和第4位,这导致周口市的经济成长性在河南省处于上游。

3. 从雷达图图形变化看,2012年与2011年相比,面积有所缩小。

4. 从排位变化的动因看,2012年周口市GDP年增长额在河南省的排位上升5位、财政收入年增长额排位上升2位,使其2012年的综合排位上升3位,居河南省第5位。

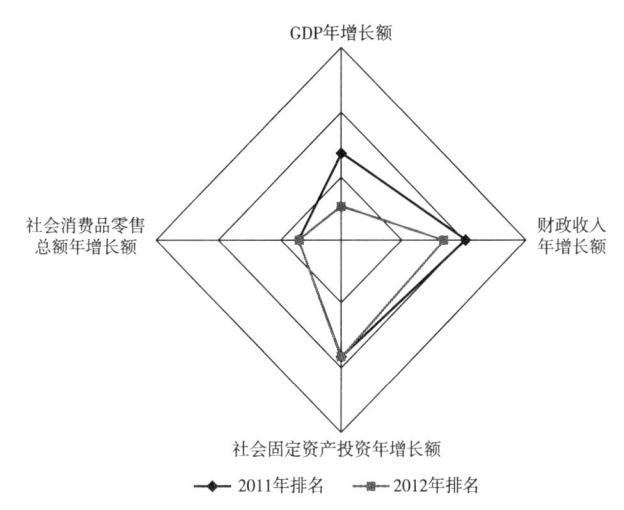

图 20-2-2　周口市 2011~2012 年经济成长性指数四级指标比较

20.2.3　周口市城市创新成长性指数评价分析

2011~2012 年周口市城市创新成长性指标及其下属指标，在河南省的排位变化情况，如表 20-2-3 和图 20-2-3 所示。

表 20-2-3　周口市 2011~2012 年城市创新成长性指数及其四级指标

单位：亿元，人

年份		政府研发经费支出年增长额	政府研发人员年增长量	新产品销售收入年增长额	城市创新成长性指数
2011	原值	0.017	-35	23.42	27.39
	标准化后	46.82	25.38	29.39	
2012	原值	-0.013	-4	-9.25	23.12
	标准化后	6.08	6.97	49.93	
2011 年排名		12	16	9	11
2012 年排名		14	15	16	17
升降		-2	1	-7	-6

1. 2012 年周口市城市创新成长性指数在整个河南省的综合排位为第 17 位，表明其在河南省处于劣势地位；与 2011 年相比排位下降 6 位。

2. 从指标所处的水平看，2012 年政府研发经费支出年增长额和政府研发人员年增长量在整个河南省的排位分别为第 14 位和第 15 位，而新产品销售收入年增长额排

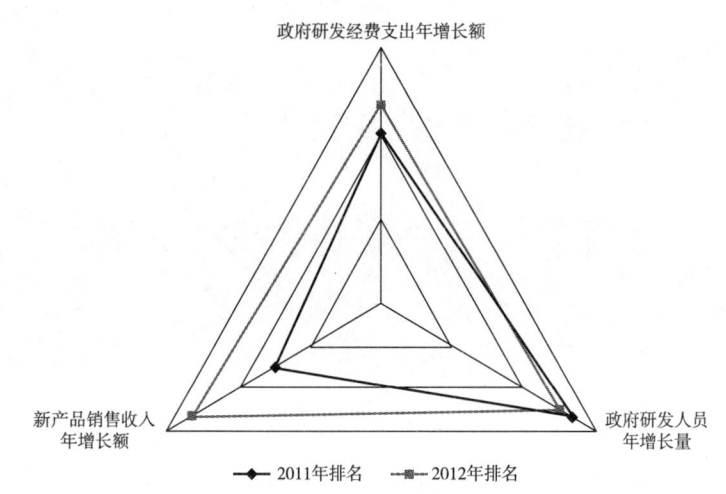

图 20-2-3 周口市 2011~2012 年城市创新成长性指数四级指标比较雷达图

在第 16 位，在此综合作用下，周口市的城市创新成长性指数在河南省处于劣势地位。

3. 从雷达图图形变化看，2012 年与 2011 年相比，面积增大，城市创新成长性指数呈现下降趋势，其中政府研发经费支出年增长额和新产品销售收入年增长额排位下降成为图形扩张的动力点。

4. 从排位变化的动因看，政府研发经费支出年增长额这个指标的排名下降 2 位，加上新产品销售收入年增长额的排位严重下降，导致 2012 年周口市城市创新成长性指数综合排位大幅下降，居河南省第 17 位。

20.2.4 周口市成长发展指数综合分析

2011~2012 年周口市成长发展指标及其下属指标在河南省的排位变化和指标结构情况，如表 20-2-4 所示。

表 20-2-4 周口市 2011~2012 年成长发展指数及其三级指标

年份	资本市场成长性指数	经济成长性指数	城市创新成长性指数	成长发展指数
2011	-8.19	17.55	27.39	12.75
2012	20.18	21.73	23.12	20.06
2011 年排位	18	8	11	15
2012 年排位	18	5	17	17
升降	0	3	-6	-2

1. 2012年周口市成长发展指数综合排位为第17位,表明其在河南省处于劣势地位;与2011年相比排位下降2位。

2. 从指标所处水平看,2012年经济成长性指标排在第5位,处于上游水平;同时资本市场成长性指标排在第18位,城市创新成长性指标排在第17位,处于下游。

3. 从指标变化趋势看,资本市场成长性指标与2011年相比没有变化,保持绝对劣势地位,城市创新成长性指标变动较大,也处于劣势地位。

4. 从排位综合分析看,上述两项指标的相对劣势,决定了2012年周口市成长发展指数综合排位下降2位,居河南省第17位。

20.3 周口市服务水平指数评价分析

20.3.1 周口市智力资本指数评价分析

2011~2012年周口市智力资本指标及其下属指标,在河南省的排位变化情况,如表20-3-1和图20-3-1所示。

表20-3-1 周口市2011~2012年智力资本指数及其四级指标

单位:人/平方公里,所

年份		金融业从业密度	受高等教育密度	科研人员密度	普通高等学校数量	智力资本指数
2011	原值	1.75	3.19	0.69	3	7.34
	标准化后	19.21	2.15	3.45	4.00	
2012	原值	1.64	2.9	0.68	3	6.57
	标准化后	16.22	1.72	3.79	3.92	
2011年排名		8	13	14	12	13
2012年排名		6	14	15	12	14
升降		2	-1	-1	0	-1

1. 2012年周口市智力资本指数在整个河南省的综合排位为第14位,表明其在河南省处于劣势地位;与2011年相比排位下降1位。

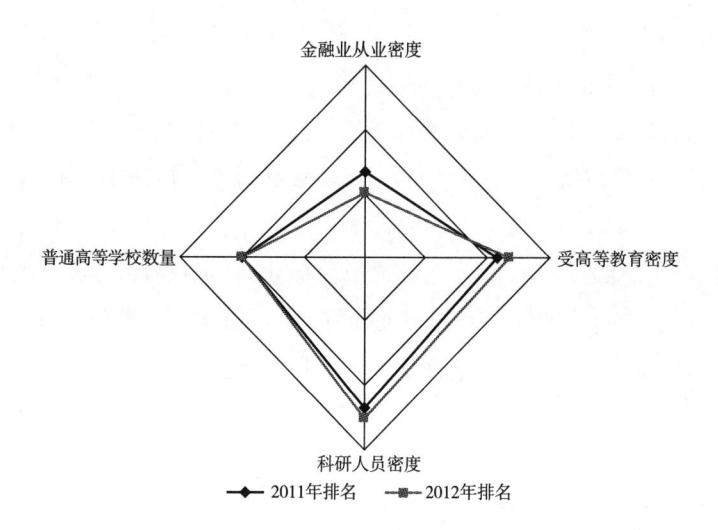

图 20-3-1　周口市 2011~2012 年智力资本指数四级指标比较

2. 从指标所处的水平看，2012 年金融业从业密度、受高等教育密度、科研人员密度和普通高等学校在整个河南省的排位分别为第 6 位、第 14 位、第 15 位和第 12 位，这说明周口市的智力资本在河南省处于落后地位。

3. 从雷达图图形变化看，2012 年与 2011 年相比，面积基本不变。

4. 从排位变化的动因看，2012 年周口市金融从业密度排位上升 2 位，受高等教育密度排位下降 1 位，科研人员密度排位下降 1 位，使其 2012 年的综合排位下降 1 位，居河南省第 14 位。

20.3.2　周口市城市环境指数评价分析

2011~2012 年周口市城市环境指标及其下属指标在河南省的排位变化情况，如表 20-3-2 和图 20-3-2 所示。

1. 2012 年周口市城市环境指数在整个河南省的综合排位为第 18 位，表明其在河南省为绝对劣势地位；与 2011 年相比排位没有发生变化。

2. 从指标所处的水平看，2012 年虽然人均城市道路面积在河南省的排位为第 2 位，但是城镇化水平、城镇登记失业率、人均绿化覆盖面积、基本养老保险覆盖率、基本医疗保险覆盖率和商品房屋销售均价在整个河南省排位均非常靠后，这说明周口市的城市环境在河南省处于绝对落后地位。

表20-3-2 周口市2011~2012年城市环境指数及其四级指标

年份		城镇化水平	城镇登记失业率	人均城市道路面积	人均绿化覆盖面积	基本医疗保险覆盖率	基本养老保险覆盖率	商品房屋销售均价	城市环境指数
2011	原值	31.50 (%)	4.0 (%)	21.58 (平方米)	2.39 (平方米)	14.45 (%)	5.80 (%)	2350 (元/平方米)	-4.23
	标准化后	0	0	100.00	0	0	4.99	2.11	
2012	原值	33.40 (%)	4.0 (%)	21.49 (平方米)	2.65 (平方米)	15.64 (%)	6.30 (%)	2690 (元/平方米)	4.14
	标准化后	0	0	95.85	0	0	4.15	3.37	
2011年排名		18	17	1	18	18	17	16	18
2012年排名		17	17	2	18	18	17	17	18
升降		1	0	-1	0	0	0	-1	0

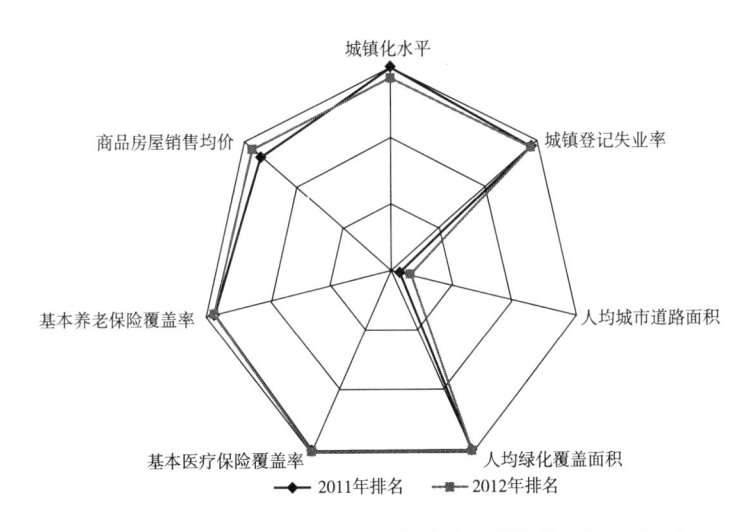

图20-3-2 周口市2011~2012年城市环境指数四级指标比较

3. 从雷达图图形变化看，2012年与2011年相比，面积有所增大，城市环境指数呈现下降趋势，其中人均城市道路面积和商品房屋销售均价排位下降成为图形扩大的动力点。

4. 从综合排位来看，2012年周口市城市环境指数综合排位保持不变，居河南省第18位。

20.3.3 周口市服务水平指数综合分析

2011~2012年周口市服务水平指标及其下属指标在河南省的排位变化和指标结构情况,如表20-3-3所示。

表20-3-3 周口市2011~2012年服务水平指数及其三级指标

年份	智力资本指数	城市环境指数	服务水平指数
2011	7.34	-4.23	1.69
2012	6.57	4.14	5.81
2011年排位	13	18	17
2012年排位	14	18	16
升降	-1	0	1

1. 2012年周口市服务水平指数综合排位为第16位,表明其在河南省处于劣势地位;与2011年相比排位上升1位。

2. 从指标所处水平看,2012年智力资本和城市环境两个指标在整个河南省的排位分别为第14位和第18位,处于下游水平。

3. 从指标变化趋势看,智力资本指标与2011年相比排位下降1位,居于劣势地位。

4. 从排位综合分析看,两个指标的排位,决定了2012年周口市服务水平指数综合排位居河南省第16位,上升1位。

20.4 周口市综合环境指数评价分析

20.4.1 周口市经济环境指数评价分析

2011~2012年周口市经济环境指标及其下属指标在河南省的排位变化情况,如表20-4-1和图20-4-1所示。

1. 2012年周口市经济环境指数在整个河南省的综合排位为第18位,表明其在河南省处于绝对劣势地位;与2011年相比排位没有发生变化。

2. 从指标所处的水平看,2012年城镇人均可支配收入、农村人均纯收入、人均 GDP 和人均财政收入在整个河南省的排位均为第 18 位,人均社会商品零售额排在第 16 位,这说明周口市的经济环境在河南省处于落后地位。

表 20-4-1　周口市 2011~2012 年经济环境指数及其四级指标

年份		城镇人均可支配收入	农村人均纯收入	人均 GDP	人均财政收入	人均社会商品零售额	经济环境指数
2011	原值(元)	14583	5448	15734	544	6477	0.22
	标准化后	0	0	0	0	1.02	
2012	原值(元)	16503	6199	17734	683	7643	0.20
	标准化后	0	0	0	0	0.95	
2011 年排名		18	18	18	18	16	18
2012 年排名		18	18	18	18	16	18
升降		0	0	0	0	0	0

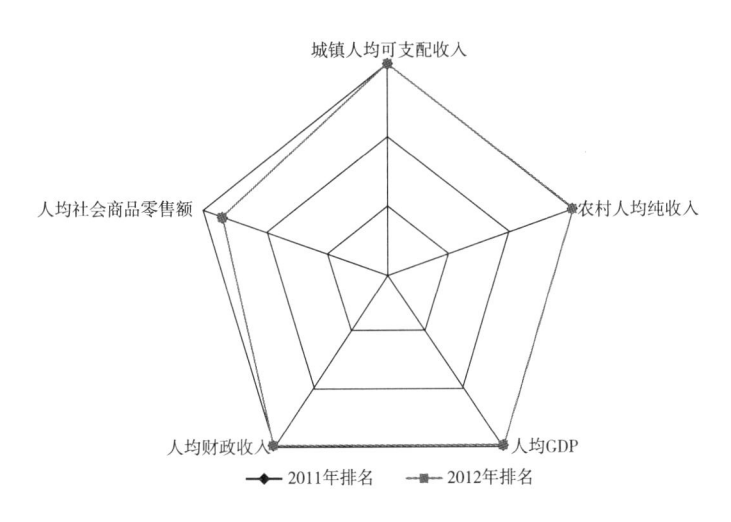

图 20-4-1　周口市 2011~2012 年经济环境指数四级指标比较

3. 从雷达图图形变化看,2012 年与 2011 年相比,面积没有变化,经济环境指数排位不变。

4. 从排位来看,因为周口市的四级指标排名均没有发生变化,所以 2012 年周口市经济环境指数综合排位保持不变,居河南省第 18 位。

20.4.2　周口市开放程度指数评价分析

2011~2012 年周口市开放程度指标及其下属指标在河南省的排位变化情况,

表 20-4-2　周口市 2011~2012 年开放程度指数及其四级指标

年份		实际利用外资额	净出口额	开放程度指数
2011	原值(万美元)	28982	6300.73	12.82
	标准化后	4.65	20.11	
2012	原值(万美元)	36341	19003.8	19.00
	标准化后	5.09	31.44	
2011 年排名		11	14	13
2012 年排名		11	8	11
升降		0	6	2

如表 20-4-2 所示。

1. 2012 年周口市开放程度指数在整个河南省的综合排位为第 11 位,表明其在河南省处于中游;与 2011 年相比排位上升 2 位。

2. 从指标所处的水平看,2012 年净出口额和实际利用外资额在整个河南省均处于中游水平,这说明周口市的开放程度指数在河南省处于中游。

3. 从排位变化的动因看,2012 年周口市的实际利用外资额在河南省的排位没有发生变化,净出口额排名上升 6 位,使其 2012 年的开放程度指数的综合排位上升 2 位,居河南省第 11 位。

20.4.3　周口市综合环境指数综合分析

2011~2012 年周口市综合环境指标及其下属指标在河南省的排位变化和指标结构情况,如表 20-4-3 所示。

表 20-4-3　周口市 2011~2012 年综合环境指数及其三级指标

年份	经济环境指数	开放程度指数	综合环境指数
2011	0.22	12.82	7.02
2012	0.20	19.00	10.41
2011 年排位	18	13	18
2012 年排位	18	11	18
升降	0	2	0

1. 2012 年周口市综合环境指数在整个河南省的综合排位为第 18 位,表明其在河南省处于绝对劣势地位;与 2011 年相比排位没有变化。

2. 从指标所处水平看，2012年经济环境和开放程度两个指标的排位分别为第18位和第11位，处于下或中游水平。

3. 从指标变化趋势看，开放程度指标与2011年相比排位上升2位，保持中势地位。

4. 从排位综合分析看，两项指标的排位，决定了2012年周口市综合环境指数综合排位仍居河南第18位。这说明周口市内部经济和对外经济发展程度都很低，在整个河南省处于绝对落后的地位。

20.5 周口市金融发展指数综合评价分析

2011~2012年周口市金融发展指数综合指标及其下属指标在河南省的排位变化和指标结构情况，如表20-5-1所示。

表20-5-1 周口市2011~2012年金融发展指数指标及其二级指标

年份	金融状况指数	成长发展指数	服务水平指数	综合环境指数	金融发展指数
2011	16.06	12.75	1.69	7.02	9.84
2012	12.09	20.06	5.81	10.41	12.69
2011年排位	11	15	17	18	18
2012年排位	13	17	16	18	18
升降	-2	-2	1	0	0

1. 2012年周口市金融发展指数在整个河南省的综合排位为第18位，表明其在河南省处于劣势地位；与2011年相比排位没有变化。

2. 从指标所处水平看，2012年周口市金融状况、成长发展、服务水平和综合环境四项指标的排名均靠后，处于劣势地位。

3. 从指标变化趋势看，金融状况和成长发展两项指标与2011年相比均下降2位，居劣势地位；服务水平指数排名下降1位，保持劣势地位。

4. 从排位综合分析看，四项指标的劣势，决定了2012年周口市金融发展指数综合排位仍居河南省第18位。这说明无论是从金融状况、成长发展、服务水平和综合环境四个方面分别评价，还是从金融发展指数方面进行综合评价，周口市始终在河南省处于绝对的劣势。

第 21 章
驻马店市 2012 年金融发展指数报告

21.1 驻马店市金融状况指数评价分析

21.1.1 驻马店市金融市场发展指数评价分析

2011～2012 年驻马店市金融市场发展指标及其下属指标在河南省的排位变化情况，如表 21-1-1 和图 21-1-1 所示。

表 21-1-1 驻马店市 2011～2012 年金融市场发展指数及其四级指标

年 份		金融业增加值	金融系统存款余额	金融系统贷款余额	证券交易额	发行国债额	保费收入	保险赔付额	金融市场发展指数
2011	原值（亿元）	20.05	1172.31	540.33	361.94	3.34	49.94	8.69	12.87
	标准化后	5.81	11.25	6.43	2.54	15.57	28.45	19.32	
2012	原值（亿元）	23.54	1429.50	643.87	293.89	1.68	47.76	9.67	11.41
	标准化后	5.42	11.80	7.08	2.56	10.68	23.97	17.31	
2011 年排名		11	7	12	12	6	6	7	7
2012 年排名		11	7	11	12	6	6	8	8
升降		0	0	1	0	0	0	-1	-1

1. 2012 年驻马店市金融市场发展指数在整个河南省的综合排位为第 8 位，表明其在河南省处于中游水平；与 2011 年相比排位下降 1 位。

2. 从指标所处的水平看，2012 年发行国债额、保费收入在整个河南省排位均处于上游水平，而金融系统存款余额、金融业增加值和保险赔付额、金融系统

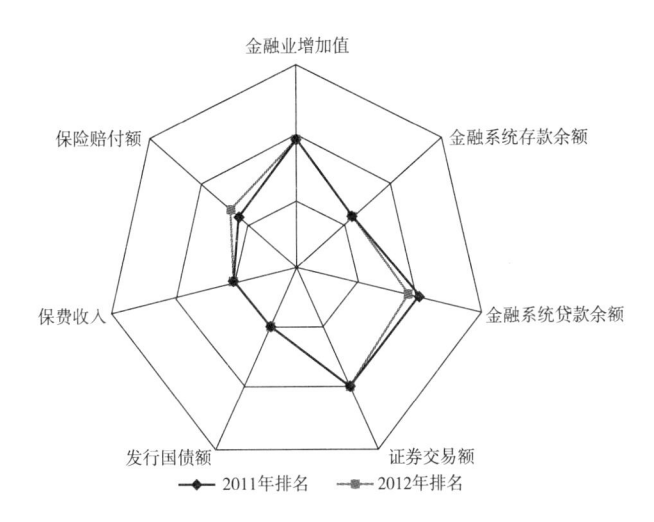

图 21-1-1 驻马店市 2011～2012 年金融市场发展指数四级指标比较

贷款余额、证券交易额均处于中游水平，这导致驻马店市的金融市场发展指数整体在河南省处于中游水平。

3. 从雷达图图形变化看，2012 年与 2011 年相比，面积没有发生显著变化。

4. 从排位变化的动因看，2012 年驻马店市金融市场发展指数四级指标中的保险赔付额在河南省的排位下降 1 位，使其 2012 年的综合排位下降 1 位，居河南省第 8 位。

21.1.2 驻马店市金融结构深化指数评价分析

2011～2012 年驻马店市金融结构深化指标及其下属指标在河南省的排位变化情况，如表 21-1-2 和图 21-1-2 所示。

表 21-1-2 驻马店市 2011～2012 年金融结构深化指数及其四级指标

年 份		证券募集资金 净额比 GDP	短期贷款占比	保费收入比全省 金融业增加值	金融结构 深化指数
2011	原值(%)	0.91	4.34	5.75	20.29
	标准化后	31.26	12.28	28.45	
2012	原值(%)	0.82	4.03	4.71	17.88
	标准化后	28.73	10.69	23.97	
2011 年排名		10	9	6	9
2012 年排名		11	11	6	10
升降		-1	-2	0	-1

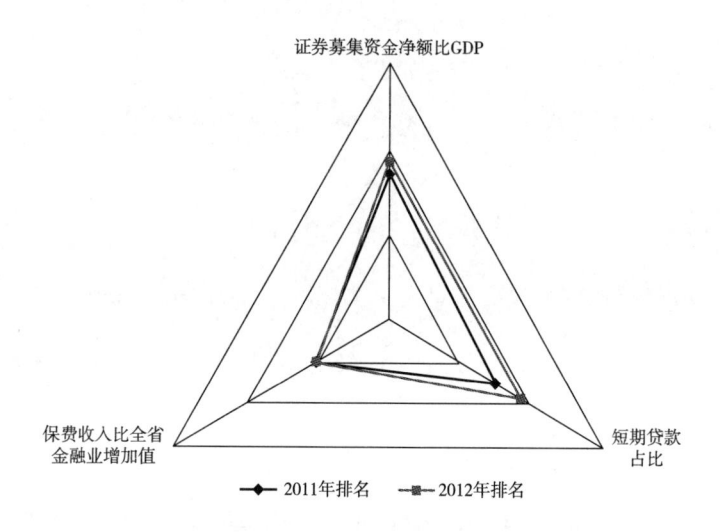

图 21-1-2　驻马店市 2011~2012 年金融结构深化指数四级指标比较

1. 2012 年驻马店市金融结构深化指数在整个河南省的综合排位为第 10 位，表明其在河南省处于中游水平；与 2011 年相比排位下降 1 位。

2. 从指标所处的水平看，2012 年短期贷款占比和证券募集资金净额比 GDP 在整个河南省的排位均为第 11 位，即在整个省域内处于中游水平，虽然保费收入比全省金融业增加值排位靠前，但是依然改变不了金融结构深化整体指标居于中游，驻马店市的金融结构深化指标在河南省处于中游水平。

3. 从雷达图图形变化看，2012 年与 2011 年相比，面积略有增大，金融结构深化指数呈现下降趋势，其中证券募集资金净额比 GDP 和短期贷款占比成为图形扩张的动力点。

4. 从排位变化的动因看，尽管驻马店市保费收入比全省金融业增加值排位保持不变，但是在其他各指标排位下降的作用下，2012 年驻马店市金融结构深化指数综合排位下降 1 位，居河南省第 10 位。

21.1.3　驻马店市金融效率提高指数评价分析

2011~2012 年驻马店市金融效率提高指标及其下属指标在河南省的排位变化情况，如表 21-1-3 和图 21-1-3 所示。

表 21－1－3　驻马店市 2011～2012 年金融效率提高指数及其四级指标

单位：％，元/人

年　份		存贷比	保险密度	上市公司占有率	金融效率提高指数
2011	原值	46.09	563	1.59	7.40
	标准化后	15.06	6.03	4.76	
2012	原值	45.04	689	1.52	7.65
	标准化后	15.70	5.47	4.76	
2011 年排名		17	17	13	18
2012 年排名		17	13	13	17
升降		0	4	0	1

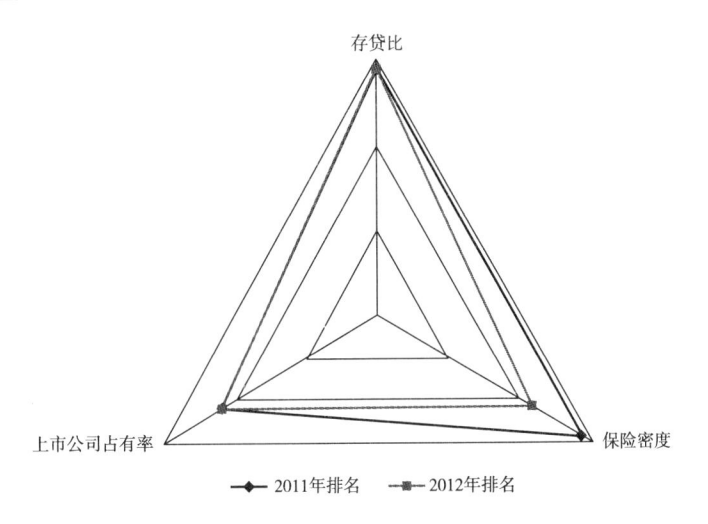

图 21－1－3　驻马店市 2011～2012 年金融效率提高指数四级指标比较

1. 2012 年驻马店市金融效率提高指数在整个河南省的综合排位为第 17 位，表明其在河南省处于劣势地位；与 2011 年相比排位上升 1 位。

2. 从指标所处的水平看，2012 年保险密度和上市公司占有率在整个河南省的排位均为第 13 位，而驻马店市的存贷比排位为第 17 位，处于劣势水平。

3. 从雷达图图形变化看，2012 年与 2011 年相比，面积有所缩小，金融效率提高指数呈现上升趋势，其中保险密度排位上升成为图形扩张的动力点。

4. 从排位变化的动因看，在保险密度排位上升的拉动作用下，2012 年驻马店市金融效率提高指数综合排位提高 1 位，居河南省第 17 位。

21.1.4 驻马店市金融状况指数综合分析

2011~2012年驻马店市金融状况指标及其下属指标在河南省的排位变化和指标结构情况,如表21-1-4所示。

表21-1-4 驻马店市2011~2012年金融状况指数及其三级指标

年 份	金融市场发展指数	金融结构深化指数	金融效率提高指数	金融状况指数
2011	12.87	20.29	7.40	14.46
2012	11.41	17.88	7.65	13.15
2011年排位	7	9	18	12
2012年排位	8	10	17	12
升降	-1	-1	1	0

1. 2012年驻马店市金融状况指数在整个河南省的综合排位为第12位,表明其在河南省处于中游水平;与2011年相比排位没有变化。

2. 从指标所处水平看,2012年金融市场发展指数和金融结构深化指数在整个河南省的排位处于中游水平,而金融效率提高指数处于劣势地位。

3. 从指标变化趋势看,金融市场发展和金融结构深化2项指标与2011年相比排位均下降1位;而金融效率提高指标排位上升1位,但总体仍处于劣势地位。

4. 从排位综合分析看,金融市场发展和金融结构深化两项指标处于中游水平,而金融效率指标仍处于劣势地位,决定了2012年驻马店市金融状况指数综合排位居河南省第12位。这说明该地区金融发展状况相对落后,需要加大投入、优化金融结构,尤其要提高地区金融效率。

21.2 驻马店市成长发展指数评价分析

21.2.1 驻马店市资本市场成长性指数评价分析

2011~2012年驻马店市资本市场成长性指标及其下属指标在河南省的排位变化情况,如表21-2-1和图21-2-1所示。

表 21-2-1 驻马店市 2011~2012 年资本市场成长性指数及其四级指标

年 份		金融机构贷款余额年增长额	发行国债年增长额	A 股股票募集资金净额	资本市场成长性指数
2011	原值（亿元）	40.89	-2.6581	11.28	12.53
	标准化后	14.60	0	8.86	
2012	原值（亿元）	103.54	-1.6535	11.28	33.42
	标准化后	14.21	72.96	8.86	
2011 年排名		11	18	10	9
2012 年排名		9	15	11	14
升降		2	3	-1	-5

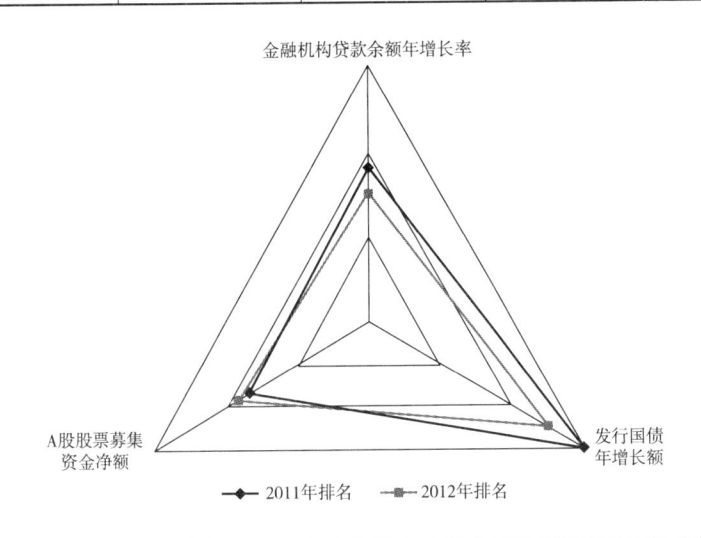

图 21-2-1 驻马店市 2011~2012 年资本市场成长性指数四级指标比较

1. 2012 年驻马店市资本市场成长性指数在整个河南省的综合排位为第 14 位，表明其在河南省处于下游水平；与 2011 年相比排位下降 5 位。

2. 从指标所处的水平看，2012 年金融机构贷款余额年增长额和发行国债年增长额在整个河南省的排位均上升，但仍处于中下游水平。A 股股票募集资金净额排位小幅下降，2012 年的排名为第 11 位，在此综合作用下，驻马店市的资本市场成长性指数在河南省处于下游水平。

3. 从雷达图图形变化看，2012 年与 2011 年相比，面积有所缩小，资本市场成长性指数呈现上升趋势，其中发行国债年增长额和金融机构贷款余额年增长额排位上升成为图形缩小的动力点。

4. 从排位变化的动因看,尽管2012年驻马店市发行国债年增长额和金融机构贷款余额年增长额指标在河南省的排位上升,但在 A 股股票募集资金净额排位小幅下降的作用下,2012年驻马店市资本市场成长性指标综合排位下降5位,居河南省第 14 位。

21.2.2 驻马店市经济成长性指数评价分析

2011~2012年驻马店市经济成长性指标及其下属指标在河南省的排位变化情况,如表 21 – 2 – 2 和图 21 – 2 – 2 所示。

表 21 – 2 – 2 驻马店市 2011~2012 年经济成长性指数及其四级指标

年 份		GDP 年增长额	财政收入年增长额	社会固定资产投资年增长额	社会消费品零售总额年增长额	经济成长性指数
2011	原值(亿元)	191.06	10.66	142.10	67.71	15.47
	标准化后	17.72	6.56	17.85	18.41	
2012	原值(亿元)	128.77	11.81	154.97	70.90	16.99
	标准化后	21.05	8.38	16.86	19.79	
2011 年排名		7	11	14	9	12
2012 年排名		8	9	13	8	10
升降		-1	2	1	1	2

1. 2012 年驻马店市经济成长性指数在整个河南省的综合排位为第 10 位,表明其在河南省处于中游水平;与 2011 年相比排位上升 2 位。

2. 从指标所处的水平看,2012 年 GDP 年增长额、财政收入年增长额和社会消费品零售总额年增长额在整个河南省均处于中游水平,而社会固定资产投资年增长额处于下游水平,这说明驻马店市的经济成长性指数在河南省总体处于中游水平。

3. 从雷达图图形变化看,2012 年与 2011 年相比,面积在缩小,经济成长性指数呈现上升趋势,其中财政收入年增长额、社会消费品零售总额年增长额和社会固定资产投资年增长额排位上升成为图形缩小的动力点。

4. 从排位变化的动因看,尽管 2012 年驻马店市 GDP 年增长额排名下降,但是在财政收入年增长额、社会消费品零售总额年增长额和社会固定资产投资年增长额排位上升的强力拉动下,经济成长性指数在河南省的排位上升 2 位,处于中游水平。

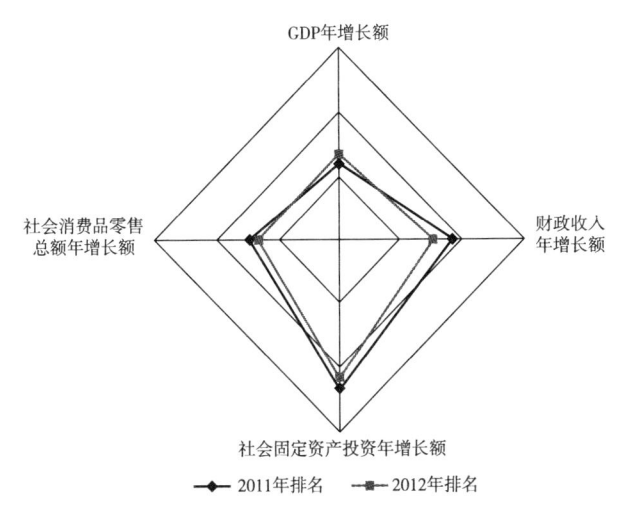

图 21-2-2　驻马店市 2011~2012 年经济成长性指数四级指标比较

21.2.3　驻马店市城市创新成长性指数评价分析

2011~2012 年驻马店市城市创新成长性指标及其下属指标在河南省的排位变化情况，如表 21-2-3 和图 21-2-3 所示。

表 21-2-3　驻马店市 2011~2012 年城市创新成长性指数及其四级指标

单位：亿元，人

年　份		政府研发经费支出年增长额	政府研发人员年增长量	新产品销售收入年增长额	城市创新成长性指数
2011	原值	-0.216	119	-37.23	17.78
	标准化后	41.83	31.16	0	
2012	原值	0.004	-138	6.36	28.25
	标准化后	6.43	0	69.45	
2011 年排名		16	12	18	18
2012 年排名		12	18	8	15
升降		4	-6	10	3

1. 2012 年驻马店市城市创新成长性指数在整个河南省的综合排位为第 15 位，表明其在河南省处于下游水平；与 2011 年相比排位上升 3 位。

2. 从指标所处的水平看，2012 年政府研发经费支出年增长额在整个河南省排在第 12 位，处于中游水平；而政府研发人员年增长量排在第 18 位，处于绝对

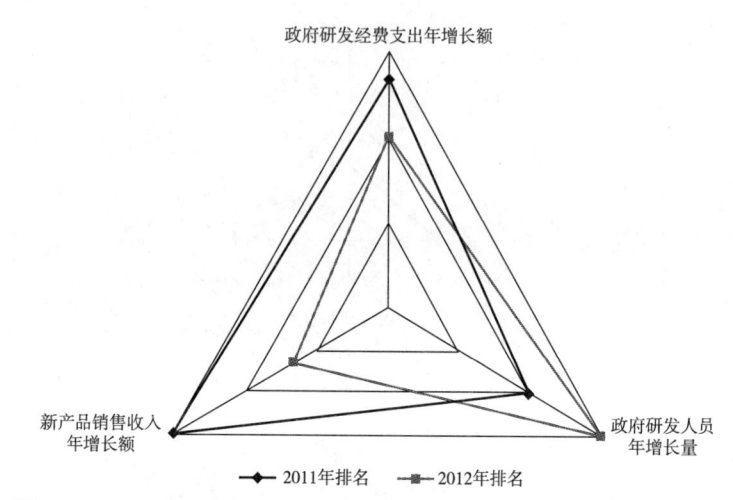

图 21-2-3　驻马店市 2011～2012 年城市创新成长性指数四级指标比较

劣势地位；新产品销售收入年增长额排在第 8 位，处于中游水平。故在各因素综合作用下，驻马店市的城市创新成长性在河南省处于下游水平。

3. 从雷达图图形变化看，2012 年与 2011 年相比，面积缩小，城市创新成长性指数呈现上升趋势，其中政府研发经费支出年增长额和新产品销售收入年增长额排位上升均成为图形缩小的动力点。

4. 从排位变化的动因看，政府研发经费支出年增长额和新产品收入年增长额这两项指标的排名分别上升 4 位和 10 位，导致 2012 年驻马店市城市创新成长性指数综合排位大幅上升，居河南省第 15 位，但仍处于下游水平。

21.2.4　驻马店市成长发展指数综合分析

2011～2012 年驻马店市成长发展指标及其下属指标在河南省的排位变化和指标结构情况，如表 21-2-4 所示。

表 21-2-4　驻马店市 2011～2012 年成长发展指数及其三级指标

年　份	资本市场成长性指数	经济成长性指数	城市创新成长性指数	成长发展指数
2011	12.53	15.47	17.78	16.28
2012	33.42	16.99	28.25	24.34
2011 年排位	9	12	18	11
2012 年排位	14	10	15	13
升降	-5	2	3	-2

1. 2012年驻马店市成长发展指数在整个河南省的综合排位为第13位,表明其在河南省处于下游水平;与2011年相比排位下降2位。

2. 从指标所处水平看,2012年资本市场成长性和城市创新成长性两项指标在整个河南省的排位分别为第14位和第15位,都处于下游水平;而经济成长性指数排在第10位,处于中游水平。

3. 从指标变化趋势看,经济成长性指标与2011年相比排位上升2位,但仍处于中游水平;城市创新成长性指标排位比2011年上升3位,但仍处于下游水平;而资本市场成长性指数排位大幅下降5位,位于下游水平。从排位综合分析看,资本市场成长性指标排位的大幅下降,决定了2012年驻马店市成长发展指数综合排位下降2位,居河南省第13位,处于下游水平。

21.3 驻马店市服务水平指数评价分析

21.3.1 驻马店市智力资本指数评价分析

2011~2012年驻马店市智力资本指标及其下属指标在河南省的排位变化情况,如表21-3-1和图21-3-1所示。

表21-3-1 驻马店市2011~2012年智力资本指数及其四级指标

单位:人/平方公里,所

年 份		金融业从业密度	受高等教育密度	科研人员密度	普通高等学校数量	智力资本指数
2011	原值	0.82	1.30	0.32	2	1.20
	标准化后	2.72	0	0	2.00	
2012	原值	0.84	1.34	0.33	2	1.20
	标准化后	2.07	0	0.63	1.96	
2011年排名		16	18	18	14	18
2012年排名		15	18	17	14	18
升降		1	0	1	0	0

1. 2012年驻马店市智力资本指数在整个河南省的综合排位为第18位,表明其在河南省处于绝对劣势地位;与2011年相比排位没有发生变化。

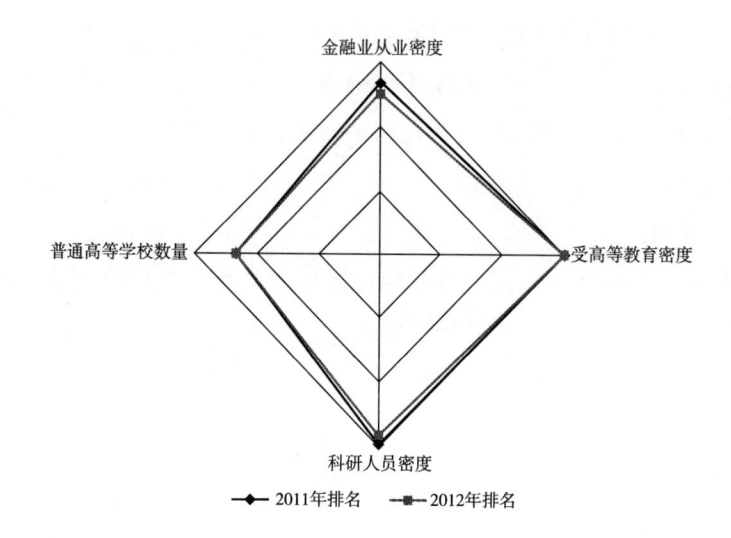

图 21 - 3 - 1　驻马店市 2011 ~ 2012 年智力资本指数四级指标比较

2. 从指标所处的水平看，2012 年金融业从业密度、受高等教育密度、科研人员密度和普通高等学校数量在整个河南省的排位均处于下游，这说明驻马店市的智力资本指数在河南省处于绝对劣势地位。

3. 从雷达图图形变化看，2012 年与 2011 年相比，面积没有发生显著变化。

4. 从排位变化的动因看，尽管 2012 年驻马店市金融业从业密度和科研人员密度在河南省的排位均小幅上升 1 位，但是由于各项指标均处于下游，故驻马店市智力资本指数综合排位居河南省第 18 名，处于垫底位置。

21.3.2　驻马店市城市环境指数评价分析

2011 ~ 2012 年驻马店市城市环境指标及其下属指标在河南省的排位变化情况，如表 21 - 3 - 2 和图 21 - 3 - 2 所示。

1. 2012 年驻马店市城市环境指数在整个河南省的综合排位为第 17 位，表明其在河南省处于绝对劣势地位；与 2011 年相比排位没有发生变化。

2. 从指标所处的水平看，虽然 2012 年人均城市道路面积在河南省的排位为第 1 位，城镇登记失业率处于中游水平，但是城镇化水平、基本养老保险覆盖率、基本医疗保险覆盖率和商品房屋销售均价等在整个河南省处于下游，这说明驻马店市的城市环境在河南省处于劣势地位。

表 21-3-2 驻马店市 2011~2012 年城市环境指数及其四级指标

年 份		城镇化水平	城镇登记失业率	人均城市道路面积	人均绿化覆盖面积	基本医疗保险覆盖率	基本养老保险覆盖率	商品房屋销售均价	城市环境指数
2011	原值	31.54（％）	3.7（％）	21.49（平方米）	3.14（平方米）	16.38（％）	4.93（％）	2306（元/平方米）	-2.63
	标准化后	0.12	15.00	99.40	4.23	12.53	0	0.83	
2012	原值	33.40（％）	3.4（％）	22.16（平方米）	3.78（平方米）	17.51（％）	5.37（％）	2566（元/平方米）	4.43
	标准化后	0	30.00	100.00	5.89	10.84	0	0	
2011 年排名		16	12	2	16	16	18	17	17
2012 年排名		17	10	1	15	16	18	18	17
升降		-1	2	1	1	0	0	-1	0

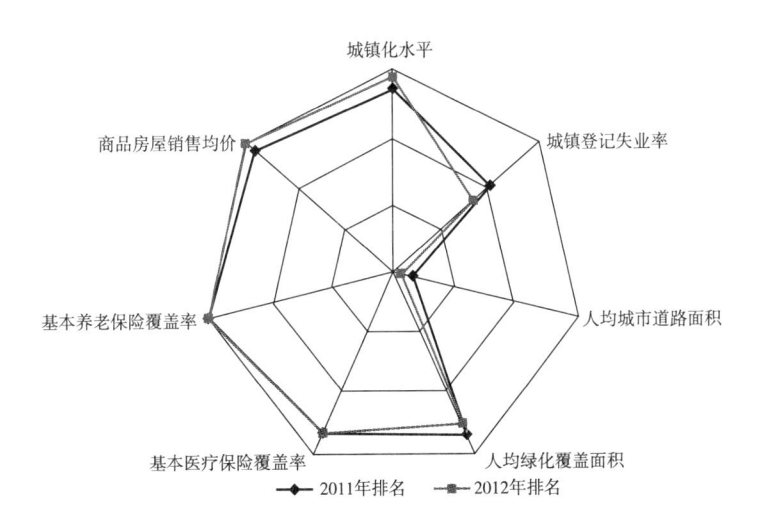

图 21-3-2 驻马店市 2011~2012 年城市环境指数四级指标比较

3. 从雷达图图形变化看，2012 年与 2011 年相比，面积变化不大。

4. 从排位来看，由于各项指标未发生显著变动，2012 年驻马店市城市环境指数综合排位保持不变，居河南省第 17 位。

21.3.3 驻马店市服务水平指数综合分析

2011~2012 年驻马店市服务水平指标及其下属指标在河南省的排位变化和指标结构情况，如表 21-3-3 所示。

表 21 –3 –3　驻马店市 2011 ~ 2012 年服务水平指数及其三级指标

年　份	智力资本指数	城市环境指数	服务水平指数
2011	1.20	-2.63	-0.78
2012	1.20	4.43	3.05
2011 年排位	18	17	18
2012 年排位	18	17	18
升降	0	0	0

1. 2012 年驻马店市服务水平指数在整个河南省的综合排位为第 18 位,表明其在河南省处于绝对劣势地位;与 2011 年相比排位没有变化。

2. 从指标所处水平看,2012 年智力资本和城市环境两项指标的排位均处于落后地位。

3. 从指标变化趋势看,智力资本和城市环境两个指标与 2011 年相比排位均没有变化,保持劣势地位。

4. 从排位综合分析看,上述两项指标的绝对劣势,决定了 2012 年驻马店市服务水平指数综合排位仍居河南省第 18 位,处于垫底水平。

21.4　驻马店市综合环境指数评价分析

21.4.1　驻马店市经济环境指数评价分析

2011 ~ 2012 年驻马店市经济环境指标及其下属指标在河南省的排位变化情况,如表 21 –4 –1 和图 21 –4 –1 所示。

表 21 –4 –1　驻马店市 2011 ~ 2012 年经济环境指数及其四级指标

年　份		城镇人均可支配收入	农村人均纯收入	人均 GDP	人均财政收入	人均社会商品零售额	金融市场发展指数
2011	原值(元)	15795	5804	17396	665	6312	6.38
	标准化后	17.24	6.36	4.04	2.35	0	
2012	原值(元)	17671	6599	19592	849	7469	6.04
	标准化后	15.09	6.31	4.16	2.76	0	
2011 年排名		15	16	17	17	18	17
2012 年排名		15	16	16	17	18	17
升降		0	0	1	0	0	0

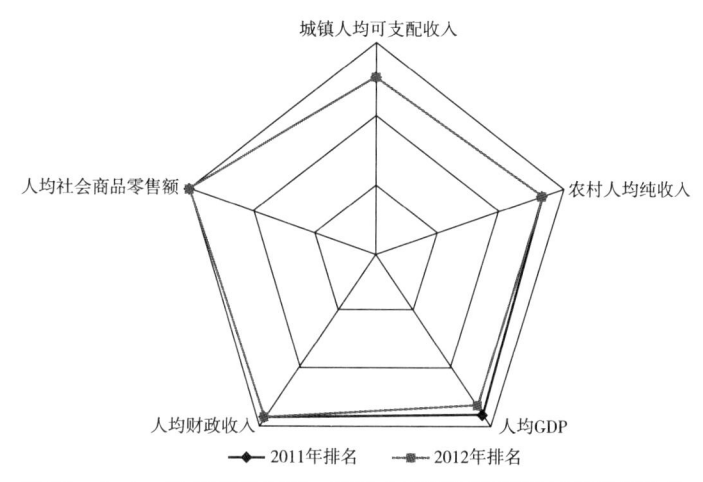

图 21-4-1 驻马店市 2011~2012 年经济环境指数四级指标比较

1. 2012年驻马店市经济环境指数在整个河南省的综合排位为第17位,表明其在河南省处于劣势地位;与2011年相比排位没有发生变化。

2. 从指标所处的水平看,2012年人均GDP、城镇人均可支配收入、农村人均纯收入、人均财政收入和人均社会商品零售额在整个河南省处于下游,这说明驻马店市的经济环境在河南省处于劣势地位。

3. 从雷达图图形变化看,2012年与2011年相比,面积有所缩小,经济环境指数呈现上升趋势,其中人均GDP成为图形缩小的动力点。

4. 从排位变化的动因看,尽管驻马店市人均GDP指标排位有所上升,但是在其他各指标相对滞后的作用下,2012年驻马店市经济环境指数综合排位保持不变,居河南省第17位。

21.4.2 驻马店市开放程度指数评价分析

2011~2012年驻马店市开放程度指标及其下属指标,在河南省的排位变化情况,如表21-4-2所示。

1. 2012年驻马店市开放程度指数在整个河南省的综合排位为第14位,表明其在河南省处于下游水平;与2011年相比排位没有发生变化。

2. 从指标所处的水平看,2012年净出口额在整个河南省的排位为第11位,处于中游水平;而实际利用外资额排位为第16位,处于下游水平。这说明驻马店市的开放程度在河南省处于下游水平。

表21-4-2 驻马店市2011~2012年开放程度指数及其四级指标

年 份		实际利用外资额	净出口额	开放程度指数
2011	原值(万美元)	22103	10030.72	12.09
	标准化后	2.31	21.03	
2012	原值(万美元)	27020	16050.06	17.26
	标准化后	2.20	31.00	
2011年排名		15	12	14
2012年排名		16	11	14
升降		-1	1	0

3. 从排位变化的动因看,2012年驻马店市的净出口额和实际利用外资额在河南省的排位均没有发生显著变化,这使其2012年的开放程度指数的综合排位保持不变,居河南省第14位。

21.4.3 驻马店市综合环境指数综合分析

2011~2012年驻马店市综合环境指标及其下属指标在河南省的排位变化和指标结构情况,如表21-4-3所示。

表21-4-3 驻马店市2011~2012年综合环境指数及其三级指标

年 份	经济环境指数	开放程度指数	综合环境指数
2011	6.38	12.09	9.93
2012	6.04	17.26	12.63
2011年排位	17	14	17
2012年排位	17	14	17
升降	0	0	0

1. 2012年驻马店市综合环境指数在整个河南省的综合排位为第17位,表明其在河南省处于劣势地位;与2011年相比排位没有变化。

2. 从指标所处水平看,2012年经济环境和开放程度两项指标的排位均位于下游水平。

3. 从指标变化趋势看,经济环境和开放程度两项指标与2011年相比均没有变化,保持相对劣势地位。

4. 从排位综合分析看,上述两项指标的绝对劣势,决定了2012年驻马店市综合环境指数综合排位仍居河南省第17位，排名靠后，这说明其内部经济和对外经济发展程度都相对滞后，有待提高。

21.5 驻马店市金融发展指数综合评价分析

2011~2012年驻马店市金融发展指数综合指标及其下属指标在河南省的排位变化和指标结构情况，如表21-5-1所示。

表21-5-1 驻马店市2011~2012年金融发展指数指标及其二级指标

年 份	金融状况指数	成长发展指数	服务水平指数	综合环境指数	金融发展指数
2011	14.46	16.28	-0.78	9.93	10.44
2012	13.15	24.34	3.05	12.63	13.93
2011年排位	12	11	18	17	17
2012年排位	12	13	18	17	17
升降	0	-2	0	0	0

1. 2012年驻马店市金融发展指数在整个河南省的综合排位为第17位，表明其在河南省处于劣势地位；与2011年相比排位没有变化。

2. 从指标所处水平看，2012年驻马店市金融状况、成长发展、服务水平和综合环境四项指标的排名处于中或下游。

3. 从指标变化趋势看，金融状况、服务水平和综合环境三项指标与2011年相比排位均没有变化。成长发展指数排位下降2位，排名第13位，处于下游水平。

4. 从排位综合分析看，四项指标的表现决定了2012年驻马店市金融发展指数综合排位仍居河南省第17位。这说明从金融发展指数方面进行综合评价，驻马店市在河南省处于显著劣势地位。

第 22 章
南阳市 2012 年金融发展指数报告

22.1 南阳市金融状况指数评价分析

22.1.1 南阳市金融市场发展指数评价分析

2011~2012 年南阳市金融市场发展指标及其下属指标在河南省的排位变化情况，如表 22-1-1 和图 22-1-1 所示。

表 22-1-1 南阳市 2011~2012 年金融市场发展指数及其四级指标

年 份		金融业增加值	金融系统存款余额	金融系统贷款余额	证券交易额	发行国债额	保费收入	保险赔付额	金融市场发展指数
2011	原值（亿元）	37.23	1774.81	973.2	617.53	3.02	69.59	12.49	19.12
	标准化后	11.53	18.11	13.70	4.85	13.79	41.35	29.24	
2012	原值（亿元）	46.57	2104.68	1113.34	492.04	1.42	69.77	15.43	17.99
	标准化后	11.54	18.41	14.17	4.72	8.50	36.78	29.87	
2011 年排名		3	3	3	6	7	2	3	3
2012 年排名		4	3	3	5	10	2	3	3
升 降		-1	0	0	1	-3	0	0	0

1. 2012 年南阳市金融市场发展指数在整个河南省的综合排位为第 3 位，表明其在河南省处于优势地位；与 2011 年相比排位没有发生变化。

2. 从指标所处的水平看，2012 年金融业增加值、金融系统存款余额、金融系统贷款余额、保费收入和保险赔付额、证券交易额在整个河南省均居上游，发行国债额居第 10 位。

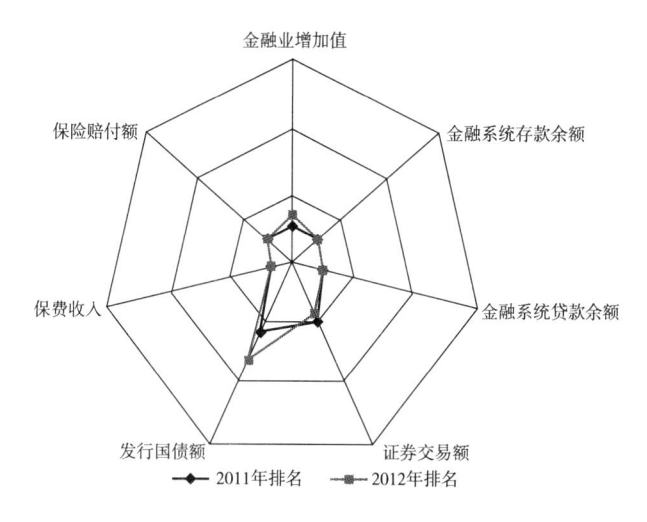

图 22 – 1 – 1　南阳市 2011~2012 年金融市场发展指数四级指标比较

3. 从雷达图图形变化看，2012 年与 2011 年相比，面积略有增大，其中发行国债额成为图形扩张的主要动力点。

4. 从排位变化的动因看，2012 年南阳市金融市场发展指数四级指标中，金融系统存款余额、金融系统贷款余额、保费收入和保险赔付额在河南省的排位均没有发生变化，金融业增加值排位下降 1 位，证券交易额排位上升 1 位，发行国债额排位下降 3 位，这使其 2012 年的综合排位保持不变，居河南省第 3 位。

22.1.2　南阳市金融结构深化指数评价分析

2011~2012 年南阳市金融结构深化指标及其下属指标在河南省的排位变化情况，如表 22 – 1 – 2 和图 22 – 1 – 2 所示。

表 22 – 1 – 2　南阳市 2011~2012 年金融结构深化指数及其四级指标

年　份		证券募集资金净额比 GDP	短期贷款占比	保费收入比全省金融业增加值	金融结构深化指数
2011	原值（%）	0.65	7.81	8.02	27.70
	标准化后	22.56	25.71	41.35	
2012	原值（%）	0.62	7.32	6.88	25.05
	标准化后	21.53	23.11	36.78	
2011 年排名		12	3	2	6
2012 年排名		12	3	2	7
升　降		0	0	0	-1

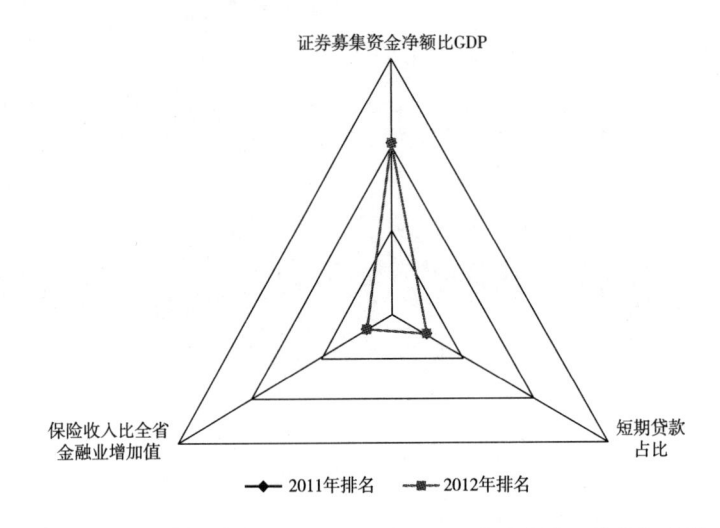

图 22-1-2　南阳市 2011~2012 年金融结构深化指数四级指标比较

1. 2012 年南阳市金融结构深化指数在整个河南省的综合排位为第 7 位，表明其在河南省处于中等水平；与 2011 年相比排位下降 1 位。

2. 从指标所处的水平看，2012 年保费收入比全省金融业增加值、短期贷款占比在整个河南省的排位分别为第 2 位、第 3 位，即在整个省域内处于上游水平且均为优势指标，证券募集资金净额比 GDP 的排位为第 12 位，处于中游水平。

3. 从雷达图图形变化看，2012 年与 2011 年相比，面积没有变化。

4. 从排位来看，证券募集资金净额比 GDP、短期贷款占比和保费收入比全省金融业增加值的排位均不变，其他地市金融结构深化指数有所变化，但 2012 年南阳市金融结构深化指数综合排位下降 1 位，居河南省第 7 位。

22.1.3　南阳市金融效率提高指数评价分析

2011~2012 年南阳市金融效率提高指标及其下属指标在河南省的排位变化情况，如表 22-1-3 和图 22-1-3 所示。

1. 2012 年南阳市金融效率提高指数在整个河南省的综合排位为第 12 位，表明其在河南省处于中游水平；与 2011 年相比排位没有发生变化。

2. 从指标所处的水平看，2012 年存贷比、保险密度和上市公司占有率在整个河南省的排位分别为第 11 位、第 14 位和第 5 位。

表22-1-3 南阳市2011~2012年金融效率提高指数及其四级指标

单位：%，元/人

年 份		存贷比	保险密度	上市公司占有率	金融效率提高指数
2011	原值	54.84	598	4.76	15.22
	标准化后	30.98	8.09	14.29	
2012	原值	52.90	687	4.55	14.61
	标准化后	29.87	5.39	14.29	
2011年排名		12	14	5	12
2012年排名		11	14	5	12
升 降		1	0	0	0

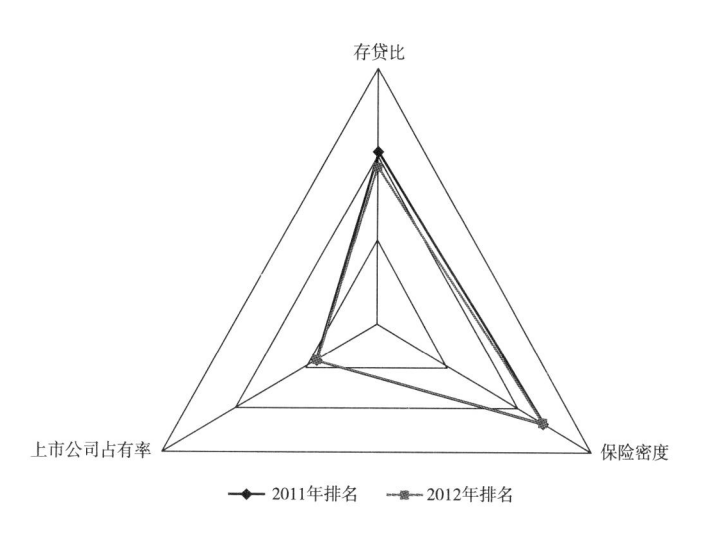

图22-1-3 南阳市2011~2012年金融效率提高指数四级指标比较

3. 从雷达图图形变化看，2012年与2011年相比，面积有所缩小，其中存贷比成为图形收缩的动力点。

4. 从排位来看，南阳市存贷比指标排位上升1位，其他各指标排位未发生变化，2012年南阳市金融效率提高指数综合排位保持不变，居河南省第12位。

22.1.4 南阳市金融状况指数综合分析

2011~2012年南阳市金融状况指标及其下属指标在河南省的排位变化和指标结构情况，如表22-1-4所示。

表22-1-4　南阳市2011~2012年金融状况指数及其三级指标

年份	金融市场发展指数	金融结构深化指数	金融效率提高指数	金融状况指数
2011	19.12	27.70	15.22	22.03
2012	17.99	25.05	14.61	20.48
2011年排位	3	6	12	7
2012年排位	3	7	12	7
升降	0	-1	0	0

1. 2012年南阳市金融状况指数在整个河南省的综合排位为第7位，表明其在河南省处于中等水平；与2011年相比，排位没有变化。

2. 从指标所处水平看，2012年金融市场发展、金融结构深化和金融效率提高三项指标的排位分别为第3位、第7位和第12位。

3. 从指标变化趋势看，金融市场发展和金融效率提高指数与2011年相比排位均没有变化，金融结构深化指数排名下降1位。

4. 从排位综合分析看，2012年南阳市金融状况指数综合排位居河南省第7位，说明其金融整体发展程度在整个河南省处于中等水平。

22.2　南阳市成长发展指数评价分析

22.2.1　南阳市资本市场成长性指数评价分析

2011~2012年南阳市资本市场成长性指标及其下属指标在河南省的排位变化情况，如表22-2-1和图22-2-1所示。

表22-2-1　南阳市2011~2012年资本市场成长性指数及其四级指标

年份		金融机构贷款余额年增长额	发行国债年增长额	A股股票募集资金净额	资本市场成长性指数
2011	原值(亿元)	145.76	0.5108	14.41	18.54
	标准化后	39.87	44.60	11.32	
2012	原值(亿元)	140.09	-1.6042	14.41	36.64
	标准化后	19.63	73.84	11.32	
2011年排名		3	7	8	5
2012年排名		5	14	9	12
升降		-2	-7	-1	-7

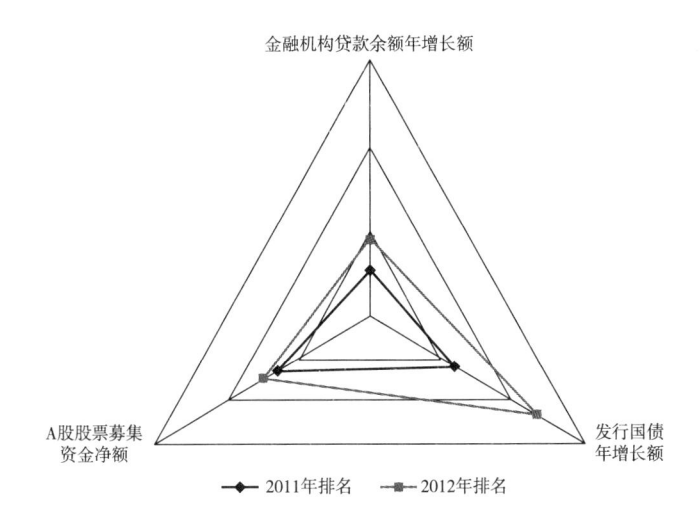

图 22-2-1 南阳市 2011~2012 年资本市场成长性指数四级指标比较

1. 2012 年南阳市资本市场成长性指数在整个河南省的综合排位为第 12 位，表明其在河南省处于中势地位；与 2011 年相比下降 7 位。

2. 从指标所处的水平看，2012 年金融机构贷款余额年增长额、发行国债年增长额和 A 股股票募集资金净额在整个河南省的排位分别为第 5 位、第 14 位和第 9 位。

3. 从雷达图图形变化看，2012 年与 2011 年相比，面积增大，资本市场成长性呈现下降趋势，其中发行国债年增长额成为图形扩张的主要动力点。

4. 从排位变化的动因看，由于金融机构贷款余额年增长额、发行国债年增长额和 A 股股票募集资金净额排位均有不同程度的下降，2012 年南阳市资本市场成长性指标在整个河南省的综合排位降至第 12 位。

22.2.2 南阳市经济成长性指数评价分析

2011~2012 年南阳市经济成长性指标及其下属指标在河南省的排位变化情况，如表 22-2-2 和图 22-2-2 所示。

1. 2012 年南阳市经济成长性指数在整个河南省的综合排位为第 3 位，表明其在河南省处于优势地位；与 2011 年相比排位没有发生变化。

2. 从指标所处的水平看，2012 年 GDP 年增长额、财政收入年增长额、社会固定资产投资年增长额和社会消费品零售总额年增长额在整个河南省的排位分别为

表 22-2-2 南阳市 2011~2012 年经济成长性指数及其四级指标

年 份		GDP 年增长额	财政收入年增长额	社会固定资产投资年增长额	社会消费品零售总额年增长额	经济成长性指数
2011	原值(亿元)	248.96	18.03	294.55	142.91	32.37
	标准化后	24.09	13.13	46.30	43.37	
2012	原值(亿元)	138.41	16.55	335.65	148.19	33.06
	标准化后	22.77	13.07	46.69	46.04	
2011 年排名		5	4	3	3	3
2012 年排名		5	4	3	3	3
升 降		0	0	0	0	0

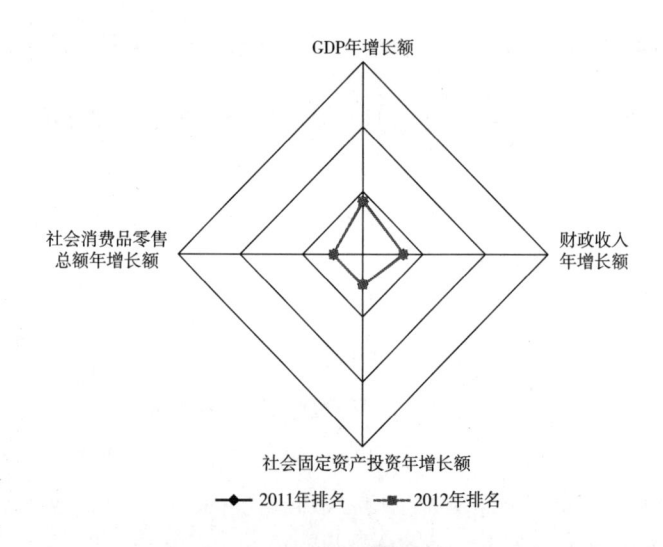

图 22-2-2 南阳市 2011~2012 年经济成长性指数四级指标比较

第 5 位、第 4 位、第 3 位和第 3 位,说明南阳市的经济成长性在河南省处于相对上游。

3. 从雷达图图形变化看,2012 年与 2011 年相比,面积没有变化。

4. 从排位变化的动因看,由于 2012 年南阳市经济成长性指数四级指标在河南省的排位均没有发生变化,其 2012 年的综合排位保持不变,居河南省第 3 位。

22.2.3 南阳市城市创新成长性指数评价分析

2011~2012年南阳市城市创新成长性指标及其下属指标在河南省的排位变化情况,如表22-2-3和图22-2-3所示。

表22-2-3 南阳市2011~2012年城市创新成长性指数及其四级指标

单位:亿元,人

年 份		政府研发经费支出年增长额	政府研发人员年增长量	新产品销售收入年增长额	城市创新成长性指数
2011	原值	-0.630	497	57.54	39.58
	标准化后	35.21	45.35	45.92	
2012	原值	0.388	845	-0.92	44.40
	标准化后	14.17	51.12	60.34	
2011年排名		17	6	3	4
2012年排名		6	4	14	4
升 降		11	2	-11	0

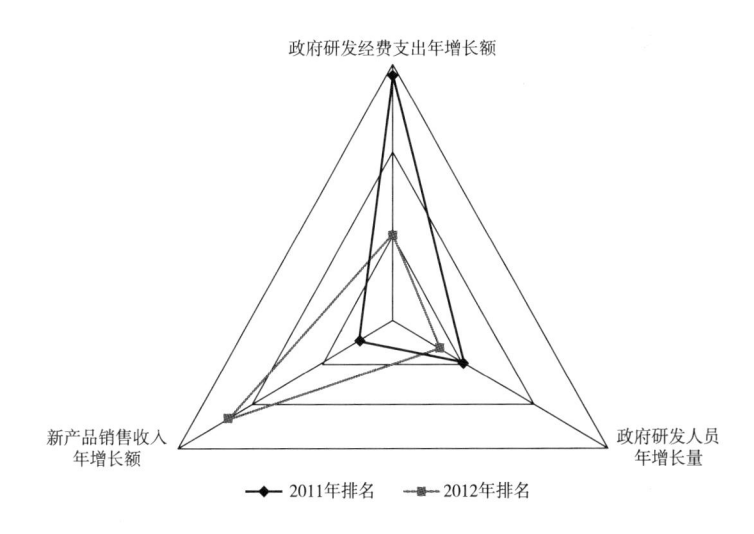

图22-2-3 南阳市2011~2012年城市创新成长性指数四级指标比较

1. 2012年南阳市城市创新成长性指数在整个河南省的综合排位为第4位,表明其在河南省处于上游水平;与2011年相比排位没有变化。

2. 从指标所处的水平看,2012年政府研发经费支出年增长额、政府研发人员年增长量和新产品销售收入年增长额在整个河南省的排位分别为第6位、第4

位和第 14 位。

3. 从雷达图图形变化看，2012 年与 2011 年相比，面积略减，政府研发经费支出年增长额和政府研发人员年增长量合力促成了图形收缩。

4. 从排位变化的动因看，由于政府研发经费支出年增长额在整个河南省的排位上升 11 位，政府研发人员年增长量的排位上升 2 位，新产品销售收入年增长额的排位下降严重，在合力作用下 2012 年南阳市城市创新成长性指数综合排位不变，居河南省第 4 位。

22.2.4 南阳市成长发展指数综合分析

2011～2012 年南阳市成长发展指标及其下属指标，在河南省的排位变化和指标结构情况，如表 22-2-4 所示。

表 22-2-4 南阳市 2011～2012 年成长发展指标及其三级指标

年份	资本市场成长性指数	经济成长性指数	城市创新成长性指数	成长发展指数
2011	18.54	32.37	39.58	32.07
2012	36.64	33.06	44.40	34.80
2011 年排位	5	3	4	4
2012 年排位	12	3	4	5
升降	-7	0	0	-1

1. 2012 年南阳市成长发展指数在整个河南省的综合排位为第 5 位，表明其在河南省处于上游水平；与 2011 年相比排位下降 1 位。

2. 从指标所处水平看，2012 年资本市场成长性指数、经济成长性指数和城市创新成长性指数在整个河南省的排位分别为第 12 位、第 3 位和第 4 位，经济成长性指数和城市创新成长性指数均处于上游水平，而资本市场成长性指数处于中游水平。

3. 从指标变化趋势看，经济成长性指数和城市创新成长性指数与 2011 年相比排位均没有变化，居上游水平，而资本市场成长性指数排位下降幅度较大。

4. 从排位综合分析看，2012 年南阳市成长发展指数综合排位为河南省第 5 位，处于上游水平。

22.3 南阳市服务水平指数评价分析

22.3.1 南阳市智力资本指数评价分析

2011~2012年南阳市智力资本指标及其下属指标在河南省的排位变化情况，如表22-3-1和图22-3-1所示。

表22-3-1 南阳市2011~2012年智力资本指数及其四级指标

单位：人/平方公里，所

年 份		金融业从业密度	受高等教育密度	科研人员密度	普通高等学校数量	智力资本指数
2011	原值	0.77	2.46	0.75	5	3.95
	标准化后	1.75	1.32	4.04	8.00	
2012	原值	0.76	2.53	0.79	5	3.79
	标准化后	0.55	1.31	4.80	7.84	
2011年排名		17	16	13	4	15
2012年排名		16	16	13	5	15
升 降		1	0	0	-1	0

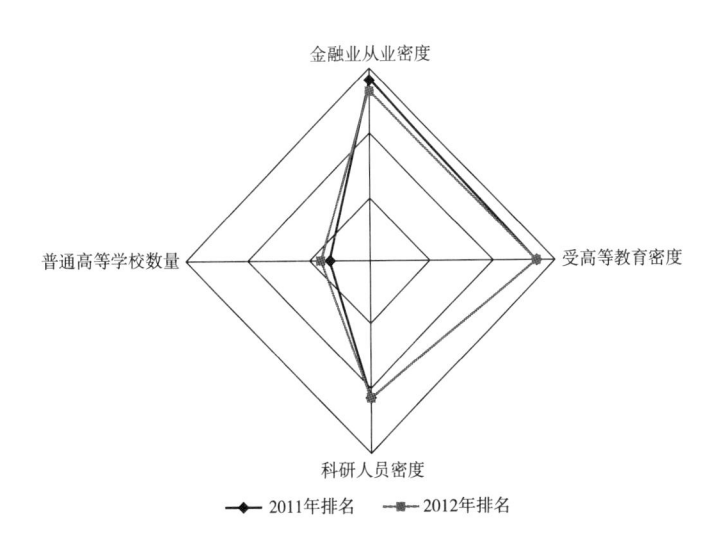

图22-3-1 南阳市2011~2012年智力资本指数四级指标比较

1. 2012年南阳市智力资本指数在整个河南省的综合排位为第15位，表明其在河南省处于劣势地位；与2011年相比排位没有发生变化。

2. 从指标所处的水平看，2012年金融业从业密度、受高等教育密度、科研人员密度和普通高等学校数量在整个河南省的排位分别为第16位、第16位、第13位和第5位，前三项指标均处于劣势，第四项指标处于上游水平。

3. 从雷达图图形变化看，2012年与2011年相比，面积基本不变。

4. 从排位变化的动因看，由于受高等教育密度、科研人员密度在整个河南省的排位保持不变，金融业从业密度的排位上升1位，普通高等学校数量的排位下降1位，其2012年的综合排位保持不变，依旧处于劣势地位。

22.3.2 南阳市城市环境指数评价分析

2011~2012年南阳市城市环境指标及其下属指标在河南省的排位变化情况，如表22-3-2和图22-3-2所示。

表22-3-2 南阳市2011~2012年城市环境指数及其四级指标

年 份		城镇化水平	城镇登记失业率	人均城市道路面积	人均绿化覆盖面积	基本医疗保险覆盖率	基本养老保险覆盖率	商品房屋销售均价	城市环境指数
2011	原值	34.85（%）	3.3（%）	10.53（平方米）	2.90（平方米）	15.63（%）	7.90（%）	2630（元/平方米）	6.01
	标准化后	10.05	35.00	26.63	2.89	7.69	17.01	10.30	
2012	原值	36.80（%）	3.4（%）	12.45（平方米）	3.65（平方米）	15.81（%）	8.27（%）	2736（元/平方米）	5.93
	标准化后	10.33	30.00	39.84	5.23	1.00	12.88	4.60	
2011年排名		14	7	13	17	17	14	14	16
2012年排名		14	10	12	16	17	14	16	15
升 降		0	-3	1	1	0	0	-2	1

1. 2012年南阳市城市环境指数在整个河南省的综合排位为第15位，表明其在河南省处于劣势地位，与2011年相比排位上升1位。

2. 从指标所处的水平看，2012年城镇化水平、城镇登记失业率、人均城市道路面积、人均绿化覆盖面积、基本医疗保险覆盖率、基本养老保险覆盖率和商品房屋销售均价在整个河南省处于中游或下游水平。

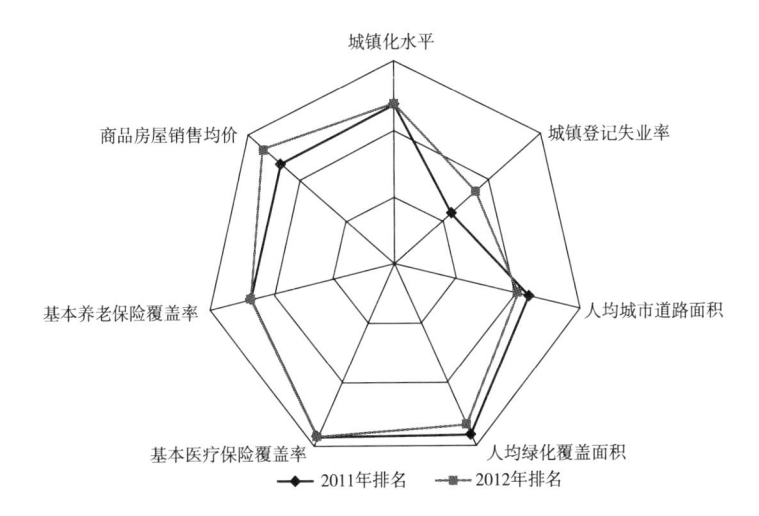

图 22-3-2 南阳市 2011~2012 年城市环境指数四级指标比较

3. 从雷达图图形变化看，2012 年与 2011 年相比，面积有所扩张，其中城镇登记失业率和商品房屋销售均价成为图形扩张的动力点。

4. 从排位变化的动因看，由于城镇登记失业率和商品房屋销售均价在整个河南省的排位分别下降 3 位和 2 位，人均城市道路面积和人均绿化覆盖面积的排位上升 1 位，2012 年南阳市城市环境指数综合排位上升 1 位，居河南省第 15 位。

22.3.3 南阳市服务水平指数综合分析

2011~2012 年南阳市服务水平指标及其下属指标在河南省的排位变化和指标结构情况，如表 22-4-3 所示。

表 22-3-3 南阳市 2011~2012 年服务水平指数及其三级指标

年 份	智力资本指数	城市环境指数	服务水平指数
2011	3.95	6.01	5.41
2012	3.79	5.93	5.28
2011 年排位	15	16	16
2012 年排位	15	15	17
升 降	0	1	-1

1. 2012 年南阳市服务水平指数在整个河南省的综合排位为第 17 位，表明其在河南省处于绝对劣势地位，与 2011 年相比排位下降 1 位。

2. 从指标所处水平看，2012 年智力资本和城市环境两项指标在整个河南省的排位均为第 15 位，处于劣势地位。

3. 从指标变化趋势看，与 2011 年相比智力资本指数在整个河南省的排位保持不变，城市环境指数的排位上升 1 位，均继续保持劣势地位。

4. 从排位综合分析看，2012 年南阳市服务水平指数综合排位居河南省第 17 位，处于绝对劣势地位。

22.4 南阳市综合环境指数评价分析

22.4.1 南阳市经济环境指数评价分析

2011～2012 年南阳市经济环境指标及其下属指标在河南省的排位变化情况，如表 22-4-1 和图 22-4-1 所示。

表 22-4-1 南阳市 2011～2012 年经济环境指数及其四级指标

年	份	城镇人均可支配收入	农村人均纯收入	人均 GDP	人均财政收入	人均社会商品零售额	经济环境指数
2011	原值（元）	17289	6776	21590	860	9181	21.37
	标准化后	38.50	23.71	14.24	6.16	17.79	
2012	原值（元）	19544	7752	23086	1021	10760	21.19
	标准化后	39.27	24.52	11.99	5.61	18.03	
2011 年排名		9	11	14	14	9	12
2012 年排名		9	11	14	14	9	12
升 降		0	0	0	0	0	0

1. 2012 年南阳市经济环境指数在整个河南省的综合排位为第 12 位，表明其在河南省处于中游水平；与 2011 年相比排位没有发生变化。

2. 从指标所处的水平看，2012 年城镇人均可支配收入、农村人均纯收入、人均 GDP、人均财政收入和人均社会商品零售额在整个河南省的排位分别为第 9 位、第 11 位、第 14 位、第 14 位和第 9 位。

3. 从雷达图图形变化看，2012 年与 2011 年相比，面积不变。

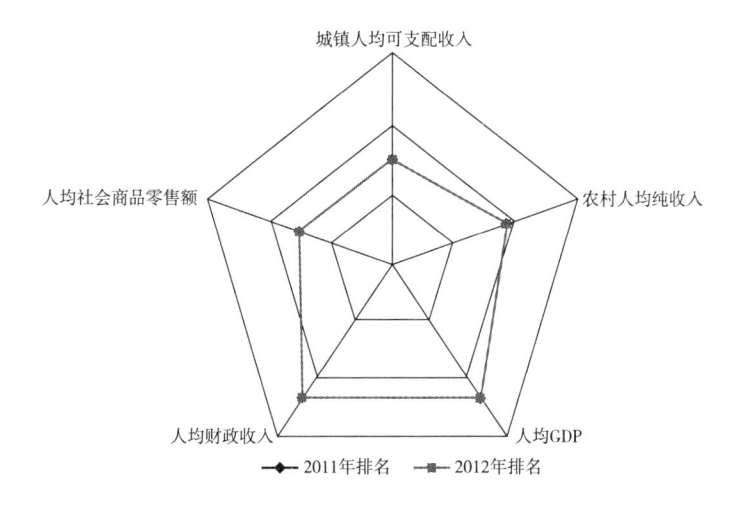

图 22-4-1　南阳市 2011~2012 年经济环境指数四级指标比较

4. 从排位来看，由于南阳市各指标在整个河南省的排位均保持不变，2012 年南阳市经济环境指数综合排位保持不变，居河南省第 12 位。

22.4.2　南阳市开放程度指数评价分析

2011~2012 年南阳市开放程度指标及其下属指标在河南省的排位变化情况，如表 22-4-2 所示。

表 22-4-2　南阳市 2011~2012 年开放程度指数及其四级指标

年　份		实际利用外资额	净出口额	开放程度指数
2011	原值(万美元)	34187	45737.44	18.77
	标准化后	6.41	29.83	
2012	原值(万美元)	41702	32261.81	20.90
	标准化后	6.75	33.45	
2011 年排名		9	5	6
2012 年排名		9	7	8
升　降		0	-2	-2

1. 2012 年南阳市开放程度指数在整个河南省的综合排位为第 8 位，表明其在河南省处于中等水平；与 2011 年相比排位下降 2 位。

2. 从指标所处的水平看，2012年实际利用外资额和净出口额在整个河南省的排位分别为第9位和第7位，这说明南阳市的开放程度在河南省处于中等水平。

3. 从排位变化的动因看，由于实际利用外资额在整个河南省的排位保持不变，净出口额排位下降2位，其2012年的开放程度指数的综合排位下降2位，居河南省第8位。

22.4.3 南阳市综合环境指数综合分析

2011~2012年南阳市综合环境指标及其下属指标在河南省的排位变化和指标结构情况，如表22-4-3所示。

表22-4-3 南阳市2011~2012年综合环境指数及其三级指标

年 份	经济环境指数	开放程度指数	综合环境指数
2011	21.37	18.77	21.59
2012	21.19	20.90	22.81
2011年排位	12	6	11
2012年排位	12	8	12
升 降	0	-2	-1

1. 2012年南阳市综合环境指数在整个河南省的综合排位为第12位，表明其在河南省处于中游水平；与2011年相比排位下降1位。

2. 从指标所处水平看，南阳市2012年经济环境指数在整个河南省的排位为第12位，开放程度指数排位为第8位。

3. 从指标变化趋势看，与2011年相比，经济环境指标在整个河南省的排位保持不变，开放程度指标排位下降2位。

4. 从排位综合分析看，由于两项指标的排位均处于中游水平，且经济环境指数在整个河南省的排位保持不变，开放程度排位下降2位，2012年南阳市综合环境指数综合排位为第12位，处于河南省中游水平。

22.5 南阳市金融发展指数综合评价分析

2011~2012年南阳市金融发展指数综合指标及其下属指标在河南省的排位变化和指标结构情况，如表22-5-1所示。

表 22-5-1　南阳市 2011~2012 年金融发展指数指标及其二级指标

年　份	金融状况指数	成长发展指数	服务水平指数	综合环境指数	金融发展指数
2011	22.03	32.07	5.41	21.59	21.19
2012	20.48	34.80	5.28	22.81	21.92
2011 年排位	7	4	16	11	9
2012 年排位	7	5	17	12	11
升　降	0	-1	-1	-1	-2

1. 2012 年南阳市金融发展指数在整个河南省的综合排位处于第 11 位,表明其在河南省处于中下游水平;与 2011 年相比排位下降 2 位。

2. 从指标所处水平看,2012 年南阳市金融状况、成长发展、服务水平和综合环境在整个河南省的排名分别为第 7 位、第 5 位、第 17 位和第 12 位。

3. 从指标变化趋势看,与 2011 年相比金融状况指数保持不变,成长发展、服务水平和综合环境在整个河南省的排位分别下降 1 位。

4. 从排位综合分析看,2012 年南阳市金融发展指数综合排位为河南省第 11 位,处于中游水平。

第 23 章
信阳市 2012 年金融发展指数报告

23.1 信阳市金融状况指数评价分析

23.1.1 信阳市金融市场发展指数评价分析

2011~2012 年信阳市金融市场发展指标及其下属指标在河南省的排位变化情况,如表 23-1-1 和图 23-1-1 所示。

表 23-1-1 信阳市 2011~2012 年金融市场发展指数及其四级指标

年 份		金融业增加值	金融系统存款余额	金融系统贷款余额	证券交易额	发行国债额	保费收入	保险赔付额	金融市场发展指数
2011	原值(亿元)	27.00	1266.66	631.58	379.96	2.03	39.16	9.25	11.79
	标准化后	8.12	12.32	7.97	2.71	8.30	21.38	20.78	
2012	原值(亿元)	33.27	1536.44	740.80	310.93	0.91	42.52	9.60	10.83
	标准化后	8.01	12.85	8.54	2.75	4.40	20.92	17.15	
2011 年排名		7	5	8	10	12	12	6	10
2012 年排名		7	4	7	11	15	8	9	11
升 降		0	1	1	-1	-3	4	-3	-1

1. 2012 年信阳市金融市场发展指数在整个河南省的综合排位为第 11 位,表明其在河南省处于中游水平;与 2011 年相比排位下降 1 位。

2. 从指标所处的水平看,2012 年金融系统存款余额在整个河南省排位靠前,金融系统贷款余额和保费收入、金融业增加值、保险赔付额排位处于中游水平,证券交易额、发行国债额的排位处于中游、下游,这说明信阳市的金融市场发展指数在河南省处于中游地位。

3. 从雷达图图形变化看,2012 年与 2011 年相比,金融业增加值指标排位没有变化,证券交易额指标排位变化对图形面积影响不明显,发行国债额、保险赔

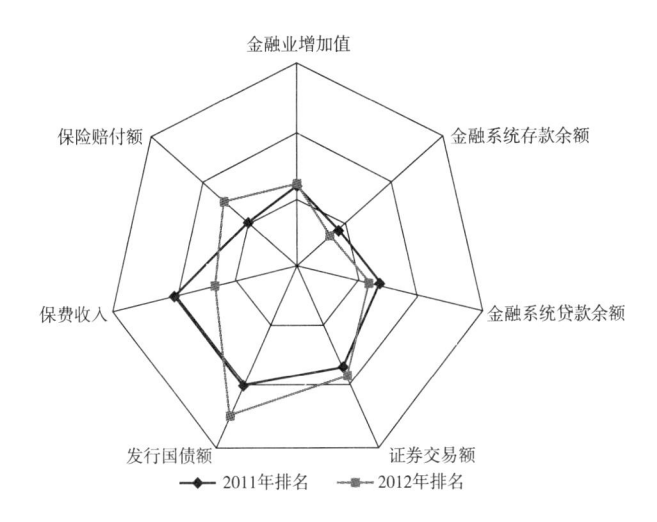

图 23-1-1　信阳市 2011~2012 年金融市场发展指数四级指标比较

付额指标排位的下降导致图形面积增大，金融系统存款余额、金融系统贷款余额、保费收入指标排位的上升导致图形面积减小。

4. 从排位变化的动因看，由于 2012 年证券交易额、发行国债额、保险赔付额指标排位的下降，2012 年信阳市金融市场发展指数排位下降，居河南省第 11 位。

23.1.2　信阳市金融结构深化指数评价分析

2011~2012 年信阳市金融结构深化指标及其下属指标在河南省的排位变化情况，如表 23-1-2 和图 23-1-2 所示。

表 23-1-2　信阳市 2011~2012 年金融结构深化指数及其四级指标

年　份		证券募集资金净额比 GDP	短期贷款占比	保费收入比全省金融业增加值	金融结构深化指数
2011	原值（%）	0.72	4.80	4.51	17.23
	标准化后	24.93	14.05	21.38	
2012	原值（%）	2.86	4.46	4.19	32.29
	标准化后	100.00	12.31	20.92	
2011 年排名		11	8	12	13
2012 年排名		1	7	8	3
升　降		10	1	4	10

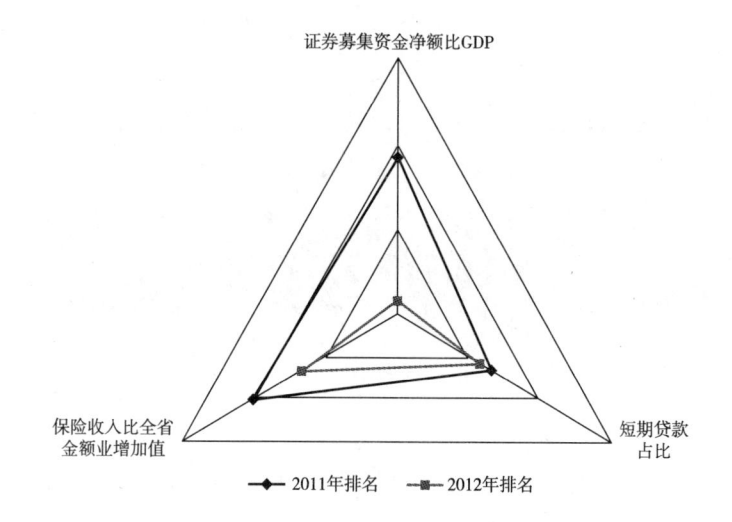

图 23-1-2 信阳市 2011~2012 年金融结构深化指数四级指标比较

1. 2012 年信阳市金融结构深化指数在整个河南省的综合排位为第 3 位，表明其在河南省处于优势地位；与 2011 年相比排位发生了明显变化。

2. 从指标所处的水平看，2012 年证券募集资金净额比 GDP 在整个河南省的排位为第 1 位，即在整个省域内处于上游区且为优势指标，虽然短期贷款占比和保费收入比全省金融业增加值排位稍靠后，但是依然在整个省域内是中等指标，这说明信阳市的金融结构深化指数在河南省处于优势地位。

3. 从雷达图图形变化看，2012 年与 2011 年相比，面积有明显减小，金融结构深化指数呈现上升趋势，其中证券募集资金净额比 GDP 和保费收入比全省金融业增加值成为图形收缩的主要动力点，短期贷款占比也起到微小的影响。

4. 从排位变化的动因看，信阳市证券募集资金净额比 GDP 和保费收入比全省金融业增加值指标排位明显上升。在各指标排位的拉升作用下，2012 年信阳市金融结构深化指数综合排位显著改变，居河南省第 3 位。

23.1.3 信阳市金融效率提高指数评价分析

2011~2012 年信阳市金融效率提高指标及其下属指标在河南省的排位变化情况，如表 23-1-3 和图 23-1-3 所示。

表 23 -1 -3　信阳市 2011~2012 年金融效率提高指数及其四级指标

单位：元/人，%

年　份		存贷比	保险密度	上市公司占有率	金融效率提高指数
2011	原值	49.86	460	3.17	8.59
	标准化后	21.92	0	9.52	
2012	原值	48.22	665	3.03	10.18
	标准化后	21.42	3.72	9.52	
2011 年排名		16	18	8	17
2012 年排名		15	16	8	16
升　降		1	2	0	1

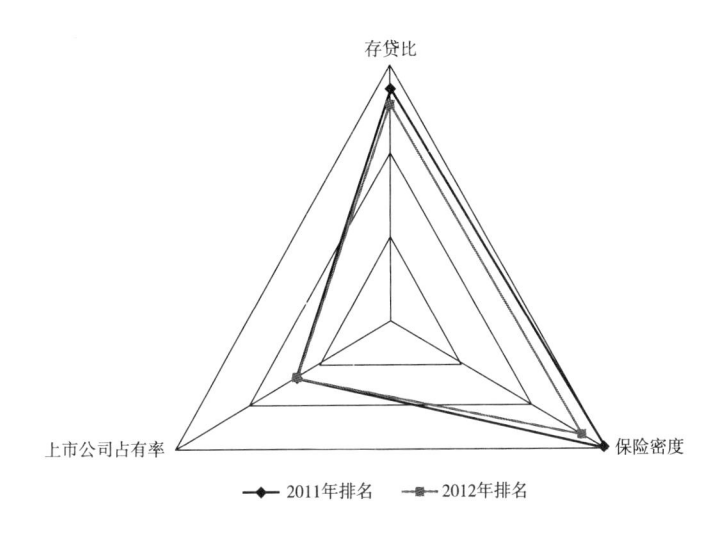

图 23 -1 -3　信阳市 2011~2012 年金融效率提高指数四级指标比较

1. 2012 年信阳市金融效率提高指数在整个河南省的综合排位为第 16 位，表明其在河南省处于劣势地位；与 2011 年相比排位上升 1 位。

2. 从指标所处的水平看，2012 年上市公司占有率位于整个河南省第 8 位；虽然存贷比和保险密度排位略有提升，但是在整个河南省的排位分别为第 15 位和第 16 位。这说明信阳市的金融效率提高指数在河南省处于下游水平。

3. 从雷达图图形变化看，2012 年与 2011 年相比，面积略有减小，金融效率提高指数呈现上升趋势，其中存贷比和保险密度成为图形缩小的动力点。

4. 从排位变化的动因看，虽然信阳市上市公司占有率指标排位没有变化，但是存贷比和保险密度指标排位略有上升，在微小的拉升作用下，2012年信阳市金融效率提高指数综合排位上升1名，居河南省第16位。

23.1.4 信阳市金融状况指数综合分析

2011~2012年信阳市金融状况指标及其下属指标，在河南省的排位变化和指标结构情况，如表23-1-4所示。

表23-1-4 信阳市2011~2012年金融状况指数及其三级指标

年份	金融市场发展指数	金融结构深化指数	金融效率提高指数	金融状况指数
2011	11.79	17.23	8.59	13.37
2012	10.83	32.29	10.18	18.97
2011年排位	10	13	17	13
2012年排位	11	3	16	8
升降	-1	10	1	5

1. 2012年信阳市金融状况指数在整个河南省的综合排位为第8位，表明其在河南省处于中游水平；与2011年相比排位有显著变化。

2. 从指标所处水平看，2012年金融结构深化指标在整个河南省的排位为第3位，处于上游水平；金融市场发展指标排在第11位，处于中游水平；金融效率提高指标排在第16位，处于下游水平。

3. 从指标变化趋势看，与2011年相比，金融结构深化指标有显著变化，上升为优势指标；虽然金融效率提高指标排位略有上升，但是仍未摆脱劣势地位；金融市场发展指标排位略有下降，但仍保持中间水平。

4. 从排位综合分析看，金融结构深化指标上升为优势地位，决定了2012年信阳市金融状况指数综合排位上升，在河南省居第8位。这说明其金融整体发展程度适中，在整个河南省处于中等水平。

23.2 信阳市成长发展指数评价分析

23.2.1 信阳市资本市场成长性指数评价分析

2011~2012年信阳市资本市场成长性指标及其下属指标在河南省的排位变化情况，如表23-2-1和图23-2-1所示。

表23-2-1 信阳市2011~2012年资本市场成长性指数及其四级指标

年 份		金融机构贷款余额年增长额	发行国债年增长额	A股股票募集资金净额	资本市场成长性指数
2011	原值（亿元）	61.49	-1.7255	9.09	11.75
	标准化后	19.56	13.13	7.41	
2012	原值（亿元）	109.23	-1.1230	39.95	45.08
	标准化后	15.05	82.33	31.38	
2011年排名		8	16	12	10
2012年排名		8	9	4	5
升 降		0	7	8	5

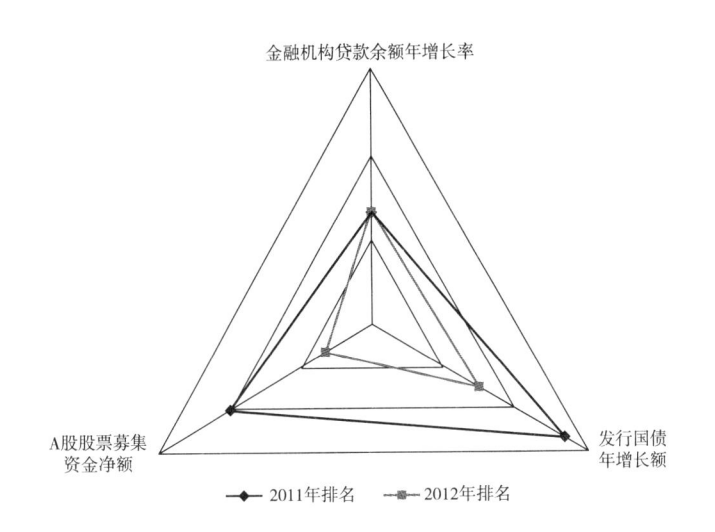

图23-2-1 信阳市2011~2012年资本市场成长性指数四级指标比较

1. 2012年信阳市资本市场成长性指数在整个河南省的综合排位为第5位，表明其在河南省处于相对优势地位；与2011年相比排位有显著变化。

2. 从指标所处的水平看，2012年A股股票募集资金净额和发行国债年增长额在整个河南省的排位分别为第4位和第9位，金融机构贷款余额年增长额排位没有发生变化，在此综合作用下2012年信阳市的资本市场成长性指数在河南省处于领先地位。

3. 从雷达图图形变化看，2012年与2011年相比面积减小，资本市场成长性指数呈现上升趋势，其中发行国债年增长额和A股股票募集资金净额成为图形收缩的动力点。

4. 从排位变化的动因看，由于信阳市 A 股股票募集资金净额和发行国债年增长额指标在整个河南省的排位大幅上升，在金融机构贷款余额年增长额指标排位稳定的情况下，2012 年信阳市资本市场成长性指标综合排位明显上升，居河南省第 5 位。

23.2.2 信阳市经济成长性指数评价分析

2011～2012 年信阳市经济成长性指标及其下属指标在河南省的排位变化情况，如表 23－2－2 和图 23－2－2 所示。

表 23－2－2 信阳市 2011～2012 年经济成长性指数及其四级指标

年 份		GDP 年增长额	财政收入年增长额	社会固定资产投资年增长额	社会消费品零售总额年增长额	经济成长性指数
2011	原值（亿元）	165.85	10.23	207.03	80.73	18.83
	标准化后	14.95	6.18	29.97	22.73	
2012	原值（亿元）	139.64	11.13	217.99	82.47	21.00
	标准化后	22.99	7.70	27.26	23.72	
2011 年排名		11	13	5	5	6
2012 年排名		4	11	5	5	6
升 降		7	2	0	0	0

1. 2012 年信阳市经济成长性指数在整个河南省的综合排位为第 6 位，表明其在河南省处于相对优势地位；与 2011 年相比排位没有发生变化。

2. 从指标所处的水平看，2012 年 GDP 年增长额、社会固定资产投资年增长额和社会消费品零售总额年增长额在整个河南省的排位分别为第 4 位、第 5 位和第 5 位。虽然财政收入年增长额排在第 11 位，但是从整体来看，信阳市的经济成长性指数在河南省处于相对领先地位。

3. 从雷达图图形变化看，2012 年与 2011 年相比，面积明显缩小，经济成长性指数呈上升趋势，GDP 年增长额和财政收入年增长额成为图形收缩的动力点。

4. 从排位变化的动因看，虽然 2012 年信阳市经济成长性指数四级指标在河南省的排位明显发生变化，但是其 2012 年的综合排位保持不变，居河南省第 6 位。

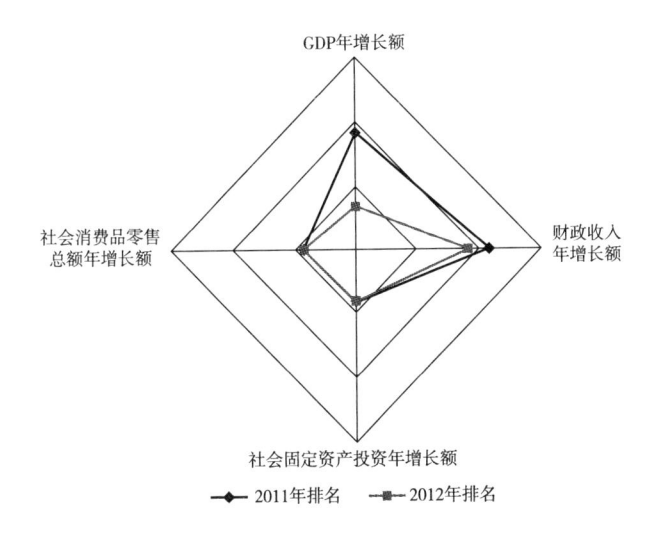

图 23-2-2 信阳市 2011~2012 年经济成长性指数四级指标比较

23.2.3 信阳市城市创新成长性指数评价分析

2011~2012 年信阳市城市创新成长性指标及其下属指标在河南省的排位变化情况，如表 23-2-3 和图 23-2-3 所示。

表 23-2-3 信阳市 2011~2012 年城市创新成长性指数及其四级指标

单位：亿元，人

年 份		政府研发经费支出年增长额	政府研发人员年增长量	新产品销售收入年增长额	城市创新成长性指数
2011	原值	0.097（亿元）	222（人）	1.22（亿元）	27.20
	标准化后	48.27	35.02	18.63	
2012	原值	-0.057（亿元）	29（人）	1.92（亿元）	28.59
	标准化后	5.19	8.68	63.90	
2011 年排名		7	9	16	12
2012 年排名		15	14	10	14
升 降		-8	-5	6	-2

1. 2012 年信阳市城市创新成长性指数在整个河南省的综合排位为第 14 位，表明其在河南省处于相对劣势地位；与 2011 年相比排位下降 2 位。

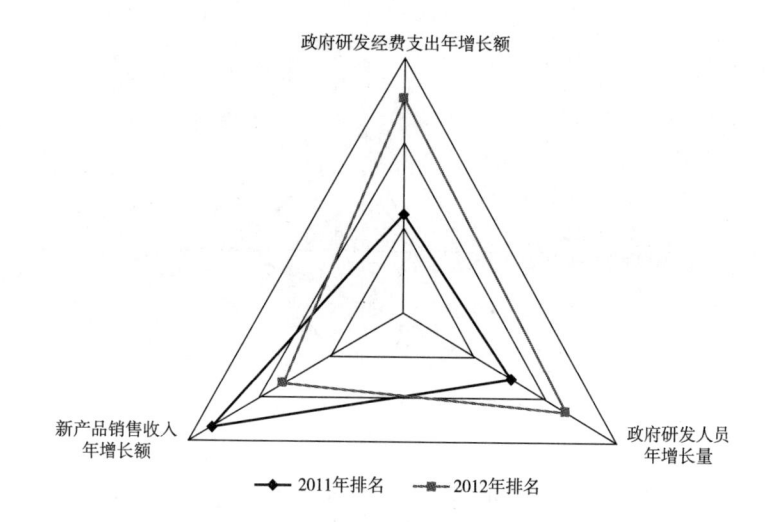

图 23-2-3 信阳市 2011～2012 年城市创新成长性指数四级指标比较

2. 从指标所处的水平看，2012 年政府研发经费支出年增长额和政府研发人员年增长量在整个河南省的排位分别为第 15 位和第 14 位，而新产品销售收入年增长额排在第 10 位，在此综合作用下，信阳市的城市创新成长性在河南省处于相对劣势地位。

3. 从雷达图图形变化看，2012 年与 2011 年相比，面积增大，城市创新成长性指数呈现下降趋势，其中政府研发经费支出年增长额和政府研发人员年增长量均成为图形扩张的动力点。

4. 从排位变化的动因看，虽然新产品销售收入年增长额的排位有明显上升，但是政府研发经费支出年增长额和政府研发人员年增长量这两项指标的排名分别下降 8 位和 5 位，指标排位下降严重，导致 2012 年信阳市城市创新成长性指数综合排位小幅下降，居河南省第 14 位。

23.2.4 信阳市成长发展指数综合分析

2011～2012 年信阳市成长发展指标及其下属指标在河南省的排位变化和指标结构情况，如表 23-2-4 所示。

1. 2012 年信阳市成长发展指数在整个河南省的综合排位为第 6 位，表明其在河南省处于相对优势地位；与 2011 年相比排位略有变化。

表 23 - 2 - 4　信阳市 2011~2012 年成长发展指标及其三级指标

年　份	资本市场成长性指数	经济成长性指数	城市创新成长性指数	成长发展指数
2011	11.75	18.83	27.20	20.42
2012	45.08	21.00	28.59	29.93
2011 年排位	10	6	12	8
2012 年排位	5	6	14	6
升　降	5	0	-2	2

2. 从指标所处水平看，2012 年资本市场成长性和经济成长性两项指标在整个河南省的排位分别为第 5 位和第 6 位，处于上游水平，但是城市创新成长性指数排在第 14 位，处于下游水平。

3. 从指标变化趋势看，与 2011 年相比经济成长性指数排位没有变化，保持相对优势地位；资本市场成长性指数排位有显著变化，成为相对优势指标；城市创新成长性指数排位略有变动，处于相对劣势地位。

4. 从排位综合分析看，资本市场成长性和经济成长性两项指标的相对优势，决定了 2012 年信阳市成长发展指数综合排位上升，居河南省第 6 位。

23.3　信阳市服务水平指数评价分析

23.3.1　信阳市智力资本指数评价分析

2011~2012 年信阳市智力资本指标及其下属指标在河南省的排位变化情况，如表 23 - 3 - 1 和图 23 - 3 - 1 所示。

表 23 - 3 - 1　信阳市 2011~2012 年智力资本指数及其四级指标

单位：人/平方公里，所

年　份		金融业从业密度	受高等教育密度	科研人员密度	普通高等学校数量	智力资本指数
2011	原值	0.67	2.90	0.34	5	2.26
	标准化后	0	1.82	0.18	8.00	
2012	原值	0.73	2.93	0.26	5	2.53
	标准化后	0.05	1.76	0	7.84	

续表

年 份	金融业从业密度	受高等教育密度	科研人员密度	普通高等学校数量	智力资本指数
2011年排名	18	14	17	4	16
2012年排名	17	13	18	5	17
升　降	1	1	-1	-1	-1

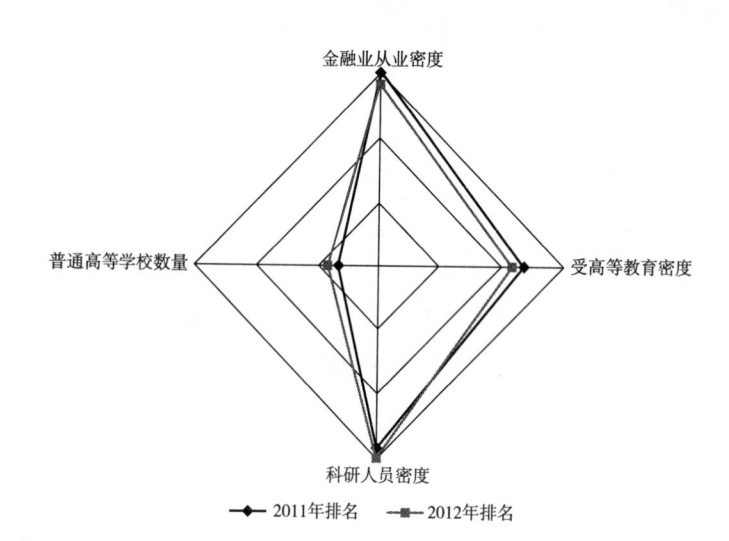

图23-3-1　信阳市2011~2012年智力资本指数四级指标比较

1. 2012年信阳市智力资本指数在整个河南省的综合排位为第17位，表明其在河南省处于劣势地位；与2011年相比排位略降。

2. 从指标所处的水平看，2012年金融业从业密度、受高等教育密度、科研人员密度和普通高等学校数量在整个河南省的排位分别为第17位、第13位和第18位、第5位，这导致信阳市的智力资本在河南省处于劣势地位。

3. 从雷达图图形变化看，2012年与2011年相比，面积基本没有变化。

4. 从排位变化的动因看，2012年信阳市智力资本指数四级指标在河南省的排位均略发生变化，使其2012年的综合排位略微下降，居河南省第17位。

23.3.2　信阳市城市环境指数评价分析

2011~2012年信阳市城市环境指标及其下属指标在河南省的排位变化情况，如表23-3-2和图23-3-2所示。

表 23-3-2　信阳市 2011～2012 年城市环境指数及其四级指标

年　份		城镇化水平	城镇登记失业率	人均城市道路面积	人均绿化覆盖面积	基本医疗保险覆盖率	基本养老保险覆盖率	商品房屋销售均价	城市环境指数
2011	原值	36.25（%）	2.8（%）	17.37（平方米）	4.74（平方米）	21.71（%）	8.86（%）	2698（元/平方米）	13.08
	标准化后	14.26	85.00	72.05	13.20	47.22	22.49	12.31	
2012	原值	38.20（%）	2.9（%）	17.32（平方米）	5.12（平方米）	20.95（%）	9.14（%）	3168（元/平方米）	14.74
	标准化后	14.59	55.00	70.01	12.91	30.85	16.76	16.33	
2011 年排名		13	2	4	14	12	13	12	14
2012 年排名		13	5	4	13	14	13	8	13
升　降		0	-3	0	1	-2	0	4	1

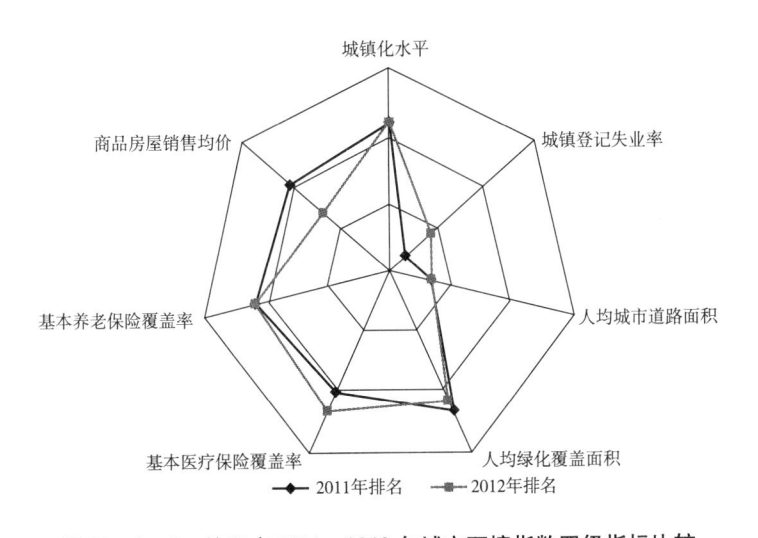

图 23-3-2　信阳市 2011～2012 年城市环境指数四级指标比较

1. 2012 年信阳市城市环境指数在整个河南省的综合排位为第 13 位，表明其在河南省处于相对劣势地位；与 2011 年相比排位略有变化。

2. 从指标所处的水平看，2012 年虽然人均城市道路面积、城镇登记失业率和商品房屋销售均价在河南省的排位分别为第 4 位、第 5 位和第 8 位，但是城镇化水平、人均绿化覆盖面积、基本医疗保险覆盖率和基本养老保险覆盖率在整个河南省的排位分别为第 13 位、第 13 位、第 14 位和第 13 位。这说明信阳市的城市环境指数在河南省处于相对落后地位。

3. 从雷达图图形变化看，2012年与2011年相比，面积基本不变，城市环境指数呈现上升趋势。

4. 从排位来看，2012年信阳市城市环境指数综合排位略有提高，居河南省第13位。

23.3.3 信阳市服务水平指数综合分析

2011~2012年信阳市服务水平指标及其下属指标在河南省的排位变化和指标结构情况，如表23-3-3所示。

表23-3-3　信阳市2011~2012年服务水平指数及其三级指标

年份	智力资本指数	城市环境指数	服务水平指数
2011	2.62	13.08	8.54
2012	2.53	14.74	9.37
2011年排位	16	14	14
2012年排位	17	13	14
升　降	-1	1	0

1. 2012年信阳市服务水平指数在整个河南省的综合排位为第14位，表明其在河南省处于相对劣势地位；与2011年相比排位没有变化。

2. 从指标所处水平看，2012年智力资本和城市环境两项指标在整个河南省的排位分别为第17位和第13位，处于下游水平。

3. 从指标变化趋势看，智力资本和城市环境两项指标与2011年相比排位均略有变化。

4. 从排位综合分析看，上述两项指标的劣势，决定了2012年信阳市服务水平指数综合排位仍居河南省第14位。

23.4 信阳市综合环境指数评价分析

23.4.1 信阳市经济环境指数评价分析

2011~2012年信阳市经济环境指标及其下属指标在河南省的排位变化情况，如表23-4-1和图23-4-1所示。

第23章 信阳市2012年金融发展指数报告

表23-4-1 信阳市2011~2012年经济环境指数及其四级指标

年 份		城镇人均可支配收入	农村人均纯收入	人均GDP	人均财政收入	人均社会商品零售额	经济环境发展指数
2011	原值(元)	15271	6153	20603	726	8382	10.83
	标准化后	9.78	12.59	11.84	3.54	12.83	
2012	原值(元)	17256	7008	22374	867	9469	10.04
	标准化后	9.72	12.77	10.34	3.05	10.95	
2011年排名		17	14	15	16	10	15
2012年排名		17	14	15	16	12	15
升 降		0	0	0	0	-2	0

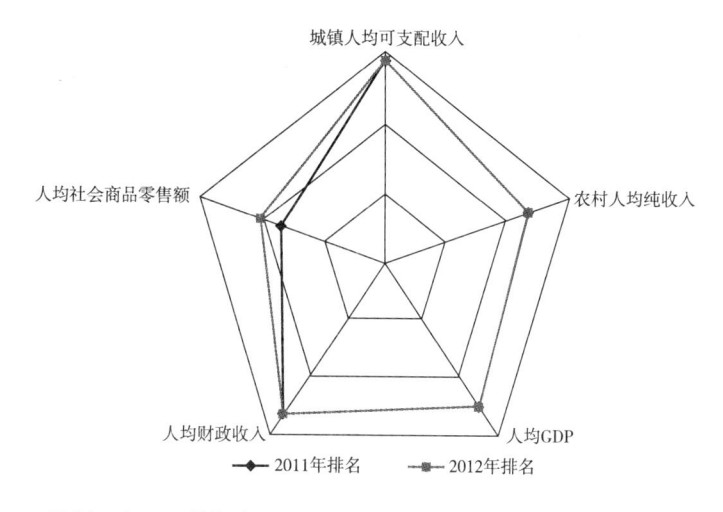

图23-4-1 信阳市2011~2012年经济环境指数四级指标比较

1. 2012年信阳市经济环境指数在整个河南省的综合排位为第15位，表明其在河南省处于相对劣势地位；与2011年相比排位没有发生变化。

2. 从指标所处的水平看，2012年城镇人均可支配收入、农村人均纯收入、人均财政收入、人均GDP和人均社会商品零售额在整个河南省的排位分别为第17位、第14位、第16位、第15位和第12位，这说明信阳市的经济环境在河南省处于相对落后地位。

3. 从雷达图图形变化看，2012年与2011年相比，面积略有增大，经济环境指数呈现下降趋势，其中人均社会商品零售额成为图形扩张的动力点。

4. 从排位变化的动因看，尽管信阳市人均社会商品零售额指标排位有所下降,但是在其他各指标排位没有变化的情况下,2012年信阳市经济环境指数综合排位保持不变,居河南省第15位。

23.4.2 信阳市开放程度指数评价分析

2011~2012年信阳市开放程度指标及其下属指标,在河南省的排位变化情况,如表23-4-2所示。

表23-4-2 信阳市2011~2012年开放程度指数及其四级指标

年 份		实际利用外资额	净出口额	开放程度指数
2011	原值(万美元)	28673	-30256.44	8.10
	标准化后	4.54	11.10	
2012	原值(万美元)	34961	-18013.15	15.86
	标准化后	4.66	25.84	
2011年排名		12	16	16
2012年排名		13	16	16
升 降		-1	0	0

1. 2012年信阳市开放程度指数在整个河南省的综合排位为第16位,表明其在河南省处于劣势地位;与2011年相比排位没有发生变化。

2. 从指标所处的水平看,2012年实际利用外资额和净出口额在整个河南省的排位分别为第13位和第16位,这说明信阳市的开放程度在河南省处于落后地位。

3. 从排位变化的动因看,由于2012年信阳市的净出口额在河南省的排位没有发生变化,实际利用外资额在河南省的排位只略微发生变化,故其2012年的开放程度指数的综合排位保持不变,居河南省第16位。

23.4.3 信阳市综合环境指数综合分析

2011~2012年信阳市综合环境指标及其下属指标在河南省的排位变化和指标结构情况,如表23-4-3所示。

1. 2012年信阳市综合环境指数在整个河南省的综合排位为第15位,表明其在河南省处于相对劣势地位;与2011年相比排位略有变化。

2. 从指标所处水平看,2012年经济环境和开放程度两项指标在整个河南省的排位分别为第15位和第16位,处于下游。

表 23-4-3 信阳市 2011~2012 年综合环境指标及其三级指标

年 份	经济环境指数	开放程度指数	综合环境指数
2011	10.83	8.10	10.18
2012	10.04	15.86	14.04
2011 年排位	15	16	16
2012 年排位	15	16	15
升 降	0	0	1

3. 从指标变化趋势看，经济环境和开放程度两项指标与 2011 年相比排位均没有变化，保持劣势地位。

4. 从排位综合分析看，信阳市上述两项指标的劣势，决定了 2012 年信阳市综合环境指数综合排位仍居河南省第 15 位，排名依然十分靠后。这说明其内部经济和对外经济发展都需要同等程度的提高。

23.5 信阳市金融发展指数综合评价分析

2011~2012 年信阳市金融发展指数综合指标及其下属指标在河南省的排位变化和指标结构情况，如表 23-5-1 所示。

表 23-5-1 信阳市 2011~2012 年金融发展指数指标及其二级指标

年 份	金融状况指数	成长发展指数	服务水平指数	综合环境指数	金融发展指数
2011	13.37	20.42	8.54	10.18	13.69
2012	18.97	29.93	9.37	14.04	18.96
2011 年排位	13	8	14	16	15
2012 年排位	8	6	14	15	14
升 降	5	2	0	1	1

1. 2012 年信阳市金融发展指数在整个河南省的综合排位为第 14 位，表明其在河南省处于相对劣势地位；与 2011 年相比排位略有变化。

2. 从指标所处水平看，2012 年信阳市金融状况、成长发展两项指标在整个河南省的排名分别为第 8 位、第 6 位；服务水平和综合环境两项指标分别处于第 14 位和第 15 位，处于相对劣势地位。

3. 从指标变化趋势看，与 2011 年相比服务水平指标排位没有变化，成长发展和综合环境两项指标排位均有变化，金融状况指标排位有显著变化。从整体看，2012 年信阳市金融发展指数呈上升趋势。

4. 从排位综合分析看，虽然服务水平和综合环境两项指标处于劣势地位，但是金融状况和成长发展两项指标决定了 2012 年信阳市金融发展指数综合排位仍然略有上升，居河南省第 14 位。

第 24 章
济源市 2012 年金融发展指数报告

24.1 济源市金融状况指数评价分析

24.1.1 济源市金融市场发展指数评价分析

2011~2012 年济源市金融市场发展指标及其下属指标在河南省的排位变化情况，如表 24-1-1 和图 24-1-1 所示。

表 24-1-1 济源市 2011~2012 年金融市场发展指数及其四级指标

年 份		金融业增加值	金融系统存款余额	金融系统贷款余额	证券交易额	发行国债额	保费收入	保险赔付额	金融市场发展指数
2011	原值(亿元)	2.58	185.01	157.20	79.56	0.54	6.58	1.29	0
	标准化后	0	0	0	0	0	0	0	
2012	原值(亿元)	3.10	222.63	175.26	58.37	0.36	6.59	1.73	0
	标准化后	0	0	0	0	0	0	0	
2011 年排名		18	18	18	18	18	18	18	18
2012 年排名		18	18	18	18	18	18	18	18
升 降		0	0	0	0	0	0	0	0

1. 2012 年济源市金融市场发展指数在整个河南省的综合排位为第 18 位，表明其在河南省处于绝对劣势地位；与 2011 年相比排位没有发生变化。

2. 从指标所处的水平看，2012 年金融业增加值、金融系统存款余额、金融系统贷款余额、证券交易额、发行国债额、保费收入和保险赔付额在整个河南省的排位均为倒数第一，这说明济源市的金融市场发展指数在河南省处于绝对滞后地位。

3. 从雷达图图形变化看，2012 年与 2011 年相比，面积没有变化。

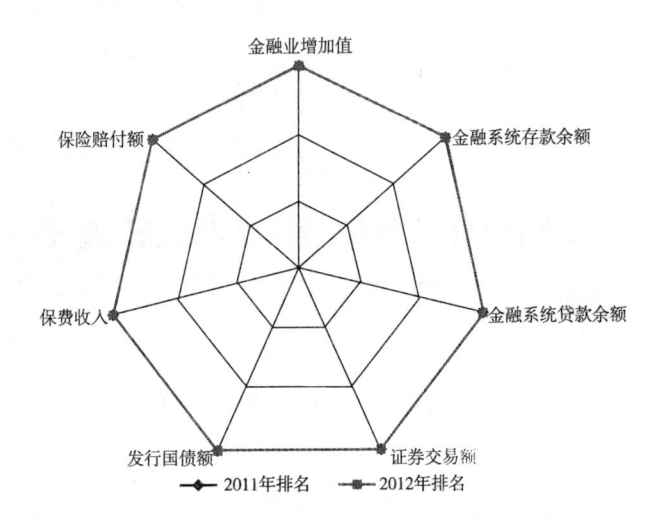

图 24-1-1 济源市 2011~2012 年金融市场发展指数四级指标比较

4. 从排位来看，由于 2012 年济源市金融市场发展指数四级指标在河南省的排位均没有发生变化，其 2012 年的综合排位保持不变，居河南省第 18 位。

24.1.2 济源市金融结构深化指数评价分析

2011~2012 年济源市金融结构深化指标及其下属指标在河南省的排位变化情况，如表 24-1-2 和图 24-1-2 所示。

表 24-1-2 济源市 2011~2012 年金融结构深化指数及其四级指标

年 份		证券募集资金净额比 GDP	短期贷款占比	保费收入比全省金融业增加值	金融结构深化指数
2011	原值(%)	2.65	1.18	0.76	18.22
	标准化后	91.34	0	0	
2012	原值(%)	2.30	1.20	0.65	16.77
	标准化后	80.28	0	0	
2011 年排名		2	18	18	12
2012 年排名		4	18	18	11
升 降		-2	0	0	1

1. 2012 年济源市金融结构深化指数在整个河南省的综合排位为第 11 位，表明其在河南省处于中游水平；与 2011 年相比排位上升 1 位。

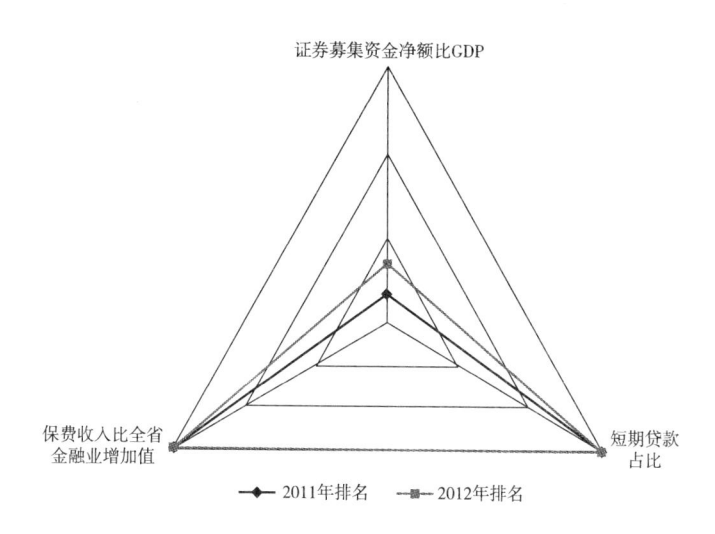

图 24－1－2　济源市 2011～2012 年金融结构深化指数四级指标比较

2. 从指标所处的水平看，2012 年短期贷款占比和保费收入比全省金融业增加值在整个河南省的排位均为第 18 位，即在整个省域内处于下游水平且均为绝对劣势指标，但是由于证券募集资金净额比 GDP 排位相对靠前，处于相对优势地位，因此综合以上三项指标，济源市的金融结构深化指数在河南省处于中游水平。

3. 从雷达图图形变化看，2012 年与 2011 年相比，面积略有增大，金融结构深化指数呈现下降趋势，其中证券募集资金净额比 GDP 成为图形扩张的动力点。

4. 从排位变化的动因看，尽管济源市证券募集资金净额比 GDP 指标在整个河南省的排位有所下降，但是在其他各指标排位的相对稳定作用下，2012 年济源市金融结构深化指数综合排位略升，居河南省第 11 位。

24.1.3　济源市金融效率提高指数评价分析

2011～2012 年济源市金融效率提高指标及其下属指标在河南省的排位变化情况，如表 24－1－3 和图 24－1－3 所示。

1. 2012 年济源市金融效率提高指数在整个河南省的综合排位为第 5 位，表明其在河南省处于上游；与 2011 年相比排位下降 2 位。

2. 从指标所处的水平看，2012 年存贷比在整个河南省的排位为第 2 位，处于优势地位；保险密度位于第 5，处于上游水平；虽然上市公司占有率排位处于中游水平，但是整体来看，济源市的金融效率提高指数在河南省处于上游。

表 24 – 1 – 3　济源市 2011～2012 年金融效率提高指数及其四级指标

单位：%，元/人

年 份		存贷比	保险密度	上市公司占有率	金融效率提高指数
2011	原值	84.97	966.00	3.17	34.78
	标准化后	85.86	29.75	9.52	
2012	原值	78.72	937.00	3.03	31.73
	标准化后	76.43	23.76	9.52	
2011 年排名		2	3	8	3
2012 年排名		2	5	8	5
升　降		0	-2	0	-2

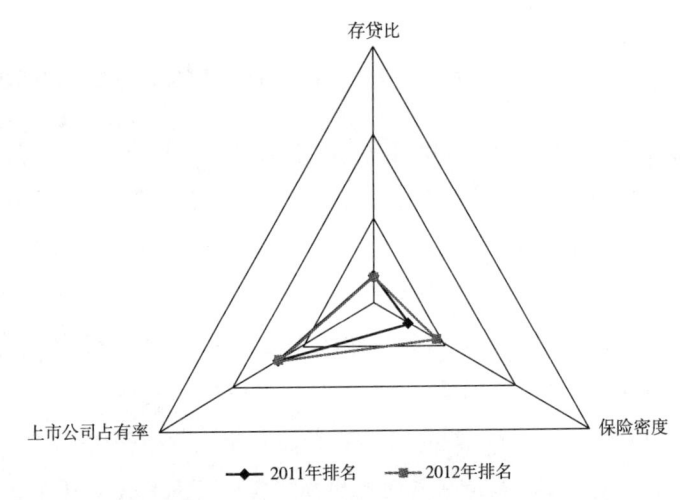

图 24 – 1 – 3　济源市 2011～2012 年金融效率提高指数四级指标比较

3. 从雷达图图形变化看，2012 年与 2011 年相比，面积有所增大，金融效率提高指数呈现下降趋势，其中保险密度成为图形扩张的动力点。

4. 从排位变化的动因看，在其他各指标排位稳定不变的情况下，由于济源市保险密度指标在整个河南省的排位下降 2 位，因此 2012 年济源市金融效率提高指数综合排位下降 2 位，居河南省第 5 位。

24.1.4　济源市金融状况指数综合分析

2011～2012 年济源市金融状况指标及其下属指标在河南省的排位变化和指标结构情况，如表 24 – 1 – 4 所示。

表 24-1-4　济源市 2011~2012 年金融状况指标及其三级指标

年　份	金融市场发展指数	金融结构深化指数	金融效率提高指数	金融状况指数
2011	0	18.22	34.78	18.35
2012	0	16.77	31.73	16.83
2011 年排位	18	12	3	8
2012 年排位	18	11	5	9
升　降	0	1	-2	-1

1. 2012 年济源市金融状况指数在整个河南省的综合排位为第 9 位，表明其在河南省处于中游水平；与 2011 年相比排位下降 1 位。

2. 从指标所处水平看，2012 年金融市场发展指数在整个河南省的排位为第 18 位，处于垫底的位置；金融结构深化指数居于第 11 位，处于中游水平；金融效率提高指数排在第 5 位，处于上游。

3. 从指标变化趋势看，与 2011 年相比金融市场发展指数没有变化，依然垫底；金融结构深化指数排位上升 1 位；金融效率提高指数排位下降 2 位。

4. 从排位综合分析看，济源市除了金融效率提高指数在整个河南省的排位相对靠前外，其他两项指标处于相对靠后地位，这说明该地区金融发展状况相对不平衡。在保持金融效率的前提下，需要加大投入尤其是促进金融市场的培育和发展，优化金融结构，深化金融改革，快速发展地区金融业。

24.2　济源市成长发展指数评价分析

24.2.1　济源市资本市场成长性指数评价分析

2011~2012 年济源市资本市场成长性指标及其下属指标在河南省的排位变化情况，如表 24-2-1 和图 24-2-1 所示。

1. 2012 年济源市资本市场成长性指数在整个河南省的综合排位为第 10 位，表明其在河南省处于中游水平；与 2011 年相比排位上升 3 位。

2. 从指标所处的水平看，2012 年金融机构贷款余额年增长额在整个河南省的排位为第 17 位，处于弱势地位；发行国债年增长额排位为第 2 位，处于领先地位；A 股股票募集资金净额排位为第 12 位，处于中游水平。

表24-2-1 济源市2011~2012年资本市场成长性指数及其四级指标

年份		金融机构贷款余额年增长额	发行国债年增长额	A股股票募集资金净额	资本市场成长性指数
2011	原值(亿元)	13.46	-0.41	9.89	1.14
	标准化后	7.99	31.63	7.77	
2012	原值(亿元)	18.06	-0.18	9.89	37.15
	标准化后	1.51	99.05	7.77	
2011年排名		16	14	11	13
2012年排名		17	2	12	10
升　降		-1	12	-1	3

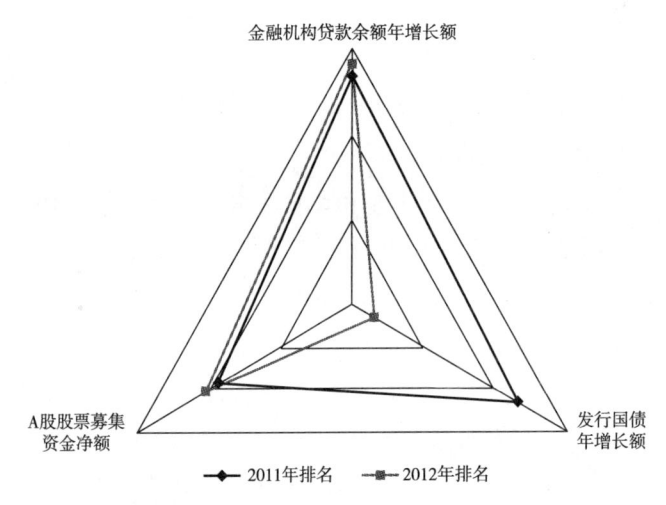

图24-2-1 济源市2011~2012年资本市场成长性指数四级指标比较

3. 从雷达图图形变化看,2012年与2011年相比,面积相对缩小,资本市场成长性指数呈现上升趋势,其中发行国债年增长额成为图形缩小的动力点。

4. 从排位变化的动因看,尽管济源市金融机构贷款余额年增长额和A股股票募集资金净额在整个河南省的排位有小幅下降,但是在发行国债年增长额指标排位上升的强劲拉升作用下,2012年济源市资本市场成长性指标综合排位上升3位,居河南省的中游水平。

24.2.2 济源市经济成长性指数评价分析

2011~2012年济源市经济成长性指标及其下属指标在河南省的排位变化情况,如表24-2-2和图24-2-2所示。

表 24 – 2 – 2 济源市 2011~2012 年经济成长性指数及其四级指标

年 份		GDP 年增长额	财政收入年增长额	社会固定资产投资年增长额	社会消费品零售总额年增长额	经济成长性指数
2011	原值(亿元)	29.99	3.30	46.41	12.23	0
	标准化后	0	0	0	0	
2012	原值(亿元)	57.50	3.35	52.86	12.63	2.13
	标准化后	8.29	0	0	0	
2011 年排名		18	18	18	18	18
2012 年排名		15	18	18	18	18
升 降		3	0	0	0	0

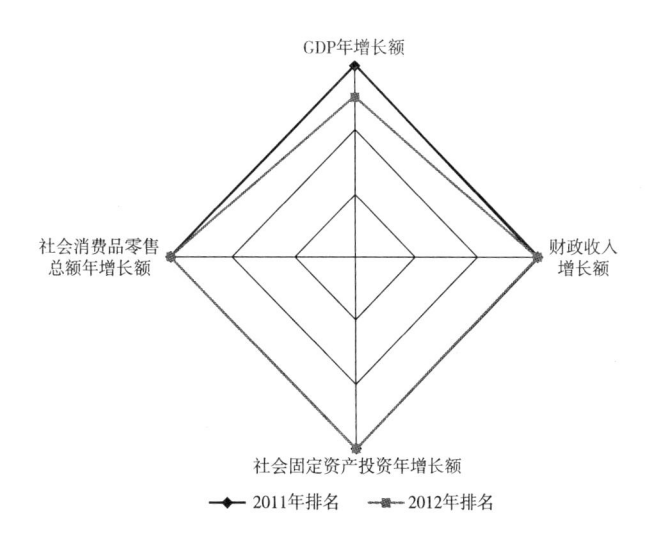

图 24 – 2 – 2 济源市 2011~2012 年经济成长性指数四级指标比较

1. 2012 年济源市经济成长性指数在整个河南省的综合排位为第 18 位，表明其在河南省处于垫底位置；与 2011 年相比排位没有发生变化。

2. 从指标所处的水平看，2012 年除了 GDP 年增长额指标在整个河南省的排位为第 15 名外，财政收入年增长额、社会固定资产投资年增长额和社会消费品零售总额年增长额的排位均为第 18 位，这说明济源市的经济成长性在河南省处于绝对劣势地位。

3. 从雷达图图形变化看，2012 年与 2011 年相比，面积相对缩小，但变化不大。

4. 从排位变化的动因看，除了 GDP 年增长额排位有所上升外，2012 年济源市经济成长性指数的其他四级指标在河南省的排位处于垫底的状况均没有发生变化，故其 2012 年的综合排位保持不变，居河南省第 18 位。

24.2.3 济源市城市创新成长性指数评价分析

2011~2012 年济源市城市创新成长性指标及其下属指标在河南省的排位变化情况，如表 24-2-3 和图 24-2-3 所示。

表 24-2-3 济源市 2011~2012 年城市创新成长性指数及其四级指标

单位：亿元，人

年 份		政府研发经费支出年增长额	政府研发人员年增长量	新产品销售收入年增长额	城市创新成长性指数
2011	原值	0.02	-85.00	7.33	23.72
	标准化后	46.78	23.50	21.60	
2012	原值	0.04	306.00	18.95	42.01
	标准化后	7.20	23.09	85.20	
2011 年排名		13	17	14	15
2012 年排名		10	7	3	5
升　降		3	10	11	10

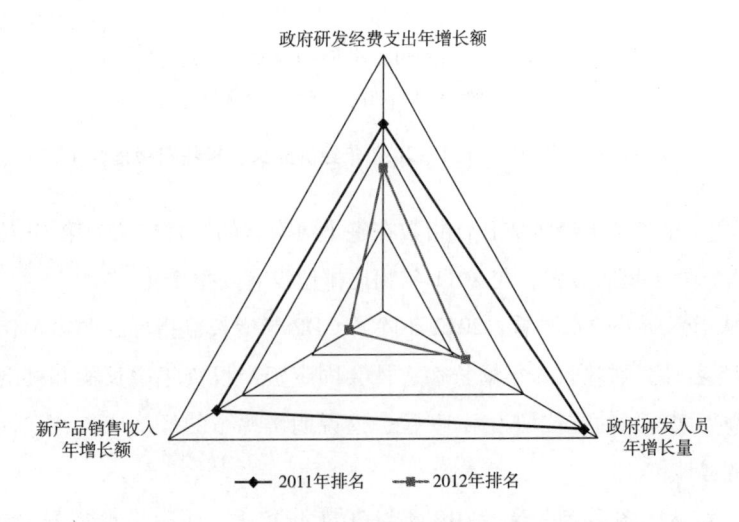

图 24-2-3 济源市 2011~2012 年城市创新成长性指数四级指标比较

1. 2012年济源市城市创新成长性指数在整个河南省的综合排位为第5位，表明其在河南省处于上游水平；与2011年相比排位上升10位。

2. 从指标所处的水平看，2012年政府研发经费支出年增长额在整个河南省的排位为第10位，政府研发人员年增长量为第7位，而新产品销售收入年增长额排在第3位，在此综合作用下，2012年济源市的城市创新成长性在河南省处于上游水平。

3. 从雷达图图形变化看，2012年与2011年相比，面积大幅度缩小，城市创新成长性呈现上升趋势，其中政府研发经费支出年增长额、政府研发人员年增长量和新产品销售收入年增长额均成为图形缩小的动力点。

4. 从排位变化的动因看，由于新产品销售收入年增长额和政府研发人员年增长量这两项指标在整个河南省的排名均上升幅度较大，分别上升11位和10位，另外政府研发经费支出年增长额的排位也有上升，2012年济源市城市创新成长性指数综合排位大幅上升，居河南省第5位。

24.2.4 济源市成长发展指数综合分析

2011~2012年济源市成长发展指标及其下属指标在河南省的排位变化和指标结构情况，如表24-2-4所示。

表24-2-4 济源市2011~2012年成长发展指数及其三级指标

年 份	资本市场成长性指数	经济成长性指数	城市创新成长性指数	成长发展指数
2011	1.14	0	23.72	8.43
2012	37.15	2.13	42.01	23.80
2011年排位	13	18	15	17
2012年排位	10	18	5	14
升 降	3	0	10	3

1. 2012年济源市成长发展指数在整个河南省的综合排位为第14位，表明其在河南省处于下游水平；与2011年相比排位上升3位。

2. 从指标所处水平看，2012年资本市场成长性指数在整个河南省的排位为第10位，处于中游水平；经济成长性指标排位为第18位，处于垫底位置；而城市创新成长性指数排在第5位，处于上游水平。

3. 从指标变化趋势看，与2011年相比经济成长性排位没有变化，保持劣势地位；资本市场成长性指数排位上升3位，处于中游水平；城市创新成长性排位上升幅度较大，处于上游水平。

4. 从排位综合分析看，虽然资本市场成长性和城市创新成长性两项指标排位的上升幅度较大，但是经济成长性指标的绝对劣势地位决定了2012年济源市成长发展指数综合排位居河南省第14位，处于下游水平。

24.3 济源市服务水平指数评价分析

24.3.1 济源市智力资本指数评价分析

2011~2012年济源市智力资本指标及其下属指标在河南省的排位变化情况，如表24-3-1和图24-3-1所示。

表24-3-1 济源市2011~2012年智力资本指数及其四级指标

单位：人/平方公里，所

年 份		金融业从业密度	受高等教育密度	科研人员密度	普通高等学校数量	智力资本指数
2011	原值	0.98	5.89	2.51	1	8.21
	标准化后	5.52	5.21	20.40	0	
2012	原值	0.73	5.62	2.91	1	7.62
	标准化后	0	4.73	24.12	0	
2011年排名		15	10	5	16	12
2012年排名		18	11	5	16	12
升 降		-3	-1	0	0	0

1. 2012年济源市智力资本指数在整个河南省的综合排位为第12位，表明其在河南省处于中游水平；与2011年相比排位没有发生变化。

2. 从指标所处的水平看，2012年尽管科研人员密度指标在整个河南省排在第5位，但是金融业从业密度、受高等教育密度和普通高等学校数量在整个河南省均处于靠后位置，这说明济源市的智力资本在河南省处于中游偏下水平。

3. 从雷达图图形变化看，2012年与2011年相比，面积有所扩大。

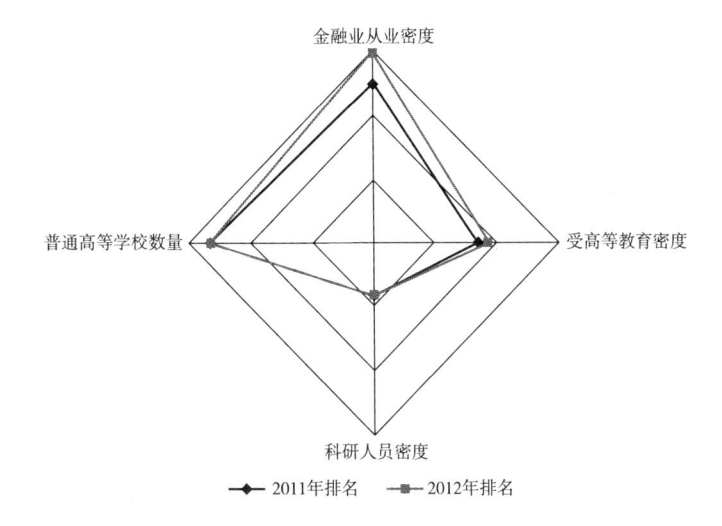

图 24-3-1 济源市 2011~2012 年智力资本指数四级指标比较

4. 从排位变化的动因看,由于 2012 年济源市智力资本指数四级指标在河南省的排位均没有发生较为显著的变化,其 2012 年的综合排位保持不变,居河南省第 12 位。

24.3.2 济源市城市环境指数评价分析

2011~2012 年济源市城市环境指标及其下属指标在河南省的排位变化情况,如表 24-3-2 和图 24-3-2 所示。

表 24-3-2 济源市 2011~2012 年城市环境指数及其四级指标

年 份		城镇化水平	城镇登记失业率	人均城市道路面积	人均绿化覆盖面积	基本医疗保险覆盖率	基本养老保险覆盖率	商品房屋销售均价	城市环境指数
2011	原值	51.44（%）	3.5（%）	19.94（平方米）	20.21（平方米）	29.16（%）	18.39（%）	2717（元/平方米）	52.10
	标准化后	59.84	25.00	89.11	100.00	95.66	77.12	12.85	
2012	原值	53.40（%）	2.8（%）	19.66（平方米）	21.74（平方米）	29.70（%）	20.12（%）	3252（元/平方米）	60.01
	标准化后	60.79	60.00	84.51	100.00	81.76	65.55	18.60	
2011 年排名		2	10	3	1	3	2	11	2
2012 年排名		2	4	3	1	4	2	4	2
升 降		0	6	0	0	-1	0	7	0

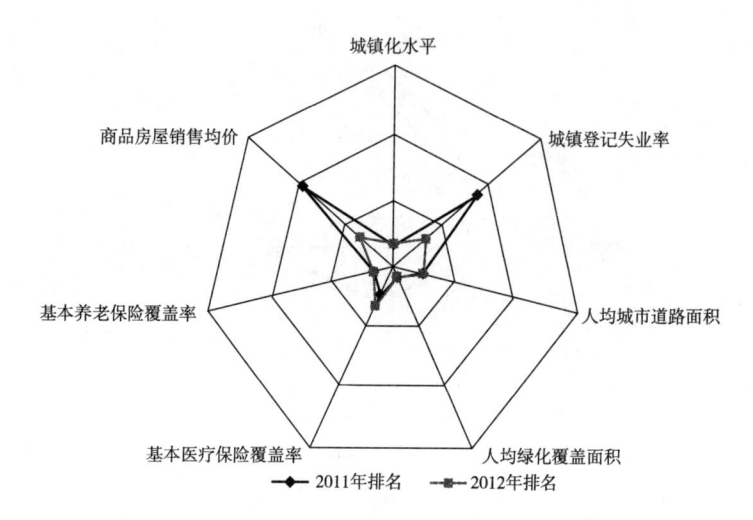

图 24-3-2　济源市 2011~2012 年城市环境指数四级指标比较

1. 2012 年济源市城市环境指数在整个河南省的综合排位为第 2 位，表明其在河南省处于优势地位；与 2011 年相比排位没有发生变化。

2. 从指标所处的水平看，2012 年人均城市道路面积、城镇化水平、城镇登记失业率、基本养老保险覆盖率、基本医疗保险覆盖率和商品房屋销售均价等在整个河南省均为领先水平，这说明济源市的城市环境指数在河南省处于领先地位。

3. 从雷达图图形变化看，2012 年与 2011 年相比，面积有所减小，城市环境指数呈现上升趋势，其中城镇登记失业率和商品房屋销售均价成为图形缩小的动力点。

4. 从排位变化的动因看，2012 年济源市城市环境指数综合排位保持不变，居河南省第 2 位。

24.3.3　济源市服务水平指数综合分析

2011~2012 年济源市服务水平指标及其下属指标在河南省的排位变化和指标结构情况，如表 24-3-3 所示。

1. 2012 年济源市服务水平指数在整个河南省的综合排位为第 3 位，表明其在河南省处于优势地位；与 2011 年相比排位没有变化。

2. 从指标所处水平看，2012 年智力资本指数在整个河南省的排位为第 12 位，处于中游水平；城市环境指数指标排位为第 2 位，处于领先水平。

表 24-3-3 济源市 2011~2012 年服务水平指标及其三级指标

年 份	智力资本指数	城市环境指数	服务水平指数
2011	8.21	52.10	32.81
2012	7.62	60.01	36.72
2011 年排位	12	2	3
2012 年排位	12	2	3
升 降	0	0	0

3. 从指标变化趋势看，智力资本和城市环境两项指标与 2011 年相比排位均没有变化，保持原来的地位。

4. 从排位综合分析看，虽然智力资本指数在整个河南省的排位相对靠后，但是城市环境指数的绝对优势，决定了 2012 年济源市服务水平指数综合排位仍居河南省第 3 位。

24.4 济源市综合环境指数评价分析

24.4.1 济源市经济环境指数评价分析

2011~2012 年济源市经济环境指标及其下属指标在河南省的排位变化情况，如表 24-4-1 和图 24-4-1 所示。

表 24-4-1 济源市 2011~2012 年经济环境指数及其四级指标

年 份		城镇人均可支配收入	农村人均纯收入	人均 GDP	人均财政收入	人均社会商品零售额	经济环境指数
2011	原值(元)	18821	9341	55095	3759	12019	70.08
	标准化后	60.29	69.49	95.72	62.70	35.40	
2012	原值(元)	21240	10648	62358	4106	13570	69.74
	标准化后	61.18	70.27	100.00	56.72	33.43	
2011 年排名		3	2	2	2	3	2
2012 年排名		3	2	1	2	3	2
升 降		0	0	1	0	0	0

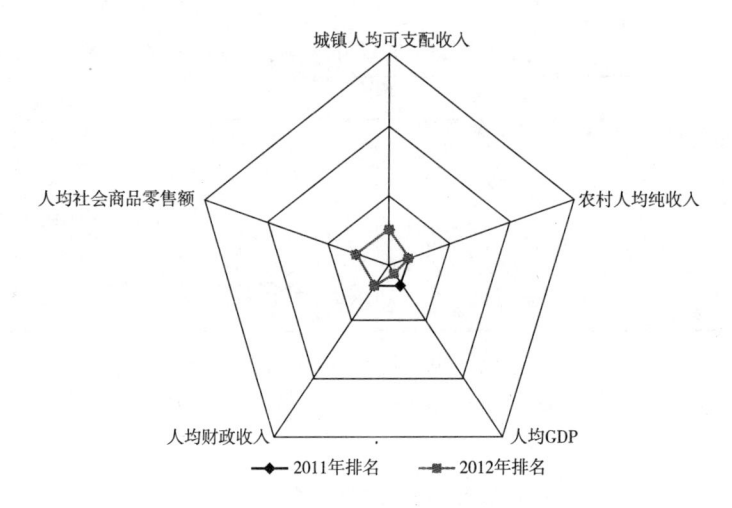

图 24 - 4 - 1 济源市 2011~2012 年经济环境指数四级指标比较

1. 2012 年济源市经济环境指数在整个河南省的综合排位为第 2 位，表明其在河南省处于优势地位；与 2011 年相比排位没有发生变化。

2. 从指标所处的水平看，2012 年城镇人均可支配收入、农村人均纯收入、人均财政收入和人均社会商品零售额等在整个河南省的排位均领先，这说明济源市的经济环境在河南省处于相对领先地位。

3. 从雷达图图形变化看，2012 年与 2011 年相比，面积有所缩小，但不显著。故济源市经济环境指数呈现相对平稳且略带上升趋势，其中人均 GDP 成为图形缩小的动力点。

4. 从排位变化的动因看，尽管济源市人均 GDP 指标在整个河南省的排位有所上升，但是在其他各指标排位相对平稳的作用下，2012 年济源市经济环境指数综合排位保持不变，居河南省第 2 位。

24.4.2 济源市开放程度指数评价分析

2011~2012 年济源市开放程度指标及其下属指标，在河南省的排位变化情况，如表 24 - 4 - 2 所示。

1. 2012 年济源市开放程度指数在整个河南省的综合排位为第 18 位，表明其在河南省处于绝对劣势地位；与 2011 年相比排位没有发生变化。

2. 从指标所处的水平看，2012 年净出口额和实际利用外资额在整个河南省的

表24-4-2 济源市2011~2012年开放程度指数及其四级指标

年 份		实际利用外资额	净出口额	开放程度指数
2011	原值(万美元)	15288	-75285.09	0
	标准化后	0	0	
2012	原值(万美元)	19904	-188875.37	0
	标准化后	0	0	
2011年排名		18	18	18
2012年排名		18	18	18
升 降		0	0	0

排位均为第18位,这说明济源市的开放程度在河南省处于绝对劣势地位。

3. 从排位变化的动因看,由于2012年济源市的净出口额和实际利用外资额在河南省的排位均没有发生变化,其2012年的开放程度指数的综合排位保持不变,居河南省第18位。

24.4.3 济源市综合环境指数综合分析

2011~2012年济源市综合环境指标及其下属指标在河南省的排位变化和指标结构情况,如表24-4-3所示。

表24-4-3 济源市2011~2012年综合环境指数及其三级指标

年 份	经济环境指数	开放程度指数	综合环境指数
2011	70.08	0	37.70
2012	69.74	0	37.80
2011年排位	2	18	4
2012年排位	2	18	4
升 降	0	0	0

1. 2012年济源市综合环境指数在整个河南省的综合排位为第4位,表明其在河南省处于上游水平;与2011年相比排位没有变化。

2. 从指标所处水平看,2012年经济环境指数在整个河南省的排位为第2位,处于上游水平;开放程度指标排位为第18位,处于下游水平。

3. 从指标变化趋势看,经济环境和开放程度两项指标与2011年相比排位均没有变化,保持原有水平。

4. 从排位综合分析看，虽然济源市在开放程度指标方面不尽如人意，但是经济环境指标的绝对优势，决定了2012年济源市综合环境指数综合排位仍居河南省第4位。这说明济源市内部经济发展程度较高，但对外经济发展程度相对很低，因此需要大力发展对外经济。

24.5 济源市金融发展指数综合评价分析

2011～2012年济源市金融发展指数综合指标及其下属指标在河南省的排位变化和指标结构情况，如表24-5-1所示。

表24-5-1 济源市2011～2012年金融发展指数指标及其二级指标

年 份	金融状况指数	成长发展指数	服务水平指数	综合环境指数	金融发展指数
2011	18.35	8.43	32.81	37.70	25.54
2012	16.83	23.80	36.72	37.80	30.51
2011年排位	8	17	3	4	7
2012年排位	9	14	3	4	5
升 降	-1	3	0	0	2

1. 2012年济源市金融发展指数在整个河南省的综合排位为第5位，表明其在河南省处于上游水平；与2011年相比排位上升2位。

2. 从指标所处水平看，2012年济源市的服务水平和综合环境这两项指标在整个河南省处于优势水平，而金融状况指数处于中游水平，成长发展指数处于下游水平。

3. 从指标变化趋势看，服务水平和综合环境两个指标与2011年相比排位均没有变化，保持相对优势地位。金融状况指数在整个河南省的排位下降1位，成长发展指数上升3位。

4. 从排位综合分析看，济源市的服务水平和综合环境这两项指标的相对优势，决定了2012年济源市金融发展指数综合排位仍居河南省第5位。这说明从服务水平和综合环境两个方面看，济源市存在显著优势；从金融状况和成长发展两个方面来看，济源市需要进一步改善金融状况，促进金融业的持续稳定发展。

总的来说，从金融发展指数方面进行综合评价，济源市处在河南省上游水平。

区域篇
（山西部分）

第 25 章
运城市 2012 年金融发展指数报告

25.1 运城市金融状况指数评价分析

25.1.1 运城市金融市场发展指数评价分析[①]

2008~2012 年运城市金融市场发展指标组的数据变化情况如表 25-1-1 所示。

表 25-1-1 运城市 2008~2012 年金融市场发展指标及数据

单位：亿元

年 份	金融业增加值	金融系统存款余额	金融系统贷款余额	保费收入	保险赔付额
2008	—	718.4	469.4	21.6	2.3
2009	19.4	830.0	482.9	27.7	5.7
2010	22.9	953.2	501.5	36.4	6.8
2011	25.0	1118.2	605.3	39.0	9.4
2012	30.8	1320.6	713.4	40.3	11.6

注：以上数据通过 2008~2012 年《运城市国民经济和社会发展统计公报》。

由表 25-1-1 可知，运城市 2012 年金融业增加值 30.8 亿元，比上年增长 23.2%；金融系统存款余额 1320.6 亿元，比上年增长 18.1%；金融系统贷款余额 713.4 亿元，比上年增长 17.86%；保费收入 40.3 亿元，比上年上升了 3.33%；保险赔付额 11.6 亿元，比上年上升了 23.4%。从运城市 2012 年金融市场发展的相关数据看，各项指标均有不同程度的上升。这说明与 2011 年相比，

---

① 由于数据获得有限，这里仅获得金融业增加值、金融系统存款余额、金额系统贷款余额、保费收入和保险赔付额。第 25~39 章与此类似，下不注。

运城市的金融市场发展态势总体良好，银行业和保险业的规模都有所扩大，但保险业规模扩张速度与金融业相比较存在一定差距。

25.1.2 运城市金融结构深化指数评价分析①

2008～2012年运城市金融结构深化指标的数据变化情况如表25-1-2所示。

由表25-1-2可知，运城市2012年短期贷款占比为3.03%，比上年下降了2.57%；保费收入比全省金融业增加值为6.30%，比上年下降16.11%。从2008年至2012年运城市的金融结构深化数据来看，运城市的短期贷款占比逐年下降，保费收入比全省金融业增加值的比重在2010年有所回升，但总体呈下降趋势，说明运城市金融结构深化程度有所减弱。

表25-1-2 运城市2008～2012年金融结构深化指标及数据

单位：%

年 份	短期贷款占比	保费收入比全省金融业增加值	年 份	短期贷款占比	保费收入比全省金融业增加值
2008	4.67	11.38	2011	3.11	7.51
2009	3.75	7.66	2012	3.03	6.30
2010	3.15	8.12			

注：以上数据通过2008～2013年《山西统计年鉴》和《运城市国民经济和社会发展统计公报》中相关数据计算得到。

25.1.3 运城市金融效率提高指数评价分析②

2008～2012年运城市金融效率提高指标的数据变化情况如表25-1-3所示。

由表25-1-3可知，运城市2012年存贷比为54.02%，比上年下降了0.11个百分点；2012年保险密度为775.81元/人，自2008年以来呈上升趋势。从2012年运城市的金融效率数据来看，存贷比略微下降，保险密度有所上升，综合来看，运城市的金融效率有所提高，但银行业效率较之以前，有所下降。

---

① 由于数据获得有限，这里仅获得短期贷款占比和保费收入比全省金融业增加值，以此评价运城市金融结构深化指数。第25～39章与此类似，下不注。
② 由于数据获得有限，这里仅获得存贷比和保险密度来评价运城市金融效率状况。第25～39章与此类似，下不注。

表 25-1-3 运城市 2008~2012 年金融效率提高指标及数据

年 份	存贷比(%)	保险密度(元/人)	年 份	存贷比(%)	保险密度(元/人)
2008	65.34	425.53	2011	54.13	754.82
2009	58.18	543.67	2012	54.02	775.81
2010	52.61	708.86			

注：以上数据通过 2008~2013 年《山西统计年鉴》和《运城市国民经济和社会发展统计公报》中相关数据计算得到。

25.2 运城市成长发展指数评价分析

25.2.1 运城市资本市场成长性指数评价分析[①]

2008~2012 年运城市资本市场成长性指标组的数据变化情况如表 25-2-1 所示。

表 25-2-1 运城市 2008~2012 年资本市场成长性指标及数据

单位：亿元

年 份	金融机构贷款余额年增长额	年 份	金融机构贷款余额年增长额
2008	4.7	2011	103.8
2009	13.5	2012	108.1
2010	18.6		

注：以上数据通过 2008~2012 年《运城市国民经济和社会发展统计公报》中相关数据计算得到。

由表 25-2-1 可知，运城市 2012 年金融机构贷款余额年增长额为 108.1 亿元，比上年增长 4.14%。从运城市 2008 年至 2012 年资本市场成长的相关数据看，运城市的金融机构贷款余额在每年都有所增长的基础上，其增长额也呈上升趋势，资本市场规模扩大，成长态势良好。

25.2.2 运城市经济成长性指数评价分析

2008~2012 年运城市经济成长性指标的数据变化情况如表 25-2-2 所示。

---

① 由于数据获得有限，这里仅获得金融机构贷款余额年增长额，以此来评价运城市的资本市场成长性。第 25~39 章与此类似，下不注。

表 25-2-2　运城市 2008~2012 年经济成长性指标及数据

单位：亿元

年份	GDP 年增长额	财政收入年增长额	社会固定资产投资年增长额	社会消费品零售总额年增长额
2008	56.0	6.1	71.7	54.8
2009	47.8	-28.8	138.0	59.2
2010	99.0	16.6	115.1	26.5
2011	189.8	7.1	67.6	62.9
2012	51.3	-7.3	162.6	65.6

注：以上数据通过 2008~2012 年《运城市国民经济和社会发展统计公报》中相关数据计算得到。

由表 25-2-2 可知，运城市 2012 年 GDP 年增长额为 51.3 亿元，比上年下降了 72.97%；财政收入年增长额为 -7.3 亿元，比上年下降 202.82%；社会固定资产投资年增长额为 162.6 亿元，比上年上升 140.53%；社会消费品零售总额年增长额为 65.6 亿元，比上年上升 4.29%。从 2008 年至 2012 年运城市的经济成长性的相关数据来看，2012 年较 2011 年，增长速度有所放缓；财政收入年增长额在 2009 年和 2012 年均严重下降；社会固定资产投资年增长额和社会消费品零售总额年增长额总体上是增长态势。综上所述，运城市经济综合态势稳定，在全球环境下成长性有所增强。

25.2.3　运城市城市创新成长性指数评价分析[①]

2008~2012 年运城市城市创新成长性指标的数据变化情况如表 25-2-3 所示。

表 25-2-3　运城市 2008~2012 年城市创新成长性指标及数据

单位：人

年份	政府研发人员年增长量	年份	政府研发人员年增长量
2008	-6	2011	-1
2009	-2	2012	-5
2010	-1		

注：以上数据通过 2008~2012 年《运城市国民经济和社会发展统计公报》中相关数据计算得到。

① 由于数据获得有限，这里仅获得政府研发人员年增长量，以此来评价运城市的城市创新成长性。第 25~39 章与此类似，下不注。

由表 25-2-3 可知，运城市 2012 年政府研发人员年增长量为 -5 人，从 2008 年至 2012 年运城市的政府研发人员数量逐年下降，说明运城市总的城市创新性呈逐渐降低的趋势。

25.3 运城市服务水平指数评价分析

25.3.1 运城市智力资本指数评价分析[①]

2008~2012 年运城市智力资本指标组的数据变化情况如表 25-3-1 所示。

由表 25-3-1 可知，2012 年运城市受高等教育密度为 33.48 人/平方公里，比上年上升 43.32%；科研人员密度为 0.3597 人/平方公里，比上年下降 1.13%；普通高等学校数量 2008 年至 2012 年没有变化。从 2012 年的数据看，虽然科研人员密度略微下降，但从整体来看，运城市的智力资本呈上升的趋势。

表 25-3-1 运城市 2008~2012 年智力资本指标及数据

年 份	受高等教育密度（人/平方公里）	科研人员密度（人/平方公里）	普通高等学校数量（所）
2008	12.53	0.3671	7
2009	14.81	0.3654	7
2010	16.81	0.3646	7
2011	23.36	0.3638	7
2012	33.48	0.3597	7

注：第一列数据通过相关数据计算得到，第二列数据摘自 2008~2012 年《运城市国民经济和社会发展统计公报》，第三列数据通过调研得到。

25.3.2 运城市城市环境指数评价分析[②]

2008~2012 年运城市城市环境指标组的数据变化情况如表 25-3-2 所示。

[①] 由于数据获得有限，这里仅获得受高等教育密度、科研人员密度和普通高等学校数量，以此来评价运城市智力资本状况。第 25~39 章与此类似，下不注。
[②] 由于数据获得有限，这里仅获得城镇化水平、城镇登记失业率、人均城市道路面积、人均绿化覆盖面积、基本医疗保险覆盖率和基本养老保险覆盖率。第 25~39 章与此类似，下不注。

表25-3-2　运城市2008~2012年城市环境指标及数据

年 份	城镇化水平（%）	城镇登记失业率（%）	人均城市道路面积（平方米）	人均绿化覆盖面积（平方米）	基本医疗保险覆盖率（%）	基本养老保险覆盖率（%）
2008	35.20	2.13	11.15	2.33	6.82	3.72
2009	36.60	2.40	11.37	2.38	13.31	7.90
2010	37.56	2.03	14.06	2.56	14.33	8.45
2011	39.51	2.02	14.63	2.72	15.19	8.86
2012	41.41	2.02	17.94	3.30	16.09	10.72

注：第一列数据摘自2008~2013年《山西统计年鉴》，中间三列数据摘自2008~2012年《运城市国民经济和社会发展统计公报》，后两列数据通过2008~2013年《山西统计年鉴》中相关数据计算得到。

由表25-3-2可知，2012年运城市城镇化水平为41.41%，比上年增长4.81%；城镇登记失业率为2.02%，与上年相比没有变化；人均城市道路面积17.94平方米，比上年增长22.62%；人均绿化覆盖面积为3.30平方米，比上年上升21.37%；基本医疗保险覆盖率为16.09%，比上年增长5.93%；基本养老保险覆盖率为10.72%，比上年增长20.99%。从运城市2012年的数据来看，除城镇登记失业率外，城市环境各项指标的数据均有所上升，城市环境逐步改善。

25.4　运城市综合环境指数评价分析

25.4.1　运城市经济环境指数评价分析

2008~2012年运城市经济环境指标组的数据变化情况如表25-4-1所示。

表25-4-1　运城市2008~2012年经济环境指标及数据

年 份	城镇人均可支配收入（元）	农村人均纯收入（元）	人均GDP（元）	人均财政收入（元）	人均社会商品零售额（元）
2008	11290.50	3800.10	13441.00	1822.30	5299.45
2009	12656.70	4110.50	14316.00	1250.25	6441.61
2010	14203.60	4684.70	16168.00	1563.78	6907.50
2011	15937.40	5622.10	19732.00	1691.57	8082.37
2012	18248.30	6381.30	20618.00	1541.99	9301.97

注：前两列数据摘自2008~2012年《运城市国民经济和社会发展统计公报》，后三列数据通过相关数据计算得到。

由表 25-4-1 可知，2012 年运城市城镇人均可支配收入为 18248.30 元，比上年增长 14.50%；农村人均纯收入 6381.30 元，比上年增长 13.50%；人均 GDP 为 20618.00 元，比上年增长 4.49%；人均财政收入 1541.99 元，比上年下降 8.84%；人均社会商品零售额为 9301.97 元，比上年增长 15.09%。从 2012 年的数据看，除人均财政收入外，运城市经济环境的各项指标均有所上升，这说明运城市的经济环境有大幅度改善。

25.4.2 运城市开放程度指数评价分析

2008～2012 年运城市开放程度指标组的数据变化情况如表 25-4-2 所示。

由表 25-4-2 可知，2012 年运城市净出口额为 -28711 万美元；实际利用外资额为 1016.9 万美元，比上年下降 94.94%。从运城市 2012 年的数据来看，实际利用外资额严重下降，净出口状况有所改善，总体来说，运城市开放程度有所减弱。

表 25-4-2　运城市 2008～2012 年开放程度指标及数据

单位：万美元

年　份	实际利用外资额	净出口额	年　份	实际利用外资额	净出口额
2008	25297.20	-27000.00	2011	20089	-47538
2009	17700.00	-50575.00	2012	1016.9	-28711
2010	15545.10	-47828.00			

注：以上数据摘自 2008～2012 年《运城市国民经济和社会发展统计公报》。

25.5　运城市金融发展指数综合评价

通过对运城市金融状况、金融市场成长发展、金融市场服务水平以及金融市场综合环境的分析，我们得到如下结论：

1. 2012 年，运城市的金融市场发展势态良好，银行和保险业规模均有所扩大；金融结构深化程度减弱；金融效率有所提高，但银行业的效率，较之前略有降低。因此，大力推进金融市场深层次的发展，激励银行业提高金融效率，是运城市下一步提高金融发展力所要努力的方向。

2. 2012 年，运城市资本市场规模呈不断扩张的趋势；经济成长性在国际以及全国宏观环境不景气的状况下，成长性仍有所增强；城市创新性则呈现逐年降低的趋势。因此整体而言，运城市的金融市场的成长性在增强，但政府要认识到其城市创新性的不足，加大对城市创新性的投入和支出。

3. 2012年，运城市智力资本以及城市环境多数指标都在提高，因此运城市的服务水平逐年增强。

4. 2012年，除人均财政收入外，运城市经济环境各项指数均有所上升，经济环境有大幅度改善；开放程度则有所降低。因此，在综合环境发展方面，运城市要鼓励外资流入，大力推动进出口的发展。

第26章
晋城市2012年金融发展指数报告

26.1 晋城市金融状况指数评价分析

26.1.1 晋城市金融市场发展指数评价分析

2008~2012年晋城市金融市场发展指标组的数据变化情况如表26-1-1所示。

表26-1-1 晋城市2008~2012年金融市场发展指标及数据

单位：亿元

年份	金融系统存款余额	金融系统贷款余额	保费收入
2008	957.70	376.80	19.60
2009	1108.60	427.90	22.90
2010	1326.70	522.90	28.00
2011	1501.13	635.46	29.59
2012	1729.58	776.95	30.95

注：以上数据摘自2008~2013年《山西统计年鉴》和2008~2012年《晋城市国民经济和社会发展统计公报》。

由表26-1-1可知，晋城市2012年金融系统存款余额1729.58亿元，比上年增长15.22%；金融系统贷款余额776.95亿元，比上年增长22.27%；保费收入30.95亿元，比上年增长4.60%。从晋城市2008~2012年金融市场发展的相关数据看，金融系统存款余额、金融系统贷款余额、保费收入指标均有不同程度的上升。这说明晋城市的金融市场发展指数稳步上升，发展态势总体良好。

26.1.2 晋城市金融结构深化指数评价分析

2008~2012年晋城市金融结构深化指标的数据变化情况如表26-1-2所示。

表26-1-2　晋城市2008~2012年金融结构深化指标及数据

单位：%

年份	短期贷款占比	保费收入比全省金融业增加值
2008	40.23	10.30
2009	50.48	6.30
2010	45.55	6.20
2011	41.28	5.70
2012	46.19	4.80

注：以上数据通过2008~2013年《山西统计年鉴》和2008~2012年《晋城市国民经济和社会发展统计公报》中相关数据计算得到。

由表26-1-2可知，晋城市2012年短期贷款占比为46.19%，比上年增长了11.89%；保费收入比全省金融业增加值为4.80%，比上年下降15.79%。从2008年至2012年晋城市的金融结构深化数据来看，晋城市的短期贷款占比逐年波动，在2009年达到最大值；保费收入比全省金融业增加值的比重总体呈下降趋势。这说明晋城市金融结构深化程度有所降低，保险业规模有所缩小。

26.1.3　晋城市金融效率提高指数评价分析

2008~2012年晋城市金融效率提高指标的数据变化情况如表26-1-3所示。

表26-1-3　晋城市2008~2012年金融效率提高指标及数据

年份	存贷比(%)	保险密度(元/人)	上市公司占有率(%)
2008	39.26	878.02	3.70
2009	36.79	1022.73	3.60
2010	39.41	1227.90	3.20
2011	42.33	1294.79	2.90
2012	44.92	1350.76	2.90

注：以上数据通过2008~2013年《山西统计年鉴》和2008~2012年《晋城市国民经济和社会发展统计公报》中相关数据计算得到。

由表26-1-3可知，晋城市2012年存贷比为44.92%，比上年上升了6.12%；保险密度为1350.76元/人，比上一年增长了4.32%；上市公司占有率为2.90%，与2011年持平。从2008~2012年晋城市的金融效率数据来看，存贷比有所提高，保险密度也呈逐年上升趋势，但上市公司占有率逐年下降，综合来看，晋城市的金融效率有所提高，但上市公司规模发展较慢。

26.2 晋城市成长发展指数评价分析

26.2.1 晋城市资本市场成长性指数评价分析

2008~2012年晋城市资本市场成长性指标组的数据变化情况如表26-2-1所示。

表26-2-1 晋城市2008~2012年资本市场成长性指标及数据

单位：亿元

年份	金融机构贷款余额年增长额	年份	金融机构贷款余额年增长额
2008	40.70	2011	112.56
2009	51.10	2012	141.49
2010	95.00		

注：以上数据通过2008~2013年《山西统计年鉴》和《晋城市国民经济和社会发展统计公报》相关数据计算得到。

由表26-2-1可知，晋城市2012年金融机构贷款余额年增长额为141.49亿元，比上年增长25.70%。从晋城市2008~2012年资本市场成长的相关数据看，晋城市的金融机构贷款余额在每年都有所增长的基础上，增长额也呈上升趋势，说明晋城市资本市场规模扩大，成长态势良好。

26.2.2 晋城市经济成长性指数评价分析

2008~2012年晋城市经济成长性指标的数据变化情况如表26-2-2所示。

表26-2-2 晋城市2008~2012年经济成长性指标及数据

单位：亿元

年份	GDP年增长额	财政收入年增长额	社会固定资产投资年增长额	社会消费品零售总额年增长额
2008	107.59	13.61	52.00	34.64
2009	78.50	22.98	99.10	27.65
2010	124.49	16.91	66.00	19.92
2011	164.43	28.77	71.52	34.60
2012	117.90	31.67	150.88	36.34

注：以上数据通过2008~2013年《山西统计年鉴》和2008~2012年《晋城市国民经济和社会发展统计公报》相关数据计算得到。

由表26-2-2可知，晋城市2012年GDP年增长额为117.90亿元，比上年下降了28.30%；财政收入年增长额为31.67亿元，比上年增加10.08%；社会固定资产投资年增长额为150.88亿元，比上年上升110.96%；社会消费品零售总额年增长额为36.34亿元，比上年上升5.03%。从2008~2012年晋城市的经济成长性数据来看，总的来说晋城市的GDP较上一年均有所增长，但2012年较2011年，增长幅度有所回落；财政收入年增长额除2010年有所回落外，总体呈上升趋势；2012年社会固定资产投资年增长额和社会消费品零售总额年增长额增长势头依然强劲。综上所述，晋城市经济综合态势比较稳定，在全球环境下经济成长性有所增强。

26.2.3 晋城市城市创新成长性指数评价分析

2008~2012年晋城市城市创新成长性指标的数据变化情况如表26-2-3所示。

表26-2-3 晋城市2008~2012年城市创新成长性指标及数据

单位：人

年份	政府研发人员年增长量	年份	政府研发人员年增长量
2008	—	2011	55
2009	2997	2012	208
2010	50		

注：以上数据通过2008~2012年《晋城市国民经济和社会发展统计公报》中相关数据计算得到。

由表26-2-3可知，晋城市2012年政府研发人员年增长量为208人，比上年上升了278.18%。从2008~2012年晋城市的城市创新成长性数据来看，政府研发人员每年都有增长，其中2009年增幅较大，之后增长较缓慢。2012年政府研发人员增长量较上一年有所增加，说明晋城市总的城市创新性有所提高，成长态势较好。

26.3 晋城市服务水平指数评价分析

26.3.1 晋城市智力资本指数评价分析

2008~2012年晋城市智力资本指标组的数据变化情况如表26-3-1所示。

表 26-3-1 晋城市 2008~2012 年智力资本指标及数据

年份	受高等教育密度(人/平方公里)	普通高等学校数量(所)
2008	0.81	1
2009	0.33	1
2010	0.85	1
2011	0.91	1
2012	0.63	1

注：以上数据通过 2008~2012 年《晋城市国民经济和社会发展统计公报》相关数据计算得到。

由表 26-3-1 可知，2012 年晋城市受高等教育密度为 0.63 人/平方公里，比上年下降 30.77%；普通高等学校数量 2008~2012 年没有变化。从 2008~2012 年的数据看，受高等教育密度总体呈上升趋势，但在 2009 年和 2012 年有所回落。2012 年晋城市受高等教育密度比上年有所下降，说明晋城市的智力资本有所减少，且不够稳定。

26.3.2 晋城市城市环境指数评价分析

2008~2012 年晋城市城市环境指标组的数据变化情况如表 26-3-2 所示。

表 26-3-2 晋城市 2008~2012 年城市环境指标及数据

年份	城镇登记失业率(%)	人均绿化覆盖面积(平方米)	基本医疗保险覆盖率(%)	基本养老保险覆盖率(%)
2008	2.50	6.32	—	—
2009	2.60	6.70	20.90	40.80
2010	2.40	6.95	22.20	43.80
2011	2.20	6.93	24.00	54.90
2012	—	7.30	25.00	60.20

注：第一列数据摘自 2008~2012 年《山西统计年鉴》，后三列数据通过 2008~2013 年《山西统计年鉴》和 2008~2012 年《晋城市国民经济和社会发展统计公报》相关数据计算得到。最后一列基本养老保险覆盖率指标选用的是城镇基本养老保险和农村基本养老保险总人数/常住人口。

由表 26-3-2 可知，2011 年晋城市城镇登记失业率为 2.20%，比上年下降 8.33%；2012 年人均绿化覆盖面积为 7.30 平方米，比上年增长 5.34%；基本医疗保险覆盖率为 25.00%，比上年增长 4.17%；基本养老保险覆盖率为 60.20%，比上年增长 9.65%。从晋城市 2008～2012 年的数据来看，城镇失业率逐年下降，其他城市环境各项指标的数据逐年上升的趋势明显，说明晋城城市环境有所改善。

26.4　晋城市综合环境指数评价分析

26.4.1　晋城市经济环境指数评价分析

2008～2012 年晋城市经济环境指标组的数据变化情况如表 26-4-1 所示。

表 26-4-1　晋城市 2008～2012 年经济环境指标及数据

年份	城镇人均可支配收入（元）	农村人均纯收入（元）	人均 GDP（元）	人均财政收入（元）	人均社会商品零售额（元）
2008	14146	4856	23680	5069.25	6725.66
2009	15161	5255	27108	6079.97	7940.07
2010	17353	5899	32329	6711.5	8669.92
2011	20127	7044	39205	7954.79	10163.92
2012	22539	8037	44257	9316.24	11723.50

注：前两列数据摘自 2008～2013 年《山西统计年鉴》，后三列数据通过 2008～2013 年《山西统计年鉴》相关数据计算得到。

由表 26-4-1 可知，2012 年晋城市城镇人均可支配收入为 22539 元，比上年增长 11.98%；农村人均纯收入为 8037 元，比上年增长 14.10%；人均 GDP 为 44257 元，比上年增长 12.89%；人均财政收入为 9316.24 元，比上年增长 17.11%；人均社会商品零售额为 11723.50 元，比上年增长 15.34%。从 2012 年的数据看，晋城市金融市场经济环境的各项指标都有所上升，这说明晋城市的经济环境有所改善，经济环境发展态势良好。

26.4.2　晋城市开放程度指数评价分析

2008～2012 年晋城市开放程度指标组的数据变化情况如表 26-4-2 所示。

表 26-4-2　晋城市 2008~2012 年开放程度指标及数据

单位：万美元

年份	实际利用外资额	净出口额
2008	30498	5013
2009	8539	89
2010	13100	-10884
2011	21084	-57163
2012	25775	-74411

注：以上数据摘自 2008~2012 年《晋城市国民经济和社会发展统计公报》。

由表 26-4-2 可知，2012 年晋城市净出口额为 -74411 万美元；实际利用外资额为 25775 万美元，比上年增长 22.25%。从晋城市 2008~2012 年的数据来看，实际利用外资额在 2009 年之后呈上升趋势，净出口额在 2009 年之后为负值，且逐步减小，说明晋城市资本开放程度提高，但出口规模相对缩小。

26.5　晋城市金融发展指数综合评价

通过对晋城市金融状况、金融市场成长发展、金融市场服务水平以及金融市场综合环境的分析，我们得到如下结论。

1. 2012 年，晋城市的金融市场发展势态良好，金融结构深化程度有所降低，保险业规模有所缩小；金融效率有所提高，但上市公司规模发展较慢。因此，扩大保险市场的规模，积极培育上市公司，是晋城市下一步提高金融发展水平所要努力的方向。

2. 2012 年，晋城市资本市场规模在扩大，成长态势良好；经济成长性由于受到国际以及全国宏观环境的影响，略微受挫，但总体态势良好；城市创新性稳步提高。整体而言，晋城市的金融市场的成长性在增强。

3. 2012 年，晋城市智力资本有所减少，且不够稳定；城市环境稳步提高，因此扩大智力资本，扩大教育规模和提升其质量，是提升晋城金融服务水平的努力方向。

4. 2012 年，晋城市经济环境发展态势良好，总体环境所改善；资本开放程度提高，出口规模相对缩小。这说明扩大出口，带动经济增长，是晋城市提升金融综合环境的一个方向。

第 27 章
长治市 2012 年金融发展指数报告

27.1 长治市金融状况指数评价分析

27.1.1 长治市金融市场发展指数评价分析

2008~2012 年长治市金融市场发展指标组的数据变化情况如表 27-1-1 所示。

表 27-1-1 长治市 2008~2012 年金融市场发展指标及数据

单位：亿元

年份	金融业增加值	金融系统存款余额	金融系统贷款余额	保费收入	保险赔付额
2008	—	930.00	398.00	19.18	4.49
2009	—	1131.50	475.80	22.23	5.24
2010	—	1367.63	631.17	27.48	4.98
2011	—	1574.20	730.80	29.09	7.16
2012	45.70	1724.10	841.50	30.70	10.90

注：以上数据摘自 2008~2012 年《长治市国民经济和社会发展统计公报》。

由表 27-1-1 可知，长治市 2012 年金融业增加值为 45.70 亿元；金融系统存款余额为 1724.10 亿元，比上年增长 9.52%；金融系统贷款余额为 841.50 亿元，比上年增长 15.15%；保费收入为 30.70 亿元，比上年增长 5.53%；保险赔付额为 10.90 亿元，比上年增长 52.23%。从长治市 2012 年金融市场发展的相关数据看，保险赔付额大幅提升，其余各项指标均有小幅上升。这说明与 2011 年相比，长治市的金融市场发展态势总体良好，保险市场规模小幅提升。

27.1.2 长治市金融效率提高指数评价分析

2008~2012 年长治市金融效率提高指标的数据变化情况如表 27-1-2 所示。

表 27-1-2 长治市 2008~2012 年金融效率提高指标及数据

年份	存贷比(%)	保险密度(元/人)	上市公司占有率(%)
2008	42.80	584.23	7.41
2009	42.05	673.82	7.14
2010	46.15	823.49	6.45
2011	46.42	867.43	11.76
2012	48.81	911.06	11.76

注：以上数据通过 2008~2013 年《山西统计年鉴》和《长治市国民经济和社会发展统计公报》中相关数据计算得到。

由表 27-1-2 可知，长治市 2012 年存贷比为 48.81%，比上年降低了 5.15%；2012 年保险密度为 911.06 元/人，比上年增长 5.03%；上市公司占有率为 11.76%，与上年持平。从 2008~2012 年长治市的金融效率数据来看，存贷比连续三年小幅上升；保险密度连续五年呈上升趋势，但上升趋势减缓。综合来看，长治市的金融效率呈上升趋势，证券市场规模总体上逐渐扩大。

27.2 长治市成长发展指数评价分析

27.2.1 长治市资本市场成长性指数评价分析

2008~2012 年长治市资本市场成长性指标组的数据变化情况如表 27-2-1 所示。

表 27-2-1 长治市 2008~2012 年资本市场成长性指标及数据

单位：亿元

年份	金融机构贷款余额年增长额	年份	金融机构贷款余额年增长额
2008	16.00	2011	23.10
2009	19.00	2012	15.20
2010	32.70		

注：以上数据摘自 2008~2012 年《长治市国民经济和社会发展统计公报》。

由表 27-2-1 可知，长治市 2012 年金融机构贷款余额年增长额为 15.20 亿元，比上年下降 34.2%。从长治市 2008~2012 年资本市场成长的相关数据看，长治市的金融机构贷款余额年增长额在 2010 年达到最高,虽然近 3 年增长额逐渐缩小,但是资本市场规模仍在扩大,成长态势良好。

27.2.2 长治市经济成长性指数评价分析

2008~2012 年长治市经济成长性指标的数据变化情况如表 27-2-2 所示。

表 27-2-2 长治市 2008~2012 年经济成长性指标及数据

单位:亿元

年份	GDP 年增长额	财政收入年增长额	社会固定资产投资年增长额	社会消费品零售总额年增长额
2008	131.50	34.36	48.99	39.22
2009	93.17	18.35	170.26	43.70
2010	144.90	20.10	117.40	27.80
2011	298.40	57.50	125.80	48.40
2012	110.00	46.60	180.10	51.60

注:以上数据通过 2007~2012 年《长治市国民经济和社会发展统计公报》中相关数据计算得到。

由表 27-2-2 可知,长治市 2012 年 GDP 年增长额为 110 亿元,比上年下降了 63.1%;财政收入年增长额为 46.6 亿元,比上年下降 19.0%;社会固定资产投资年增长额为 180.1 亿元,比上年上升 43.2%;社会消费品零售总额年增长额为 51.6 亿元,比上年上升 6.6%。从 2008~2012 年长治市的经济成长性数据来看,长治市的 GDP 增长额和财政收入年增长额较往年均有所增长,但 2012 年较 2011 年,增长速度有所放缓,社会固定资产投资年增长额和社会消费品零售总额年增长额依然增长势头强劲,综上所述,长治市经济水平保持增长态势。

27.3 长治市服务水平指数评价分析

27.3.1 长治市智力资本指数评价分析

2008~2012 年长治市智力资本指标组的数据变化情况如表 27-3-1 所示。

表27-3-1　长治市2008~2012年智力资本指标及数据

年份	受高等教育密度(人/平方公里)	普通高等学校数量(所)
2008	562.85	4
2009	679.36	6
2010	646.12	6
2011	530.02	6
2012	579.31	6

注：第二列数据摘自2008~2012年《长治市国民经济和社会发展统计公报》，第一列数据通过相关数据计算得到。

由表27-3-1可知，2012年长治市受高等教育密度为579.3人/平方公里，比上年上升9.30%；普通高等学校数量2009~2012年没有变化。从2012年的数据看，长治市的智力资本指数在不断提高。

27.3.2　长治市城市环境指数评价分析

2008~2012年长治市城市环境指标组的数据变化情况如表27-3-2所示。

表27-3-2　长治市2008~2012年城市环境指标及数据

年份	城镇化水平(%)	城镇登记失业率(%)	人均城市道路面积(平方米)	人均绿化覆盖面积(平方米)	基本医疗保险覆盖率(%)	基本养老保险覆盖率(%)
2008	40.45	2.05	7.87	36.57	12.28	9.53
2009	41.04	2.16	8.34	35.88	13.63	10.13
2010	42.75	1.77	8.21	45.95	13.96	12.06
2011	43.43	1.80	8.55	39.75	14.98	12.83
2012	45.31	1.82	9.03	38.72	28.96	13.59

注：第一列数据摘自2008~2012年《长治市国民经济和社会发展统计公报》，中间三列数据摘自2009~2013年《山西统计年鉴》，后两列数据通过2009~2013年《山西统计年鉴》中相关数据计算得到。

由表27-3-2可知，2012年长治市城镇化水平为45.31%，比上年增长4.33%；城镇登记失业率为1.82%，比上年增长1.11%；人均城市道路面积为9.03平方米，比上年增长5.61%；人均绿化覆盖面积为38.72平方米，比上年下降 2.59%；基本医疗保险覆盖率为 28.96%，比上年增长 93.32%；基本养老保险覆盖率为 13.59%，比上年增长 5.92%。从长治市 2012 年的数据来看，城市环境各项指标的数据基本都有所上升，尤其是基本医疗保险覆盖率大幅增长，城市环境逐步得到改善。

27.4 长治市综合环境指数评价分析

27.4.1 长治市经济环境指数评价分析

2008～2012 年长治市经济环境指标组的数据变化情况如表 27-4-1 所示。

表 27-4-1 长治市 2008～2012 年经济环境指标及数据

年份	城镇人均可支配收入（元）	农村人均纯收入（元）	人均GDP（元）	人均财政收入（元）	人均社会商品零售额（元）
2008	14286.40	4940.90	20778.28	4860.03	6125.68
2009	15494.40	5337.00	23500.35	5392.38	7420.21
2010	17122.70	5960.00	27575.67	5933.47	8169.01
2011	20131.10	7092.00	36337.07	7618.68	9571.80
2012	22548.90	8120.00	39427.84	8965.19	11057.36

注：前两列数据摘自 2008～2012 年《长治市国民经济和社会发展统计公报》，后三列数据通过相关数据除以年末总人口数计算得到。

由表 27-4-1 可知，2012 年长治市城镇人均可支配收入为 22548.9 元，比上年增长 12.01%；农村人均纯收入为 8120 元，比上年增长 14.50%；人均 GDP 为 39427.8 元，比上年增长 8.51%；人均财政收入为 8965.2 元，比上年增长 17.67%；人均社会商品零售额为 11057.4 元，比上年增长 15.52%。从 2012 年的数据看，长治市金融市场经济环境的各项指标都有小幅上升，这说明长治市的经济环境各个方面都在逐步改善。

27.4.2 长治市开放程度指数评价分析

2008～2012 年长治市开放程度指标组的数据变化情况如表 27-4-2 所示。

表 27-4-2　长治市 2008~2012 年开放程度指标及数据

单位：万美元

年份	实际利用外资额	净出口额
2008	39217.70	-21913
2009	10967.40	-23085.2
2010	13892.60	-28614
2011	20716.67	-68264
2012	27928.70	60382

注：以上数据摘自 2008~2012 年《长治市国民经济和社会发展统计公报》。

由表 27-4-2 可知，2012 年实际利用外资额为 27928.7 万美元，比上年增长 34.81%；长治市净出口额为 60382 万美元，5 年来第一次实现净出口正值。从长治市 2012 年的数据来看，长治市开放程度各项指标的数据均有所上升，开放程度逐步提高。

27.5　长治市金融发展指数综合评价

通过对长治市金融状况、金融市场成长发展、金融市场服务水平以及金融市场综合环境的分析，我们得到如下结论。

1. 2012 年，长治市的金融市场发展态势总体良好，保险市场规模小幅提升，保险赔付额增长很快；长治市的金融效率呈上升趋势。

2. 2012 年，长治市资本市场规模仍在扩大，成长态势良好；GDP 和财政收入较往年均有所增长，社会固定资产投资年增长额和社会消费品零售总额年增长额依然增长势头强劲，长治市经济水平保持增长态势。

3. 2012 年，长治市智力资本以及城市环境多项指标都在提高，因此长治市的城市环境在逐步改善。

4. 2012 年，长治市开放程度各项指标的数据均有所上升，长治市开放程度逐步提高。

区域篇
（河北部分）

第 28 章
邢台市 2012 年金融发展指数报告

28.1 邢台市金融状况指数评价分析

28.1.1 邢台市金融市场发展指数评价分析

2008~2012 年邢台市金融市场发展指标组的数据变化情况如表 28-1-1 所示。

表 28-1-1 邢台市 2008~2012 年金融市场发展指标及数据

单位：亿元

年份	金融业增加值	金融系统存款余额	金融系统贷款余额	保费收入	保险赔付额
2008	8.52	1111.30	472.50	25.60	8.80
2009	4.80	1384.20	663.30	33.30	7.60
2010	5.03	1579.03	814.13	42.30	8.10
2011	5.88	1824.70	946.90	39.10	8.50
2012	—	2053.80	1164.00	40.20	11.50

注：以上数据摘自 2008~2012 年《邢台市国民经济和社会发展统计公报》。

由表 28-1-1 可知，邢台市 2011 年金融业增加值为 5.88 亿元，比上年增长 16.90%；2012 年金融系统存款余额为 2053.8 亿元，比上年增长 12.56%；金融系统贷款余额为 1164 亿元，比上年增长 22.93%；保费收入为 40.2 亿元，比上年上升 2.81%；保险赔付额为 11.5 亿元，比上年增长 35.29%。从邢台市 2012 年金融市场发展的相关数据看，各项指标均有不同程度的上升。这说明与 2011 年相比，邢台市的金融市场发展态势总体良好。

28.1.2 邢台市金融结构深化指数评价分析

2008~2012 年，邢台市金融结构深化指标的数据变化情况如表 28-1-2 所示。

表 28-1-2　邢台市 2008~2012 年金融结构深化指标及数据

单位：%

年份	保费收入比全省金融业增加值	年份	保费收入比全省金融业增加值
2008	12.18	2011	10.15
2009	12.73	2012	—
2010	13.25		

注：以上数据通过 2008~2012 年《河北经济年鉴》和《邢台市国民经济和社会发展统计公报》中相关数据计算得到。

由表 28-1-2 可知，2011 年邢台市保费收入比全省金融业增加值为 10.15%，比上年下降 23.40%，下降幅度较大，这说明邢台市金融结构深化程度有所减弱，保险业规模有所缩小。

28.1.3　邢台市金融效率提高指数评价分析

2008~2012 年，邢台市金融效率提高指标的数据变化情况如表 28-1-3 所示。

表 28-1-3　邢台市 2008~2012 年金融效率提高指标及数据

年份	存贷比（%）	保险密度（元/人）
2008	42.52	369.23
2009	47.92	476.48
2010	51.56	642.28
2011	51.89	546.43
2012	56.68	559.22

注：以上数据通过 2008~2012 年《邢台市国民经济和社会发展统计公报》中相关数据计算得到。

由表 28-1-3 可知，邢台市 2012 年存贷比为 56.68%，比上年上升了 9.23%；2012 年保险密度为 559.22 元/人，比上年上升了 2.34%。从 2012 年邢台市的金融效率数据来看，存贷比有所提高，保险密度略微上升。综合来看，邢台市的金融效率有所提高。

28.2 邢台市成长发展指数评价分析

28.2.1 邢台市资本市场成长性指数评价分析

2008~2012年邢台市资本市场成长性指标组的数据变化情况如表28-2-1所示。

表28-2-1 邢台市2008~2012年资本市场成长性指标及数据

单位：亿元

年份	金融机构贷款余额年增长额	年份	金融机构贷款余额年增长额
2008	15.49	2011	132.77
2009	190.80	2012	217.10
2010	150.83		

注：以上数据摘自2008~2012年《邢台市国民经济和社会发展统计公报》。

由表28-2-1可知，邢台市2012年金融机构贷款余额年增长额为217.1亿元，比上年增长63.52%。从邢台市2008~2012年资本市场成长的相关数据看，邢台市的金融机构贷款余额每年都有所增长，资本市场规模扩大，成长态势良好。

28.2.2 邢台市经济成长性指标评价分析

2008~2012年，邢台市经济成长性指标的数据变化情况如表28-2-2所示。

表28-2-2 邢台市2008~2012年经济成长性指标及数据

单位：亿元

年份	GDP年增长额	财政收入年增长额	社会固定资产投资年增长额	社会消费品零售总额年增长额
2008	79.26	17.14	75.03	57.50
2009	86.28	7.70	169.83	59.20
2010	154.33	22.90	152.39	71.13
2011	215.68	18.50	224.75	81.37
2012	105.70	19.50	207.60	82.00

注：以上数据通过2008~2012年《邢台市国民经济和社会发展统计公报》中相关数据计算得到。

由表 28-2-2 可知，邢台市 2012 年 GDP 年增长额为 105.7 亿元，比上年下降了 50.99%；财政收入年增长额为 19.5 亿元，比上年上升 5.41%；社会固定资产投资年增长额为 207.6 亿元，比上年下降 7.63%；社会消费品零售总额年增长额为 82 亿元，比上年上升 0.77%。从 2008~2012 年邢台市的经济成长性数据来看，邢台市的 GDP 较上年均有所增长，但 2012 年较 2011年，增长速度有所放缓，财政收入、社会固定资产投资和社会消费品零售总额依然增长势头强劲，综上所述，邢台市经济综合态势稳定，经济成长性有所增强。

28.3 邢台市服务水平指数评价分析

28.3.1 邢台市智力资本指数评价分析

2008~2012 年邢台市智力资本指标组的数据变化情况如表 28-3-1 所示。

表 28-3-1　邢台市 2008~2012 年智力资本指标及数据

年份	受高等教育密度（人/平方公里）	普通高等学校数量（所）
2008	3.604	4
2009	3.670	4
2010	3.772	4
2011	3.956	4
2012	3.964	4

注：第二列数据摘自 2008~2012 年《邢台市国民经济和社会发展统计公报》，第一列数据通过相关数据计算得到。

由表 28-3-1 可知，2012 年邢台市受高等教育密度为 3.964 人/平方公里，比上年上升 0.20%；普通高等学校数量从 2008 年至 2012 年没有变化。从 2012年的数据看，邢台市的智力资本略微提高。

28.3.2 邢台市城市环境指数评价分析

2008~2012 年邢台市城市环境指标组的数据变化情况如表 28-3-2 所示。

表 28-3-2 邢台市 2008~2012 年城市环境指标及数据

年份	城镇登记失业率（%）	人均城市道路面积（平方米）	人均绿化覆盖面积（平方米）	基本医疗保险覆盖率(%)	基本养老保险覆盖率(%)
2008	4.00	1.58	3.79	6.40	6.29
2009	4.10	1.74	3.98	17.48	5.42
2010	3.80	1.94	4.32	21.92	7.64
2011	3.90	2.01	3.93	20.68	7.61
2012	3.80	—	—	22.86	7.80

注：前三列数据摘自 2008~2012 年《邢台市国民经济和社会发展统计公报》，后两列数据通过 2008~2012 年《河北经济年鉴》中相关数据计算得到。

由表 28-3-2 可知，2012 年邢台市城镇登记失业率为 3.80%，比上年下降 2.56%；2011 年人均城市道路面积为 2.01 平方米，比上年增长 3.61%；2011 年人均绿化覆盖面积为 3.93 平方米，比上年下降 9.03%；2012 年基本医疗保险覆盖率为 22.86%，比上年增长 10.54%；基本养老保险覆盖率为 7.80%，比上年增长 2.50%。从邢台市 2011 年和 2012 年的数据来看，城镇登记失业率和人均绿化覆盖面积有所下降，其余指标的数据均有所上升，因此从整体上来说邢台市的城市环境逐步改善。

28.4 邢台市综合环境指数评价分析

28.4.1 邢台市经济环境指数评价分析

2008~2012 年邢台市经济环境指标组的数据变化情况如表 28-4-1 所示。

表 28-4-1 邢台市 2008~2012 年经济环境指标及数据

年份	城镇人均可支配收入（元）	农村人均纯收入（元）	人均 GDP（元）	人均财政收入（元）	人均社会商品零售额（元）
2008	10586.74	4176.00	14264.29	1475.47	4765.34
2009	11922.00	4467.00	15109.89	1573.95	5574.63
2010	14744.00	4966.00	18382.00	2017.95	6995.70
2011	16592.00	5814.00	19992.00	2115.85	7575.99
2012	18639.00	6601.00	21311.52	2377.38	8681.80

注：前两列数据摘自 2008~2012 年《邢台市国民经济和社会发展统计公报》，后三列数据通过相关数据计算得到。

由表 28-4-1 可知，2012 年邢台市城镇人均可支配收入为 18639 元，比上年增长 12.34%；农村人均纯收入为 6601.00 元，比上年增长 13.54%；人均 GDP 为 21311.52 元，比上年增长 6.60%；人均财政收入为 2377.38 元，比上年增长 12.36%；人均社会商品零售额为 8681.80 元，比上年增长 14.60%。从 2012 年的数据看，邢台市金融市场经济环境的各项指标都有所上升，这说明邢台市的经济环境有大幅度改善。

28.4.2 邢台市开放程度指数评价分析

2008~2012 年，邢台市开放程度指标组的数据变化情况如表 28-4-2 所示。

表 28-4-2 邢台市 2008~2012 年开放程度指标及数据

单位：万美元

年份	实际利用外资额	净出口额
2008	21395	33553
2009	20600	-14000
2010	25600	10000
2011	36200	14000
2012	40000	39000

注：以上数据通过 2008~2012 年《邢台市国民经济和社会发展统计公报》中相关数据计算得到。

由表 28-4-2 可知，2012 年邢台市净出口额为 39000 万美元，比上年增长 178.57%；实际利用外资额为 40000 万美元，比上年增长 10.50%。从邢台市 2012 年的数据来看，开放程度各项指标的数据均有所上升，邢台市的开放程度逐步增强。

28.5 邢台市金融发展指数综合评价

通过对邢台市金融状况、金融市场成长发展、金融市场服务水平以及金融市场综合环境的分析，我们得到如下结论。

1. 2012 年，邢台市的金融市场发展态势良好；金融结构深化程度有所下降，保险业规模有所缩小；金融效率有所提高。因此，扩大证券保险市场的规模，重塑投资者的信心，是邢台市下一步提高金融发展力所要努力的方向。

2. 2012年，邢台市资本市场规模在扩大，成长态势良好；经济成长性增强，综合态势稳定。整体而言，邢台市的金融市场的成长性在增强。

3. 2012年，邢台市智力资本以及城市环境多项指标有提高，因此邢台市的服务水平逐年增强。

4. 2012年，邢台市经济环境各项指数均有所上升，开放程度也在逐步提高，因此邢台市的综合环境有大幅改善。

第 29 章
邯郸市 2012 年金融发展指数报告

29.1 邯郸市金融状况指数评价分析

29.1.1 邯郸市金融市场发展指数评价分析

2008~2012 年邯郸市金融市场发展指标组的数据变化情况如表 29 – 1 – 1 所示。

表 29 – 1 – 1 邯郸市 2008~2012 年金融市场发展指标及数据

单位：亿元

年份	金融业增加值	金融系统存款余额	金融系统贷款余额	证券交易额	保费收入	保险赔付额
2008	36.7	1474.8	852.1	455.7	46.2	11.7
2009	58.3	1848.7	1133.6	779.1	61.4	11.6
2010	47.0	2131.5	1318.7	810.8	93.7	36.6
2011	—	2491.0	1535.1	961.4	109.0	26.3
2012	—	2924.5	1841.2	544.7	65.6	19.7

注：以上数据摘自 2008~2012 年《邯郸市国民经济和社会发展统计公报》。

由表 29 – 1 – 1 可知，邯郸市 2010 年金融业增加值为 47 亿元，比上年下降 19.38%；2012 年金融系统存款余额为 2924.5 亿元，比上年增长 17.40%；金融系统贷款余额为 1841.2 亿元，比上年增长 19.94%；证券交易额为 544.7 亿元，比上年下降 43.34%；保费收入为 65.6 亿元，比上年下降 39.82%；保险赔付额为 19.7 亿元，比上年减少 25.10%。从邯郸市金融市场发展的最新相关数据看，金融业增加值、证券交易额、保费收入和保险赔付额均有不同程度的下降，金融系统存款余额和金融系统贷款余额则呈现逐年增加的趋势。这说明，邯郸市的金融市场发展态势总体上来看有所恶化，证券市场和保险市场规模均有所缩小。

29.1.2 邯郸市金融结构深化指数评价分析

2008～2012年邯郸市金融结构深化指标的数据变化情况如表29-1-2所示。

表29-1-2 邯郸市2008～2012年金融结构深化指标及数据

单位：%

年份	保费收入比全省金融业增加值	年份	保费收入比全省金融业增加值
2008	21.98	2011	28.30
2009	23.48	2012	—
2010	29.36		

注：以上数据通过2008～2012年《河北经济年鉴》和《邯郸市国民经济和社会发展统计公报》中相关数据计算得到。

由表29-1-2可知，2011年邯郸市保费收入比全省金融业增加值为28.30%，比上年下降3.61%。从2008～2011年邯郸市的金融结构深化数据来看，保费收入比全省金融业增加值在2008～2010年持续上升，2011年略微下降，总体呈上升趋势，说明邯郸市金融结构深化程度有所提升。

29.1.3 邯郸市金融效率提高指数评价分析

2008～2012年邯郸市金融效率提高指标的数据变化情况如表29-1-3所示。

表29-1-3 邯郸市2008～2012年金融效率提高指标及数据

年份	存贷比(%)	保险密度(元/人)
2008	57.78	497.79
2009	61.32	651.25
2010	61.87	972.50
2011	61.63	1112.36
2012	62.96	660.56

注：以上数据通过2008～2012年《邯郸市国民经济和社会发展统计公报》中相关数据计算得到。

由表29-1-3可知，邯郸市2012年存贷比为62.96%，比上年上升了2.16%；保险密度为660.56元/人，比上年下降了40.62%。从2012年邯郸市的金融效率数据来看，存贷比略微提高，保险密度严重下降，综合来看，邯郸市的金融效率有所降低，保险市场规模与2011年相比缩小明显。

29.2 邯郸市成长发展指数评价分析

29.2.1 邯郸市资本市场成长性指数评价分析

2008～2012年邯郸市资本市场成长性指标组的数据变化情况如表29-2-1所示。

表29-2-1 邯郸市2008～2012年资本市场成长性指标及数据

单位：亿元

年份	金融机构贷款余额年增长额	年份	金融机构贷款余额年增长额
2008	51.9	2011	216.4
2009	281.5	2012	306.1
2010	185.1		

注：以上数据摘自2008～2012年《邯郸市国民经济和社会发展统计公报》。

由表29-2-1可知，邯郸市2012年金融机构贷款余额年增长额为306.1亿元，比上年增长41.45%。从邯郸市2008～2012年资本市场成长的相关数据看，邯郸市的金融机构贷款余额每年都有所增长，资本市场规模逐年扩大，成长态势良好。

29.2.2 邯郸市经济成长性指数评价分析

2008～2012年邯郸市经济成长性指标的数据变化情况如表29-2-2所示。

表29-2-2 邯郸市2008～2012年经济成长性指标及数据

单位：亿元

年份	GDP年增长额	财政收入年增长额	社会固定资产投资年增长额	社会消费品零售总额年增长额
2008	380.9	6.5	361.2	92.0
2009	24.9	18.6	417.9	92.1
2010	326.9	42.6	368.2	101.6
2011	445.2	59.8	150.3	137.6
2012	236.3	25.4	398.2	118.0

注：以上数据通过2008～2012年《邯郸市国民经济和社会发展统计公报》中相关数据计算得到。

由表29-2-2可知，邯郸市2012年GDP年增长额为236.3亿元，比上年下降了46.92%；财政收入年增长额为25.4亿元，比上年下降57.53%；社会固定资产投资年增长额为398.2亿元，比上年上升164.94%；社会消费品零售总额年增长额为118亿元，比上年下降14.24%。从2008~2012年邯郸市的经济成长性数据来看，2012年较2011年，GDP、财政收入和社会消费品零售总额年增长额的增长速度均有所放缓，社会固定资产投资年增长额在2011年急剧下降，2012年增速明显上升，综上所述，在国际经济形势不景气的形势下，邯郸市经济成长性有所减弱。

29.3 邯郸市服务水平指数评价分析

29.3.1 邯郸市智力资本指数评价分析

2008~2012年邯郸市智力资本指标组的数据变化情况如表29-3-1所示。

表29-3-1 邯郸市2008~2012年智力资本指标及数据

年份	受高等教育密度（人/平方公里）	普通高等学校数量（所）
2008	4.68	4
2009	4.94	4
2010	5.07	5
2011	5.17	5
2012	—	5

注：第二列数据摘自2008~2012年《邯郸市国民经济和社会发展统计公报》，第一列数据通过相关数据计算得到。

由表29-3-1可知，2011年邯郸市受高等教育密度为5.17人/平方公里，比上年上升1.97%；普通高等学校数量在2010年增加了1所。从最新数据看，邯郸市的智力资本有所提高。

29.3.2 邯郸市城市环境指数评价分析

2008~2012年邯郸市城市环境指标组的数据变化情况如表29-3-2所示。

表 29-3-2 邯郸市 2008~2012 年城市环境指标及数据

年份	城镇登记失业率（%）	人均城市道路面积（平方米）	人均绿化覆盖面积（平方米）	基本医疗保险覆盖率（%）	基本养老保险覆盖率（%）
2008	4.20	2.25	4.96	9.17	6.64
2009	4.20	2.56	5.15	9.83	9.34
2010	4.00	3.10	5.42	10.05	10.04
2011	4.00	3.25	5.85	10.11	10.67
2012	4.00	—	—	6.67	10.72

注：第一、四、五列数据摘自 2008~2012 年《邯郸市国民经济和社会发展统计公报》，第二、三列数据通过 2008~2012 年《河北经济年鉴》中相关数据计算得到。

由表 29-3-2 可知，2012 年邯郸市城镇登记失业率为 4.00%，与上年相同；2011 年人均城市道路面积为 3.25 平方米，比上年增长 4.84%；人均绿化覆盖面积为 5.85 平方米，比上年上升 7.93%；2012 年基本医疗保险覆盖率为 6.67%，比上年下降 34.03%；基本养老保险覆盖率为 10.72%，比上年增长 0.47%。从邯郸市最新数据来看，除基本医疗保险覆盖率降低之外，城市环境其余多数指标的数据有所上升，因此从总体来说，邯郸市城市环境逐步改善。

29.4 邯郸市综合环境指数评价分析

29.4.1 邯郸市经济环境指数评价分析

2008~2012 年邯郸市经济环境指标组的数据变化情况如表 29-4-1 所示。

表 29-4-1 邯郸市 2008~2012 年经济环境指标及数据

年份	城镇人均可支配收入（元）	农村人均纯收入（元）	人均 GDP（元）	人均财政收入（元）	人均社会商品零售额（元）
2008	14457	4848	21445.96	1968.54	5537.12
2009	15961	5323	21375.69	2135.13	6427.66
2010	17562	6085	24309.29	2531.40	7344.06
2011	19322	7366	28445.76	3099.30	8625.37
2012	21740	8447	30447.08	3313.87	9698.92

注：前两列数据摘自 2008~2012 年《邯郸市国民经济和社会发展统计公报》，后三列数据通过相关数据计算得到。

由表29-4-1可知，2012年邯郸市城镇人均可支配收入为21740元，比上年增长12.51%；农村人均纯收入为8447元，比上年增长14.68%；人均GDP为30447.08元，比上年增长7.04%；人均财政收入为3313.87元，比上年增长6.92%；人均社会商品零售额为9698.92元，比上年增长12.45%。从2012年的数据看，邯郸市金融市场经济环境的各项指标都有所上升，这说明邯郸市的经济环境有大幅度改善。

29.4.2 邯郸市开放程度指数评价分析

2008~2012年邯郸市开放程度指标组的数据变化情况如表29-4-2所示。

表29-4-2 邯郸市2008~2012年开放程度指标及数据

单位：万美元

年份	实际利用外资额	净出口额
2008	27419	-93000
2009	33282	-156000
2010	50646	-132000
2011	66000	-218000
2012	80000	-78000

注：以上数据摘自2008~2012年《邯郸市国民经济和社会发展统计公报》。

由表29-4-2可知，2012年邯郸市净出口额为-78000万美元；实际利用外资额为80000万美元，比上年增长21.21%。从邯郸市2012年的数据来看，开放程度各项指标的数据均有所上升，开放程度逐步提高。

29.5 邯郸市金融发展指数综合评价

通过对邯郸市金融状况、金融市场成长发展、金融市场服务水平以及金融市场综合环境的分析，我们得到如下结论：

1. 2012年，邯郸市的金融市场发展形势恶化，证券市场和保险市场的规模均有所缩小；金融结构深化程度有所加深；金融效率有所降低，保险市场规模与2011年相比缩小明显。因此，扩大保险市场和证券保险市场的规模，提高市场运行效率，重塑投资者的信心，是邯郸市下一步提高金融发展力所要努力的方向。

2. 2012 年，邯郸市资本市场规模扩大，成长态势良好；在国际经济形势不景气的影响下，邯郸市经济成长性减弱。总体而言，邯郸市的金融市场的成长性发展趋势并不乐观，邯郸市政府必须认识到这一问题，着重增强金融市场的成长性。

3. 2012 年，邯郸市智力资本以及城市环境多项指标均有提高，因此邯郸市的服务水平逐年改善。

4. 2012 年，邯郸市经济环境各项指数均有所上升，经济环境有大幅度改善；开放程度也在逐步提升，因此邯郸市的综合环境水平有所上升。

区域篇

（山东部分）

第30章
聊城市2012年金融发展指数报告

30.1 聊城市金融状况指数评价分析

30.1.1 聊城市金融市场发展指数评价分析

2008~2012年聊城市金融市场发展指标组的数据变化情况如表30-1-1所示。

表30-1-1 聊城市2008~2012年金融市场发展指标及数据

单位：亿元

年份	金融系统存款余额	金融系统贷款余额	保费收入	保险赔付额
2008	836.64	607.22	22.30	5.09
2009	1074.29	771.04	29.87	7.66
2010	1232.43	919.65	37.94	7.45
2011	1358.10	1047.11	40.92	8.72
2012	1673.72	1244.21	46.69	11.05

注：以上数据摘自2008~2012年《聊城市国民经济和社会发展统计公报》。

由表30-1-1可知，聊城市2012年金融系统存款余额为1673.72亿元，比上年增长23.24%；金融系统贷款余额为1244.21亿元，比上年增长18.82%；保费收入为46.69亿元，比上年上升14.10%；保险赔付额为11.05亿元，比上年上升26.72%。从聊城市2012年金融市场发展的相关数据看，各项指标均有不同程度的上升。这说明与2011年相比，聊城市的金融市场发展态势总体良好，银行和保险市场规模均有所扩大。

30.1.2 聊城市金融结构深化指数评价分析

2008~2012年聊城市金融结构深化指标的数据变化情况如表30-1-2所示。

表30-1-2 聊城市2008~2012年金融结构深化指标及数据

单位：%

年份	短期贷款占比	保费收入比全省金融业增加值
2008	2.92	2.53
2009	2.09	2.86
2010	2.04	2.79
2011	2.05	2.49
2012	2.23	2.41

注：以上数据通过2008~2013年《山东统计年鉴》和《聊城市国民经济和社会发展统计公报》中相关数据计算得到。

由表30-1-2可知，聊城市2012年短期贷款占比为2.23%，比上年上升了8.78%；保费收入比全省金融业增加值为2.41%，比上年下降3.21%。从2008~2012年聊城市的金融结构深化数据来看，聊城市的短期贷款占比从2009年至2010年小幅下降，从2011开始有所回升；保费收入占全省金融业增加值的比重从2010年开始下降，但下降幅度逐渐减小，这说明聊城市金融结构深化程度不论从银行还是保险市场来说，均有所下降。

30.1.3 聊城市金融效率提高指数评价分析

2008~2012年聊城市金融效率提高指标的数据变化情况如表30-1-3所示。

表30-1-3 聊城市2008~2012年金融效率提高指标及数据

年份	存贷比(%)	保险密度(元/人)	上市公司占有率(%)
2008	72.58	381.26	—
2009	71.77	505.51	2.73
2010	74.62	634.95	3.08
2011	77.10	677.24	2.84
2012	74.34	785.43	2.72

注：以上数据通过2008~2013年《山东统计年鉴》和《聊城市国民经济和社会发展统计公报》中相关数据计算得到。

由表 30-1-3 可知，聊城市 2012 年存贷比为 74.34%，比上年下降了 3.58%；2012 年保险密度为 785.43 元/人，自 2008 年以来一直呈上升趋势；上市公司占有率为 2.72%，比上年下降 4.23%。从 2012 年聊城市的金融效率数据来看，保险密度呈上升趋势，但存贷比和上市公司占有率均有所降低，综合来看，聊城市的金融效率有所提高，但证券市场的效率略微下降。

30.2 聊城市成长发展指数评价分析

30.2.1 聊城市资本市场成长性指数评价分析

2008~2012 年聊城市资本市场成长性指标组的数据变化情况如表 30-2-1 所示。

表 30-2-1 聊城市 2008~2012 年资本市场成长性指标及数据

单位：亿元

年份	金融机构贷款余额年增长额	年份	金融机构贷款余额年增长额
2008	48.89	2011	127.46
2009	163.82	2012	197.10
2010	148.61		

注：以上数据摘自 2008~2012 年《聊城市国民经济和社会发展统计公报》。

由表 30-2-1 可知，聊城市 2012 年金融机构贷款余额年增长额为 197.1 亿元，比上年增长 54.64%。从聊城市 2008~2012 年资本市场成长的相关数据看，虽然聊城市的金融机构贷款余额每年都有所增长，但是增长额在 2010 年和 2011 年有所下降，2012 年又呈现大幅上升的态势，所以从整体来看，聊城市资本市场规模扩大，成长态势良好。

30.2.2 聊城市经济成长性指数评价分析

2008~2012 年聊城市经济成长性指标的数据变化情况如表 30-2-2 所示。

表30-2-2 聊城市2008~2012年经济成长性指标及数据

单位：亿元

年份	GDP年增长额	财政收入年增长额	社会固定资产投资年增长额	社会消费品零售总额年增长额
2008	224.91	6.53	110.08	73.11
2009	128.03	6.45	169.70	75.62
2010	244.01	15.12	187.64	64.28
2011	297.04	26.06	153.43	93.37
2012	227.33	7.93	219.63	94.34

注：以上数据通过2008~2012年《聊城市国民经济和社会发展统计公报》中相关数据计算得到。

由表30-2-2可知，聊城市2012年GDP年增长额为227.33亿元，比上年下降了23.47%；财政收入年增长额为7.93亿元，比上年下降69.57%；社会固定资产投资年增长额为219.63亿元，比上年上升43.15%；社会消费品零售总额年增长额为94.34亿元，比上年上升1.04%。从2009~2012年聊城市的经济成长性数据来看，聊城市的GDP和财政收入较往年均有所增长，但2012年较2011年，增长速度有所放缓。2012年社会固定资产投资和社会消费品零售总额依然增长势头强劲。综上所述，聊城市经济综合态势稳定，在全球环境下成长性有所增强。

30.2.3 聊城市创新成长性指数评价分析

2008~2012年聊城城市创新成长性指标的数据变化情况如表30-2-3所示。

表30-2-3 聊城市2008~2012年城市创新成长性指标及数据

年份	政府研发经费支出年增长额（万元）	政府研发人员年增长量（人）
2008	107688	-680
2009	-109040	-4000
2010	44710	2268
2011	113741	1203
2012	49122	151

注：以上数据通过2008~2012年《聊城市国民经济和社会发展统计公报》中相关数据计算得到。

由表30-2-3可知，聊城市2012年政府研发经费支出年增长额为49122万元，比上年下降56.81%；2012年政府研发人员年增长量为151人，比上年下降87.45%。从2008~2012年聊城市的城市创新成长性数据来看，政府研发经费支出除2009年有下降之外，其他年份均有所增加；政府研发人员在2008年和2009年有所下降，之后逐渐增加。2012年较2011年政府研发经费支出年增长额和政府研发人员年增长量均有所减少，说明聊城市总的城市创新性略有提高。

30.3 聊城市服务水平指数评价分析

30.3.1 聊城市智力资本指数评价分析

2008~2012年聊城市智力资本指标组的数据变化情况如表30-3-1所示。

表30-3-1　聊城市2008~2012年智力资本指标及数据

年份	科研人员密度（人/平方公里）	普通高等学校数量（所）
2008	1.43	4
2009	0.97	4
2010	1.23	4
2011	1.37	4
2012	1.39	4

注：第二列数据摘自2008~2012年《聊城市国民经济和社会发展统计公报》，第一列数据通过相关数据计算得到。

由表30-3-1可知，2012年聊城市科研人员密度为1.39人/平方公里，比上年上升1.46%；普通高等学校数量自2008年至2012年没有变化。从2012年的数据看，聊城市的智力资本在提高。

30.3.2 聊城市城市环境指数评价分析

2008~2012年聊城市城市环境指标组的数据变化情况如表30-3-2所示。

表 30-3-2 聊城市 2008~2012 年城市环境指标及数据

年份	城镇化水平(%)	城镇登记失业率(%)	人均城市道路面积(平方米)	人均绿化覆盖面积(平方米)	基本医疗保险覆盖率(%)	基本养老保险覆盖率(%)
2008	35.59	3.07	28.00	5.87	7.71	7.30
2009	28.81	3.05	28.10	6.64	6.75	9.27
2010	31.03	3.33	28.81	7.15	24.33	9.71
2011	31.82	3.27	28.29	7.30	25.07	8.30
2012	33.30	3.13	29.49	8.01	26.19	10.99

注：第一列数据摘自 2009~2013 年《山东统计年鉴》，中间三列数据摘自 2008~2012 年《聊城市国民经济和社会发展统计公报》，后两列数据通过 2009~2013 年《山东统计年鉴》中相关数据计算得到。

由表 30-3-2 可知，2012 年聊城市城镇化水平为 33.30%，比上年增长 4.65%；城镇登记失业率为 3.13%，比上年下降 4.28%；人均城市道路面积为 29.49 平方米，比上年增长 4.24%；人均绿化覆盖面积为 8.01 平方米，比上年上升 9.73%；基本医疗保险覆盖率为 26.19%，比上年增长 4.47%；基本养老保险覆盖率为 10.99%，比上年增长 32.41%。从聊城市 2012 年的数据来看，城镇登记失业率有所下降，城市环境其他指标的数据均有所上升，这说明聊城市的城市环境逐步得到改善。

30.4 聊城市综合环境指数评价分析

30.4.1 聊城市经济环境指数评价分析

2008~2012 年聊城市经济环境指标组的数据变化情况如表 30-4-1 所示。

表 30-4-1 聊城市 2008~2012 年经济环境指标及数据

年份	城镇人均可支配收入（元）	农村人均纯收入（元）	人均GDP（元）	人均财政收入（元）	人均社会商品零售额（元）
2008	14559	5108	22555.54	836.58	6782.75
2009	15957	5539	24656.64	937.17	7993.87
2010	17889	6377	28444.40	1179.89	8980.80
2011	20649	7735	32968.20	1598.14	10426.67
2012	23685	8872	36094.71	1757.74	12185.05

注：前两列数据摘自 2008~2012 年《聊城市国民经济和社会发展统计公报》，后三列数据通过相关数据计算得到。

由表 30-4-1 可知，2012 年聊城市城镇人均可支配收入为 23685 元，比上年增长 14.70%；农村人均纯收入为 8872 元，比上年增长 14.70%；人均 GDP 为 36094.71 元，比上年增长 9.48%；人均财政收入为 1757.74 元，比上年增长 9.99%；人均社会商品零售额为 12185.05 元，比上年增长 16.86%。从 2012 年的数据看，聊城市金融市场经济环境的各项指标均有所上升，这说明聊城市的经济环境有大幅度改善。

30.4.2 聊城市开放程度指数评价分析

2008~2012 年聊城市开放程度指标组的数据变化情况如表 30-4-2 所示。

表 30-4-2 聊城市 2008~2012 年开放程度指标及数据

单位：万美元

年份	实际利用外资额	净出口额
2008	11900	12500
2009	9100	-54700
2010	10100	-105300
2011	8001	-190400
2012	11500	-189400

注：以上数据摘自 2008~2012 年《聊城市国民经济和社会发展统计公报》。

由表 30-4-2 可知，2012 年聊城市净出口额为 -189400 万美元；实际利用外资额 11500 万美元，比上年增长 43.73%。从聊城市 2012 年的数据来看，实际利用外资额和净出口额两项指标与 2008 年相比，都还存在一定差距，说明其开放程度有所降低。

30.5 聊城市金融发展指数综合评价

通过对聊城市金融状况、金融市场成长发展、金融市场服务水平以及金融市场综合环境的分析，我们得到如下结论。

1. 2012 年，聊城市的金融市场发展态势良好，银行和保险市场规模均有所扩张；金融深化程度有所下降；金融效率有所提高，但证券市场的效率略微下降。因此，大力推进金融市场向深层次发展，扩大证券市场的规模，重塑投资者的信心，是聊城市下一步提高金融发展力需要努力的方向。

2. 2012年，聊城市资本市场规模在扩大；经济成长性在国际以及全国宏观环境不景气的状况下，成长性仍有所增强，总体势态良好；城市创新性与以往水平相当。整体而言，聊城市的金融市场的成长性在增强。

3. 2012年，聊城市智力资本以及城市环境中多项指标均有所提高，因此聊城市的服务水平逐步增强。

4. 2012年，聊城市经济环境各项指数均有所上升，总体环境有大幅度改善；开放程度与以往相比，则有所降低。因此，在综合环境发展方面，聊城市要鼓励外资流入，大力推动进出口的发展。

第31章
菏泽市 2012 年金融发展指数报告

31.1 菏泽市金融状况指数评价分析

31.1.1 菏泽市金融市场发展指数评价分析

2008~2012 年菏泽市金融市场发展指标组的数据变化情况如表 31-1-1 所示。

表 31-1-1 菏泽市 2008~2012 年金融市场发展指标及数据

单位：亿元

年份	金融系统存款余额	金融系统贷款余额	保费收入	保险赔付额
2008	696.42	478.93	21.03	5.69
2009	898.31	657.50	26.71	6.43
2010	1089.77	797.66	38.31	7.91
2011	1326.40	877.13	42.60	9.00
2012	1067.77	1062.34	47.30	10.50

注：以上数据摘自 2009~2013 年《山东统计年鉴》。

由表 31-1-1 可知，菏泽市 2012 年金融系统存款余额为 1067.77 亿元，比上年下降 19.50%；金融系统贷款余额为 1062.34 亿元，比上年增长 21.12%；保费收入为 47.30 亿元，比上年增长 11.03%；保险赔付额为 10.50 亿元，比上年增长 16.67%。从菏泽市 2008~2012 年金融市场发展的相关数据看，金融系统存款余额除了在 2012 年有所回落，总体呈上升趋势；其余各项指标逐年上升。这说明菏泽市的金融市场发展态势总体良好。

31.1.2 菏泽市金融结构深化指数评价分析

2008~2012 年菏泽市金融结构深化指标的数据变化情况如表 31-1-2 所示。

表31-1-2 菏泽市2008~2012年金融结构深化指标及数据

单位：%

年份	短期贷款占比	保费收入比全省金融业增加值
2008	64.12	2.1
2009	65.32	2.6
2010	61.98	2.8
2011	58.59	2.6
2012	57.57	2.4

注：以上数据通过2009~2013年《山东统计年鉴》和2008~2012年《菏泽市国民经济和社会发展统计公报》中相关数据计算得到。

由表31-1-2可知，菏泽市2012年短期贷款占比为57.57%，比上年下降了1.74%；保费收入比全省金融业增加值为2.4%，比上年下降7.69%。从2008~2012年菏泽市的金融结构深化数据来看，菏泽市的短期贷款占比在2009年达到最高值，2009年后总体呈下降趋势；保费收入比全省金融业增加值在2010年达到最高值，2010年后总体呈下降趋势。这说明菏泽市金融结构深化程度有所降低，短期贷款和保险业规模有所缩小。

31.1.3 菏泽市金融效率提高指数评价分析

2008~2012年菏泽市金融效率提高指标的数据变化情况如表31-1-3所示。

表31-1-3 菏泽市2008~2012年金融效率提高指标及数据

年份	存贷比（%）	保险密度（元/人）
2008	68.77	256.85
2009	73.19	323.82
2010	73.20	461.47
2011	66.13	512.10
2012	99.49	567.28

注：以上数据通过2009~2013年《山东统计年鉴》和2008~2012年《菏泽市国民经济和社会发展统计公报》中相关数据计算得到。

由表31-1-3可知，菏泽市2012年存贷比99.49%，比上年增长50.45%；保险密度为567.28元/人，比上年增长10.78%。从2008~2012年菏泽市的金融效率数据来看，存贷比指标除了在2011年有所回落外，整体呈上升趋势，特别是在2012年有大幅提高；保险密度呈逐年上升趋势。综合来看，菏泽市的金融效率不断提高，资本盈利性增强。

31.2 菏泽市成长发展指数评价分析

31.2.1 菏泽市资本市场成长性指数评价分析

2008~2012年菏泽市资本市场成长性指标组的数据变化情况如表31-2-1所示。

表31-2-1 菏泽市2008~2012年资本市场成长性指标及数据

单位：亿元

年份	金融机构贷款余额年增长额	年份	金融机构贷款余额年增长额
2008	62.64	2011	82.07
2009	173.58	2012	185.21
2010	140.16		

注：以上数据通过2008~2013年《山东统计年鉴》中相关数据计算得到。

由表31-2-1可知，菏泽市2012年金融机构贷款余额年增长额为185.21亿元，比上年增长125.67%。从菏泽市2008~2012年资本市场成长的相关数据看，菏泽市金融机构贷款余额每年均有增加，金融机构贷款余额年增长额在2009年大幅增加后，增长额逐年下降，直到2012年才再次大幅增加。这说明菏泽市的资本市场规模在2008~2011年之后进行了调整并扩大，资本市场成长态势总体良好，只是成长稳定性较弱。

31.2.2 菏泽市经济成长性指数评价分析

2008~2012年菏泽市经济成长性指标的数据变化情况如表31-2-2所示。

表31-2-2 菏泽市2008~2012年经济成长性指标及数据

单位：亿元

年份	GDP年增长额	财政收入年增长额	社会固定资产投资年增长额	社会消费品零售总额年增长额
2008	135.77	8.37	-148.07	76.95
2009	135.52	10.09	94.78	162.85
2010	269.78	24.12	107.45	97.81
2011	329.43	26.90	-30.57	120.46
2012	230.84	28.71	134.82	118.10

注：以上数据通过2008~2013年《山东统计年鉴》中相关数据计算得到。

由表31-2-2可知，菏泽市2012年GDP年增长额为230.84亿元，比上年下降29.93%；财政收入年增长额为28.71亿元，比上年上升6.73%；社会固定资产投资年增长额为134.82亿元，比上年大幅增长；社会消费品零售总额年增长额为118.10亿元，比上年下降1.96%。从2008~2012年菏泽市的经济成长性数据来看，菏泽市的GDP较上年均有所增长，但2012年较2011年，增长速度有所放缓；财政收入增长额逐年增加，增长势头强劲；社会固定资产投资年增长额除在2011年有所下降外，总体呈增长趋势；社会消费品零售总额年增长额在2009年达到最大值。综上所述，菏泽市经济综合态势稳定，但是经济成长稳定性不够。

31.2.3 菏泽市城市创新成长性指数评价分析

2008~2012年菏泽市城市创新成长性指标的数据变化情况如表31-2-3所示。

表31-2-3 菏泽市2008~2012年城市创新成长性指标及数据

年份	政府研发经费支出年增长额(万元)	政府研发人员的年增长量(人)
2008	-466	1135
2009	-641	-2006
2010	7289	577
2011	-3113	1476
2012	-1347	725

注：以上数据通过2008~2013年《山东统计年鉴》和《菏泽市国民经济和社会发展统计公报》中相关数据计算得到。

由表31-2-3可知，菏泽市2012年政府研发经费支出年增长额为-1347万元，连续两年增长额为负值；2012年政府研发人员的年增长量为725人，比上年下降50.88%。从2008~2012年菏泽市的城市创新成长性数据来看，政府研发经费支出除2010年大幅增加外，其他年份增长额均为负值；政府研发人员的年增长量除了2009年为负值外，其他年份为正值，但是增长率不稳定。这说明菏泽市总的城市创新性有所提高，但城市创新成长性不稳定。

31.3 菏泽市服务水平指数评价分析

31.3.1 菏泽市智力资本指数评价分析

2008~2012年菏泽市智力资本指标组的数据变化情况如表31-3-1所示。

表31-3-1 菏泽市2008~2012年智力资本数据

年份	金融业从业密度（人/平方公里）	受高等教育密度（人/平方公里）	科研人员密度（人/平方公里）	普通高等学校数量（所）
2008	1.08	2.49	0.45	2
2009	1.05	2.70	0.29	3
2010	1.10	2.73	0.34	3
2011	1.23	2.96	0.46	3
2012	—	2.62	0.52	3

注：第一列数据通过2009~2013年《山东统计年鉴》相关数据计算得到，第二列和第四列数据通过2008~2012年《菏泽市国民经济与社会发展公报》相关数据计算得到，第三列数据通过2009~2013年《山东统计年鉴》相关数据计算得到。

由表31-3-1可知，2011年菏泽市金融业从业密度为1.23人/平方公里，比上年增长11.82%；2012年受高等教育密度为2.62人/平方公里，比上年下降11.49%；科研人员密度为0.52人/平方公里，比上年增长13.04%；普通高等学校数量在2008年为2所，2009~2012年均为3所。从2008~2012年智力资本的数据看,各项指标大体上呈上升趋势,这说明菏泽市的智力资本有所提高。

31.3.2 菏泽市城市环境指数评价分析

2008~2012年菏泽市城市环境指标组的数据变化情况如表31-3-2所示。

表31-3-2 菏泽市2008~2012年城市环境指标及数据

年份	城镇登记失业率（%）	人均城市道路面积（平方米）	人均绿化覆盖面积（平方米）	基本医疗保险覆盖率(%)	基本养老保险覆盖率(%)
2008	3.60	12.01	4.20	5.91	6.17
2009	3.58	12.77	4.33	6.40	8.89
2010	3.50	14.78	4.43	22.32	9.19
2011	3.40	16.80	4.69	25.20	9.54
2012	3.40	18.11	4.95	25.58	10.04

注:前两列数据摘自2009~2013年《山东统计年鉴》,后三列数据通过2009~2013年《山东统计年鉴》中相关数据计算得到。

由表31-3-2可知,2012年菏泽市城镇登记失业率为3.40%,与上年持平;人均城市道路面积为18.11平方米,比上年增长7.80%;人均绿化覆盖面积为4.95平方米,比上年上升5.54%;基本医疗保险覆盖率为25.58%,比上年增长1.51%;基本养老保险覆盖率为10.04%,比上年增长5.24%。从菏泽市2008~2012年城市环境的数据来看,城镇失业率逐年下降,城市环境其他各项指标均逐步上升,说明菏泽市城市环境逐步改善,城市发展态势良好。

31.4 菏泽市综合环境指数评价分析

31.4.1 菏泽市经济环境指数评价分析

2008~2012年菏泽市经济环境指标组的数据变化情况如表31-4-1所示。

表 31-4-1 菏泽市 2008~2012 年经济环境数据

年份	城镇人均可支配收入(元)	农村人均纯收入(元)	人均 GDP(元)	人均财政收入(元)	人均社会商品零售额(元)
2008	11581	4584	10036.88	616.53	4944.61
2009	12737	5047	11606.01	734.32	6882.55
2010	14419	5812	14781.01	1020.14	8016.45
2011	16658	7119	18711.10	1341.44	9448.23
2012	19140	8187	21436.06	1682.64	10842.64

注：前两列数据摘自 2009~2013 年《山东统计年鉴》，后三列数据通过 2009~2013 年《山东统计年鉴》中相关数据计算得到。

由表 31-4-1 可知，2012 年菏泽市城镇人均可支配收入为 19140 元，比上年增长 14.90%；农村人均纯收入为 8187 元，比上年增长 15.00%；人均 GDP 为 21436.06 元，比上年增长 14.56%；人均财政收入为 1682.64 元，比上年增长 25.44%；人均社会商品零售额为 10842.64 元，比上年增长 14.76%。从 2008~2012 年的数据看，菏泽市金融市场经济环境的各项指标都有所上升，这说明菏泽市的经济环境有所改善，经济环境发展势头良好。

31.4.2 菏泽市开放程度指数评价分析

2008~2012 年菏泽市开放程度指标组的数据变化情况如表 31-4-2 所示。

表 31-4-2 菏泽市 2008~2012 年开放程度数据

单位：万美元

年份	实际利用外资额	净出口额
2008	10806	68129
2009	8516	48301
2010	11858	59868
2011	8039	14097
2012	16505	-12415

注：第一列数据摘自 2009~2013 年《山东统计年鉴》，第二列数据通过 2009~2013 年《山东统计年鉴》相关数据计算得到。

由表 31-4-2 可知，2012 年菏泽市净出口额为 -12415 万美元，比上一年大幅下降；实际利用外资额为 16505 万美元，比上年增长 105.31%。从菏泽市

2008~2012年的数据来看,实际利用外资额总体呈上升趋势,只是在2009年和2011年有所回落;净出口额呈下降趋势,其中在2012年为负值。综合来看,2012年菏泽市开放程度有所上升,但净出口额有较大规模缩减。

31.5 菏泽市金融发展指数综合评价

通过对菏泽市金融状况、金融市场成长发展、金融市场服务水平以及金融市场综合环境的分析,我们得到如下结论。

1. 2012年,菏泽市的金融市场发展态势良好;金融结构深化程度有所降低,短期贷款和保险业规模有所缩小;金融效率不断提高,资本盈利性增强。

2. 2012年,菏泽市资本市场成长态势总体良好,只是成长稳定性较弱;经济成长性由于受到国际以及全国宏观环境的影响,稳定性不够,但总体态势良好;城市创新性有所提高,但稳定性不强。因此整体而言,菏泽市金融市场的成长稳定性有待提升。

3. 2012年,菏泽市智力资本以及城市环境中多项指标都有所提高,发展态势良好,因此菏泽市的城市服务水平在逐步上升。

4. 2012年,菏泽市经济环境各项指数均有所上升,经济环境有所改善,发展势头良好;开放程度有所提升,净出口额有较大规模缩减。这说明优化出口结构、促进出口增长是下一步提升菏泽市经济开放程度的方向。

第32章
东平县2012年金融发展指数报告

32.1 东平县金融状况指数评价分析

32.1.1 东平县金融市场发展指数评价分析

2008~2012年东平县金融市场发展指标组的数据变化情况如表32-1-1所示。

表32-1-1 东平县2008~2012年金融市场发展指标及数据

单位：亿元

年份	金融系统存款余额	金融系统贷款余额	保费收入	保险赔付额
2008	61.46	42.57	30.33	8.46
2009	73.32	57.28	36.15	9.11
2010	89.09	68.61	—	—
2011	107.90	74.82	—	—
2012	139.89	90.82	—	—

注：以上数据摘自2009~2011年《泰安统计年鉴》及2011~2012年《东平县国民经济和社会发展统计公报》。

由表32-1-1可知，东平县2012年金融系统存款余额为139.89亿元，比上年增长29.65%；金融系统贷款余额为90.82亿元，比上年增长21.38%。从东平县2012年金融市场发展的相关数据看，东平县的金融市场发展态势总体良好，保持稳定增长。

32.1.2 东平县金融效率提高指数评价分析

2008~2012年东平县金融效率提高指标的数据变化情况如表32-1-2所示。

表 32-1-2　东平县 2008~2012 年金融效率提高指标及数据

年份	存贷比(%)	保险密度(元/人)	上市公司占有率(%)
2008	69.27	3867.56	1.18
2009	78.12	4583.86	1.15
2010	77.01	—	0.91
2011	69.34	—	0.79
2012	64.92	—	0.75

注：以上数据通过 2009~2011 年《泰安统计年鉴》和 2011~2012 年《东平县国民经济和社会发展统计公报》中相关数据计算得到。

由表 32-1-2 可知，东平县 2012 年存贷比为 64.92%，比上年下降了 6.37%；2009 年保险密度为 4583.86 元/人；2012 年上市公司占有率为 0.75%，比上年下降 5.06%。从东平县的金融效率数据来看，存贷比和上市公司占有率小幅下降，但综合来看，东平县的金融效率有所提高。

32.2　东平县成长发展指数评价分析

32.2.1　东平县资本市场成长性指数评价分析

2008~2012 年东平县资本市场成长性指标组的数据变化情况如表 32-2-1 所示。

表 32-2-1　东平县 2008~2012 年资本市场成长性指标及数据

单位：亿元

年份	金融机构贷款余额年增长额	年份	金融机构贷款余额年增长额
2008	7.10	2011	6.21
2009	14.71	2012	16.00
2010	11.33		

注：以上数据通过 2009~2011 年《泰安统计年鉴》和 2011~2012 年《东平县国民经济和社会发展统计公报》中相关数据计算得到。

由表 32-2-1 可知，东平县 2012 年金融机构贷款余额年增长额为 16 亿元，比上年增长 157.65%。从东平县 2008~2012 年资本市场成长的相关数据看，东平县的金融机构贷款余额每年都有所增长，资本市场规模扩大，成长态势良好。

32.2.2 东平县经济成长性指数评价分析

2008~2012年东平县经济成长性指标的数据变化情况如表32-2-2所示。

表32-2-2 东平县2008~2012年经济成长性指标及数据

单位：亿元

年份	GDP年增长额	财政收入年增长额	社会固定资产投资年增长额	社会消费品零售总额年增长额
2008	35.01	0.75	23.90	7.62
2009	-13.21	0.83	24.11	7.85
2010	28.62	0.53	30.30	14.63
2011	76.97	0.58	20.19	13.42
2012	—	1.16	26.63	13.41

注：以上数据通过2008~2011年《泰安统计年鉴》和2011~2012年《东平县国民经济和社会发展统计公报》中相关数据计算得到。

由表32-2-2可知，东平县2011年GDP年增长额为76.97亿元，比上年上升168.94%；2012年财政收入年增长额为1.16亿元，比上年上升100%；社会固定资产投资年增长额为26.63亿元，比上年上升31.90%；社会消费品零售总额年增长额为13.41亿元，比上年下降0.075%。从2008~2012年东平县的经济成长性数据来看，东平县的财政收入较上年有所增长，但2012年较2011年，增长速度有所提高，社会固定资产投资依然增长势头强劲，综上所述，东平县经济综合态势稳定，在全球环境下成长性有所增强。

32.3 东平县综合环境指数评价分析

32.3.1 东平县经济环境指数评价分析

2008~2012年东平县经济环境指标组的数据变化情况如表32-3-1所示。

表 32-3-1　东平县 2008~2012 年经济环境指标及数据

年份	城镇人均可支配收入(元)	农村人均纯收入(元)	人均 GDP(元)	人均财政收入(元)	人均社会商品零售额(元)
2008	—	4610	19461	572.12	5138.34
2009	—	5126	21500	674.19	6104.50
2010	—	6031	19991.15	739.46	7935.63
2011	14108	7146	29572.33	809.32	9583.69
2012	18628	8304	—	956.37	11284.63

注：前两列数据摘自 2009~2011 年《泰安统计年鉴》和 2008~2012 年《东平县国民经济和社会发展统计公报》，后三列数据通过相关数据除以东平县总人口计算得到。

由表 32-3-1 可知，2012 年东平县城镇人均可支配收入为 18628 元，比上年增长 32.04%；农村人均纯收入为 8304 元，比上年增长 16.20%。2011 年人均 GDP 为 29572.33 元，比上年增长 47.93%；2012 年人均财政收入为 956.37 元，比上年增长 18.17%；人均社会商品零售额为 11284.63 元，比上年增长 17.75%。从 2012 年的经济环境数据看，东平县金融市场经济环境的各项指标都有所上升，这说明东平县的经济环境有大幅度改善。

32.3.2　东平县开放程度指数评价分析

2008~2012 年东平县开放程度指标组的数据变化情况如表 32-3-2 所示。

表 32-3-2　东平县 2008~2012 年开放程度指标及数据

单位：万美元

年份	实际利用外资额	净出口额
2008	9163	-659
2009	9170	-2200
2010	—	—
2011	9328	-7802
2012	—	—

注：以上数据摘自 2009~2011 年《泰安统计年鉴》和 2008~2012 年《东平县国民经济和社会发展统计公报》。

由表 32-3-2 可知，2011 年东平县净出口额为 -7802 万美元；2011 年实际利用外资额为 9328 万美元。从东平县 2011 年的数据来看，实际利用外资额数据有所上升,但净出口额大幅降低,贸易逆差严重。总体来看,开放程度有所提高。

32.4 东平县金融发展指数综合评价

通过对东平县金融状况、金融市场成长发展以及金融市场综合环境的分析,我们得到如下结论。

1. 从东平县2012年金融市场发展的相关数据看,东平县的金融市场发展态势总体良好,保持稳定增长。存贷比和上市公司占有率小幅下降;综合来看,东平县的金融效率有所提高,但证券市场规模略微缩小。

2. 2012年,东平县的金融机构贷款余额每年都有所增长,资本市场规模扩大,成长态势良好。东平县经济综合态势稳定,在全球环境下成长性有所增强。

3. 2012年东平县金融市场经济环境的各项指标都有所上升,表明东平县的经济环境有大幅度改善。实际利用外资额数据有所上升,但净出口额大幅降低,贸易逆差严重;总体来看开放程度有所提高。

区域篇
（安徽部分）

第 33 章
淮北市 2012 年金融发展指数报告

33.1 淮北市金融状况指数评价分析

33.1.1 淮北市金融市场发展指数评价分析

2008~2012 年淮北市金融市场发展指标组的数据变化情况如表 33-1-1 所示。

表 33-1-1 淮北市 2008~2012 年金融市场发展指标及数据

单位：亿元

年份	金融业增加值	金融系统存款余额	金融系统贷款余额	保费收入	保险赔付额
2008	4.00	376.20	176.00	11.33	1.27
2009	10.39	472.20	242.40	11.90	1.40
2010	11.80	568.60	304.80	16.90	4.10
2011	13.60	695.40	405.70	18.60	4.90
2012	16.30	787.70	508.60	18.30	2.40

注：以上数据摘自 2008~2012 年《淮北市国民经济和社会发展统计公报》。

由表 33-1-1 可知，淮北市 2012 年金融业增加值为 16.30 亿元，比上年增长 19.85%；金融系统存款余额为 787.70 亿元，比上年增长 13.27%；金融系统贷款余额为 508.60 亿元，比上年增长 25.36%；保费收入为 18.30 亿元，比上年下降 1.61%；保险赔付额为 2.40 亿元，比上年减少 51.02%。从淮北市 2012 年金融市场发展的相关数据看，保险赔付额明显下降，保费收入也略有回落，其余各项指标均有不同程度的上升。这说明与 2011 年相比，淮北市的金融市场发展态势总体良好，保险市场规模有所缩小。

33.1.2 淮北市金融结构深化指数评价分析

2008~2012年淮北市金融结构深化指标的数据变化情况如表33-1-2所示。

表33-1-2 淮北市2008~2012年金融结构深化指标及数据

单位：%

年份	证券募集资金净额比GDP	保费收入比全省金融业增加值
2008	—	6.18
2009	7.52	3.31
2010	5.61	4.27
2011	1.08	3.69
2012	—	—

注：以上数据通过2008~2012年《安徽统计年鉴》和《淮北市国民经济和社会发展统计公报》中相关数据计算得到。

由表33-1-2可知，淮北市2011年证券募集资金净额比GDP为1.08%，比上年下降80.75%；保费收入比全省金融业增加值为3.69%，比上年下降13.58%。从2008~2012年淮北市的金融结构深化数据来看，淮北市的证券募集资金净额比GDP逐年下降，保费收入比全省金融业增加值在2010年有所回升，但总体呈下降趋势，这说明淮北市金融结构深化程度有所降低，保险业规模有所缩小。

33.1.3 淮北市金融效率提高指数评价分析

2008~2012年淮北市金融效率提高指标的数据变化情况如表33-1-3所示。

表33-1-3 淮北市2008~2012年金融效率提高指标及数据

年份	存贷比(%)	保险密度(元/人)	上市公司占有率(%)
2008	46.78	552.68	5.36
2009	51.33	577.67	5.17
2010	53.61	798.30	4.62
2011	58.34	877.36	3.90
2012	64.57	—	3.85

注：以上数据通过2008~2012年《安徽统计年鉴》和《淮北市国民经济和社会发展统计公报》中相关数据计算得到。

由表 33-1-3 可知，淮北市 2012 年存贷比为 64.57%，比上年上升 10.68%；2011 年保险密度为 877.36 元/人，自 2008 年以来一直呈上升趋势；2012 年上市公司占有率为 3.85%，比上年下降 1.28%。从 2012 年淮北市的金融效率数据来看，存贷比有所提高，但上市公司占有率有小幅下降。综合来看，淮北市的金融效率有所提高，但证券市场规模略有缩小。

33.2 淮北市成长发展指数评价分析

33.2.1 淮北市资本市场成长性指数评价分析

2008~2012 年淮北市资本市场成长性指标组的数据变化情况如表 33-2-1 所示。

表 33-2-1 淮北市 2008~2012 年资本市场成长性指标及数据

单位：亿元

年份	金融机构贷款余额年增长额	年份	金融机构贷款余额年增长额
2008	33.9	2011	100.9
2009	66.4	2012	102.9
2010	62.4		

注：以上数据摘自 2008~2012 年《淮北市国民经济和社会发展统计公报》。

由表 33-2-1 可知，淮北市 2012 年金融机构贷款余额年增长额为 102.9 亿元，比上年增长 1.98%。从淮北市 2008~2012 年资本市场成长的相关数据看，淮北市的金融机构贷款余额每年都有所增长，资本市场规模扩大，成长态势良好。

33.2.2 淮北市经济成长性指数评价分析

2008~2012 年淮北市经济成长性指标的数据变化情况如表 33-2-2 所示。

表33-2-2 淮北市2008~2012年经济成长性指标及数据

单位：亿元

年份	GDP年增长额	财政收入年增长额	社会固定资产投资年增长额	社会消费品零售总额年增长额
2008	74.35	2.90	53.50	16.50
2009	30.34	9.80	75.60	16.70
2010	89.73	17.80	86.60	19.60
2011	93.30	20.40	83.20	22.80
2012	65.60	10.70	127.10	23.40

注：以上数据通过2008~2012年《淮北市国民经济和社会发展统计公报》中相关数据计算得到。

由表33-2-2可知，淮北市2012年GDP年增长额为65.60亿元，比上年下降了29.69%；财政收入年增长额为10.70亿元，比上年下降47.55%；社会固定资产投资年增长额为127.10亿元，比上年上升52.76%；社会消费品零售总额年增长额为23.40亿元，比上年上升2.63%。从2008~2012年淮北市的经济成长性数据来看，淮北市的GDP和财政收入较往年均有所增长，但2012年较2011年，增长速度有所放缓；社会固定资产投资和社会消费品零售总额依然增长势头强劲。综上所述，淮北市经济综合态势稳定，在全球环境下成长性有所增强。

33.2.3 淮北市城市创新成长性指数评价分析

2008~2012年淮北市城市创新成长性指标的数据变化情况如表33-2-3所示。

表33-2-3 淮北市2008~2012年城市创新成长性指标及数据

年份	政府研发经费支出年增长额（万元）	新产品销售收入年增长额（亿元）
2008	74.50	-0.60
2009	78.00	21.30
2010	57.00	17.30
2011	255.00	31.20
2012	186.00	38.10

注：以上数据通过2008~2012年《淮北市国民经济和社会发展统计公报》中相关数据计算得到。

由表 33-2-3 可知，淮北市 2012 年政府研发经费支出年增长额为 186 万元，比上年下降 27.06%；新产品销售收入年增长额为 38.10 亿元，比上年上升 22.12%。从 2008~2012 年淮北市的城市创新成长性数据来看，政府研发经费支出逐年上升，新产品销售收入除 2008 年略微下滑之外，均有所增加；2012 年较 2011 年政府研发经费支出增加额有所减少，但新产品销售收入增长额有所提高，这说明淮北市总的城市创新性有所提高。

33.3 淮北市服务水平指数评价分析

33.3.1 淮北市智力资本指数评价分析

2008~2012 年淮北市智力资本指标组的数据变化情况如表 33-3-1 所示。

表 33-3-1 淮北市 2008~2012 年智力资本指标及数据

年份	受高等教育密度（人/平方公里）	普通高等学校数量（所）
2008	10.50	3
2009	10.90	3
2010	11.02	3
2011	11.47	3
2012	11.73	3

注：第二列数据摘自 2008~2012 年《淮北市国民经济和社会发展统计公报》，第一列数据通过相关数据计算得到。

由表 33-3-1 可知，2012 年淮北市受高等教育密度为 11.73 人/平方公里，比上年上升 2.27%；普通高等学校数量在 2008~2012 年没有变化。从 2012 年的数据看，淮北市的智力资本在提高。

33.3.2 淮北市城市环境指数评价分析

2008~2012 年淮北市城市环境指标组的数据变化情况如表 33-3-2 所示。

表33-3-2 淮北市2008~2012年城市环境指标及数据

年份	城镇化水平(%)	城镇登记失业率(%)	人均城市道路面积(平方米)	人均绿化覆盖面积(平方米)	基本医疗保险覆盖率(%)	基本养老保险覆盖率(%)
2008	54.80	3.92	10.13	12.42	20.40	8.59
2009	56.10	3.92	10.14	13.22	23.89	10.44
2010	55.40	3.95	10.26	13.26	23.70	11.33
2011	55.70	3.90	11.92	14.30	23.46	11.89
2012	57.20	4.20	12.00	14.50	23.91	16.54

注：第一、二、三、四列数据摘自2008~2012年《淮北市国民经济和社会发展统计公报》，后两列数据通过相关数据计算得到。

由表33-3-2可知，2012年淮北市城镇化水平为57.20%，比上年增长2.69%；城镇登记失业率为4.20%，比上年增长7.69%；人均城市道路面积为12平方米，比上年增长0.67%；人均绿化覆盖面积为14.50平方米，比上年上升1.40%；基本医疗保险覆盖率为23.91%，比上年增长1.92%；基本养老保险覆盖率为16.54%，比上年增长39.11%。从淮北市2012年的数据来看，城市环境各项指标的数据均有所上升，城市环境逐步改善。

33.4 淮北市综合环境指数评价分析

33.4.1 淮北市经济环境指数评价分析

2008~2012年淮北市经济环境指标组的数据变化情况如表33-4-1所示。

表33-4-1 淮北市2008~2012年经济环境指标及数据

年份	城镇人均可支配收入(元)	农村人均纯收入(元)	人均GDP(元)	人均财政收入(元)	人均社会商品零售额(元)
2008	12851	4096	17029	858.31	4133.79
2009	13736	4547	18096	1015.99	4863.50
2010	15191	5337	22309	1347.97	5716.04
2011	17876	6313	26225	1716.37	6685.71
2012	20360	7286	29131	2444.65	7865.91

注：前两列数据摘自2008~2012年《淮北市国民经济和社会发展统计公报》，后三列数据通过相关数据计算得到。

由表33-4-1可知，2012年淮北市城镇人均可支配收入为20360元，比上年增长13.90%；农村人均纯收入为7286元，比上年增长15.41%；人均GDP为29131元，比上年增长11.08%；人均财政收入为2444.65元，比上年增长42.43%；人均社会商品零售额为7865.91元，比上年增长17.65%。从2012年的数据看，淮北市金融市场经济环境的各项指标都有所上升，这说明淮北市的经济环境有大幅度改善。

33.4.2 淮北市开放程度指数评价分析

2008~2012年淮北市开放程度指标组的数据变化情况如表33-4-2所示。

表33-4-2 淮北市2008~2012年开放程度指标及数据

单位：万美元

年份	实际利用外资额	净出口额
2008	10258	9598
2009	13000	8077
2010	19151	8042
2011	30123	13802
2012	37966	26770

注：以上数据摘自2008~2012年《淮北市国民经济和社会发展统计公报》。

由表33-4-2可知，2012年淮北市净出口额为26770万美元，比上年增长93.96%；实际利用外资额为37966万美元，比上年增长26.04%。从淮北市2012年的数据来看，淮北市开放程度各项指标的数据均有所上升，开放程度逐步提升。

33.5 淮北市金融发展指数综合评价

通过对淮北市金融状况、金融市场成长发展、金融市场服务水平以及金融市场综合环境的分析，我们得到如下结论。

1. 2012年，淮北市的金融市场发展态势良好，但保险市场规模有所缩小；金融结构深化程度有所降低；金融效率有所提高，但证券市场规模有所缩小。因此，扩大证券保险市场的规模，重塑投资者的信心，是淮北市下一步提高金融发展力所要努力的方向。

2. 2012年,淮北市资本市场规模在扩大;经济成长性由于受到国际以及全国宏观环境的影响,略微受挫,但总体态势良好;城市创新性稳步提高。因此整体而言,淮北市的金融市场的成长性在增强。

3. 2012年,淮北市智力资本以及城市环境中多项指标都在提高,因此淮北市的城市环境在逐步改善。

4. 2012年,淮北市经济环境各项指数均有所上升,总体环境有大幅度改善;开放程度也在逐步提升。

第 34 章
宿州市 2012 年金融发展指数报告

34.1 宿州市金融状况指数评价分析

34.1.1 宿州市金融市场发展指数评价分析

2008~2012 年宿州市金融市场发展指标组的数据变化情况如表 34-1-1 所示。

表 34-1-1 宿州市 2008~2012 年金融市场发展指标及数据

单位：亿元

年份	金融业增加值	金融系统存款余额	金融系统贷款余额	保费收入	保险赔付额
2008	5.69	475.99	199.44	16.56	3.79
2009	5.98	566.42	256.67	18.79	3.99
2010	6.84	701.70	308.33	23.00	4.70
2011	7.79	854.24	379.90	20.86	4.52
2012	—	1014.77	463.32	30.32	8.17

注：以上数据摘自 2008~2012 年《安徽统计年鉴》和《宿州市国民经济和社会发展统计公报》。

由表 34-1-1 可知，宿州市 2011 年金融业增加值为 7.79 亿元，比上年增长 13.89%。2012 年金融系统存款余额为 1014.77 亿元，比上年增长 18.79%；金融系统贷款余额为 463.32 亿元，比上年增长 21.96%；保费收入为 30.32 亿元，比上年增长 45.35%；保险赔付额为 8.17 亿元，比上年增长 80.75%。从宿州市 2012 年金融市场发展的相关数据看，各项指标均有不同程度的上升，尤其是保险赔付额上升幅度较大。这说明与 2011 年相比，2012 宿州市的金融市场发展态势总体良好。

34.1.2 宿州市金融结构深化指数评价分析

2008~2012年宿州市金融结构深化指标的数据变化情况如表34-1-2所示。

表34-1-2 宿州市2008~2012年金融结构深化指标及数据

单位：%

年份	保费收入比全省金融业增加值	年份	保费收入比全省金融业增加值
2008	5.28	2011	4.14
2009	5.23	2012	5.08
2010	5.81		

注：以上数据通过2008~2012年《安徽统计年鉴》和《宿州市国民经济和社会发展统计公报》中相关数据计算得到。

由表34-1-2可知，宿州市2012年保费收入比全省金融业增加值为5.08%，比上年上升22.71%。从2008~2012年宿州市的金融结构深化数据来看，保费收入比全省金融业增加值在2010年、2012年有所回升，但总体呈下降趋势。这说明宿州市金融结构深化程度有所降低。

34.1.3 宿州市金融效率提高指数评价分析

2008~2012年宿州市金融效率提高指标的数据变化情况如表34-1-3所示。

表34-1-3 宿州市2008~2012年金融效率提高指标及数据

年份	存贷比(%)	保险密度(元/人)	上市公司占有率(%)
2008	41.90	291.00	1.79
2009	45.31	331.98	1.72
2010	43.94	482.94	1.54
2011	44.47	399.74	1.30
2012	45.66	563.78	1.28

注：以上数据通过2008~2012年《安徽统计年鉴》和《宿州市国民经济和社会发展统计公报》中相关数据计算得到。

由表34-1-3可知,宿州市2012年存贷比为45.66%,比上年上升2.68%;保险密度为563.78元/人,比上一年上升41.04%;上市公司占有率为1.28%,比上年下降1.54%。从2008~2012年宿州市的金融效率数据来看,存贷比整体呈上升趋势,保险密度除2011年有所回落外,总体来看呈增大趋势,但上市公司占有率每年均下降,由2008年的1.79%下降到2012年的1.28%。综合来看,宿州市的金融效率有所提高,但其上市公司数量的发展较慢,在全省范围内不占优势。

34.2 宿州市成长发展指数评价分析

34.2.1 宿州市资本市场成长性指数评价分析

2008~2012年宿州市资本市场成长性指标组的数据变化情况如表34-2-1所示。

表34-2-1 宿州市2008~2012年资本市场成长性指标及数据

单位:亿元

年份	金融机构贷款余额年增长额	年份	金融机构贷款余额年增长额
2008	12.17	2011	71.57
2009	57.23	2012	83.42
2010	51.66		

注:以上数据通过2008~2012年《安徽统计年鉴》和《宿州市国民经济和社会发展统计公报》中相关数据计算得到。

由表34-2-1可知,宿州市2012年金融机构贷款余额年增长额83.42亿元,比上年增长16.56%。从宿州市2008~2012年资本市场成长的相关数据看,宿州市的金融机构贷款余额每年都有所增长,资本市场规模扩大,成长态势良好。

34.2.2 宿州市经济成长性指数评价分析

2008~2012年宿州市经济成长性指标的数据变化情况如表34-2-2所示。

表 34-2-2 宿州市 2008~2012 年经济成长性指标及数据

单位：亿元

年份	GDP 年增长额	财政收入年增长额	社会固定资产投资年增长额	社会消费品零售总额年增长额
2008	58.36	6.14	83.70	26.55
2009	58.42	5.12	84.78	26.30
2010	108.87	10.59	110.98	26.34
2011	151.85	20.91	73.67	35.24
2012	112.53	18.99	133.66	36.81

注：以上数据通过 2008~2012 年《安徽统计年鉴》和《宿州市国民经济和社会发展统计公报》中相关数据计算得到。

由表 34-2-2 可知，宿州市 2012 年 GDP 年增长额为 112.53 亿元，比上年下降了 25.89%；财政收入年增长额为 18.99 亿元，比上年下降 9.18%；社会固定资产投资年增长额为 133.66 亿元，比上年上升 81.43%；社会消费品零售总额年增长额为 36.81 亿元，比上年上升 4.46%。从 2008~2012 年宿州市的经济成长性数据来看，宿州市的 GDP 和财政收入较往年均有所增长，但 2012 年较 2011 年，增长速度有所放缓；2012 年社会固定资产投资和社会消费品零售总额的增长势头比较强劲，特别是社会固定资产投资额与往年相比有较大幅度的增长。综上所述，宿州市经济综合态势较好，在全球环境下成长性有所增强。

34.2.3 宿州市城市创新成长性指数评价分析

2008~2012 年宿州市城市创新成长性指标的数据变化情况如表 34-2-3 所示。

表 34-2-3 宿州市 2008~2012 年城市创新成长性指标及数据

单位：万元

年份	政府研发经费支出年增长额	年份	政府研发经费支出年增长额
2008	-252	2011	6141
2009	4599	2012	5856
2010	4414		

注：以上数据通过 2008~2012 年《宿州市国民经济和社会发展统计公报》中相关数据计算得到。

由表 34 -2 -3 可知，宿州市 2012 年政府研发经费支出年增长额为 5856 万元，比上年下降 4.64%。从 2008~2012 年宿州市的城市创新成长性数据来看，政府研发经费支出除了 2008 年稍微回落外，其他年份均逐年上升。2010 年较 2009 年政府研发经费支出增长额下降了 4.02%，2012 年较 2011 减少了 4.64%，而 2009 年和 2011 年研发经费支出增额较上一年均有较大幅度的增加，这说明宿州市城市创新性不断发展，只是城市创新成长性还不够稳定。

34.3 宿州市服务水平指数评价分析

34.3.1 宿州市智力资本指数评价分析

2008~2012 年宿州市智力资本指标组的数据变化情况如表 34 -3 -1 所示。

表 34 -3 -1 宿州市 2008~2012 年智力资本指标及数据

年份	受高等教育密度 (人/平方公里)	普通高等学校 数量(所)	金融业从业密度 (人/平方公里)
2008	2.51	3	0.89
2009	2.73	3	0.87
2010	3.13	3	0.95
2011	3.26	3	0.98
2012	3.38	3	—

注：前两列数据根据 2008~2012 年《宿州市国民经济和社会发展统计公报》计算得到，第三列数据通过 2008~2012 年《安徽统计年鉴》相关数据计算得到。

由表 34 -3 -1 可知，2012 年宿州市受高等教育密度为 3.38 人/平方公里，比上年上升 3.68%；普通高等学校数量从 2008 年至 2012 年没有变化，均为 3 所。2011 年金融业从业密度为 0.98 人/平方公里，比上一年增长了 3.16%。从 2008 年至 2012 年的数据看，宿州市的智力资本在逐渐提高。

34.3.2 宿州市城市环境指数评价分析

2008~2012 年宿州市城市环境指标组的数据变化情况如表 34 -3 -2 所示。

表 34-3-2　宿州市 2008~2012 年城市环境指标及数据

年份	城镇化水平(%)	城镇登记失业率(%)	人均城市道路面积(平方米)	基本医疗保险覆盖率(%)	基本养老保险覆盖率(%)
2008	30.2	4.2	15.81	4.15	2.38
2009	33.2	4.0	17.20	4.38	2.53
2010	31.4	4.11	18.06	4.89	3.85
2011	33.1	3.51	21.62	4.99	4.27
2012	34.8	3.72	—	—	4.85

注：第一、二、四、五列数据根据 2008~2012 年《宿州市国民经济和社会发展统计公报》计算得来；第三列数据摘自 2008~2012 年《安徽统计年鉴》。第五列指标基本养老保险覆盖率选用的是该市的城镇职工基本养老保险/常住人口。

由表 34-3-2 可知，2012 年宿州市城镇化水平为 34.8%，比上年增长 5.14%；城镇登记失业率为 3.72%，比上年增长 5.98%。2011 年人均城市道路面积为 21.62 平方米，比上年增长 19.71%；2011 年基本医疗保险覆盖率为 4.99%，比上年增长 2.04%；2012 年基本养老保险覆盖率为 4.85%，比上年增长 13.58%。从宿州市 2008 年至 2012 年的数据来看，宿州市城镇登记失业率整体呈下降趋势，其他城市环境各项指标的数据均有不同程度的上升。总体来看，宿州市城市环境在逐步改善。

34.4　宿州市综合环境指数评价分析

34.4.1　宿州市经济环境指数评价分析

2008~2012 年宿州市经济环境指标组的数据变化情况如表 34-4-1 所示。

表 34-4-1　宿州市 2008~2012 年经济环境指标及数据

年份	城镇人均可支配收入(元)	农村人均纯收入(元)	人均 GDP(元)	人均财政收入(元)	人均社会商品零售额(元)
2008	11899	3671	8493.50	269.02	2484.18
2009	13097	4076	9570.67	327.42	2962.01
2010	14669	4766	12132.97	487.77	3617.87
2011	17384	5720	14953.50	726.08	4271.82
2012	19731	6635	17012.83	991.07	4946.82

注：前两列数据摘自 2008~2012 年《安徽统计年鉴》，后三列数据通过相关数据计算得到。

由表 34-4-1 可知，2012 年宿州市城镇人均可支配收入为 19731 元，比上年增长 13.50%；农村人均纯收入为 6635 元，比上年增长 16.00%；人均 GDP 为 17012.83 元，比上年增长 13.77%；人均财政收入为 991.07 元，比上年增长 36.50%；人均社会商品零售额为 4946.82 元，比上年增长 15.80%。从 2008 年到 2012 年的数据看，宿州市金融市场经济环境的各项指标都有所上升，这说明宿州市的经济环境逐步改善。

34.4.2 宿州市开放程度指数评价分析

2008～2012 年宿州市开放程度指标组的数据变化情况如表 34-4-2 所示。

表 34-4-2 宿州市 2008～2012 年开放程度指标及数据

单位：万美元

年份	实际利用外资额	净出口额
2008	7202	5555
2009	9632	4779
2010	13429	8800
2011	25206	11500
2012	37000	32200

注：以上数据摘自 2008～2012 年《安徽统计年鉴》和《宿州市国民经济与社会发展公报》。

由表 34-4-2 可知，2012 年宿州市净出口额为 32200 万美元，比上年增长 180.00%；实际利用外资额为 37000 万美元，比上年增长 46.79%。从宿州市 2008 年到 2012 年的数据来看，宿州市开放程度各项指标的数据均大幅度上升，其开放程度大幅度提升。

34.5 宿州市金融发展指数综合评价

通过对宿州市金融状况、金融市场成长发展、金融市场服务水平以及金融市场综合环境的分析，我们得到如下结论。

1. 2012 年，宿州市的金融市场发展总体态势良好，金融结构深化程度有所降低；金融效率有所提高，但上市公司发展速度缓慢。

2. 2012年，宿州市资本市场规模扩大，成长态势较好；经济成长性有所增强，总体态势良好；城市创新性不断发展，但不够稳定。因此，增强经济成长性和城市创新性的稳定性，保持增长的良好态势，是宿州市下一步推进金融成长发展进程所要努力的方向。

3. 2012年，宿州市智力资本以及城市环境中多项指标都有不同程度的提高，智力资本逐步提高，城市环境逐步改善，因此宿州市的金融市场服务水平在逐步提高。

4. 2012年，宿州市经济环境各项指数均有所上升，总体环境逐步改善；开放程度大幅度提高。这说明宿州市金融市场综合环境态势良好，发展速度较快。

第 35 章

蚌埠市 2012 年金融发展指数报告

35.1 蚌埠市金融状况指数评价分析

35.1.1 蚌埠市金融市场发展指数评价分析

2008~2012 年蚌埠市金融市场发展指标组的数据变化情况如表 35-1-1 所示。

表 35-1-1 蚌埠市 2008~2012 年金融市场发展指标及数据

单位：亿元

年份	金融业增加值	金融系统存款余额	金融系统贷款余额	保费收入
2008	6.87	482.40	296.91	16.78
2009	16.26	577.78	335.63	18.79
2010	17.87	707.65	386.92	21.82
2011	20.26	836.08	480.69	21.44
2012	—	975.86	631.74	25.16

注：第一列数据摘自 2008~2012《安徽统计年鉴》，其余数据摘自 2008~2012 年《蚌埠市国民经济和社会发展统计公报》。

由表 35-1-1 可知，蚌埠市 2011 年金融业增加值为 20.26 亿元，比上年增长 13.37%。2012 年金融系统存款余额为 975.86 亿元，比上年增长 16.72%；金融系统贷款余额为 631.74 亿元，比上年增长 31.42%；保费收入为 25.16 亿元，比上年增长 17.35%。从蚌埠市 2012 年金融市场发展的相关数据看，多数指标均有不同程度的提高。这说明与 2011 年相比，蚌埠市的金融市场发展态势总体良好，规模不断扩大。

35.1.2 蚌埠市金融结构深化指数评价分析

2008~2012年蚌埠市金融结构深化指标的数据变化情况如表35-1-2所示。

表35-1-2 蚌埠市2008~2012年金融结构深化指标及数据

单位：%

年份	保费收入比全省金融业增加值	年份	保费收入比全省金融业增加值
2008	9.16	2011	4.26
2009	5.23	2012	—
2010	5.51		

注：以上数据通过2008~2012年《安徽统计年鉴》和《蚌埠市国民经济和社会发展统计公报》中相关数据计算得到。

由表35-1-2可知，2011年保费收入比全省金融业增加值为4.26%，比上年下降22.69%。从2008~2011年蚌埠市金融结构深化数据来看，保费收入比全省金融业增加值总体呈下降趋势，保险业对金融业的贡献有所减少。

35.1.3 蚌埠市金融效率提高指数评价分析

2008~2012年蚌埠市金融效率提高指标的数据变化情况如表35-1-3所示。

表35-1-3 蚌埠市2008~2012年金融效率提高指标及数据

年份	存贷比(%)	保险密度(元/人)	上市公司占有率(%)
2008	61.55	468.31	5.36
2009	58.09	521.01	5.17
2010	54.68	602.38	4.62
2011	57.49	586.68	5.19
2012	64.74	—	6.41

注：以上数据基于2008~2012年《安徽统计年鉴》和《蚌埠市国民经济和社会发展统计公报》中相关数据计算得到。

由表 35-1-3 可知，蚌埠市 2012 年存贷比为 64.74%，比上年上升 12.61%；2011 年保险密度为 586.68 元/人，比上年下降 2.61%；2012 年上市公司占有率为 6.41%，比上年提高 23.51%。从 2012 年蚌埠市的金融效率数据来看，上市公司占有率有小幅提高，综合来看，蚌埠市的金融效率有所上升，证券市场规模有扩大趋势。

35.2 蚌埠市成长发展指数评价分析

35.2.1 蚌埠市资本市场成长性指数评价分析

2008～2012 年蚌埠市资本市场成长性指标组的数据变化情况如表 35-2-1 所示。

表 35-2-1 蚌埠市 2008～2012 年资本市场成长性指标及数据

单位：亿元

年份	金融机构贷款余额年增长额	年份	金融机构贷款余额年增长额
2008	53.20	2011	93.77
2009	38.72	2012	151.05
2010	51.29		

注：以上数据摘自 2008～2012 年《蚌埠市国民经济和社会发展统计公报》。

由表 35-2-1 可知，蚌埠市 2012 年金融机构贷款余额年增长额为 151.05 亿元，比上年增长 61.09%。从蚌埠市 2008～2012 年资本市场成长的相关数据看，蚌埠市的金融机构贷款余额每年都有所增长，资本市场规模扩大，成长态势良好。

35.2.2 蚌埠市经济成长性指数评价分析

2008～2012 年蚌埠市经济成长性指标的数据变化情况如表 35-2-2 所示。

表35-2-2 蚌埠市2008~2012年经济成长性指标及数据

单位：亿元

年份	GDP年增长额	财政收入年增长额	社会固定资产投资年增长额	社会消费品零售总额年增长额
2008	74.30	8.63	55.57	35.31
2009	45.70	11.00	102.55	35.43
2010	104.81	24.70	173.02	42.89
2011	143.34	34.56	122.19	49.41
2012	109.98	28.67	221.87	52.23

注：以上数据基于2008~2012年《蚌埠市国民经济和社会发展统计公报》中相关数据计算得到。

由表35-2-2可知，蚌埠市2012年GDP年增长额为109.98亿元，比上年下降23.27%；财政收入年增长额为28.67亿元，比上年下降17.04%；社会固定资产投资年增长额为221.87亿元，比上年上升81.58%；社会消费品零售总额年增长额为52.23亿元，比上年上升5.71%。从2008~2012年蚌埠市的经济成长性数据来看，蚌埠市的GDP和财政收入逐年均有所增长，但2012年较2011年增长速度有所放缓，社会固定资产投资和社会消费品零售总额依然增长势头强劲。综上所述，蚌埠市经济综合态势稳定，经济成长性有所增强。

35.3 蚌埠市服务水平指数评价分析

35.3.1 蚌埠市智力资本指数评价分析

2008~2012年蚌埠市智力资本指标组的数据变化情况如表35-3-1所示。

表35-3-1 蚌埠市2008~2012年智力资本指标及数据

年份	受高等教育密度（人/平方公里）	普通高等学校数量（所）
2008	481.00	4
2009	466.99	4
2010	555.24	4
2011	566.06	4
2012	551.57	5

注：第二列数据摘自2008~2012年《蚌埠市国民经济和社会发展统计公报》，第一列数据通过相关数据计算得到。

由表 35-3-1 可知，2012 年蚌埠市受高等教育密度为 551.57 人/平方公里，比上年下降了 2.56%；普通高等学校数量 2008~2012 年增加了 1 所。从历年的数据看，蚌埠市的智力资本在总体上呈现上升趋势。

35.3.2 蚌埠市城市环境指数评价分析

2008~2012 年蚌埠市城市环境指标组的数据变化情况如表 35-3-2 所示。

表 35-3-2 蚌埠市 2008~2012 年城市环境指标及数据

年份	城镇化水平(%)	城镇登记失业率(%)	人均城市道路面积(平方米)	人均绿化覆盖面积(平方米)	基本医疗保险覆盖率(%)	基本养老保险覆盖率(%)
2008	—	4.50	12.50	8.88	10.66	7.98
2009	46.60	4.00	12.83	7.88	10.79	8.18
2010	45.00	—	13.65	7.03	11.04	8.36
2011	46.60	3.60	14.70	7.19	11.54	12.45
2012	48.30	3.20	—	—	—	—

注：第一、二列数据摘自 2008~2012 年《蚌埠市国民经济和社会发展统计公报》，后四列数据基于 2008~2012 年《安徽统计年鉴》中相关数据除以总人口得到。

由表 35-3-2 可知，2012 年蚌埠市城镇化水平为 48.30%，比上年增长 3.65%；城镇登记失业率为 3.20%，比上年下降 11.11%。2011 年人均城市道路面积为 14.70 平方米，比上年增长 7.69%；人均绿化覆盖面积为 7.19 平方米，比上年上升 2.28%；基本医疗保险覆盖率为 11.54%，比上年增长 4.53%；基本养老保险覆盖率为 12.45%，比上年增长 48.92%。从蚌埠市近几年的数据来看，城市环境各项指标的数据均有所上升，城市环境逐步改善。

35.4 蚌埠市综合环境指数评价分析

35.4.1 蚌埠市经济环境指数评价分析

2008~2012 年蚌埠市经济环境指标组的数据变化情况如表 35-4-1 所示。

表 35-4-1 蚌埠市 2008~2012 年经济环境指标及数据

年份	城镇人均可支配收入(元)	农村人均纯收入(元)	人均GDP(元)	人均财政收入(元)	人均社会商品零售额(元)
2008	12705	4299	13632	1844	5345.93
2009	13483	4727	14803	2136	6293.76
2010	15376	5565	17621	2808	7450.29
2011	18143	6615	21443	3739	8736.70
2012	20629	7674	27999	5175	—

注：前两列数据摘自 2008~2012 年《蚌埠市国民经济和社会发展统计公报》，后三列数据通过相关数据计算得到。

由表 35-4-1 可知，2012 年蚌埠市城镇人均可支配收入为 20629 元，比上年增长 13.70%；农村人均纯收入为 7674 元，比上年增长 16.01%；人均 GDP 为 27999 元，比上年增长 30.57%；人均财政收入为 5175 元，比上年增长 38.41%；2011 年人均社会商品零售额为 8736.70 元，比上年增长 17.27%。从 2011 年和 2012 年的数据看，蚌埠市金融市场经济环境的各项指标都有上升，这说明蚌埠市的经济环境有大幅度改善，但个别指标增速放缓。

35.4.2 蚌埠市开放程度指数评价分析

2008~2012 年蚌埠市开放程度指标组的数据变化情况如表 35-4-2 所示。

表 35-4-2 蚌埠市 2008~2012 年开放程度指标及数据

单位：万美元

年份	实际利用外资额	净出口额
2008	23201	32100
2009	26794	28300
2010	31058	39123
2011	50757	34773
2012	80900	77600

注：以上数据摘自 2008~2012 年《蚌埠市国民经济和社会发展统计公报》。

由表 35-4-2 可知，2012 年蚌埠市净出口额为 77600 万美元，比上年增长 123.16%；实际利用外资额为 80900 万美元，比上年增长 59.39%。从蚌埠市

2012年的数据来看，其开放程度各项指标的数据均有大幅上升，开放程度逐步增强。

35.5 蚌埠市金融发展指数综合评价

通过对蚌埠市金融状况、金融市场成长发展、金融市场服务水平以及金融市场综合环境的分析，我们得到如下结论。

1. 从2012年蚌埠市金融市场发展的相关数据看，多数指标均有不同程度的提高，蚌埠市的金融市场发展态势总体良好，规模不断扩大；保费收入占全省金融业增加值的比重总体呈下降趋势，保险业对金融业的贡献有所减少；存贷比总体呈下降趋势，但上市公司占有率有小幅提高。综合来看，蚌埠市的金融效率有所下降，但证券市场规模有扩大趋势。

2. 从蚌埠市2008~2012年资本市场成长的相关数据看，蚌埠市的金融机构贷款余额每年都有所增长，资本市场规模扩大，成长态势良好；蚌埠市的GDP和财政收入逐年均有所增长，但2012年较2011年增长速度有所放缓，社会固定资产投资和社会消费品零售总额依然增长势头强劲。综上所述，蚌埠市经济综合态势稳定，经济成长性有所增强。

3. 总体来看，蚌埠市智力资本以及城市环境中多项指标都在提高，因此蚌埠市的城市环境逐步改善。

4. 2012年，蚌埠市金融市场经济环境的各项指标都有上升，整体经济环境有大幅度改善，但个别指标增速放缓；开放程度各项指标的数据均有大幅上升，开放程度逐步提升。

第 36 章
亳州市 2012 年金融发展指数报告

36.1 亳州市金融状况指数评价分析

36.1.1 亳州市金融市场发展指数评价分析

2008~2012 年亳州市金融市场发展指标组的数据变化情况如表 36-1-1 所示。

表 36-1-1 亳州市 2008~2012 年金融市场发展指标及数据

单位：亿元

年份	金融业增加值	金融系统存款余额	金融系统贷款余额	保费收入	保险赔付额
2008	5.89	345.91	146.83	14.43	3.05
2009	6.84	433.78	202.24	18.42	4.35
2010	7.75	544.75	244.78	25.62	5.42
2011	—	674.90	326.31	27.40	6.60
2012	11.01	813.10	427.18	28.77	8.80

注：以上数据摘自 2008~2012 年《亳州市国民经济和社会发展统计公报》。

由表 36-1-1 可知，亳州市 2012 年金融业增加值为 11.01 亿元；金融系统存款余额为 813.10 亿元，比上年增长 20.48%；金融系统贷款余额为 427.18 亿元，比上年增长 30.91%；保费收入为 28.77 亿元，比上年上升 5%；保险赔付额为 8.8 亿元，比上年上升 33.33%。从亳州市 2012 年金融市场发展的相关数据看，各项指标均有不同程度的上升。这说明与 2011 年相比，亳州市的金融市场发展态势总体良好。

36.1.2 亳州市金融结构深化指数评价分析

2008~2012 年亳州市金融结构深化指标的数据变化情况如表 36-1-2 所示。

表36-1-2 亳州市2008~2012年金融结构深化指标及数据

单位：%

年份	保费收入比全省金融业增加值	年份	保费收入比全省金融业增加值
2008	7.88	2011	5.44
2009	5.12	2012	—
2010	6.47		

注：以上数据基于2008~2012年《安徽统计年鉴》和《亳州市国民经济和社会发展统计公报》中相关数据计算得到。

由表36-1-2可知，2011年亳州市保费收入比全省金融业增加值为5.44%。从2008~2011年亳州市的金融结构深化数据来看，保费收入占全省金融业增加值的比重比2010年下降了15.92%，说明亳州市金融结构深化程度有所降低，保险业规模有所缩小。

36.1.3 亳州市金融效率提高指数评价分析

2008~2012年亳州市金融效率提高指标的数据变化情况如表36-1-3所示。

表36-1-3 亳州市2008~2012年金融效率提高指标及数据

年份	存贷比（%）	保险密度（元/人）	年份	存贷比（%）	保险密度（元/人）
2008	42.40	237	2011	48.30	449
2009	46.60	302	2012	52.50	472
2010	44.90	420			

注：以上数据基于2008~2012年《安徽统计年鉴》和《亳州市国民经济和社会发展统计公报》中相关数据计算得到。

由表36-1-3可知，亳州市2012年存贷比为52.50%，比上年下降了8.70%；保险密度为472元/人，自2008年以来呈上升趋势。从2012年亳州市的金融效率数据来看，存贷比和保险密度呈上升趋势，综合来看，亳州市的金融效率有所提高，但证券市场规模缺乏有效数据。

36.2 亳州市成长发展指数评价分析

36.2.1 亳州市资本市场成长性指数评价分析

2008~2012年亳州市资本市场成长性指标组的数据变化情况如表36-2-1所示。

表 36-2-1　亳州市 2008~2012 年资本市场成长性指标及数据

单位：亿元

年份	金融机构贷款余额年增长额	年份	金融机构贷款余额年增长额
2008	6.74	2011	81.53
2009	55.41	2012	100.87
2010	42.54		

注：以上数据摘自 2008~2012 年《亳州市国民经济和社会发展统计公报》。

由表 36-2-1 可知，亳州市 2012 年金融机构贷款余额年增长额为 100.87 亿元，比上年增长 23.72%。从亳州市 2008~2012 年资本市场成长性的相关数据看，亳州市的金融机构贷款余额每年都有所增长，资本市场规模扩大，成长态势良好。

36.2.2　亳州市经济成长性指数评价分析

2008~2012 年亳州市经济成长性指标的数据变化情况如表 36-2-2 所示。

表 36-2-2　亳州市 2008~2012 年经济成长性指标及数据

单位：亿元

年份	GDP 年增长额	财政收入年增长额	社会固定资产投资年增长额	社会消费品零售总额年增长额
2008	60.95	5.01	28.99	29.36
2009	27.71	6.83	100.21	30.21
2010	80.85	11.45	26.09	31.95
2011	113.87	19.80	60.29	39.83
2012	89.01	22.93	98.82	41.10

注：以上数据基于 2008~2012 年《亳州市国民经济和社会发展统计公报》中相关数据计算得到。

由表 36-2-2 可知，亳州市 2012 年 GDP 年增长额为 89.01 亿元，比上年下降 21.83%；财政收入年增长额为 22.93 亿元，比上年上升 15.81%；社会固定资产投资年增长额为 98.82 亿元，比上年上升 63.91%；社会消费品零售总额年增长额为 41.10 亿元，比上年上升 3.19%。从 2008~2012 年亳州市的经济成长性数据来看，亳州市的 GDP 和财政收入每年均有所增长，但 2012 年较 2011 年，增长速度有所放缓，社会固定资产投资和社会消费品零售总额依然增长势头强劲。综上所述，亳州市经济综合态势稳定，在全球环境下成长性有所增强。

36.3 亳州市服务水平指数评价分析

36.3.1 亳州市智力资本指数评价分析

2008~2012年亳州市智力资本指标组的数据变化情况如表36-3-1所示。

表36-3-1 亳州市2008~2012年智力资本指标及数据

单位：所

年份	普通高等学校数量	年份	普通高等学校数量
2008	2	2011	2
2009	2	2012	2
2010	2		

注：以上数据基于2008~2012年《亳州市国民经济和社会发展统计公报》计算得到。

由表36-3-1可知，普通高等学校数量从2008年至2012年没有变化。从2012年的数据看，亳州市的智力资本状况比较稳定。

36.3.2 亳州市城市环境指数评价分析

2008~2012年亳州市城市环境指标组的数据变化情况如表36-3-2所示。

表36-3-2 亳州市2008~2012年城市环境指标及数据

单位：%

年份	城镇化水平	城镇登记失业率	年份	城镇化水平	城镇登记失业率
2008	31.40	—	2011	32.45	3.50
2009	33.10	4	2012	33.00	3.80
2010	—	4			

注：以上数据摘自2008~2012年《亳州市国民经济和社会发展统计公报》。

由表 36-3-2 可知，2012 年亳州市城镇化水平为 33%，比上年增长 1.69%；城镇登记失业率为 3.80%，比上年上升 8.57%。从亳州市 2012 年的数据来看，城镇化水平处于上升趋势，城镇登记失业率虽然有所上升，但仍然在 4% 以下，处于可接受的范围。

36.4 亳州市综合环境指数评价分析

36.4.1 亳州市经济环境指数评价分析

2008~2012 年亳州市经济环境指标组的数据变化情况如表 36-4-1 所示。

表 36-4-1 亳州市 2008~2012 年经济环境指标及数据

年份	城镇人均可支配收入(元)	农村人均纯收入(元)	人均 GDP(元)	人均财政收入(元)	人均社会商品零售额(元)
2008	12579	3585	7918	395	2633
2009	14042	3977	8477	507	3128
2010	15538	4689	8406	695	3652
2011	18099	5638	10272	1019	4305
2012	20488	6552	14642	1395	4979

注：前两列数据摘自 2008~2012 年《亳州市国民经济和社会发展统计公报》，后三列数据通过相关数据计算得到。

由表 36-4-1 可知，2012 年亳州市城镇人均可支配收入为 20488 元，比上年增长 13.20%；农村人均纯收入为 6552 元，比上年增长 16.21%；人均 GDP 为 14642 元，比上年增长 42.54%；人均财政收入为 1395 元，比上年增长 36.90%；人均社会商品零售额为 4979 元，比上年增长 15.66%。从 2012 年的数据看，亳州市金融市场经济环境的各项指标都有所上升，这说明亳州市的经济环境有大幅度改善。

36.4.2 亳州市开放程度指数评价分析

2008~2012 年亳州市开放程度指标组的数据变化情况如表 36-4-2 所示。

表36-4-2　亳州市2008~2012年开放程度指标及数据

单位：万美元

年份	实际利用外资额	净出口额	年份	实际利用外资额	净出口额
2008	8558	6960	2011	24617	28000
2009	11026	14400	2012	36100	42500
2010	15881	20500			

注：以上数据摘自2008~2012年《亳州市国民经济和社会发展统计公报》。

由表36-4-2可知，2012年亳州市净出口额42500万美元，比上年增长51.79%；实际利用外资额为36100万美元，比上年增长46.65%。从亳州市2012年的数据来看，其开放程度各项指标的数据均有所上升，开放程度逐步增强。

36.5　亳州市金融发展指数综合评价

通过对亳州市金融状况、金融市场成长发展、金融市场服务水平以及金融市场综合环境的分析，我们得到如下结论。

1. 2012年，亳州市的金融市场发展态势良好；金融结构深化程度有所降低，证券市场规模有所缩小；金融效率有所提高。因此，扩大证券保险市场的规模，重塑投资者的信心，是亳州市下一步提高金融发展力所要努力的方向。

2. 2012年，亳州市资本市场规模在扩大；经济成长性由于受到国际以及全国宏观环境的影响，略微受挫，但总体态势良好；城市创新性稳步提高。整体而言，亳州市的金融市场的成长性在增强。

3. 2012年，亳州市智力资本保持稳定，城市环境中多项指标都在优化，因此亳州市的城市环境逐步改善。

4. 2012年，亳州市经济环境各项指数均有所上升，总体环境有大幅度改善；开放程度也在逐步增强。

第 37 章
阜阳市 2012 年金融发展指数报告

37.1 阜阳市金融状况指数评价分析

37.1.1 阜阳市金融市场发展指数评价分析

2008~2012 年阜阳市金融市场发展指标组的数据变化情况如表 37-1-1 所示。

表 37-1-1 阜阳市 2008~2012 年金融市场发展指标及数据

单位：亿元

年份	金融业增加值	金融系统存款余额	金融系统贷款余额	保费收入
2008	10.3	727.0	309.2	19.2
2009	17.2	860.5	373.0	36.4
2010	18.9	1042.7	441.5	48.1
2011	21.9	1250.8	533.6	50.5
2012	26.8	1489.6	640.7	51.6

注：以上数据摘自 2008~2012 年《阜阳市国民经济和社会发展统计公报》。

由表 37-1-1 可知，阜阳市 2012 年金融业增加值为 26.8 亿元，比上年增长 22.37%；金融系统存款余额为 1489.6 亿元，比上年增长 19.09%；金融系统贷款余额为 640.7 亿元，比上年增长 20.07%；保费收入为 51.6 亿元，比上年增长 2.18%。从阜阳市 2012 年金融市场发展的相关数据看，各项指标均有不同程度的上升。这说明与 2011 年相比，阜阳市的金融市场发展态势总体良好，保险市场规模略有增长。

37.1.2　阜阳市金融结构深化指数评价分析

2008～2012年阜阳市金融结构深化指标的数据变化情况如表37-1-2所示。

表37-1-2　阜阳市2008～2012年金融结构深化指标及数据

单位：%

年份	保费收入比全省金融业增加值	年份	保费收入比全省金融业增加值
2008	10.48	2011	10.02
2009	10.12	2012	—
2010	12.14		

注：以上数据基于2008～2012年《安徽统计年鉴》和《阜阳市国民经济和社会发展统计公报》相关数据计算得到。

由表37-1-2可知，2011年保费收入比全省金融业增加值为10.02%，比上年下降17.46%。从2008年至2011年阜阳市的金融结构深化数据来看，阜阳市金融结构深化程度有所降低。

37.1.3　阜阳市金融效率提高指数评价分析

2008～2012年阜阳市金融效率提高指标的数据变化情况如表37-1-3所示。

表37-1-3　阜阳市2008～2012年金融效率提高指标及数据

年份	存贷比(%)	保险密度(元/人)
2008	42.53	229.67
2009	43.35	437.5
2010	42.34	632.9
2011	42.66	662.73
2012	43.01	675.48

注：以上数据基于2008～2012年《安徽统计年鉴》和《阜阳市国民经济和社会发展统计公报》相关数据计算得到。

由表37-1-3可知，阜阳市2012年存贷比为43.01%，比上年上升了0.82%；保险密度为675.48元/人，自2008年以来呈上升趋势。从2012年阜阳市的金融效率数据来看，存贷比有所提高，保险密度也呈上升趋势，综合来看，阜阳市的金融效率有所提高。

37.2 阜阳市成长发展指数评价分析

37.2.1 阜阳市资本市场成长性指数评价分析

2008～2012年阜阳市资本市场成长性指标组的数据变化情况如表37-2-1所示。

表37-2-1 阜阳市2008～2012年资本市场成长性指标及数据

单位：亿元

年份	金融机构贷款余额年增长额	年份	金融机构贷款余额年增长额
2008	4	2011	92.1
2009	63.8	2012	107.1
2010	68.5		

注：以上数据摘自2008～2012年《阜阳市国民经济和社会发展统计公报》。

由表37-2-1可知，阜阳市2012年金融机构贷款余额年增长额为107.1亿元，比上年增长16.29%。从阜阳市2008年至2012年资本市场成长性的相关数据看，阜阳市的金融机构贷款余额每年都有所增长，资本市场规模扩大，成长态势良好。

37.2.2 阜阳市经济成长性指数评价分析

2008～2012年阜阳市经济成长性指标的数据变化情况如表37-2-2所示。

表37-2-2 阜阳市2008～2012年经济成长性指标及数据

单位：亿元

年份	GDP年增长额	财政收入年增长额	社会固定资产投资年增长额	社会消费品零售总额年增长额
2008	78.9	10.6	28.2	44.9
2009	66.5	13.5	61.6	44.6
2010	114	23.9	98.5	44.5
2011	131.4	26.8	54.5	58.7
2012	109.3	21.6	111.4	60.6

注：以上数据基于2008～2012年《阜阳市国民经济和社会发展统计公报》中相关数据计算得到。

由表 37-2-2 可知，阜阳市 2012 年 GDP 年增长额为 109.3 亿元，比上年下降了 16.82%；财政收入年增长额为 21.6 亿元，比上年下降 19.40%；社会固定资产投资年增长额为 111.4 亿元，比上年上升 104.40%；社会消费品零售总额年增长额为 60.6 亿元，比上年上升 3.24%。从 2008 年至 2012 年阜阳市的经济成长性数据来看，阜阳市的 GDP 每年均有增长，但增速减缓；财政收入自 2008 年至 2011 年每年均增长，但在 2012 年增速下降；社会固定资产投资和社会消费品零售总额依然增长势头强劲。综上所述，阜阳市经济综合态势稳定，在全球环境下成长性有所增强。

37.3 阜阳市服务水平指数评价分析

37.3.1 阜阳市智力资本指数评价分析

2008~2012 年阜阳市智力资本指标组的数据变化情况如表 37-3-1 所示。

表 37-3-1　阜阳市 2008~2012 年智力资本指标及数据

年份	受高等教育密度（人/平方公里）	普通高等学校数量（所）
2008	2.25	3
2009	2.97	3
2010	2.76	3
2011	2.97	4
2012	3.68	4

注：第二列数据摘自 2008~2012 年《阜阳市国民经济和社会发展统计公报》，第一列数据通过相关数据计算得到。

由表 37-3-1 可知，2012 年阜阳市受高等教育密度为 3.68 人/平方公里，比上年上升 23.91%；普通高等学校数量从 2008 年至 2012 年略有增长。从 2012 年的数据看，阜阳市的智力资本在提高。

37.3.2 阜阳市城市环境指数评价分析

2008~2012 年阜阳市城市环境指标组的数据变化情况如表 37-3-2 所示。

由表 37-3-2 可知，2012 年阜阳市城镇化水平为 34.90%，比上年增长 4.80%；城镇登记失业率为 2.90%，比上年下降 19.44%。从阜阳市 2012 年的数据来看，城市环境各项指标的数据均有所优化，城市环境逐步改善。

表 37-3-2　阜阳市 2008~2012 年城市环境数据

单位：%

年份	城镇化水平	城镇登记失业率
2008	30.60	3.90
2009	32.40	3.90
2010	31.90	3.40
2011	33.30	3.60
2012	34.90	2.90

注：以上数据摘自 2008~2012 年《阜阳市国民经济和社会发展统计公报》。

37.4　阜阳市综合环境指数评价分析

37.4.1　阜阳市经济环境指数评价分析

2008~2012 年阜阳市经济环境指标组的数据变化情况如表 37-4-1 所示。

由表 37-4-1 可知，2012 年阜阳市城镇人均可支配收入为 18972 元，比上年增长 13.70%；农村人均纯收入为 5922 元，比上年增长 16.12%；人均 GDP 为 12616 元，比上年增长 12.62%；人均财政收入为 1788.19 元，比上年增长 18.49%；人均社会商品零售额为 5838.46 元，比上年增长 15.44%。从 2012 年的数据看，阜阳市金融市场经济环境的各项指标都有所上升，这说明阜阳市的经济环境大幅度改善。

表 37-4-1　阜阳市 2008~2012 年经济环境指标及数据

年份	城镇人均可支配收入（元）	农村人均纯收入（元）	人均 GDP（元）	人均财政收入（元）	人均社会商品零售额（元）
2008	11727	3187	6475	607.66	2842.10
2009	12693	3520	7288	772.84	3391.82
2010	13981	4187	7289	1160.54	4298.73
2011	16686	5100	11202	1509.19	5057.74
2012	18972	5922	12616	1788.19	5838.46

注：前两列数据摘自 2008~2012 年《阜阳市国民经济和社会发展统计公报》，后三列数据通过相关数据计算得到。

37.4.2 阜阳市开放程度指数评价分析

2008~2012年阜阳市开放程度指标组的数据变化情况如表37-4-2所示。

表37-4-2　阜阳市2008~2012年开放程度指标及数据

单位：万美元

年份	实际利用外资额	净出口额
2008	8328	9753
2009	7006	7409
2010	10866	20955
2011	14033	36676
2012	16000	70000

注：以上数据摘自2008~2012年《阜阳市国民经济和社会发展统计公报》。

由表37-4-2可知，2012年阜阳市净出口额为70000万美元，比上年增长90.86%；实际利用外资额为16000万美元，比上年增长14.02%。从阜阳市2012年的数据来看，其开放程度各项指标的数据均有所上升，开放程度逐步提升。

37.5　阜阳市金融发展指数综合评价

通过对阜阳市金融状况、金融市场成长发展、金融市场服务水平以及金融市场综合环境的分析，我们得到如下结论。

1. 2012年阜阳市的金融市场发展态势良好，金融结构深化程度降低，金融效率趋于稳定。因此，助推金融市场发展，大力提高金融效率，是阜阳市下一步提高金融发展力所要努力的方向。

2. 2012年阜阳市资本市场规模在扩大；尽管财政收入增速有所下降，但是经济成长性其他指标在不断提高，故总体态势良好；整体而言，阜阳市金融市场的成长性在增强。

3. 2012年阜阳市智力资本以及城市环境中多项指标都在优化，因此阜阳市的城市环境逐步改善。

4. 2012年阜阳市经济环境各项指数均在上升，总体环境平稳改善；开放程度也在逐步提升。

第38章
淮南市凤台县2012年金融发展指数报告

38.1 淮南市凤台县金融状况指数评价分析

2008~2012年淮南市凤台县金融市场发展指标组的数据变化情况如表38-1-1所示。

表38-1-1 淮南市凤台县2008~2012年金融市场发展指标及数据

单位：亿元

年份	金融系统存款余额	金融系统贷款余额
2008	65.99	27.45
2009	80.92	36.11
2010	96.12	44.92
2011	130.51	69.06
2012	158.87	90.71

注：以上数据摘自2008~2012年《淮南市凤台县国民经济和社会发展统计公报》。

由表38-1-1可知，淮南市凤台县2012年金融系统存款余额为158.87亿元，比上年增长21.73%；金融系统贷款余额为90.71亿元，比上年增长31.35%。从淮南市凤台县2012年金融市场发展的相关数据看，各项指标均有不同程度的上升。这说明与2011年相比，淮南市凤台县的金融市场发展态势总体良好。

38.2 淮南市凤台县成长发展指数评价分析

2008~2012年淮南市凤台县经济成长性指标的数据变化情况如表38-2-1所示。

第 38 章　淮南市凤台县 2012 年金融发展指数报告

表 38-2-1　淮南市凤台县 2008~2012 年经济成长性指标及数据

单位：亿元

年份	GDP 年增长额	财政收入年增长额	社会固定资产投资年增长额	社会消费品零售总额年增长额
2008	37.00	3.53	-13.22	4.01
2009	16.47	4.52	-9.01	4.35
2010	24.92	8.99	25.87	2.57
2011	24.21	8.59	13.27	8.02
2012	18.95	5.48	50.06	6.62

注：以上数据基于 2008~2012 年《淮南市凤台县国民经济和社会发展统计公报》中相关数据计算得到。

由表 38-2-1 可知，淮南市凤台县 2012 年 GDP 年增长额为 18.95 亿元，比上年下降 21.73%；财政收入年增长额为 5.48 亿元，比上年下降 36.20%；社会固定资产投资年增长额为 50.06 亿元，比上年上升 277.24%；社会消费品零售总额年增长额为 6.62 亿元，比上年下降 17.46%。从 2008 年至 2012 年淮南市凤台县的经济成长性数据来看，淮南市凤台县的 GDP、财政收入和社会消费品零售总额每年均有所增长，但 2012 年较 2011 年，增长速度有所放缓，社会固定资产投资依然增长势头强劲。综上所述，淮南市凤台县经济成长性有所减弱。

38.3　淮南市凤台县服务水平指数评价分析

2008~2012 年淮南市凤台县城市环境指标组的数据变化情况如表 38-3-1 所示。

表 38-3-1　淮南市凤台县 2008~2012 年城市环境指标及数据

单位：%

年份	城镇登记失业率	基本医疗保险覆盖率	基本养老保险覆盖率
2008	4.30	4.58	7.03
2009	4.30	4.69	7.37
2010	4.40	4.80	8.03
2011	4.30	18.15	10.45
2012	3.40	18.50	15.32

注：第一列数据摘自 2008~2012 年《淮南市凤台县国民经济和社会发展统计公报》，后两列数据通过相关数据计算得到。

由表38-3-1可知，2012年淮南市城镇登记失业率为3.40%，比上年下降20.93%；基本养老保险覆盖率为15.32%，比上年增长46.60%。从淮南市凤台县2012年的数据来看，淮南市凤台县的城镇登记失业率在降低，基本养老保险覆盖率在提高，城市环境在逐步改善。

38.4 淮南市凤台县综合环境指数评价分析

38.4.1 淮南市凤台县经济环境指数评价分析

2008~2012年淮南市凤台县经济环境指标组的数据变化情况如表38-4-1所示。

表38-4-1 淮南市凤台县2008~2012年经济环境指标及数据

年份	城镇人均可支配收入(元)	农村人均纯收入(元)	人均GDP(元)	人均财政收入(元)	人均社会商品零售额(元)
2008	—	4658	18600	1230.40	2955
2009	—	5103	23826	1627.40	3440
2010	11358	5955	27698	1967.77	3821
2011	15820	7041	30888	2225.95	4823
2012	18019	8127	33572	3066.75	5651

注：前两列数据摘自2008~2012年《淮南市凤台县国民经济和社会发展统计公报》，后三列数据通过相关数据计算得到。

由表38-4-1可知，2012年淮南市凤台县城镇人均可支配收入为18019元，比上年增长13.90%；农村人均纯收入为8127元，比上年增长15.42%；人均GDP为33572元，比上年增长8.69%；人均财政收入为3066.75元，比上年增长37.77%；人均社会商品零售额为5651元，比上年增长17.17%。从2012年的数据看，淮南市凤台县金融市场经济环境的各项指标都有所上升，这说明淮南市凤台县的经济环境有大幅度改善。

38.4.2 淮南市凤台县开放程度指数评价分析

2008~2012年淮南市凤台县开放程度指标组的数据变化情况如表38-4-2所示。

表38-4-2　淮南市凤台县2008~2012年开放程度指标及数据

单位：万美元

年份	实际利用外资额	净出口额
2008	—	—
2009	109	1900
2010	826	1041
2011	1011	2695
2012	1229	—

注：以上数据摘自2008~2012年《淮南市凤台县国民经济和社会发展统计公报》。

由表38-4-2可知，2011年淮南市凤台县净出口额为2695万美元，比上年增长158.89%；2012年凤台县实际利用外资额为1229万美元，比上年增长21.56%。从淮南市凤台县2011年、2012年的数据来看，其开放程度各项指标的数据均有所上升，开放程度逐步提升。

38.5　淮南市凤台县金融发展指数综合评价

通过对淮南市凤台县金融状况、金融市场成长发展、金融市场服务水平以及金融市场综合环境的分析，我们得到如下结论。

1. 2012年，淮南市凤台县的金融市场发展态势良好，金融状况有所改善。

2. 2012年，淮南市凤台县经济成长性有所减弱。

3. 2012年，淮南市凤台县各项城市环境指标都在改善，因此淮南市凤台县的城市环境逐步改善。

4. 2012年，淮南市凤台县经济环境各项指数均有所上升，总体环境水平有大幅度提高；开放程度也在逐步提高。

第 39 章
淮南市潘集区 2012 年金融发展指数报告

39.1 淮南市潘集区金融状况指数评价分析

39.1.1 淮南市潘集区金融市场发展指数评价分析

2008~2012 年淮南市潘集区金融市场发展指标组的数据变化情况如表 39 - 1 - 1 所示。

表 39 - 1 - 1 淮南市潘集区 2008~2012 年金融市场发展指标及数据

单位：亿元

年份	金融系统存款余额	金融系统贷款余额
2008	32.75	20.92
2009	37.15	21.52
2010	42.13	35.60
2011	46.80	42.30
2012	67.00	79.80

注：以上数据摘自 2008~2012 年《淮南市潘集区国民经济和社会发展统计公报》。

由表 39 - 1 - 1 可知，淮南市潘集区 2012 年金融系统存款余额为 67 亿元，比上年增长 43.16%；金融系统贷款余额为 79.8 亿元，比上年增长 88.65%。从淮南市潘集区 2012 年金融市场发展的相关数据看，存贷指标均有大幅度上升。这说明与 2011 年相比，淮南市潘集区的金融市场总体呈现快速发展态势。

39.1.2 淮南市潘集区金融效率提高指数评价分析

2008~2012年淮南市潘集区金融效率提高指标的数据变化情况如表39-1-2所示。

表39-1-2 淮南市潘集区2008~2012年金融效率提高指标及数据

单位：%

年份	存贷比	年份	存贷比
2008	63.88	2011	90.38
2009	57.93	2012	119.10
2010	84.50		

注：以上数据基于2008~2012年《淮南市潘集区国民经济和社会发展统计公报》中相关数据计算得到。

由表39-1-2可知，淮南市潘集区2012年存贷比为119.10%，比上年上升了31.78%。淮南市潘集区金融效率呈现稳步提高趋势。

39.2 淮南市潘集区成长发展指数评价分析

39.2.1 淮南市潘集区资本市场成长性指数评价分析

2008~2012年淮南市潘集区资本市场成长性指标组的数据变化情况如表39-2-1所示。

表39-2-1 淮南市潘集区2008~2012年资本市场成长性指标及数据

单位：亿元

年份	金融机构贷款余额年增长额	年份	金融机构贷款余额年增长额
2008	2.02	2011	6.7
2009	0.6	2012	37.5
2010	14.08		

注：以上数据摘自2008~2012年《淮南市潘集区国民经济和社会发展统计公报》。

由表39-2-1可知，淮南市潘集区2012年金融机构贷款余额年增长额为37.5亿元，比上年增长459.70%。从淮南市潘集区2008年至2012年资本市场成长性的相关数据看，淮南市潘集区的金融机构贷款余额年增长额总体呈上升趋势，资本市场规模扩大迅猛，成长态势良好。

39.2.2 淮南市潘集区经济成长性指数评价分析

2008~2012年淮南市潘集区经济成长性指标的数据变化情况如表39-2-2所示。

表39-2-2 淮南市潘集区2008~2012年经济成长性指标及数据

单位：亿元

年份	GDP年增长额	财政收入年增长额	社会固定资产投资年增长额	社会消费品零售总额年增长额
2008	19.12	1.28	2.93	1.60
2009	10.15	0.58	6.51	0.70
2010	16.53	1.44	15.55	3.8
2011	16.30	1.60	19.75	2.48
2012	12.56	1.49	13.65	2.76

注：以上数据基于2008~2012年《淮南市潘集区国民经济和社会发展统计公报》中相关数据计算得到。

由表39-2-2可知，淮南市潘集区2012年GDP年增长额为12.56亿元，比上年下降了22.94%；财政收入年增长额为1.49亿元，比上年下降6.88%；社会固定资产投资年增长额为13.65亿元，比上年下降30.89%；社会消费品零售总额年增长额为2.76亿元，比上年上升11.29%。从2008年至2012年淮南市潘集区的经济成长性数据来看，淮南市潘集区的GDP和财政收入较往年均有所增长，但2012年较2011年，增长速度有所放缓，社会消费品零售总额依然增长势头强劲。综上所述，淮南市潘集区经济综合态势稳定，在全球环境下成长性有所增强。

39.3 淮南市潘集区服务水平指数评价分析

39.3.1 淮南市潘集区城市环境指数评价分析

2008~2012年淮南市潘集区城市环境指标组的数据变化情况如表39-3-1所示。

表 39 – 3 – 1　淮南市潘集区 2008~2012 年城市环境指标及数据

单位：%

年份	城镇登记失业率	基本医疗保险覆盖率	基本养老保险覆盖率
2008	4	11.82	0.79
2009	4	12.61	1.48
2010	4	11.91	1.82
2011	4	13.74	2.34
2012	3.90	13.79	2.16

注：以上数据通过 2008~2012 年《淮南市潘集区国民经济和社会发展统计公报》计算得到。

由表 39 – 3 – 1 可知，2012 年淮南市潘集区城镇登记失业率为 3.90%，比上年下降 2.5%；基本医疗保险覆盖率为 13.79%，比上年增长 0.36%；基本养老保险覆盖率为 2.16%，比上年增长 7.69%。从淮南市潘集区 2012 年的数据来看，除城镇登记失业率外，城市环境各项指标的数据均处于上升趋势，表明城市环境正在逐步改善。

39.4　淮南市潘集区综合环境指数评价分析

39.4.1　淮南市潘集区经济环境指数评价分析

2008~2012 年淮南市潘集区经济环境指标组的数据变化情况如表 39 – 4 – 1 所示。

表 39 – 4 – 1　淮南市潘集区 2008~2012 年经济环境指标及数据

年份	城镇人均可支配收入(元)	农村人均纯收入(元)	人均 GDP (元)	人均财政收入(元)	人均社会商品零售额(元)
2008	13003	4020	17069	685.58	1916.00
2009	13861	4465	19265	813.72	2257.85
2010	14807	5284	22840	1130.56	3094.17
2011	18064	6256	26225	1476.80	3617.78
2012	20574	7221	29174	1807.13	4231.11

注：前两列数据摘自 2008~2012 年《淮南市潘集区国民经济和社会发展统计公报》，后三列数据通过相关数据计算得到。

由表39-4-1可知,2012年淮南市潘集区城镇人均可支配收入为20574元,比上年增长13.90%;农村人均纯收入为7221元,比上年增长15.43%;人均GDP为29174元,比上年增长11.24%;人均财政收入为1807.13元,比上年增长22.37%;人均社会商品零售额为4231.11元,比上年增长16.95%。从2012年的数据看,淮南市潘集区金融市场经济环境的各项指标都有所上升,这说明淮南市潘集区的经济环境有所改善。

39.4.2 淮南市潘集区开放程度指数评价分析

2008~2012年淮南市潘集区开放程度指标组的数据变化情况如表39-4-2所示。

表39-4-2 淮南市潘集区2008~2012年开放程度指标及数据

单位:万美元

年份	实际利用外资额	年份	实际利用外资额
2008	37.7	2011	813
2009	102	2012	1360
2010	723.3		

注:以上数据摘自2008~2012年《淮南市潘集区国民经济和社会发展统计公报》。

由表39-4-2可知,2012年淮南市潘集区实际利用外资额为1360万美元,比上年增长67.28%。从淮南市潘集区2012年的数据来看,其开放程度有较大提升。

39.5 淮南市潘集区金融发展指数综合评价

通过对淮南市潘集区金融状况、金融市场成长发展、金融市场服务水平以及金融市场综合环境的分析,我们得到如下结论。

1. 2012年淮南市潘集区的金融市场发展态势良好,存贷规模均有大幅度提高;金融效率平稳提高。因此,淮南市潘集区应该继续保持这种良好的发展态势。

2. 2012年淮南市潘集区资本市场规模在迅速扩大;经济成长性由于受到国际以及全国宏观环境的影响,增速有所减弱,但总体态势良好。整体而言,淮南市潘集区的金融市场的成长性在增强。

3. 2012年淮南市潘集区城市环境各指标都在优化，因此淮南市潘集区的城市环境在逐步改善。

4. 2012年淮南市潘集区经济环境各项指数均有所上升，总体环境有所改善；开放程度有较大提升。

后　记

"中原经济区金融发展指数报告"项目于 2013 年 5 月正式启动，由我统筹。经过多次讨论，确立编撰思路，拟定报告框架，统一技术路线和写作规范，并选定相关章节的负责人，具体撰写由负责人组织，最后由我通稿复审做最后把关。

本报告的撰写工作具体分工如下：综合篇由杨贝贝、王苒（第 1 章），王珅琪、赵锦煜（第 2 章、第 3 章、第 4 章、第 5 章），巩明莉（第 6 章）分别撰写；河南省 18 个地市及省外 15 个市（县、区）的分报告由巩明莉（郑州市），孔张宾（开封市、洛阳市、运城市、邢台市、邯郸市、聊城市），杨薇娜（平顶山市、安阳市、鹤壁市、晋城市、菏泽市、宿州市），张端（新乡市、焦作市、濮阳市、长治市、东平县、蚌埠市），张灵义（许昌市、漯河市、三门峡市、商丘市、周口市、亳州市），张宇、蒋祎纹（驻马店市、南阳市、信阳市、济源市、阜阳市、淮南市潘集区），赵锦煜、宋杨（淮北市、淮南市凤台县）撰写。出版校对稿由我和王珅琪、巩明莉、赵锦煜、宋杨进行了通稿校对。

李燕燕

2013 年 10 月 13 日

图书在版编目(CIP)数据

中原经济区金融发展指数报告.2013/李燕燕主编.—北京:社会科学文献出版社,2013.12
 ISBN 978-7-5097-5269-2

Ⅰ.①中… Ⅱ.①李… Ⅲ.①地方金融事业-经济发展-研究报告-河南省-2013 Ⅳ.①F832.761

中国版本图书馆 CIP 数据核字(2013)第265148号

中原经济区金融发展指数报告(2013)

主　编/李燕燕

出 版 人/谢寿光
出 版 者/社会科学文献出版社
地　　址/北京市西城区北三环中路甲29号院3号楼华龙大厦
邮政编码/100029

责任部门/皮书出版中心 (010) 59367127　　责任编辑/桂　芳　陈晴钰
电子信箱/pishubu@ssap.cn　　　　　　　　　责任校对/王海荣　牛立明
项目统筹/桂　芳　　　　　　　　　　　　　　责任印制/岳　阳
经　　销/社会科学文献出版社市场营销中心 (010) 59367081　59367089
读者服务/读者服务中心 (010) 59367028

印　　装/三河市东方印刷有限公司
开　　本/787mm×1092mm　1/16　　　　　印　张/30.5
版　　次/2013年12月第1版　　　　　　　　字　数/521千字
印　　次/2013年12月第1次印刷
书　　号/ISBN 978-7-5097-5269-2
定　　价/198.00元

本书如有破损、缺页、装订错误,请与本社读者服务中心联系更换

版权所有　翻印必究